SQL 프로그래밍

SQL 프로그래밍

초판 • 1쇄 발행 2023년 9월 20일

저자 • 전병선
발행 • 전병선
출판 • 리얼데브•러닝
본문 디자인 • 이영
표지 디자인 • 전민

등록 • 제 2023-000005호
주소 • 경기도 의정부시 평화로 124
전화 • 031.856.4845
이메일 • realdev.learning@gmail.com
도메인 • www.realdev-learning.com
유튜브 • www.youtube.com/@realdev.learning
ISBN • 979-11-981708-7-3

가격 • 32,000원

머리말

개발자와 아키텍트, 컨설턴트로서 30여 년간 현업에서 다양한 프로젝트를 수행하며 얻은 경험과 30여 권의 저서와 7권의 번역서를 저술하고 강의하면서 쌓은 지식과 노하우를 바탕으로 새로운 10년을 준비하면서, 이제 막 개발자와 프로그래머로서 첫걸음을 시작하는 사람들이 실무 프로젝트에서 작업을 할 수 있을 만큼의 능력을 갖출 수 있도록 핵심 지식과 기술을 꾹꾹 눌러 담아 먼저 다섯 권의 책으로 묶었다. 여기에는 자바스크립트와 자바 그리고 SQL 등 핵심 프로그래밍 언어 3종 세트와 JSP 서블릿과 스프링 프레임워크를 활용하는 웹 애플리케이션 개발의 핵심 기술이 포함된다. 그리고 다섯 권의 책에서 이들 프로그래밍 언어와 기술을 각각 독립적으로 학습할 수 있을 뿐만 아니라 유기적으로 결합하여 체계적으로 학습할 수 있게 하였다. 그리고 이들 책을 교재로 온라인에서 저자의 유료 강의를 수강하여 프로그래밍 지식의 완성도를 더욱더 높일 수 있게 하였다.

핵심 프로그래밍 언어 3종 세트를 완성하는 책이 SQL 프로그래밍이다.

현대 소프트웨어 시스템에서 데이터베이스를 사용하지 않는 경우는 거의 없다. SQL을 사용하지 않는 NoSQL 데이터베이스도 있지만, 아직까지 주류는 관계형 데이터베이스이고 모든 관계형 데이터베이스는 기본적으로 SQL을 사용한다. 이것은 자바 기술을 사용하든 닷넷 기술을 사용하든 마찬가지다. 따라서 SQL 프로그래밍 언어는 자바 기술 진영의 자바 언어나 닷넷 기술 진영의 C# 언어와 함께 공통으로 사용하는 기본적인 프로그래밍 언어가 되는 것이다.

자바 언어나 C# 언어를 학습하지 않고 곧바로 SQL 언어로 직접 들어올 수는 있으나 이런 학습 방법은 그다지 권장되지 않는다. SQL 언어도 프로그래밍 언어에 속하지만 데이터베이스를 질의하는 데 특화된 언어이기 때문에 자바 언어나 C# 언어를 학습하면서 얻을 수 있는 다양한 프로그래밍 개념을 습득하기는 어렵기 때문이다. 따라서 처음 프로그래밍 언어에 입문한다면 자바 언어나 C# 언어를 먼저 학습할 것을 권장한다. 그리고 이 책은 이미 자바나 C# 언어를 학습했다는 전제 하에 데이터베이스 질의를 위한 SQL 구문과 기법을 설명한다.

현재 상용 데이터베이스 서버로는 오라클 데이터베이스(Oracle Database)와 마이크로소프트 SQL 서버(Microsoft SQL Server)가 가장 많이 사용되고 있다. 또한 오픈소스 데이터베이스 서버로는 MySQL이 많이 사용되며, 최근에는 PostgreSQL이 많이 사용되고 있다.

그러나 개발자로서 여러분이 데이터베이스 서버 즉, RDBMS를 선택할 수 있는 경우는 거의 없다고 보면 된다. 대부분의 경우에 조직에서 이미 사용 중이거나 선택된 것을 사용해야 한다. 따라서 어떤 특정한 데이터베이스 서버만 사용하는 것을 고집하기보다는 여러 데이터베이스 서버를 사용할 수 있도록 능력을 확장시키는 것이 더 좋다. 따라서 이 책에서는 위에서 언급한 네 개의 데이터베이스 서버 즉, 오라클 데이터베이스와 마이크로소프트 SQL 서버, 그리고 MySQL과 PostgreSQL을 모두 사용할 것이다.

그러나 이들 데이터베이스가 사용하는 SQL 문의 구문은 조금씩 다르다. 데이터베이스별로 고유한 기능을 제공하기 위해 독자적인 구문도 제공하기 때문이다. 이러한 이유로 많은 개발자들이 특정한 데이터베이스에서 지원하는 구문을 위주로 SQL 문을 학습하는 경우가 많다. 이 경우에 최대의 문제점은 다른 데이터베이스 환경에서 작업하게 되었을 때 전혀 경험하지 못한 낯선 환경에서 당황하게 될 수도 있다는 것이다. 이런 문제점을 해결할 수 있는 방법은 ANSI라고 하는 표준 기구에서 정의된 SQL 구문을 위주로 학습을 하고, 그다음에 각 데이터베이스에 지원하는 SQL 구문과의 차이점을 이해하는 방식으로 학습한다면 다른 데이터베이스 환경에도 쉽게 적응할 수 있게 된다. 물론 이 방식이 조금은 학습할 내용이 많아지는 단점이 있지만 가장 효과적인 방법이라고 확신한다. 따라서 이 책에서는 ANSI 표준 구문을 먼저 설명하고 각 데이터베이스에서 제공하는 구문과의 차이점을 설명한다.

이 책의 1장 SQL과 데이터베이스에서는 데이터베이스와 SQL를 개관하고 네 개의 데이터베이스 서버와 개발 도구를 설치하는 방법과 데이터베이스를 생성하는 방법에 대해서 학습한다. 특별히 도커라고 하는 가상 머신을 지원하는 기술을 사용하여 이미 데이터베이스가 설치되어 있는 도커 이미지를 사용하여 도커 컨테이너를 생성하여 데이터베이스를 사용하는 방식으로 손쉽게 여러분의 로컬 시스템에 데이터베이스를 생성하는 방법에 대해 설명한다. 이 방식은 학습이 끝나면 도커 이미지와 컨테이너를 삭제하여 손쉽게 데이터베이스 서버의 설치를 해제할 수도 있기 때문에 학습에는 아주 효과적이다.

2장 SQL 둘러보기에서는 앞에서 생성한 데이터베이스에 자바 프로그래밍 기초 책에서 실습한 주문 관리 시스템을 위한 데이터베이스의 스키마를 생성하면서 SQL 구문을 개관한다. 여기에서 생성된 데이터베이스는 웹 애플리케이션 개발을 위한 다른 두 개의 책에서 활용함으로써 이들 책의 내용이 유기적으로 연결되도록 하였다.

3장 데이터 타입에서는 ANSI 표준 데이터 타입을 학습하고 각 데이터베이스에 지원하는 고유한 데이터 타입과의 차이점에 대해서 살펴본다. 4장 SELECT 문에서는 가장 기본적인 질의문인 SELECT 문에 대해서 학습한다.

5장 SQL 내장 함수에서는 ANSI 표준 내장 함수를 학습하고, 많이 사용되는 각 데이터베이스 서버가 제공하는 내장 함수에 대해서 살펴본다. 6장 테이블 생성에서는 테이블을 생성하고 변경 삭제하는 DDL 구문과 로우를 추가하고 갱신 삭제하는 DML 구문에 대해 학습한다. 그리고 트랜잭션 개념과 트랜잭션을 커밋 또는 롤백하는 방법에 대해서 살펴본다.

7장 집계 함수에서는 5장 SQL 내장 함수에서 살펴본 내장 함수 중에서 특별히 집계 함수에 대해 학습한다. 8장 조인에서 여러 테이블을 묶어서 사용하는 조인의 기본 구문에 대해서 학습하고, 외부 조인과 자체 조인, 비등가 조인 등 여러 테이블을 조인하는 기법에 대해서 살펴본다. 9장 서브 질의에서는 서브 질의를 생성하는 방법에 대해 학습하고, INSERT 문과 UPDATE, DELETE 문에서 서브 질의를 활용하는 방법에 대해서도 살펴본다.

10장 뷰와 인덱스에서는 가상 테이블이라고도 하는 뷰를 생성하고 사용하는 방법에 대해 학습하며, 인덱스를 생성하는 방법과 인덱스를 사용할 때 발생하는 오버헤드를 최소화하는 가이드라인을 설명한다. 또한 스키마 객체를 생성하는 방법과 사용자를 생성하고 권한을 부여하는 구문에 대해서도 살펴본다.

11장에서 14장까지의 네 개의 장에서는 저장 프로시저와 저장 함수, 트리거를 구현하는 방법에 대해 학습한다. 11장에서는 오라클의 PL/SQL 구문을 사용하여 구현하며, 12장에서 SQL 서버의 T-SQL 구문을 사용하여 구현한다. 13장에서는 MySQL의 SQL/PSM 구문을 사용하여 구현하며, 14장에서는 PostgreSQL의 PL/pgSQL 구문을 사용하여 구현한다.

이 책에서 사용된 소스 코드는 다음과 같이 온라인 강의 사이트에서 다운로드할 수 있으며, 이메일로 요청할 수 있다.

또한 저자가 직강하는 유료 온라인 강의를 수강할 수 있다.

SQL 프로그래밍

- 온라인 강의 사이트: www.realdev-learning.com
- 이메일 : realdev.learning@gmail.com
- 유튜브 : www.youtube.com/@realdev.learning

힘든 개발자의 길을 묵묵히 걸어가고 있는 모든 개발자들을 응원하며, 새로운 시작을 두려워하지 않는 모든 이들에게 하나님의 축복이 늘 함께하시기를 기도한다.

전병선 씀

저자
전병선

    30여 년간 현업에서 개발자와 아키텍트, 컨설턴트로 다양한 프로젝트를 수행하였으며 30여 권의 저서와 7권의 번역서를 출간하고 폭 넓은 독자 층을 갖고 있는 베스트 셀러 저자다.

    금융, 제조, 조선, 통신, 국방, 정부 연구 기관 등 다양한 도메인 분야에서 아키텍트이자 컨설턴트로 프로젝트를 수행하였으며, 특별히 SOA 전문가로서 조달청 차세대 통합 국가전자조달시스템 구축 사업 서비스 모델링과 KT N-STEP SOA 진단 컨설팅 등의 프로젝트를 수행하였다.

    대표적인 저서로는 전병선의 객체지향 이야기와 SOA, What & How, CDB, What & How, All-in-One Java 애플리케이션 개발, UML 분석 설계 실무, 나는 개발자다 등이 있다. 이러한 지식과 노하우를 바탕으로 최근에는 막 개발자와 프로그래머로서 첫 걸음을 시작하는 사람들이 실무 프로젝트에서 작업을 할 수 있을 만큼의 능력을 갖출 수 있도록 핵심 지식과 기술을 묶어 다섯 권의 책을 출간하였다.

    또한 이들 책을 교재로 온라인 강의 사이트(www.realdev-learning.com)에서 체계적인 강의를 제공하고 있으며, 이러한 노력은 자바에서 닷넷으로, 객체지향 언어에서 함수형 언어로, 컴포넌트에서 마이크로서비스로, 모노리식 애플리케이션에서 반응형 분산 컴퓨팅 분야로 이동하면서 끊임 없이 새로운 기술과 언어에 관한 저술과 강의 할 동을 계속 이어갈 예정이다.

    유튜브(www.youtube.com/@realdev.learning)에서 독자들과의 소통에도 힘쓰고 있다.

목차

SQL 프로그래밍

01장 SQL과 데이터베이스	2
데이터베이스 개요	2
SQL 개요	4
데이터베이스 서버 설치	7
데이터베이스 개발 도구	13
데이터베이스 생성	16
02장 SQL 둘러보기	24
주문 시스템 예제 프로젝트	24
DDL	26
DML	45
03장 데이터 타입	54
ANSI 표준 데이터 타입 개요	54
문자 데이터 타입	57
숫자 데이터 타입	60
대용량 객체, 비트열, 불리안 타입	63
날짜와 시간 타입	65
ANSI 표준 데이터 타입과 내장 데이터 타입	66
04장 SELECT 문	76
SELECT 문 기본 구문	76
ORDER BY 구	82
WHERE 구	84
CASE WHEN 구	94
집합 연산자	96

05장 SQL 내장 함수 102
ANSI 표준 내장 함수 102
문자 함수 105
숫자 함수 112
날짜와 시간 함수 116
범용 함수 119
ANSI 표준 내장 함수와 데이터베이스 서버 내장 함수 122
오라클 내장 함수 126
SQL 서버 내장 함수 137
MySQL 내장 함수 141
PostgreSQL 내장 함수 146

06장 테이블 생성 152
테이블 생성 152
테이블 변경 및 삭제 168
로우 추가 181
로우 갱신 및 삭제 187
트랜잭션 190

07장 집계 함수 198
집계 함수 198
GROUP BY 구 203
그룹화 함수 208

08장 조인 222
조인 기본 구문 222
외부 조인 226
자체 조인 237
비등가 조인 239

09장 서브 질의 248
서브 질의 개요 248
IN, ANY, SOME, ALL 연산자 259
INSERT, UPDATE, DELETE 문 서브 질의 265

10장 뷰와 인덱스 270
뷰 270
인덱스 286
데이터베이스와 스키마 292

| 사용자와 권한 298
11장 저장 프로시저 - 오라클 324
        PL/SQL 기본 구문 324
        저장 프로시저 342
        저장 함수 347
        트리거 351
12장 저장 프로시저 - SQL 서버 358
        T-SQL 기본 구문 358
        저장 프로시저 368
        저장 함수 374
        트리거 381
13장 저장 프로시저 - MySQL 388
        SQL/PSM 기본 구문 388
        저장 프로시저 400
        저장 함수 404
        트리거 408
14장 저장 프로시저 - PostgreSQL 416
        PL/pgSQL 기본 구문 416
        저장 프로시저 433
        저장 함수 439
        트리거 444

1장 SQL과 데이터베이스

1장
SQL과 데이터베이스

- ☐ 데이터베이스 개요
- ☐ SQL 개요
- ☐ 데이터베이스 서버 설치
- ☐ 데이터베이스 개발 도구
- ☐ 데이터베이스 생성

데이터베이스 개요

SQL(Structured Query Language)는 데이터베이스(database), 그 중에서도 관계형 데이터베이스(relational database)에 데이터를 저장하고 읽어 오기 위해 사용되는 언어다. 따라서 SQL에 대해 살펴보기 전에 먼저 데이터베이스에 대해 간단히 살펴보기로 한다.

데이터베이스란 관련된 정보들의 집합이다. 현재의 대부분의 데이터베이스는 관계형 데이터베이스(relational database)로, 1970년에 Codd가 관계형 모델(relational model) 이론에 기초하였다.

관계형 모델에 따라 데이터베이스의 모든 데이터는 테이블(table) 안에 논리적으로 구조화된다. 각 테이블은 데이터의 컬럼(column)으로 구성되며, 각 로우(row)는 컬럼당 하나의 값을 포함한다. 관계형 모델 이론에서는 테이블을 릴레이션(relation)이라고 하며, 컬럼은 애트리뷰트(attribute), 로우는 터플(tuple)이라고 한다.

엑셀(Excel)과 같은 스프레드시트(spreadsheet)를 생각하면 쉽다. 스프레드시트의 가로 열이 컬럼이 되고, 세로 행이 로우가 된다. 그리고 이렇게 가로 열과 세로 행으로 구성된 하나의 스프레드시트가 테이블이 되는 셈이다. 그리고 하나의 엑셀 파일 안에 여러 개의 시프레드시트를 포함하는 것처럼 하나의 데이터베이스 안에는 여러 테이블이 포함된다.

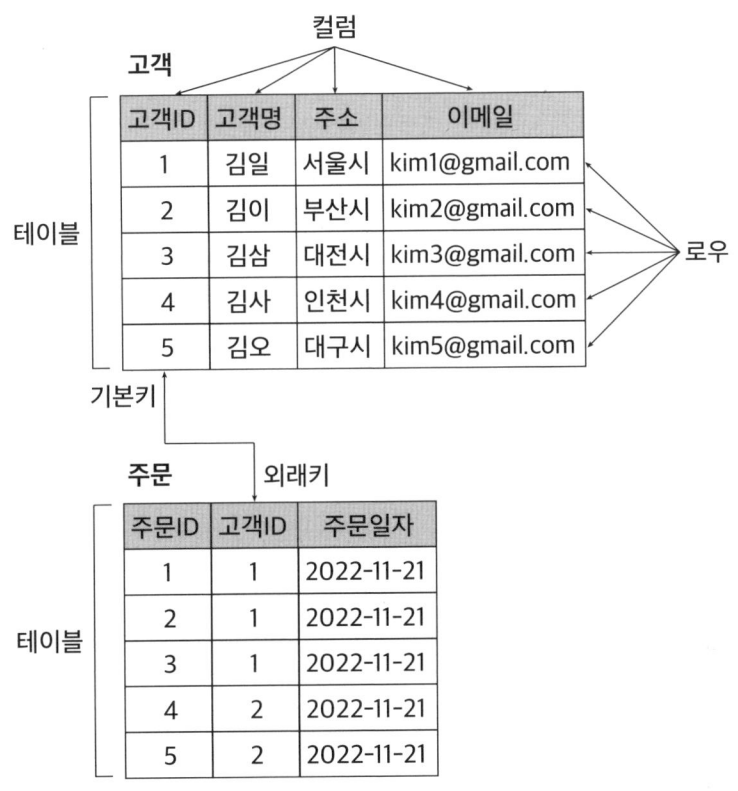

[그림 1-1] 데이터베이스

각 테이블은 해당 테이블 안에 있는 로우를 유일하게 식별할 수 있는 정보를 포함한다. 이것을 기본 키(primary key)라고 하며 다른 테이블의 기본 키를 참조하는 키를 외래 키(foreign key)라고 한다. 그리고 각 테이블의 로우에 손쉽게 접근할 수 있도록 인덱스(index)를 포함한다.

정리하면 데이터베이스는 저장 장치 안에 있는 데이터의 모음을 말하며, 관계형 데이터베이스는 관계형 모델에 따라 데이터를 테이블과 컬럼, 로우로 구조화한다. 이와 같은 데이터베이스를 여러 사람들이 공유하고 사용할 목적으로 통합 관리하는 소프트웨어를 데이터베이스 관리 시스템(DBMS, DataBase Management System)이라고 하며, 특별히 관계형 데이터베이스를 관리하는 시스템을 RDBMS(Relational DataBase Management System)이라고 한다. 우리는 보통 데이터베이스 서버(database server)라고 부른다. 현재 상용 데이터베이스 서버로는 오라클 데이터베이스(Oracle Database)와 마이크로소프트 SQL 서버(Microsoft SQL Server)가 가장 많이 사용되고 있다. 또한 오픈 소스 데이터베이스 서버로는 MySQL이 많이 사용되며, 최근에는 PostgreSQL이 많이 사용되고 있다.

그러나 개발자로서 여러분이 데이터베이스 서버 즉, RDBMS를 선택할 수 있는 경우는 거의 없다고 보면 된다. 대부분의 경우에 조직에서 이미 사용 중이거나 선택된 것을 사용해야 한다. 따라서 어떤 특정한 데이터베이스 서버만 사용하는 것을 고집하기보다는 여러 데이터베이스 서버를 사용할 수 있도록 능력을 확장시키는 것이 더 좋다. 따라서 이 책에서는 위에서 언급한 네 개의 데이터베이스 서버 즉, 오라클 데이터베이스와 마이크로소프트 SQL 서버, 그리고 MySQL과 PostgreSQL을 모두 사용하기로 한다. 하지만 아무래도 우리나라에서는 오라클 데이터베이스의 점유율이 가장 높으므로 오라클 데이터베이스를 기반으로 설명하고, 각 데이터베이스 서버에서의 차이점에 대해서 설명하기로 한다.

SQL 개요

SQL은 데이터베이스 질의 언어(database query language)다. SQL을 구조적 질의 언어 즉, Structured Query Language의 약자로 많이 알려져 있으며 보통 "시퀄(sequel)"이라고 읽는다. 하지만 각 문자를 개별적으로 읽어서 "에스큐엘"이라고 읽어도 된다. SQL은 다음과 같이 구분된다.

- 데이터 정의 언어(DDL, data definition language)
- 데이터 조작 언어(DML, data manipulation language)
- 데이터 제어 언어(DCL, data control language)

이들 언어의 구문은 ANSI(American National Standards Institute)와 ISO/IEC라고 하는 표준 기구에서 표준을 정의하고 있으며, 대부분의 RDBMS는 ANSI 표준을 준수한다. 그러나 RDBMS가 모든 ANSI 표준을 그대로 따르는 것은 아니다. RDBMS 벤더별로 고유한 기능을 제공하기 위해 표준을 확장한 구문도 제공한다. 이러한 확장 구문 때문에 RDBMS 사이에 호환되지 않는 코드를 작성해야 하는 경우도 발생한다. 이 책에서는 ANSI 표준을 기반으로 각 RDBMS의 확장 구문도 함께 설명하기로 한다. SQL 코드를 작성할 때 영문 대소문자를 구분하지 않지만 관습상 대문자를 많이 사용하고 각 단어는 밑줄 문자("_")로 연결한다. 이 책에서는 이와 같은 관습을 따르되 SQL 예약어는 대문자를 사용하고, 다른 식별자는 소문자를 사용하여 구분하기로 한다.

데이터 정의 언어에는 테이블과 인덱스 구조를 관리하는 CREATE, ALTER, TRUNCATE, DROP 문이 있다.

CREATE 문은 테이블이나 인덱스를 생성한다.

```
CREATE TABLE customer (
    customer_id INTEGER,
    customer_name VARCHAR(20),
    customer_address VARCHAR(60),
    customer_email VARCHAR(40)
);
CREATE INDEX idx_customer_id ON customer(customer_id);
```

ALTER 문은 테이블이나 인덱스의 구조를 변경한다.

```
ALTER TABLE customer ADD telno VARCHAR(20) NULL;
```

TRUNCATE 문은 테이블에서 모든 데이터를 삭제한다.

```
TRUNCATE TABLE customer;
```

DROP 문은 데이터베이스에서 테이블이나 인덱스를 삭제한다.

```
DROP TABLE customer;
```

데이터 조작 언어에는 로우를 추가, 갱신, 삭제하는 INSERT, UPDATE, DELETE, SELECT 문 등이 포함된다. 이들 네가지 행위를 CRUD(Create, Read, Update, Delete)라고 하며, 데이터를 조작하는데 사용되는 가장 핵심이 되는 기본적인 행위다.

INSERT 문은 테이블에 로우를 추가한다.

1장 SQL과 데이터베이스

    INSERT INTO customer VALUES (1, '김일', '서울시', 'kim1@gamil.com');

UPDATE 문은 테이블에서 기존의 로우 데이터를 변경한다.

    UPDATE customer SET address = '부산시' WHERE customer_id = 1;

DELETE 문은 테이블에서 기존 로우를 삭제한다.

    DELETE FROM customer WHERE customer_id = 1;

SELECT 문은 하나 이상의 테이블에서 데이터를 가져온다. SELECT 문은 질의의 결과를 로우의 집합 즉, 로우셋(row set)으로 반환한다. 로우셋을 결과셋(result set)이라고도 한다.

    SELECT * FROM customer;

데이터 제어 언어에는 사용자의 데이터 접근과 조작을 통제하는 GRANT와 REVOKE 문이 포함된다.

GRANT 문은 사용자가 테이블에 대한 작업 수행을 할 수 있도록 허용한다.

    GRANT SELECT, UPDATE ON customer TO ordr;

REVOKE 문은 사용자에게 허용된 권한을 제거한다.

    REVOKE SELECT, UPDATE ON customer FROM ordr;

데이터 제어 언어는 주로 데이터베이스 관리자가 많이 사용한다.

저장 프로시저(stored procedure)는 일련의 질의를 마치 하나의 함수처럼 실행하기 위한 질의의 집합으로 DBMS 안에 컴파일된 상태로 저장된다.

    CREATE OR REPLACE PROCEDURE get_customer(
        input IN INTEGER, output OUT VARCHAR)
    IS
    BEGIN
        SELECT customer_name INTO output FROM customer

```
    WHERE customer_id = input;
END;
```

데이터베이스 서버 설치

데이터베이스 분야는 역할을 크게 두 가지로 구분한다. 하나는 이 책의 대상인 데이터베이스 개발자(developer)이고, 다른 하나는 데이터베이스 관리자(administrator)다. 데이터베이스 관리자는 주로 데이터베이스 서버의 설치와 관리 및 데이터 제어 언어를 사용한 사용자와 권한 관리를 담당한다. 이 책은 주로 데이터베이스 개발자를 대상으로 한 SQL 프로그래밍을 설명한다.

따라서 실무에서 데이터베이스 개발자가 RDBMS을 설치할 일은 별로 없다. 다만 SQL 코드를 테스트하기 위해 각자의 로컬 머신(local machine) 즉, 컴퓨터에 데이터베이스 서버를 설치하는 정도다. 로컬 머신에 RDBMS를 설치하는 가장 손쉬운 방법은 이미 데이터베이스 서버가 설치되어 있는 도커(docker) 이미지(image)를 사용하는 것이다.

먼저 다음 URL로 이동해서 도커 데스크톱(Docker Desktop)을 다운로드하고 설치한다.

https://www.docker.com

윈도우 운영체제의 경우에는 WSL2(Windows Subsystem for Linux 2)와 하이퍼-V(Hyper-V) 어느 것을 사용해도 상관없다. WSL2는 윈도우 운영체제 상에 설치되는 리눅스(Linux) 서브 시스템을 말한다. 따라서 윈도우 운영체제에 리눅스, 주로 우분투(Ubuntu) 운영체제를 함께 사용할 수 있다. 하이퍼-V는 윈도우 운영체제가 제공하는 가상 머신(virtual machine)이다. 도커 데스크톱은 리눅스 서브 시스템 또는 하이퍼-V 상에 설치된 리눅스 시스템에 도커 컨테이너(docker container)를 생성하게 된다. 윈도우 용 도커 데스크톱은 WSL2 사용을 권장한다. 여러분은 우분투와 같은 리눅스 운영체제가 설치된 로컬 머신(local machine)에 직접 도커 데스크톱을 설치하고 사용할 수 있다. 이 책에서는 맥오에스(macOS) 운영체제 상에서 도커 데스크톱을 설치하고 사용한다. 또한 필요한 경우에 별도의 오라클 리눅스(Oracle Linux)와 마이크로소프트 윈도우 서버(Windows Server) 로컬 머신에 설치된 데이터베이스 서버도 사용하게 될 것이다. 이 책에서는 도커에 대해서 설명하지 않는다. 도커에 관해서는 별도

1장 SQL과 데이터베이스

의 책에서 설명할 예정이다. 여기에서는 도커를 사용하여 필요한 데이터베이스 서버를 설치하고 사용하는 방법을 배우는 것만으로 충분하다.

오라클 데이터베이스는 기업판(Enterprise Edition) 외에도 가볍게 개발용으로 사용할 수 있는 익스프레스 판(Express Edition), 줄여서 오라클 XE를 제공한다.

오라클 XE 버전을 터미널에서 다음과 같은 명령으로 설치한다. 참고로 이하 모든 명령은 하나의 명령행으로 실행한다.

```
docker run -d --name oracle-xe -p 8080:8080 -p 1521:1521
    -e ORACLE_PASSWORD=1234
    -v ~/data/oracle:/opt/oracle/oradata gvenzl/oracle-xe
```

윈도우 운영체제의 경우 파일 공유(Docker Desktop – Filesharing) 여부를 묻는 창이 나오면 공유(Share it)를 선택한다.

리눅스에서 설치한다면 앞에 sudo 명령을 추가한다. 다른 RDBMS를 설치하는 경우에도 마찬가지다.

```
sudo docker run -d --name oracle-xe -p 8080:8080 -p 1521:1521
    -e ORACLE_PASSWORD=1234
    -v ~/data/oracle:/opt/oracle/oradata gvenzl/oracle-xe
```

이제 비밀 번호가 1234인 system 계정으로 접속할 수 있다.

M1이나 M2 등 ARM 기반의 실리콘 칩(Slicon Chip) CPU가 탑재된 맥오에스 운영체제의 경우에는 도커 데스크톱에 직접 오라클 데이터베이스를 설치할 수 없다. 오라클 데이터베이스는 ARM 기반의 시스템을 지원하지 않기 때문이다. 이 경우에는 맥오에스 운영체제에 x86_64 AMD 기반의 리눅스 서브 시스템을 생성하고 도커를 설치할 수 있다. 가장 손쉬운 방법은 colima를 사용하는 것이다. 먼저 홈브루(Homebrew)를 설치한다. 홈브루를 설치하는 방법은 다음 URL을 참조한다.

https://brew.sh

다음에는 홈브루를 사용하여 colima를 설치한다.

```
brew install colima
```

그리고 다음과 같은 명령으로 colima를 시작한다.

```
colima start --arch x86_64 --cpu 4 --memory 8
```

그 다음에는 위에서 동일한 방법으로 오라클 XE 컨테이너를 설치할 수 있다.
다음 그림은 오라클 XE 컨테이너를 실행한 예를 보여준다.

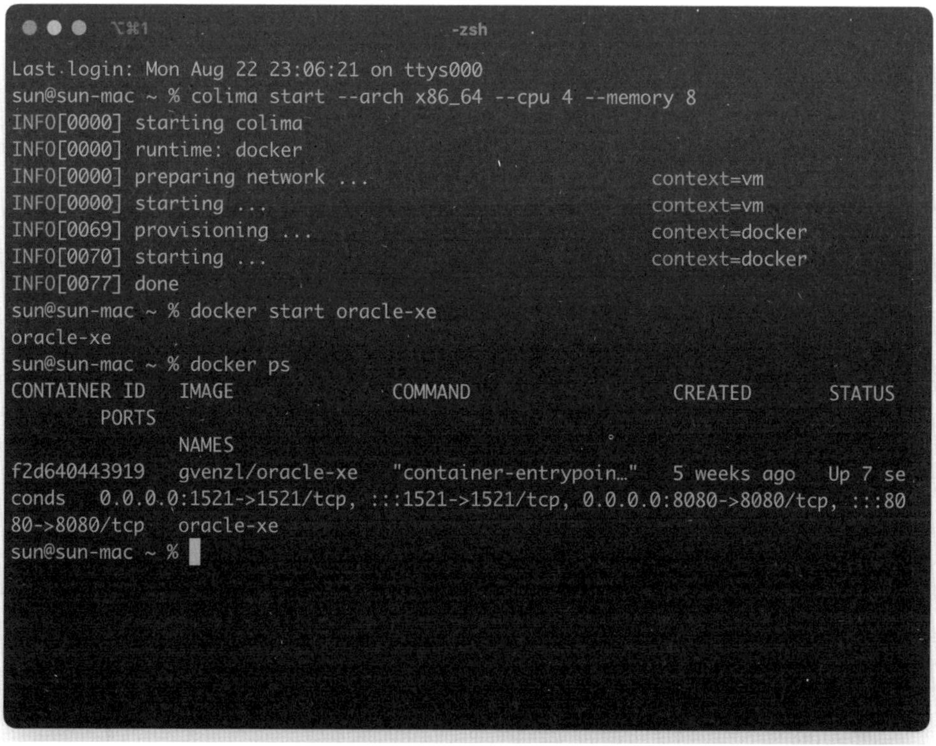

[그림 1-2] 오라클 XE 컨테이너 실행

colima에 대해서는 다음 URL을 참조한다.

https://github.com/abiosoft/colima

참고로 다음과 같은 명령으로 colima를 종료할 수 있다.

```
docker stop oracle-xe
colima stop
```

1장 SQL과 데이터베이스

다음에 다시 실행하려면 다음 명령을 실행한다.

```
colima start --arch x86_64 --cpu 4 --memory 8
docker start oracle-xe
```

마이크로소프트 SQL 서버는 개발자들이 사용할 수 있는 개발자 판(Developer Edition)을 별도로 제공한다. SQL 서버 개발자 판을 다음과 같은 명령으로 설치한다. 하나의 명령행으로 실행한다.

```
docker run -e ACCEPT_EULA=Y -e MSSQL_SA_PASSWORD=sa12345678!
    --name sqlserver
    -p 1433:1433 -v ~/data/sqlserver:/var/opt/mssql
    -d mcr.microsoft.com/mssql/server:2022-latest
```

실리콘 맥오에스에서는 다음과 같이 명령을 실행한다.

```
docker run -e ACCEPT_EULA=Y -e MSSQL_SA_PASSWORD=sa12345678!
    --name sqlserver
    -p 1433:1433 -v ~/data/sqlserver:/var/opt/mssql
    -d mcr.microsoft.com/azure-sql-edge
```

이제 비밀 번호가 sa12345678! 인 sa 계정으로 접속할 수 있다.

마이크로소프트 SQL 서버를 설치한 후에 비밀번호가 길어서 불편하다면 일단 sa 계정으로 접속한 후에 sqlcmd에서 다음 명령으로 비밀번호를 변경할 수 있다.

```
ALTER LOGIN [sa] WITH PASSWORD='1234', CHECK_POLICY=OFF
GO
```

다음부터는 비밀 번호가 1234 인 sa 계정으로 접속할 수 있다. sqlcmd 명령에 대해서는 잠시 후에 설명하기로 한다.

MySQL은 커뮤니티 판(Community Edition)을 제공한다. MySQL 8 커뮤니티 판을 다음과 같은 명령으로 설치한다. 하나의 명령행으로 실행한다.

```
docker run -p 3306:3306 --name mysql -v ~/data/mysql:/var/lib/mysql
    -e MYSQL_ROOT_PASSWORD=1234 -d mysql:oracle
```

SQL 프로그래밍

실리콘 맥오에스에서는 다음과 같이 명령을 실행한다.

    docker run -p 3306:3306 --name mysql -v ~/data/mysql:/var/lib/mysql
      -e MYSQL_ROOT_PASSWORD=1234 -d arm64v8/mysql:oracle

이제 비밀 번호가 1234인 root 계정으로 접속할 수 있다.
원격에서 MySQL 서버에 접속하고 싶다면 먼저 다음과 같이 도커 명령을 실행한다.

    docker exec -it mysql bash

다음에는 mysql 명령으로 MySQL에 접속한 다음,

    mysql -u root -p1234

다음과 같이 명령을 실행한다.

    GRANT ALL PRIVILEGES ON *.* TO 'root'@'%';
    FLUSH PRIVILEGES;

PostgreSQL은 다음과 같은 명령으로 설치한다. 하나의 명령행으로 실행한다.

    docker run -d -p 5432:5432 --name postgres -e POSTGRES_PASSWORD=1234
      -v /var/lib/docker/basedata:/var/lib/postgresql/data
      -v ~/data/postgres:/mnt/largedb postgres

실리콘 맥오에스에서는 다음과 같이 명령을 실행한다.

    docker run -d -p 5432:5432 --name postgres -e POSTGRES_PASSWORD=1234
      -v /var/lib/docker/basedata:/var/lib/postgresql/data
      -v ~/data/postgres:/mnt/largedb arm64v8/postgres

이제 비밀 번호가 1234인 postgres 계정으로 접속할 수 있다.
다음 그림은 인텔 맥오에스 운영체제에서 설치를 완료한 예를 보여준다.

1장 SQL과 데이터베이스

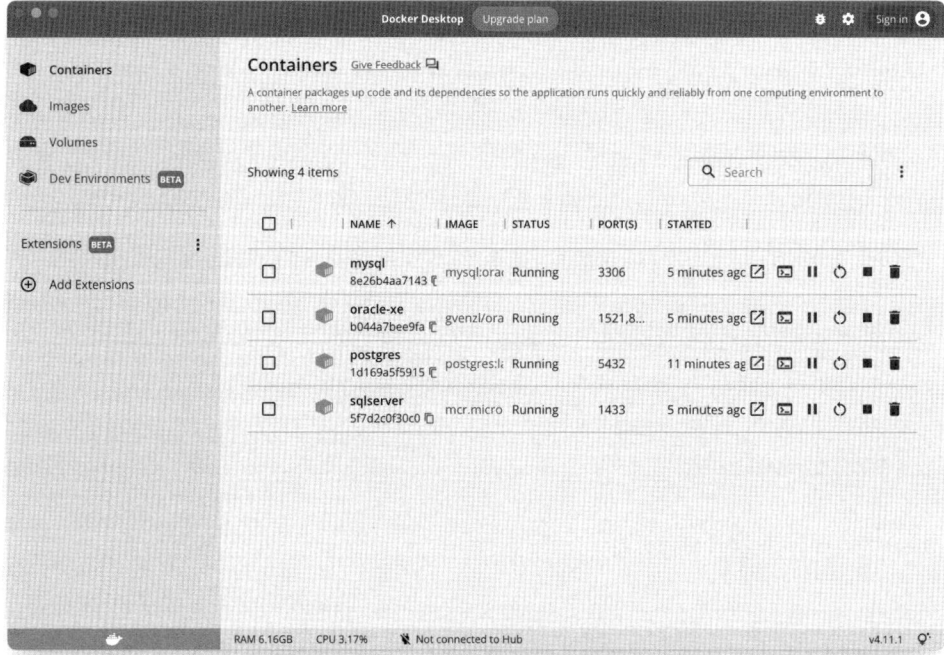

[그림 1-3] 데이터베이스 컨테이너 설치 (맥오에스)

다음 그림은 윈도우 운영체제에서 설치를 완료한 예를 보여준다.

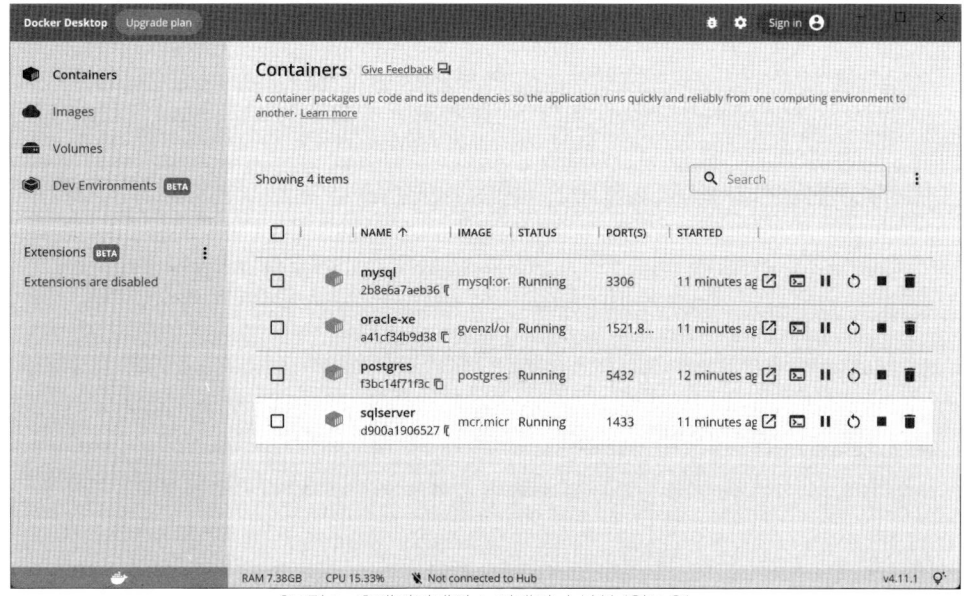

[그림 1-4] 데이터베이스 컨테이너 설치 (윈도우)

각 데이터베이스 서버를 설치한 도커 컨테이너를 종료하고 다시 실행하려면 도커 데스크톱에서 사각형 아이콘을 클릭하여 종료하고, 삼각형 아이콘을 클릭하여 다시 실행할 수 있다. 더 이상 해당 컨테이너를 사용하지 않는다면 휴지통 아이콘을 클릭하여 삭제한 후에, Images 탭으로 이동하여 사용되지 않는 이미지도 삭제할 수 있다. 현재 사용하고 있는 이미지에는 "IN USE" 아이콘 표시가 되어 있다. docker나 k8s로 시작하는 이미지는 도커 데스트톱에서 사용하는 이미지이기 때문에 삭제하지 말아야 한다.

각 데이터베이스 서버에서 저장된 데이터베이스 데이터는 여러분의 로컬 머신 홈 디렉터리 밑에 data 서브 디렉터리에 저장된다. 따라서 도커 컨테이너를 삭제하고 다시 설치하더라도 기존의 데이터를 그대로 사용할 수 있다.

데이터베이스 개발 도구

각 데이터베이스는 자체 개발 도구를 제공한다. 개발 도구는 두가지 형태로 제공된다. 하나는 명령행 프로그램이고, 다른 하나는 그래픽 사용자 인터페이스를 제공하는 프로그램이다.

오라클 데이터베이스의 명령행 개발 도구는 sqlplus다. 다음 명령으로 sqlplus를 사용할 수 있다. 먼저 도커 컨테이너에서 bash 를 실행한 후에,

```
docker exec -it oracle-xe bash
```

터미널 창에서 다음과 같이 sqlplus를 실행할 수 있다.

```
sqlplus / as sysdba
```

마이크로소프트 SQL 서버의 명령행 개발 도구는 sqlcmd다. 그러나 마이크로소프트 SQL 서버 도커 컨테이너는 sqlcmd 도구를 제공하지 않기 때문에 별도의 도커 컨테이너를 설치해야 한다.

```
docker run -it -d --name mssql-tools mcr.microsoft.com/mssql-tools
```

그리고 다음 명령으로 sqlcmd를 사용할 수 있다.

먼저 도커 컨테이너에서 bash 를 실행한 후에,

1장 SQL과 데이터베이스

```
docker exec -it mssql-tools bash
```

터미널 창에서 다음과 같이 sqlcmd를 실행할 수 있다.

```
sqlcmd -S 192.168.1.3 -U sa -P 1234
```

위의 명령에서 192.168.1.3은 여러분 로컬 머신의 IP 주소다.

MySQL의 명령행 개발 도구는 mysql이다.

먼저 도커 컨테이너에서 bash 를 실행한 후에,

```
docker exec -it mysql bash
```

터미널 창에서 다음과 같이 mysql을 실행할 수 있다.

```
mysql -h192.168.1.3 -uroot -p1234
```

PostgreSQL의 명령행 개발 도구는 psql이다. 그러나 PostgreSQL 도커 컨테이너는 psql 도구를 제공하지 않기 때문에 별도의 도커 컨테이너를 설치해야 한다.

```
docker run -it -d --name=pgclient codingpuss/postgres-client
```

그리고 다음 명령으로 psql을 사용할 수 있다.

```
docker exec -it pgclient
  psql postgresql://postgres:1234@192.168.1.3:5432/postgres
```

위의 명령에서 psql 다음에는 다음과 같은 형식으로 지정한다.

```
postgresql://ID:PASSWORD@IP:PORT/DB
```

참고로 맥오에스 운영체제에서 다음과 같이 명령행 도구를 직접 로컬 머신에 설치할 수 있다.

오라클 sqlplus 도구는 다음과 같이 설치한다.

```
brew tap InstantClientTap/instantclient
brew install instantclient-basic
brew install instantclient-sqlplus
```

마이크로소프트 SQL 서버 sqlcmd 도구는 다음과 같이 설치한다.

```
brew tap microsoft/mssql-release
brew install mssql-tools
```

MySQL mysql 도구는 다음과 같이 설치한다.

```
brew install mysql-client
```

PostgreSQL은 psql 대신에 pgcli를 다음과 같이 설치할 수 있다.

```
brew install pgcli
```

pgcli 도구는 다음과 같이 사용한다.

```
pgcli -h 192.168.1.3 -p 5432 -u postgres -d postgres
```

-h 옵션에는 IP 주소를 지정하고, -p 옵션에는 포트, -u 옵션에는 사용자 ID, -d 옵션에는 접속할 데이터베이스를 지정한다. 비밀 번호를 요청하면 1234를 입력한다.

사용자 인터페이스 개발 도구는 직접 여러분의 로컬 머신에 설치하는 것이 좋다.

오라클 데이터베이스의 개발 도구는 SQL 디벨로퍼(SQL Developer)다. SQL 디벨로퍼는 다음 URL에서 다운로드할 수 있다.

https://www.oracle.com/database/sqldeveloper/technologies/download/

마이크로소프트 SQL 서버의 개발 도구는 SQL 서버 관리 스튜디오(SSMS, SQL Server Management Studio)다. SQL 서버 관리 스튜디오는 윈도우 용으로만 제공된다. SQL 서버 관리 스튜디오는 다음 URL에서 다운로드할 수 있다.

https://docs.microsoft.com/ko-kr/sql/ssms/
download-sql-server-management-studio-ssms?view=sql-server-ver16

이와 함께 애저 데이터 스튜디오(Azure Data Studio)도 함께 제공한다. 맥오에스의 경우에는 애저 데이터 스튜디오를 설치해야 한다. 애저 데이터 스튜디오는 다음 URL 에서 다운로드할 수 있다.

> https://docs.microsoft.com/ko-kr/sql/azure-data-studio/
> download-azure-data-studio?view=sql-server-ver16

MySQL은 MySQL 워크벤치(MySQL Workbench)를 제공한다. MySQL 워크벤치는 다음 URL에서 다운로드할 수 있다.

> https://dev.mysql.com/downloads/workbench/

PostgreSQL의 개발 도구는 pgAdmin이다. pgAdmin은 다음 URL에서 다운로드할 수 있다.

> https://www.pgadmin.org/download/

데이터베이스별로 이들 각 개발 도구를 사용할 수 있다. 하지만 각 데이터베이스 마다 개별적으로 서로 다른 도구를 사용하는 것이 번거롭다면 DBeaver라고 하는 도구를 사용할 수 있다. 이 개발 도구는 커뮤니티 에디션을 제공하므로 무료로 사용할 수 있다. DBeaver는 다음 URL에서 다운로드할 수 있다.

> https://dbeaver.io/download/

데이터베이스 생성

이제는 앞으로 우리가 사용하게 될 데이터베이스를 데이터베이스 서버에 생성하기로 한다.

오라클 데이터베이스는 다른 세 개의 데이터베이스와는 다른 방식을 사용한다. 오라클 데이터베이스 서버는 하나의 인스턴스(instance)로만 구성될 수도 있고 여러 개의 인스턴스로도 구성될 수 있다. 여기에서 우리는 인스턴스가 하나인 단일 인스턴스 구성에 대해서만 생각하기로 한다. 인스턴스는 오라클 데이터베이스 서버 프로그램이 실행되는 백그라운드 프로세스와 메모리 구조의 조합이다. 그러니까 오라클 데이터베이스 서버 프로그램이 한번 실행된 것으로 생각하면 된다. 인스턴스는 고유한 SID(System IDentifier)과 서비스 이름(service name)을 갖는다. SID는 인스턴스 이름이다. 우리가 도커 컨테이너로 생성한 오라클 XE 데이베이스의 SID는 "xe"다. 서비스 이름은 데이터베이스의 논리적인 표현이다. 기본적으로 전역 데이터베이스 이름(global database name)이 서비스 이름으로 지정된다. 도커 컨테이너로 생성한 오라클 XE 데이베이스의 서비스 이름도 "xe"다.

오라클 데이터베이스는 하나의 인스턴스 안에서 여러 사용자(user)가 각각 자신의 스키마(schema)를 소유한다. 오라클 데이터베이스에서 스키마란 테이블, 뷰, 인덱스 등 객체들의 집합을 의미한다. 따라서 오라클 데이터베이스에서 사용자와 스키마는 동일한 개념으로 사용된다.

이제 sqlplus 명령행 도구를 사용하여 사용자를 생성하기로 한다.

먼저 도커 컨테이너에서 bash 를 실행한 후에,

```
docker exec -it oracle-xe bash
```

터미널 창에서 다음과 같이 sqlplus를 실행한다.

```
sqlplus / as sysdba
```

SQL〉 프롬프트가 나오면 다음과 같이 입력하여 사용자를 생성한다.

```
SQL> ALTER SESSION SET "_oracle_script"=TRUE;
SQL> CREATE USER ordr IDENTIFIED BY 1234;
```

사용자 계정 ID는 ordr이고 비밀 번호는 1234이다.

다음에는 ordr 사용자에 객체 생성과 변경, 삭제, 그리고 연결 및 관리자 권한을 부여하기로 한다.

SQL〉 프롬프트 다음에 다음과 같이 입력한다.

```
SQL> GRANT RESOURCE, CONNECT, DBA TO ordr;
```

이제 ordr 사용자 계정으로 연결하기 위해 다음과 같이 입력한다.

```
SQL> CONNECT ordr/1234
```

실행 결과는 다음 화면과 같다.

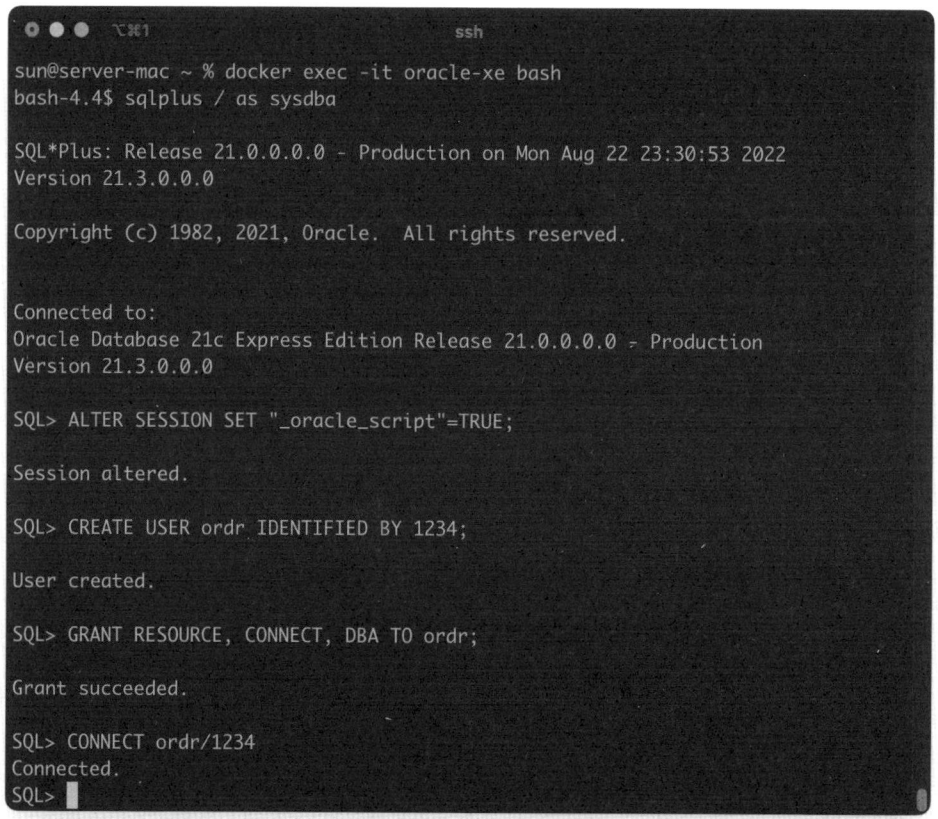

[그림 1-5] sqlplus 실행

이제 SQL> 프롬프트 다음에 exit 명령을 실행하여 sqlplus에서 빠져 나온다.

그리고 다음과 같이 sqlplus 명령을 실행하여 ordr 사용자 계정으로 로그인할 수 있다.

    sqlplus ordr/1234

마이크로소프트 SQL 서버에서 오라클 데이터베이스의 스키마와 유사한 개념을 갖는 객체는 데이터베이스(database)다. 하지만 오라클 데이터베이스와는 달리, 여러 사용자가 각각 자신의 데이터베이스를 소유하지는 않는다. 하나의 사용자가 권한을 갖는다면 여러 데이터베이스에 접근할 수 있다. sa 사용자 계정은 관리자(system administrator) 권한을 갖는다. 우리는 sa 사용자 계정으로 데이터베이스를 생성하기로 한다.

먼저 도커 컨테이너에서 bash를 실행한 후에,

    docker exec -it mssql-tools bash

터미널 창에서 다음과 같이 sqlcmd를 실행할 수 있다.

    sqlcmd -S 192.168.1.3 -U sa -P 1234

위의 명령에서 192.168.1.3은 여러분 로컬 머신의 IP 주소로 대체한다.
1> 프롬프트 다음에 다음과 같이 명령을 실행하여 master 데이터베이스로 연결한다.

    1> USE master;
    2> GO

1> 프롬프트 다음에 다음과 같이 명령을 실행하여 order_system 데이터베이스를 생성한다.

    1> CREATE DATABASE order_system COLLATE Korean_Wansung_CI_AS;
    2> GO

다음에는 order_system 데이터베이스에 연결하기 위해 다음과 같이 입력한다.

    1> USE order_system;
    2> GO

이제 성공적으로 order_system 데이터베이스가 생성되었다.

```
sun@server-mac ~ % docker exec -it mssql-tools bash
root@6df7244cc46c:/# sqlcmd -S 192.168.1.3 -U sa -P 1234
1> USE master;
2> GO
Changed database context to 'master'.
1> CREATE DATABASE order_system COLLATE Korean_Wansung_CI_AS;
2> GO
1> USE order_system;
2> GO
Changed database context to 'order_system'.
1>
```

[그림 1-6] sqlcmd 실행

MySQL도 마이크로소프트 SQL 서버와 유사하다. 이번에는 MySQL에 데이터베이스를 생성하기로 한다.

root 사용자 계정은 관리자(system administrator) 권한을 갖는다. 우리는 root 사용자 계정으로 데이터베이스를 생성하기로 한다.

먼저 도커 컨테이너에서 bash 를 실행한 후에,

```
docker exec -it mysql bash
```

터미널 창에서 다음과 같이 mysql을 실행할 수 있다.

```
mysql -u root -p1234
```

mysql> 프롬프트 다음에 다음과 같이 명령을 실행하여 order_system 데이터베이스를 생성한다.

```
mysql> CREATE DATABASE order_system DEFAULT CHARACTER SET utf8
         DEFAULT COLLATE utf8_general_ci;
```

다음에는 order_system 데이터베이스에 접근하기 위해 다음과 같이 입력한다.

```
mysql> USE order_system;
```

이제 성공적으로 order_system 데이터베이스가 생성되었다.

```
sun@server-mac ~ % docker exec -it mysql bash
bash-4.4# mysql -u root -p1234
mysql: [Warning] Using a password on the command line interface can be insecure.
Welcome to the MySQL monitor.  Commands end with ; or \g.
Your MySQL connection id is 14
Server version: 8.0.29 MySQL Community Server - GPL

Copyright (c) 2000, 2022, Oracle and/or its affiliates.

Oracle is a registered trademark of Oracle Corporation and/or its
affiliates. Other names may be trademarks of their respective
owners.

Type 'help;' or '\h' for help. Type '\c' to clear the current input statement.

mysql> CREATE DATABASE order_system DEFAULT CHARACTER SET utf8 DEFAULT COLLATE utf8_general_ci;
Query OK, 1 row affected, 2 warnings (0.00 sec)

mysql> USE order_system;
Database changed
mysql>
```

[그림 1-7] mysql 실행

PostgreSQL도 마찬가지로 마이크로소프트 SQL 서버와 유사하다. 다음은 PostgreSQL에 데이터베이스를 생성하기로 한다.

postgres 사용자 계정은 관리자(system administrator) 권한을 갖는다. 우리는 postgres 사용자 계정으로 데이터베이스를 생성하기로 한다.

먼저 다음 도커 명령으로 psql을 실행한다.

    docker exec -it pgclient psql
        postgresql://postgres:1234@192.168.1.3:5432/postgres

위의 명령에서 192.168.1.3은 여러분 로컬 머신의 IP 주소로 대체한다.

postgres=# 프롬프트 다음에 다음과 같이 명령을 실행하여 order_system 데이터베이스를 생성한다.

    postgres=# CREATE DATABASE order_system;

postgres=# 프롬프트 다음에 exit 명령으로 psql에서 빠져나온다.

다시 다음과 같은 도커 명령으로 order_system 데이터베이스로 접속한다.

1장 SQL과 데이터베이스

docker exec -it pgclient psql

postgresql://postgres:1234@192.168.1.3:5432/order_system

이제 성공적으로 order_system 데이터베이스가 생성된 것을 확인할 수 있다.

```
sun@server-mac ~ % docker exec -it pgclient psql postgresql://postgres:1234@192.168.1.3:5432/postgres
Pager usage is off.
psql (12.7, server 14.4 (Debian 14.4-1.pgdg110+1))
WARNING: psql major version 12, server major version 14.
         Some psql features might not work.
Type "help" for help.

postgres=# CREATE DATABASE order_system;
CREATE DATABASE
postgres=# exit
sun@server-mac ~ % docker exec -it pgclient psql postgresql://postgres:1234@192.168.1.3:5432/order_system
Pager usage is off.
psql (12.7, server 14.4 (Debian 14.4-1.pgdg110+1))
WARNING: psql major version 12, server major version 14.
         Some psql features might not work.
Type "help" for help.

order_system=#
```

[그림 1-8] postgres 실행

2장 SQL 둘러보기

2장
SQL 둘러보기

- 주문 시스템 예제 프로젝트
- DDL
- DML

주문 시스템 예제 프로젝트

 필자의 저서 "자바 프로그래밍 기초"에서 주문 시스템 프로젝트 실습에서 다음과 같이 네 개의 도메인 클래스(domain class)를 레코드(record)로 정의하였다.

```
public record Customer(long id, String name, String address, String email) {
    // 생략...
}
public record Product(long id, String name, String description, long price) {
    // 생략...
}
public record OrderItem(Product product, long quantity) {
    // 생략...
}
public record Order(long id, Customer customer, List<OrderItem> items,
```

```
                        LocalDate date) {
    // 생략...
}
```

Customer 레코드는 고객을 표현하며, 숫자 타입의 고객 ID(id)와 문자 타입의 고객명(name), 고객 주소(address), 고객 이메일(email) 항목을 갖는다.

Product 레코드는 제품을 표현하며, 숫자 타입의 제품 ID(id)와 문자 타입의 제품명(name), 제품 설명(description), 그리고 숫자 타입의 제품 가격(price) 항목을 갖는다.

OrderItem 레코드는 주문 항목을 표현하며, Product 레코드 타입의 주문 제품(product)와 숫자 타입의 주문 수량(quantity) 항목을 갖는다.

Order 레코드는 주문을 표현하며, 숫자 타입의 주문 ID(id)와 Customer 레코드 타입의 주문 고객(customer), 그리고 List⟨OrderItem⟩ 타입의 주문 목록(items), LocalDate 클래스 타입의 주문 일자(date) 항목을 갖는다.

그리고 도메인 클래스에 레코드로 표현되지는 않았지만 재고 현황이 다음과 같이 Map⟨Long, Long⟩ 타입으로 정의되어 있다.

```
private Map<Long, Long> inventories;
```

위의 정의에서 첫 번째 Long 타입은 제품 ID를 키로 가지며, 두 번째 Long 타입은 재고 수량을 값으로 갖는다.

우리는 이제 주문 시스템의 이들 도메인 객체들의 데이터를 데이터베이스에 저장하려고 한다. 데이터베이스에 저장할 테이블의 구조를 보여주는 E-R(Entity-Relationship) 다이어그램은 다음과 같다.

2장 SQL 둘러보기

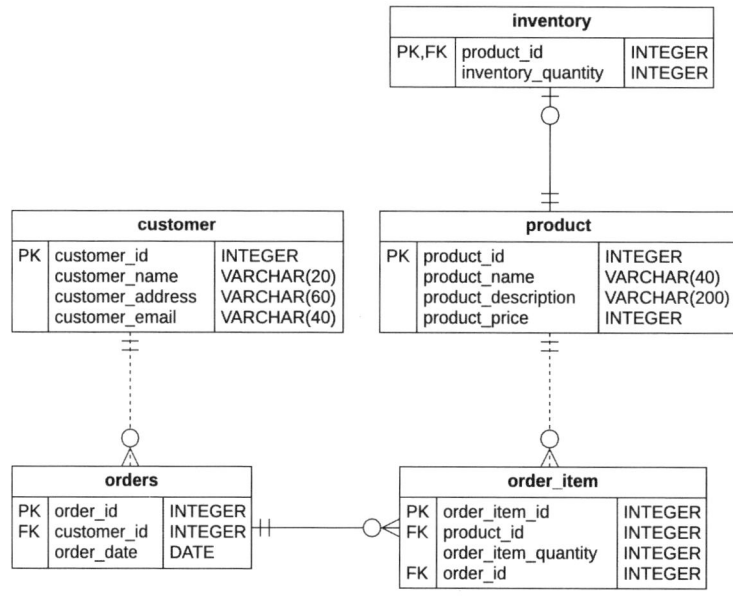

[그림 2-1] E-R 다이어그램

E-R 다이어그램은 데이터베이스 설계에서 가장 많이 사용되는 E-R 모델(Entity-Ralationship Model, 실체-관계 모델) 개념에 기반을 둔 데이터 모델을 표현하는 다이어그램이다. 테이블은 사각형으로 표현되며, 타이틀에는 테이블명이 표시된다. 그리고 테이블명 밑에는 컬럼명이 나열된다. 컬럼명 왼쪽에는 기본 키(PK, Primary Key)와 외래 키(FK, Foreign Key)가 표시되며, 오른쪽에는 데이터 타입이 표시된다. 테이블 사이의 선은 이들 테이블 사이의 관계를 표시한다. 이 책에서는 E-R 다이어그램을 설명하지는 않지만, 아마도 여러분은 그림만으로도 데이터베이스 스키마를 쉽게 이해할 수 있을 것이다. E-R 모델링에 대해서는 별도의 책에서 설명할 예정이다.

DDL

1장 SQL과 데이터베이스에서 SQL은 다음과 같이 구분된다고 하였다.

- 데이터 정의 언어(DDL, data definition language)
- 데이터 조작 언어(DML, data manipulation language)
- 데이터 제어 언어(DCL, data control language)

이들 중에서 먼저 DDL 즉, 데이터 정의 언어를 사용하여 테이블을 생성하기로 한다. 테이블을 생성할 때는 CREATE TABLE 문을 사용한다.

```
CREATE TABLE customer (
    customer_id INTEGER,
    customer_name VARCHAR(20),
    customer_address VARCHAR(60),
    customer_email VARCHAR(40)
);
```

다음 구문과 같이 CREATE TABLE 다음에는 테이블명이 온다.

```
CREATE TABLE 테이블명 (
);
```

위의 코드에서 customer가 테이블명이다. 테이블은 여러 컬럼을 포함한다. 컬럼은 중괄호(()) 안에 놓는다.

컬럼은 다음과 같은 형식으로 정의한다.

컬럼명 데이터타입

자바 언어에서 변수를 선언할 때 "데이터타입 변수명" 구문을 사용하는 것과 비교하면 순서가 반대인 것을 알 수 있다.

가장 많이 사용되는 데이터 타입은 숫자 데이터를 표현하는 INTEGER 타입과 텍스트와 문자 데이터를 표현하는 VARCHAR, 그리고 날짜를 표현하는 DATE다.

INTEGER 타입은 4 바이트 정수를 표현한다. 자바 언어의 int 데이터 타입과 동일하다. 위의 코드에서 customer_id 컬럼은 정수값을 저장하는 INTEGER 타입이 지정되었다.

VARCHAR 타입은 CHARACTER VARYING 타입의 동의어로 가변 길이의 문자 데이터를 표현하는데 사용된다. 괄호 안에 컬럼에 저장할 수 있는 최대 길이를 지정한다. 만약 지정한 길이보다 적은 개수의 문자가 저장되면 컬럼의 실제 크기는 줄어든다. 위의 코드에서 customer_name과 customer_address, customer_email 컬럼은 모두 길이는 다르지만 문자 데이터를 저장하는 VARCHAR 타입으로 지정되어 있다.

2장 SQL 둘러보기

NUMERIC 등 숫자 데이터를 표현하는 타입과 고정 길이 문자 데이터를 저장하는 CHAR 등의 다른 타입도 있다. 우리는 3장 데이터 타입에서 이들 데이터 타입에 대해 상세히 살펴보게 될 것이다.

이제 오라클 데이터베이스에 customer 테이블을 생성하기로 한다. 먼저 SQL 디벨로퍼(SQL Developer)를 실행한다.

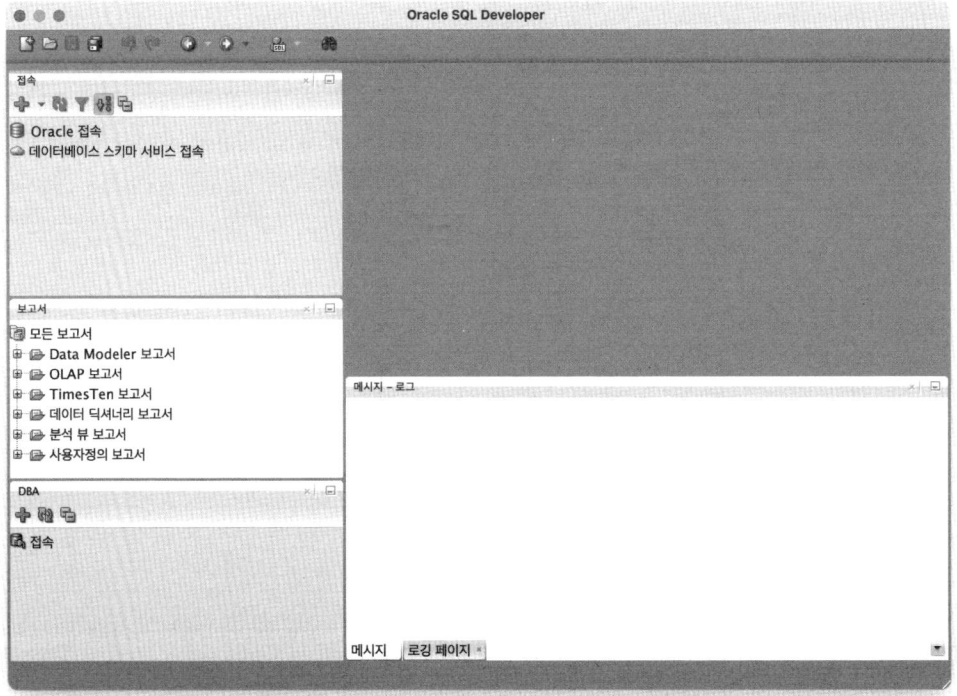

[그림 2-2] SQL 디벨로퍼

왼쪽 상단 쯤에 위치한 "+" 아이콘을 클릭한다.

새로 만들기/데이터베이스 접속 선택 대화 상자에서 Name에는 접속 이름으로 ordr을 입력하고, 사용자 이름과 비밀 번호에는 각각 ordr과 1234를 입력한다. 그리고 호스트 이름에는 여러분의 IP 주소 또는 "localhost"를 입력하고, 포트는 1521, SID는 "xe"를 입력한다.

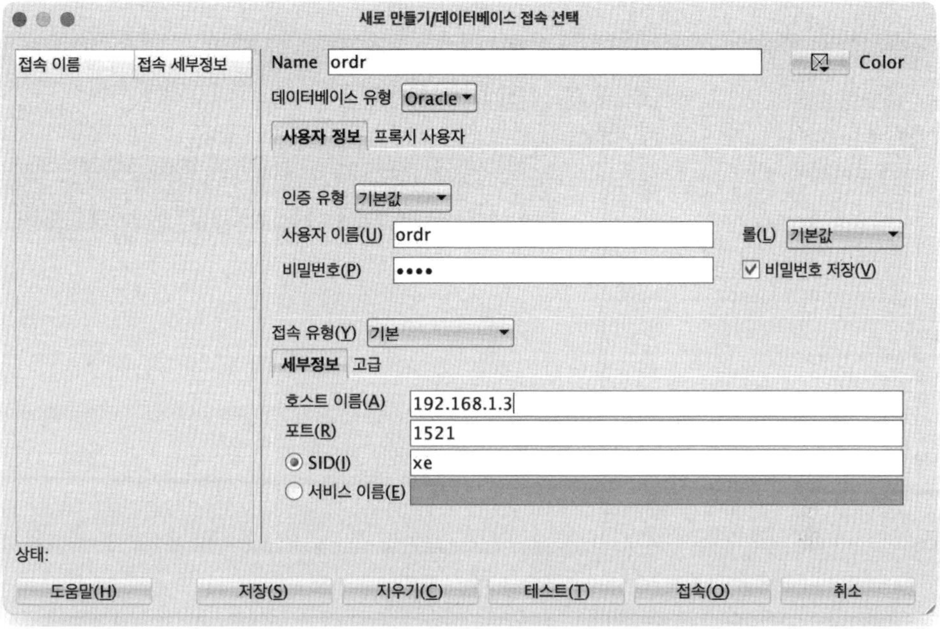

[그림 2-3] SQL 디벨로퍼 새 접속 생성

"테스트" 단추를 클릭하여 접속 테스트를 한 후에 "접속" 단추를 클릭하여 데이터베이스에 연결한다.

다음에는 워크시트에 위의 코드를 입력하고 초록색 삼각형 아이콘을 클릭하여 질의를 수행한다.

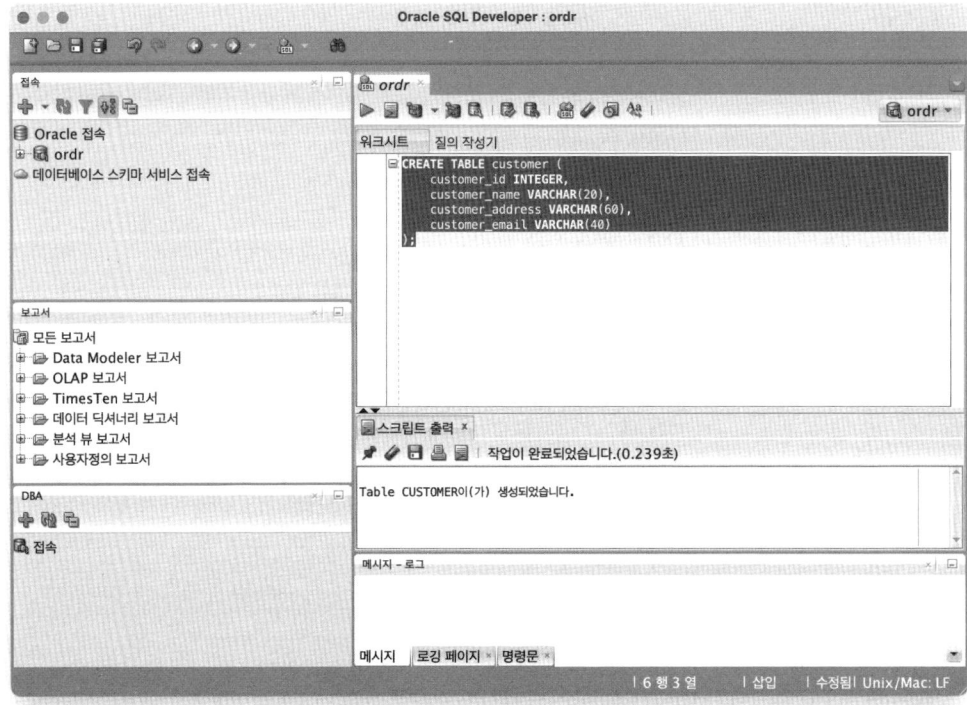

[그림 2-4] SQL 디벨로퍼 질의 실행

이렇게 하여 customer 테이블이 생성되었다.

마이크로소프트 SQL 서버는 두 개의 개발 도구를 제공한다. 하나는 윈도우 전용의 SSMS(SQL Server Management Studio) 즉, SQL 서버 관리 스튜디오이고, 다른 하나는 윈도우와 함께 맥오에스에서도 사용할 수 있는 애저 데이터 스튜디오(Azure Data Studio)다. 먼저 SQL 서버 관리 스튜디오를 실행하기로 한다.

서버에 연결 대화상자에서 서버 이름에 여러분의 IP 주소 또는 "localhost"를 입력하고, 로그인과 암호 테스트 상자에는 "sa"와 1234를 각각 입력한다. 다음에는 "연결" 단추를 클릭하여 데이터베이스에 연결한다.

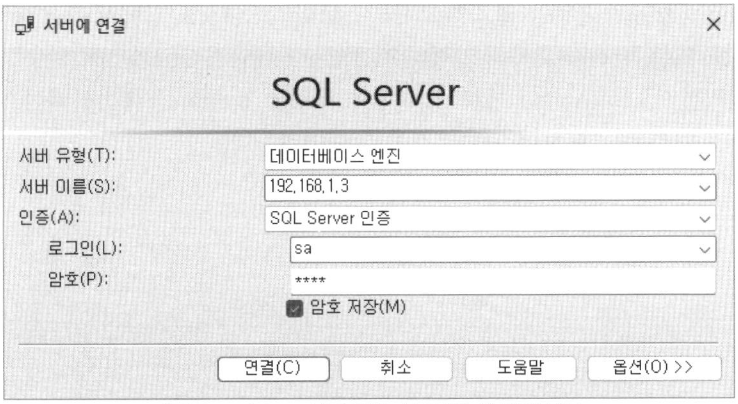

SQL 프로그래밍

[그림 2-5] SQL 서버 관리 스튜디오 새 연결 생성

도구 바에서 "새 쿼리" 아이콘을 클릭하고, 바로 하단의 왼쪽 콤보 상자에서 "order_system"을 선택한다. 질의 창에 위의 코드를 입력하고 "실행" 아이콘을 클릭하여 질의를 실행하여 customer 테이블을 생성한다.

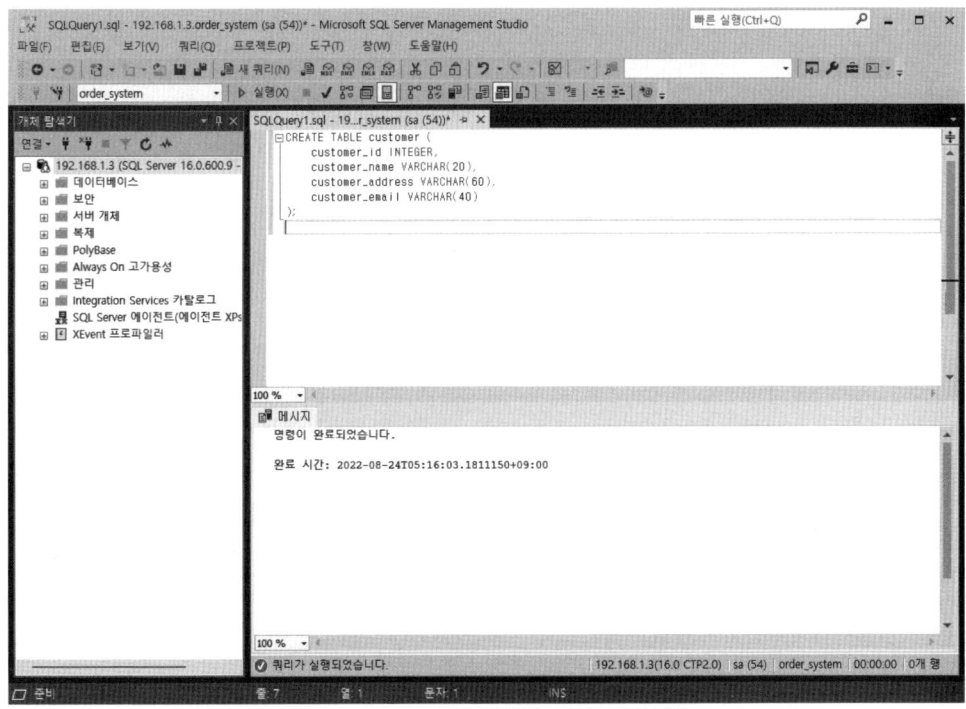

[그림 2-6] SQL 서버 관리 스튜디오 질의 실행

다음에는 애저 데이터 스튜디오를 실행한다.

2장 SQL 둘러보기

"New Connection" 단추를 클릭하고 Connection Details 창에서 Server 에는 여러분의 IP 주소 또는 "localhost"를 입력하고, User name과 Password에는 "sa"와 1234를 각각 입력한다. Database 콤보 상자에서 "order_system" 데이터베이스를 선택하고, Connect 단추를 클릭하여 데이터베이스에 연결한다.

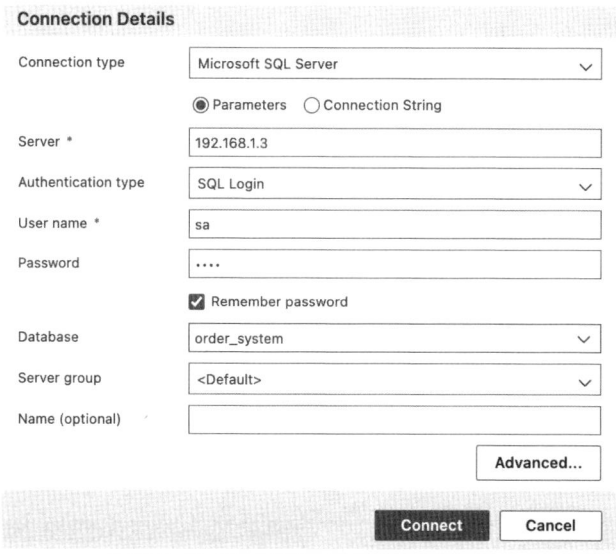

[그림 2-7] 애저 데이터 스튜디오 새 연결 생성

New Query 단추를 클릭한 후 질의 창에 위의 코드를 입력하고 Run 단추를 클릭하여 질의를 실행하여 customer 테이블을 생성한다.

SQL 프로그래밍

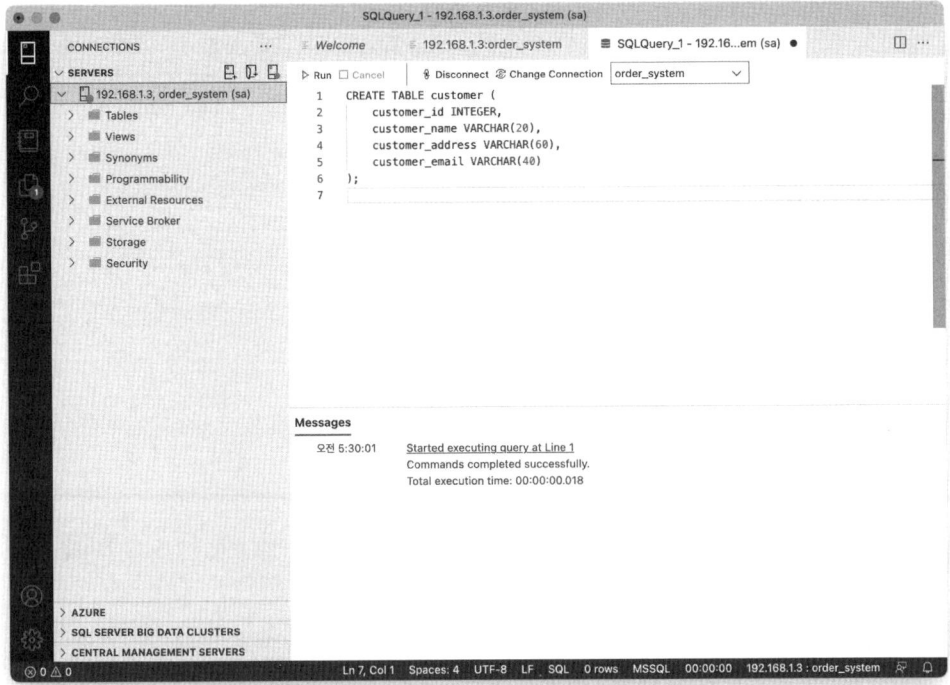

[그림 2-8] 애저 데이터 스튜디오 질의 실행

MySQL는 MySQL 워크벤치(MySQL Workbench)를 제공한다.

MySQL Connections + 원형 아이콘을 클릭하고 Setup New Connection 대화 상자에서 Connection Name에는 "order_system", Hostname에는 여러분의 IP 주소 또는 "localhost"를 입력하고, Store in Keychain(윈도우의 경우 Store in Vault)..." 단추를 클릭하여 비밀 번호 1234를 입력한다. Default Sechma에는 "order_system"를 입력하고, Test Connection 단추를 클릭하여 데이터베이스 연결을 테스트 한 후 OK 단추를 클릭한다.

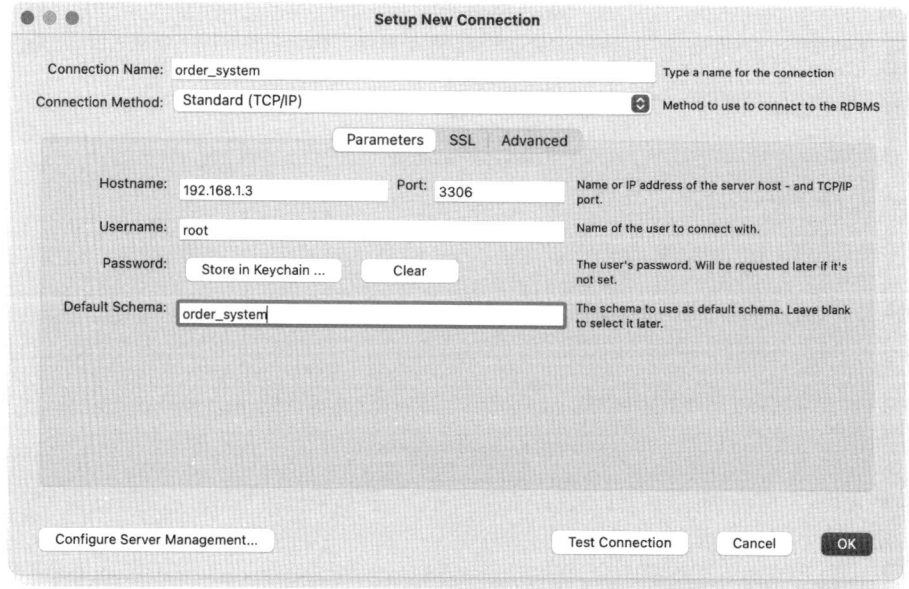

[그림 2-9] MySQL 워크벤치 새 연결 생성

MySQL Connections에서 order_system을 클릭하여 데이터베이스에 연결한다. 왼쪽 창에서 Schema 탭을 선택하고 질의 창에 위의 코드를 입력하고 번개 아이콘을 클릭하여 질의를 실행하여 customer 테이블을 생성한다.

SQL 프로그래밍

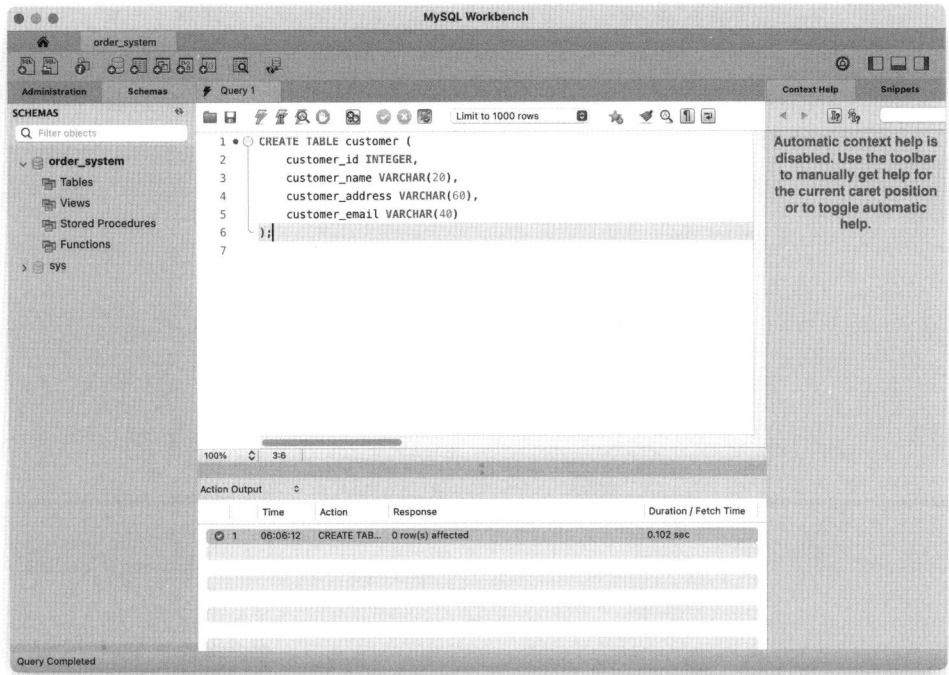

[그림 2-10] MySQL 워크벤치 질의 실행

PostgreSQL은 pgAdmin을 제공한다.

Set Mater Password 대화 상자에서 1234와 같은 비밀 번호를 입력하고 OK 단추를 클릭한다. 왼쪽 Servers 항목을 오른쪽 마우스로 클릭하고 "Register > Server" 메뉴 항목을 선택한다.

Register Server 대화 상자의 General 탭에서 Name을 "order_system"이라고 입력하고, Connection 탭에서 Host name/address에 여러분의 IP 주소 또는 "localhost"를 입력한다. Password에 1234를 입력하고 Save password?를 선택 상태로 한 후 Save 단추를 클릭한다.

2장 SQL 둘러보기

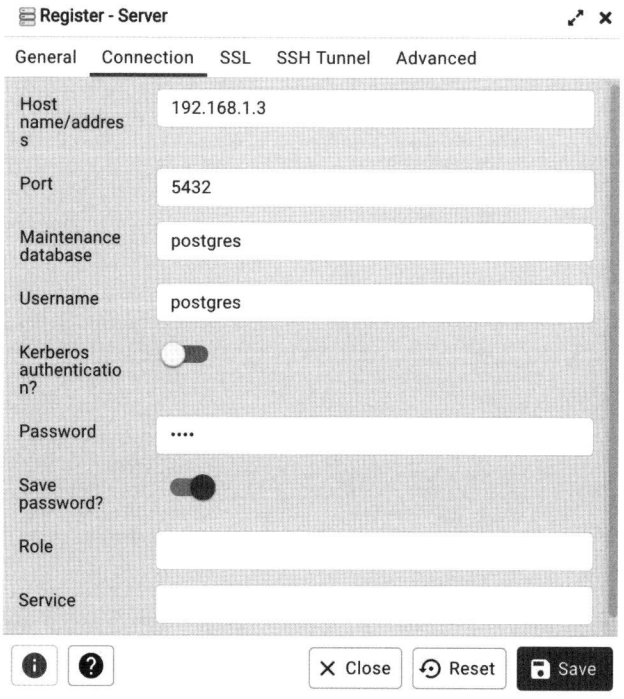

[그림 2-11] pgAdmin 새 서버 생성

왼쪽 Servers 항목을 펼쳐서 order_system 데이터베이스를 선택하고, Tools 메뉴에서 Query Tool 메뉴 항목을 선택한다. 질의 창에서 위의 코드를 입력하고 삼각형 아이콘(Execute/Referesh)을 클릭하여 질의를 실행하여 customer 테이블을 생성한다.

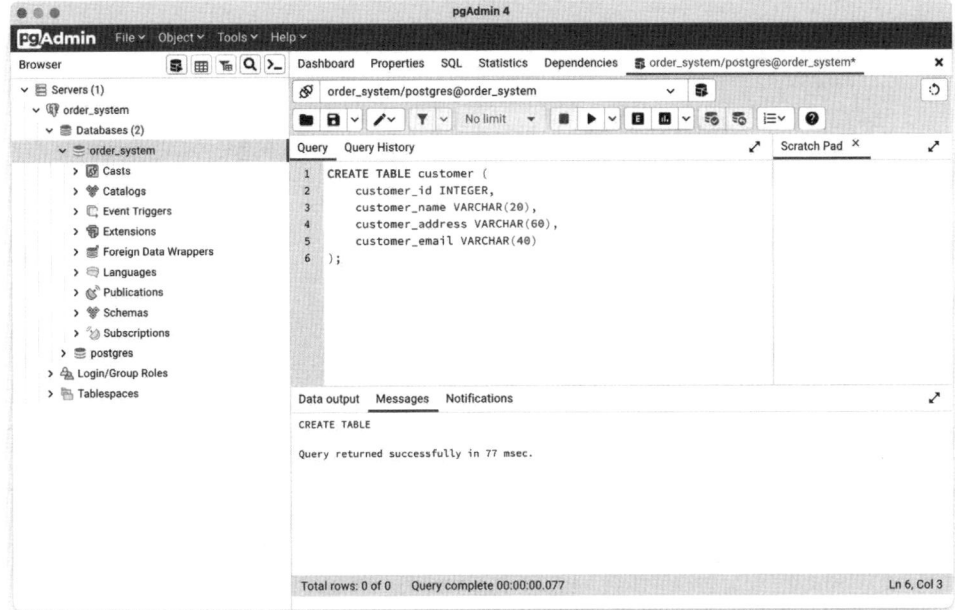

[그림 2-12] pgAdmin 질의 실행

이번에는 product 테이블을 생성하기로 한다.

```
CREATE TABLE product (
    product_id INTEGER,
    product_name VARCHAR(40),
    product_description VARCHAR(200),
    product_price INTEGER
);
```

위의 코드에서는 product 테이블은 제품 ID를 나타내는 INTEGER 타입의 product_id 컬럼과 VARCHAR 타입의 제품명을 나타내는 product_name과 제품 설명을 나타내는 product_description 컬럼, 그리고 제품 가격을 나타내는 INTEGER 타입의 product_price 컬럼을 포함하고 있다.

이번에는 DBeaver 개발 도구를 사용하여 각 데이터베이스에 product 테이블을 생성하기로 한다.

처음 DBeaver를 실행하면 예제 데이터베이스를 생성할 것인지를 묻는 대화 상자가 나타난다. "아니오" 단추를 클릭하면, Connect to a database 대화 상자가 나타난다.

2장 SQL 둘러보기

[그림 2-13] DBeaver 데이터베이스 연결 생성

먼저 Oracle을 선택한다. Oracle Connection Settings 대화 상자에서 Host 에 여러분의 IP 주소 또는 "localhost"를 입력하고 Database에는 XE라고 입력한다. Username과 Password에 ordr과 1234를 입력하고 "완료" 단추를 클릭한다.

SQL 프로그래밍

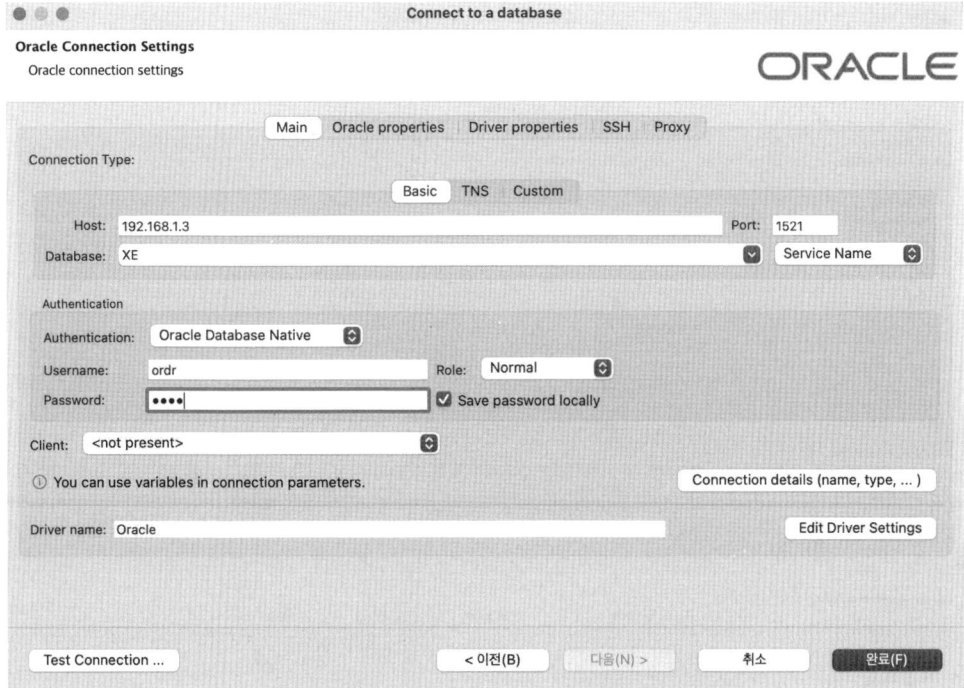

[그림 2-14] DBeaver 오라클 데이터베이스 연결 설정

왼쪽 Database Navigator 창에서 192.168.1.3을 더블 클릭한다. Download drivers files 대화 상자가 나오면 Download 단추를 클릭하여 JDBC 드라이버를 다운로드한다. 그리고 도구 바에서 SQL 아이콘을 클릭하고 질의 창에서 위의 코드를 입력한 후에, 왼쪽에서 삼각형 아이콘을 클릭하고 질의를 실행하여 product 테이블을 생성한다.

2장 SQL 둘러보기

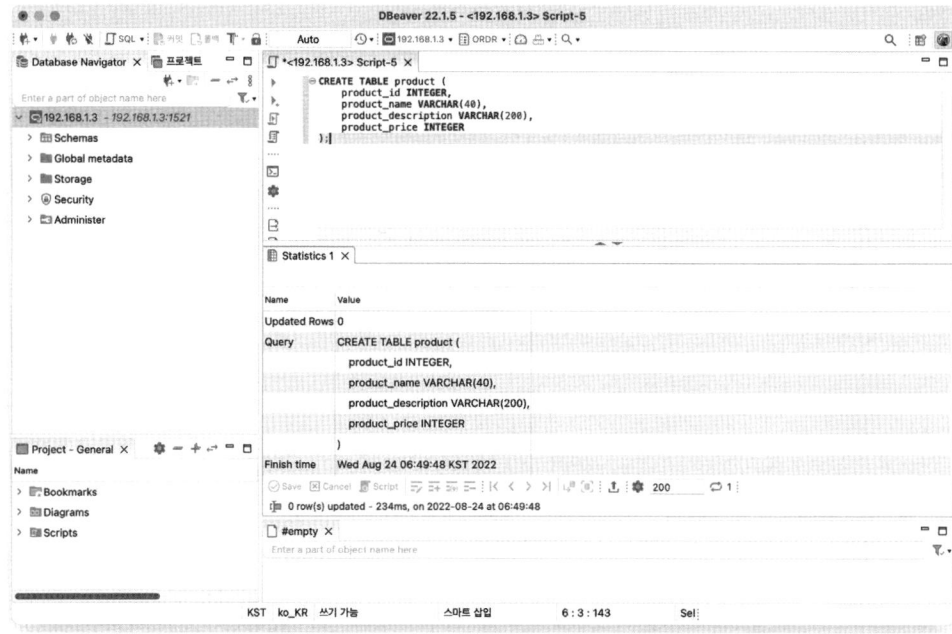

[그림 2-15] DBeaver 오라클 데이터베이스 질의 실행

이번에는 도구 바 가장 왼쪽에 있는 "새 데이터베이스 연결" 아이콘을 클릭하여 Connect to a database 대화 상자에서 SQL Server를 선택한다. SQL Server Connection Settings 대화 상자에서 Host 에 여러분의 IP 주소 또는 "localhost"를 입력하고 Database에는 order_system이라고 입력한다. Username과 Password에 sa과 1234를 입력하고 "완료" 단추를 클릭한다.

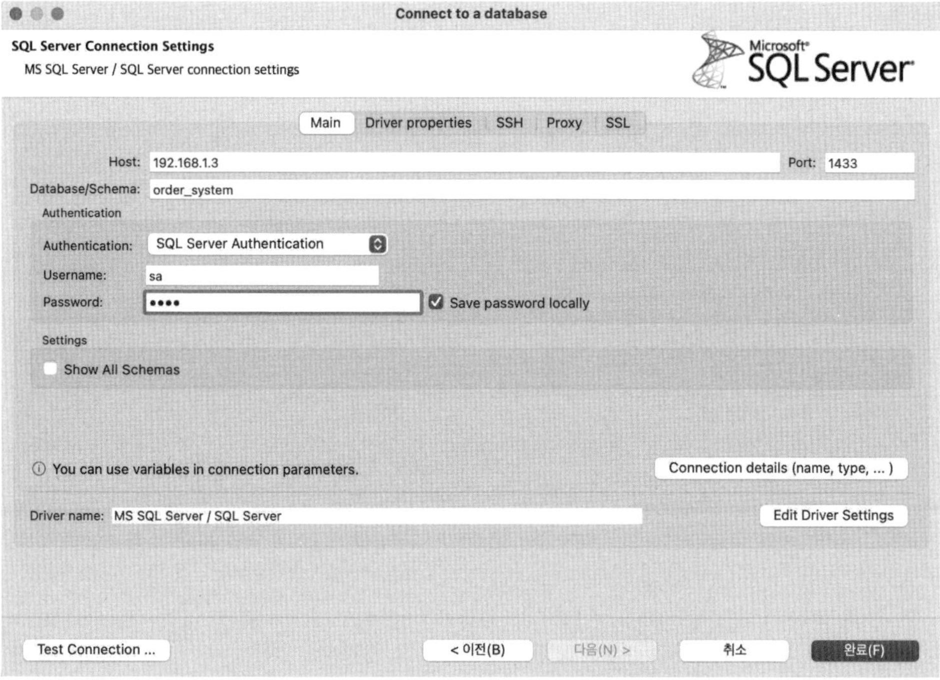

SQL 프로그래밍

[그림 2-16] DBeaver SQL 서버 데이터베이스 연결 설정

왼쪽 Database Navigator 창에서 order_system을 더블 클릭한다. 오라클 데이터베이스 경우와 마찬가지로 Download drivers files 대화 상자가 나오면 Download 단추를 클릭하여 JDBC 드라이버를 다운로드한다. 그리고 도구 바에서 SQL 아이콘을 클릭하고 질의 창에서 위의 코드를 입력한 후에, 왼쪽에서 삼각형 아이콘을 클릭하고 질의를 실행하여 product 테이블을 생성한다.

다시 도구 바 가장 왼쪽에 있는 "새 데이터베이스 연결" 아이콘을 클릭하여 Connect to a database 대화 상자에서 MySQL을 선택한다. MySQL Connection Settings 대화 상자에서 Host 에 여러분의 IP 주소 또는 "localhost"를 입력하고 Database에는 order_system이라고 입력한다. Username과 Password에 root와 1234를 입력하고 "완료" 단추를 클릭한다.

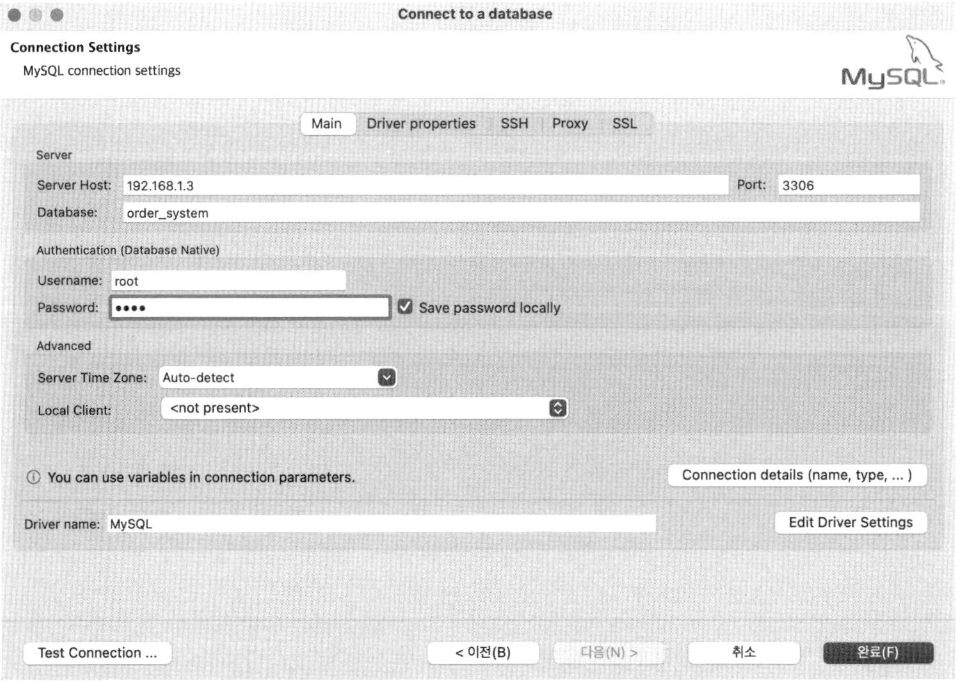

[그림 2-17] DBeaver MySQL 데이터베이스 연결 설정

  왼쪽 Database Navigator 창에서 order_system 2를 더블 클릭한다. 앞에서와 마찬가지로 Download drivers files 대화 상자가 나오면 Download 단추를 클릭하여 JDBC 드라이버를 다운로드한다. 그리고 도구 바에서 SQL 아이콘을 클릭하고 질의 창에서 위의 코드를 입력한 후에, 왼쪽에서 삼각형 아이콘을 클릭하고 질의를 실행하여 product 테이블을 생성한다.

  다시 도구 바 가장 왼쪽에 있는 "새 데이터베이스 연결" 아이콘을 클릭하여 Connect to a database 대화 상자에서 PostgreSQL을 선택한다. PostgreSQL Connection Settings 대화 상자에서 Host 에 여러분의 IP 주소 또는 "localhost"를 입력하고 Database에는 order_system이라고 입력한다. Username과 Password에 postgres와 1234를 입력하고 "완료" 단추를 클릭한다.

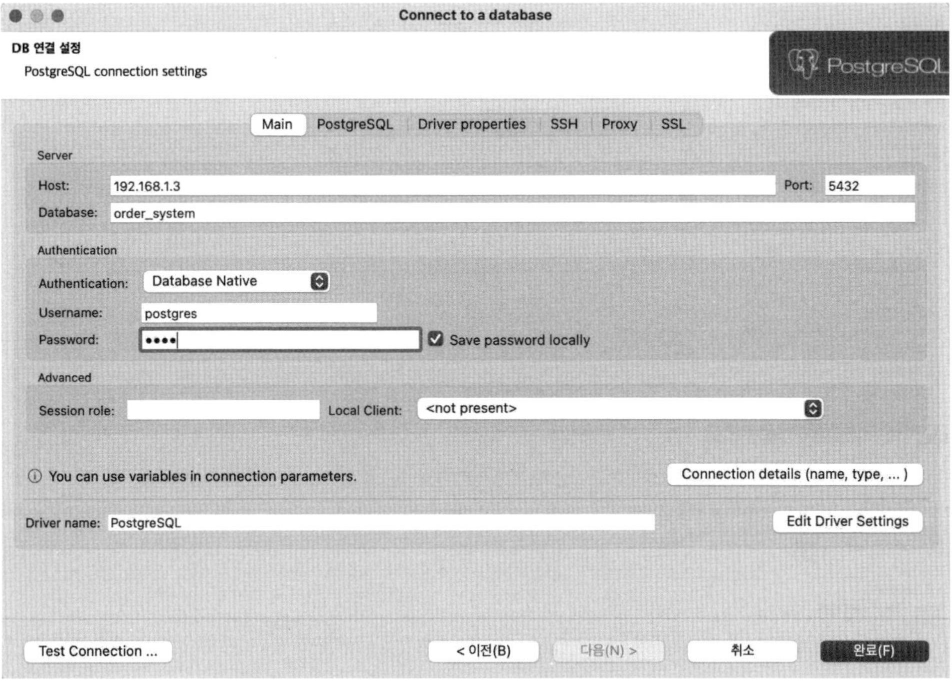

SQL 프로그래밍

[그림 2-18] DBeaver PostgreSQL 데이터베이스 연결 설정

왼쪽 Database Navigator 창에서 order_system 3을 더블 클릭한다. 앞에서와 마찬가지로 Download drivers files 대화 상자가 나오면 Download 단추를 클릭하여 JDBC 드라이버를 다운로드한다. 그리고 도구 바에서 SQL 아이콘을 클릭하고 질의 창에서 위의 코드를 입력한 후에, 왼쪽에서 삼각형 아이콘을 클릭하고 질의를 실행하여 product 테이블을 생성한다.

다음은 작업이 완료된 후의 화면이다.

2장 SQL 둘러보기

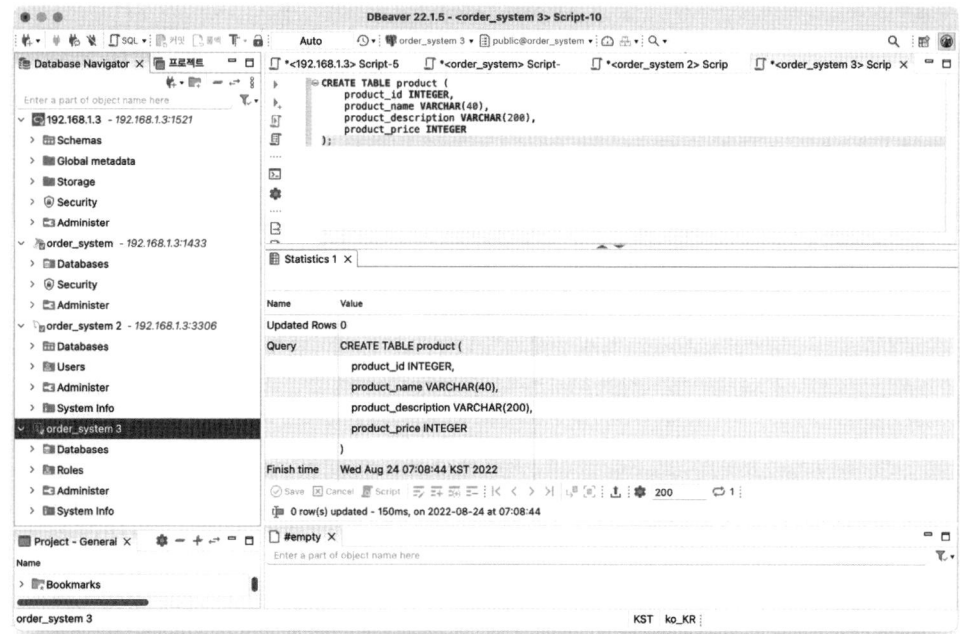

[그림 2-19] DBeaver 데이터베이스 연결

이번에는 inventory 테이블을 생성하기로 한다.

```
CREATE TABLE inventory (
    product_id INTEGER,
    inventory_quantity INTEGER
);
```

위의 코드에서는 inventory 테이블은 INTEGER 타입의 제품 ID를 나타내는 prod-uct_id 컬럼과 재고 수량을 나타내는 inventory_quantity 컬럼을 포함하고 있다.

같은 방법으로 여러분이 선호하는 개발 도구로 데이터베이스에 inventory 테이블을 생성한다.

또한 orders 와 order_item 테이블을 생성하는 SQL 문은 다음과 같다.

```
CREATE TABLE orders (
    order_id INTEGER,
    customer_id INTEGER,
    order_date DATE
```

);
   CREATE TABLE order_item (
      order_item_id INTEGER,
      product_id INTEGER,
      order_item_quantity INTEGER,
      order_id INTEGER
   );

orders 테이블은 INTEGER 타입의 주문 ID를 나타내는 order_id 컬럼과 고객 ID를 나타내는 customer_id 컬럼, 그리고 주문 일자를 나타내는 DATE 타입의 order_date 컬럼을 포함한다.

DATE 타입은 날짜를 표현하는데 사용된다.

참고로 order는 SQL 예약어이기 때문에 테이블명으로 사용할 수 없어서 테이블명을 orders로 지정하였다.

order_item 테이블은 INTEGER 타입의 주문 항목 ID를 나타내는 order_item_id 컬럼과 제품 ID를 나타내는 product_id 컬럼, 그리고 주문 수량을 나타내는 order_item_quantity 컬럼과 주문 ID를 나타내는 order_id 컬럼을 포함한다.

같은 방법으로 여러분이 선호하는 개발 도구로 데이터베이스에 이들 테이블을 생성한다.

DML

DML은 데이터 조작 언어다. DML 중에서 먼저 INSERT INTO 문을 사용하여 테이블에 데이터를 저장하기로 한다.

INSERT INTO 문은 다음과 같은 구문을 갖는다.

   INSERT INTO 테이블명 (컬럼 목록) VALUES (값 목록);

INSERT INTO 문 다음에는 테이블명이 오고 괄호 안에 데이터를 저장할 컬럼들을 콤마로 구분하여 나열한다. 테이블의 모든 컬럼이 사용되면 생략할 수 있다. 그 다음에는 VALUES 구가 오고 괄호 안에 컬럼에 저장할 값을 컬럼 순서 대로 콤마로 구분하여 나열한다.

2장 SQL 둘러보기

다음은 customer_id 컬럼의 값이 1이고, customer_name 컬럼의 값이 '김일' 이며, customer_address 컬럼의 값은 '서울시', customer_email 컬럼의 값이 'kim1@gmail.com' 인 하나의 로우를 customer 테이블에 추가하여 저장하는 예를 보여준다.

 INSERT INTO customer VALUES (1, '김일', '서울시', 'kim1@gmail.com');

SQL 문에서 문자 데이터를 표현할 때 홑따옴표(' ')를 사용한다.
customer 테이블에 몇 개의 로우를 더 추가하기로 한다.

 INSERT INTO customer VALUES (2, '김이', '부산시', 'kim2@gmail.com');
 INSERT INTO customer VALUES (3, '김삼', '대전시', 'kim3@gmail.com');
 INSERT INTO customer VALUES (4, '김사', '인천시', 'kim4@gmail.com');
 INSERT INTO customer VALUES (5, '김오', '대구시', 'kim5@gmail.com');

product 테이블에도 다음과 같이 로우를 추가한다.

 INSERT INTO product VALUES (1, '제품1', '제품1설명', 10000);
 INSERT INTO product VALUES (2, '제품2', '제품2설명', 20000);
 INSERT INTO product VALUES (3, '제품3', '제품3설명', 30000);
 INSERT INTO product VALUES (4, '제품4', '제품4설명', 40000);
 INSERT INTO product VALUES (5, '제품5', '제품5설명', 50000);

inventory 테이블에는 다음과 같이 로우를 추가한다.

 INSERT INTO inventory VALUES (1, 1000);
 INSERT INTO inventory VALUES (2, 2000);
 INSERT INTO inventory VALUES (3, 3000);
 INSERT INTO inventory VALUES (4, 4000);
 INSERT INTO inventory VALUES (5, 5000);

orders 와 order_item테이블에도 다음과 같이 로우를 추가한다.

 INSERT INTO orders VALUES (1, 1, '2022-11-21');
 INSERT INTO orders VALUES (2, 2, '2022-11-21');
 INSERT INTO orders VALUES (3, 3, '2022-11-22');

INSERT INTO orders VALUES (4, 4, '2022-12-01');
INSERT INTO orders VALUES (5, 5, '2022-12-21');

INSERT INTO order_item VALUES (1, 1, 1, 1);
INSERT INTO order_item VALUES (2, 2, 2, 1);
INSERT INTO order_item VALUES (3, 3, 3, 1);
INSERT INTO order_item VALUES (4, 4, 4, 2);
INSERT INTO order_item VALUES (5, 5, 5, 2);
INSERT INTO order_item VALUES (6, 1, 10, 3);
INSERT INTO order_item VALUES (7, 2, 20, 3);
INSERT INTO order_item VALUES (8, 3, 30, 4);
INSERT INTO order_item VALUES (9, 4, 40, 4);
INSERT INTO order_item VALUES (10, 5, 50, 4);
INSERT INTO order_item VALUES (11, 1, 100, 5);
INSERT INTO order_item VALUES (12, 2, 200, 5);
INSERT INTO order_item VALUES (13, 3, 300, 5);
INSERT INTO order_item VALUES (14, 4, 400, 5);
INSERT INTO order_item VALUES (15, 5, 500, 5);

DATE 타입의 컬럼에 날짜를 지정할 때 홑따옴표 안에 '년-월-일' 형식을 사용한다. 다음은 SQL 디벨로퍼를 사용하여 오라클 데이터베이스에 로우를 추가한 결과 화면을 보여준다.

2장 SQL 둘러보기

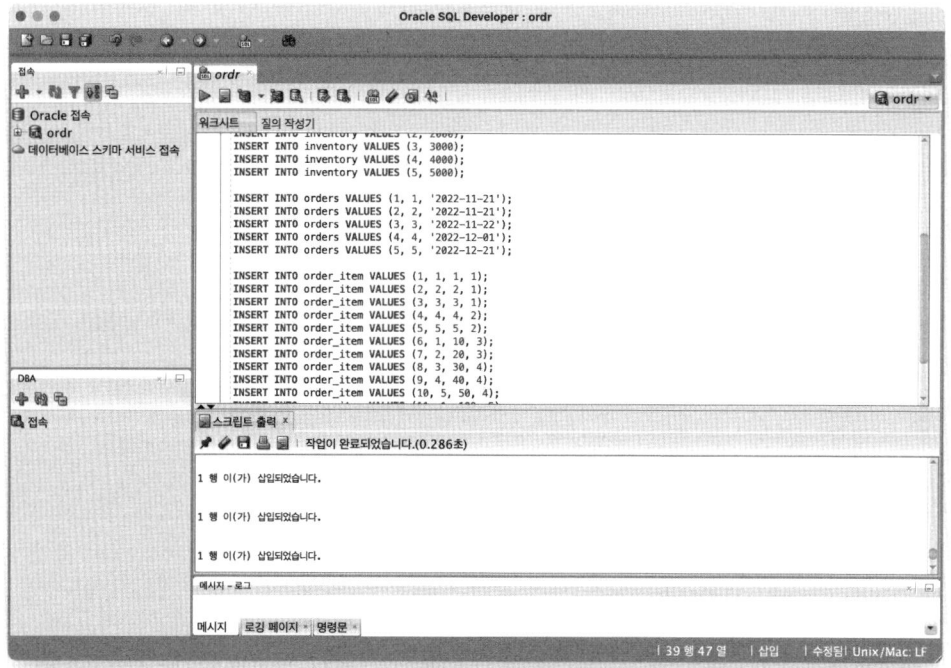

[그림 2-20] SQL 디벨로퍼 로우 추가

이번에는 테이블에 저장되어 있는 데이터를 조회하여 화면에 출력하기로 한다.

테이블에 저장된 데이터를 조회할 때는 SELECT 문을 사용한다. 가장 단순한 SELECT 문은 다음과 같은 구문을 갖는다.

    SELECT * FROM 테이블명;

위의 구문에서 * 는 전체 컬럼을 의미한다. 따라서 위의 구문은 "테이블명" 테이블에서(FROM) 전체(*) 컬럼을 SELECT 질의(query)를 한다.

    SELECT * FROM customer;

위의 질의문은 고객 테이블에서 모든 컬럼의 데이터를 질의한다. 결과는 다음과 같다.

SQL 프로그래밍

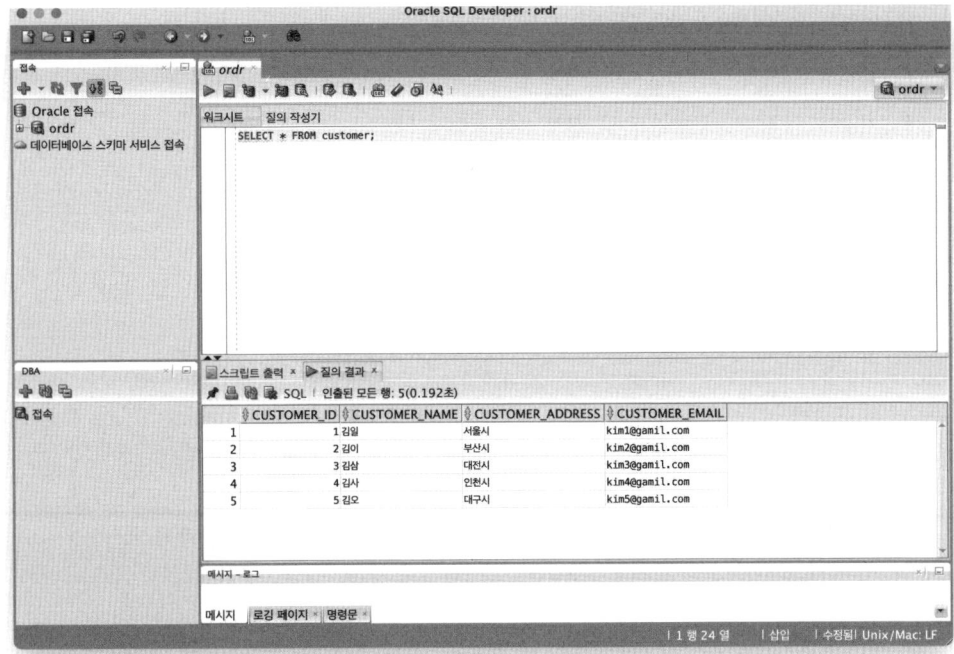

[그림 2-21] SQL 디벨로퍼 고객 테이블 질의

product 테이블을 질의를 하는 코드는 다음과 같다.

SELECT * FROM product;

위 코드의 질의 결과는 다음과 같다.

	PRODUCT_ID	PRODUCT_NAME	PRODUCT_DESCRIPTION	PRODUCT_PRICE
1	1	제품1	제품1설명	10000
2	2	제품2	제품2설명	20000
3	3	제품3	제품3설명	30000
4	4	제품4	제품4설명	40000
5	5	제품5	제품5설명	50000

[그림 2-22] SQL 디벨로퍼 제품 테이블 질의

inventory 테이블을 질의를 하는 코드는 다음과 같다.

SELECT * FROM inventory;

위 코드의 질의 결과는 다음과 같다.

49

2장 SQL 둘러보기

	PRODUCT_ID	INVENTORY_QUANTITY
1	1	1000
2	2	2000
3	3	3000
4	4	4000
5	5	5000

[그림 2-23] SQL 디벨로퍼 재고 테이블 질의

여러 개의 테이블을 묶어서 연결하여(JOIN) 질의할 수도 있다. 다음 코드는 모든 고객의 주문 사항을 보여준다.

```
SELECT customer_name, product_name, product_price,
    order_item_quantity , product_price * order_item_quantity AS subtoal
FROM orders
INNER JOIN customer ON orders.customer_id = customer.customer_id
INNER JOIN order_item ON orders.order_id = order_item.order_id
INNER JOIN product ON order_item.product_id = product.product_id
ORDER BY customer.customer_id, product.product_id;
```

이것을 다중 테이블 질의(multiple table query)라고 한다. 위 코드의 질의 결과는 다음과 같다.

SQL 프로그래밍

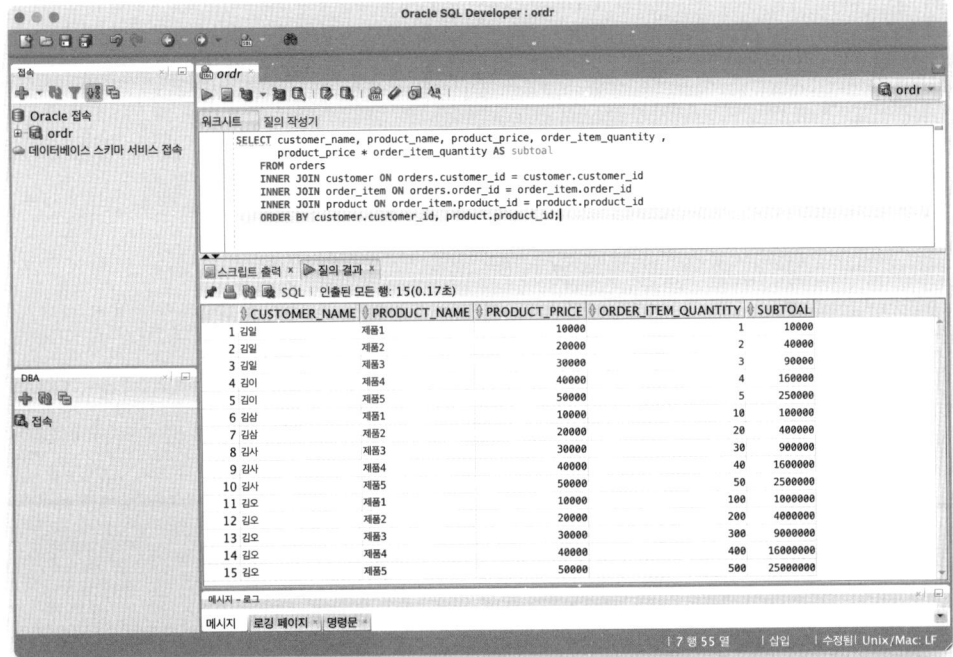

[그림 2-24] SQL 디벨로퍼 고객 주문 사항 질의

4장에서부터 SELECT 문에 대해 자세히 살펴보게 될 것이다. 그 이전에 3장에서는 데이터 타입부터 살펴보자.

빈 페이지

3장 데이터 타입

3장
데이터 타입

- ANSI 표준 데이터 타입 개요
- 문자 데이터 타입
- 숫자 데이터 타입
- 대용량 객체, 비트열, 불리안 타입
- 날짜와 시간 타입
- ANSI 표준 데이터 타입과 내장 데이터 타입

ANSI 표준 데이터 타입 개요

자바와 같은 프로그래밍 언어와 마찬가지로 SQL도 프로그래밍 언어이기 때문에 데이터 타입을 갖는다. ANSI 및 ISO/IEC 표준 기구에서 정의한 SQL 표준 데이터 타입을 많이 사용하는 데이터 타입을 위주로 정리하면 다음과 같다.

구분	데이터 타입	동의어
문자	CHARACTER	CHAR
	CHARACTER VARYING	VARCHAR
	NATIONAL CHARACTER	NCHAR
	NATIONAL CHARACTER VARYING	NVARCHAR

구분	데이터 타입	동의어
숫자	NUMERIC	
	DECIMAL	
	INTEGER	
	SMALLINT	
숫자	FLOAT	
	REAL	
	DOUBLE PRECISION	DOUBLE
대용량 객체	CHARACTER LARGE OBJECT	CLOB
	BINARY LARGE OBJECT	BLOB
비트열	BIT	
불리안	BOOLEAN	
날짜와 시간	DATE	
	TIME	
	TIMESTAMP	

[표 3-1] ANSI 표준 데이터 타입

여기에서 유의해야 할 사항은 데이터베이스 서버별로 지원하는 데이터 타입이 다를 수 있다는 것이다. 이들 ANSI 표준 데이터 타입을 모두 지원하지 않으며 ANSI 표준 데이터 타입 대신에 데이터베이스 서버 고유의 데이터 타입을 사용하기도 한다. 또한 이들 ANSI 표준 데이터 타입을 구문 상 지원한다고 하더라도 데이터베이스 서버가 지원하는 내부 데이터 타입으로 변환을 시키기도 한다. 예를 들어서 다음은 우리가 2장 SQL 둘러보기에서 오라클 데이터베이스에 생성한 customer 테이블의 SQL 문이다.

```
CREATE TABLE customer (
    customer_id INTEGER,
    customer_name VARCHAR(20),
    customer_address VARCHAR(60),
    customer_email VARCHAR(40)
);
```

위의 코드에서 우리는 customer_id 컬럼에 INTEGER 타입을 사용하였고, 나머지 컬럼에 VARCHAR 타입을 사용하였다. 그러나 오라클 데이터베이스는 다음과 같이

3장 데이터 타입

이들 데이터 타입을 변환시킨다.

COLUMN_NAME	DATA_TYPE	NULLABLE	DATA_DEFAULT	COLUMN_ID	COMMENTS
1 CUSTOMER_ID	NUMBER(38,0)	Yes	(null)	1	(null)
2 CUSTOMER_NAME	VARCHAR2(20 BYTE)	Yes	(null)	2	(null)
3 CUSTOMER_ADDRESS	VARCHAR2(60 BYTE)	Yes	(null)	3	(null)
4 CUSTOMER_EMAIL	VARCHAR2(40 BYTE)	Yes	(null)	4	(null)

[그림 3-1] 오라클 데이터베이스 데이터 타입 변환

위에서 보는 바와 같이 INTEGER 타입은 NUMBER(38, 0) 타입으로 변환되었으며, VARCHAR 타입은 VARCHAR2 타입으로 변환되었다. 이들 두 데이터 타입은 ANSI 표준에는 없는 타입이며, 오라클 데이터베이스에만 내장된 데이터 타입이다.

사실 여기에서 우리의 고민이 시작된다. 우리의 고민은 과연 ANSI 표준을 따르는 것이 좋은 지 아니면 데이터베이스 서버에 자체적으로 내장되어 있는 데이터 타입을 사용할 지 여부를 선택하는 것이다. 이것은 단지 데이터 타입에만 국한되지 않는다. 우리가 앞으로 살펴보겠지만 데이터베이스 서버가 제공하는 함수도 벤더별로 다르며, 저장 프로시저를 작성하는 구문도 벤더별로 다르다.

ANSI 표준을 따르면 우리가 작성한 SQL 코드를 여러 데이터베이스 서버에 이식시킬 수 있게 된다. 다시 말해서 SQL 코드의 호환성을 확보할 수 있게 된다. 이것은 아주 큰 장점이다. 물론 실무에서 사용 중인 데이터베이스 서버를 변경하는 일은 많지 않지만, 다른 데이터베이스 서버로 변경되는 경우에는 SQL 코드의 호환성을 확보할 수 있으므로 이식하는 과정이 비교적 순조롭게 진행될 수 있다. 개발자로서 우리는 어떤가? 우리가 일하는 조직을 옮겼을 때 그 조직이 이전 조직과는 다른 데이터베이스 서버를 사용하는 경우에 쉽게 적응할 수 있게 된다.

그러나 ANSI 표준을 따르는 것이 최적화에 방해가 될 수도 있다. 예를 들어 customer 테이블에서 customer_id 컬럼에 사용한 INTEGER 타입은 오라클 데이터베이스에서 NUMBER(38, 0) 타입으로 변환된다. NUMBER(38, 0)는 38 자리의 숫자 데이터를 갖는 정수 데이터 타입을 사용한다는 것을 의미한다. 그런데 만약 예상 고객의 수가 이보다 훨씬 더 적다면 INTEGER 타입을 사용하는 것은 낭비가 될 수도 있다. 따라서 NUMBER 타입을 직접 사용하여 NUMBER(5, 0)와 같이 자리 수를 줄여주는 것이 최적화에 도움이 된다. 물론 이 경우에는 해결 방법은 있다. ANSI 표준 데이터 타입인 NUMERIC 타입을 사용하여 NUMERIC(5, 0)을 사용하면 된다. 오라클 데이터베이스는 NUMERIC 타입도 NUMBER 타입으로 변환하기 때문이다. 하지만 변환되는 데이터 타입이 목적에 적합하지 않은 경우도 있을 수 있다. 또 하나 중요한 예는 오라클 데이터베이스는 VARCHAR2 타입을 가변 길이 문자 내장 데이터 타입으로 사용한다는 것이다. 현재 오라클 데이터베이스는 VARCHAR 타입을 VARCHAR2 타입으로 변환해 준다. 그러나 오라클 공식 문서에서는 VARCHAR 타입 대신에 VARCHAR2 타입을 사용하라고 권고하고 있다. 이후 버전에서 VARCHAR 타입을 VARCHAR2 타입과 구별하여 사용할 예정이기 때문이라고 한다. 그러니까 현재 버전에서 VARCHAR 타입을 사용하는 것은 아무런 문제가 없지만 이후 버전에서는 문제를 야기시킬 가능성이 있다.

이와 같이 ANSI 표준을 그대로 사용할 지 여부를 결정하는 것은 어려운 일이다. 필자의 견해는 먼저 가능한 한 ANSI 표준을 따르고, 최적화가 필요하다면 해당 데이터베이스 서버에 내장된 기능을 사용하는 것이 바람직하다는 것이다. 물론 가장 좋은 전략은 여러분의 조직에서 사용하고 있는 방식을 따르는 것이다. 어느 방식이든 개발자로서 우리는 ANSI 표준 뿐만 아니라, 데이터베이스 서버가 제공하는 내장 기능도 모두 알아야 한다는 것이다. 이 책에서는 ANSI 표준을 기반으로 설명하고, 데이터베이스 서버별 차이점에 대해서 부가적으로 설명할 것이다. 그래도 아직 우리나라에서 가장 많이 사용하는 데이터베이스 서버는 오라클 데이터베이스이기 때문에 오라클 데이터베이스를 우선적으로 다룰 것이다.

이제 이들 데이터 타입을 하나씩 살펴보기로 하자.

문자 데이터 타입

문자 데이터 타입은 문자 데이터를 저장하는데 사용된다. 여기에는 CHARACTER, CHARACTER VARYING, CHARACTER LARGE OBJECT, NATIONAL CHARACTER, NATIONAL CHARACTER VARYING 등의 타입이 포함된다. 그리고 이들은 각각 CHAR, VARCHAR, CLOB, NCHAR, NVARCHAR 등의 동의어도 갖는다. CHARACTER LARGE OBJECT 즉, CLOB은 문자 데이터 타입에 속하지만 이 책에서는 대용량 객체 타입으로 다루기로 한다.

CHARACTER 타입은 고정 길이 문자 데이터를 표현한다. 일반적으로 CHARACTER 대신에 동의어인 CHAR가 주로 사용된다.

3장 데이터 타입

CHARACTER		
	동의어	CHAR
	구문	CHARACTER(n), CHAR(n)
	설명	고정 길이 문자 데이터
	예	CHARACTER(20), CHAR(20)
		20개의 문자를 저장한다. 20보다 적으면 공백 문자가 채워진다

[표 3-2] CHARACTER 타입

CHARACTER VARYING 타입은 가변 길이 문자 데이터를 표현한다. 일반적으로 CHARACTER VARYING 대신에 동의어인 VARCHAR가 주로 사용된다.

CHARACTER VARYING		
	동의어	VARCHAR
	구문	CHARACTER VARYING (n), VARCHAR(n)
	설명	가변 길이 문자 데이터
	예	CHARACTER VARYING (20), VARCHAR (20)
		최대 20개까지의 문자를 저장한다. 20보다 적으면 크기가 줄어든다
	벤더	오라클은 VARCHAR2 타입을 지원하며 VARCHAR 대신에 VARCHAR2 타입을 사용할 것을 권고한다.

[표 3-3] CHARACTER VARYING 데이터 타입

NATIONAL CHARACTER 타입은 CHARACTER 타입의 유니코드(unicode) 버전으로, 특별히 우리나라의 한글과 같은 아시아권의 언어에 적합하다. 하지만 데이터베이스 또는 테이블에 UTF8 인코딩(encoding)이나 Korean_Wansung_CI_AS과 같은 정렬(collate)를 사용하면 굳이 유니코드 버전의 데이터 타입을 사용할 필요는 없다. 일반적으로 NATIONAL CHARACTER 대신에 동의어인 NCHAR가 주로 사용된다.

NATIONAL CHARACTER		
	동의어	NCHAR
	구문	NCHAR (n)
	설명	고정 길이 유니코드 문자 데이터
	예	NCHAR (20)
		20개의 유니코드 문자를 저장한다. 20보다 적으면 공백 문자가 채워진다. 데이터베이스에 UTF8 인코딩이 적용된 경우에는 CHAR와 동일하다.

[표 3-4] NATIONAL CHARACTER 데이터 타입

NATIONAL CHARACTER VARYING 타입은 CHARACTER VARYING 타입의 유니코드(unicode) 버전으로, 특별히 우리나라의 한글과 같은 아시아권의 언어에 적합하다. 하지만 데이터베이스 또는 테이블에 UTF8 인코딩(encoding)이나 Korean_Wansung_CI_AS과 같은 정렬(collate)를 사용하면 굳이 유니코드 버전의 데이터 타입을 사용할 필요는 없다. 일반적으로 NATIONAL CHARACTER VARYING 대신에 동의어인 NVARCHAR가 주로 사용된다.

NATIONAL CHARACTER VARYING		
	동의어	NVARCHAR
	구문	NVARCHAR (n)
	설명	가변 길이 유니코드 문자 데이터
	예	NVARCHAR (20)
		최대 20개까지의 유니코드 문자를 저장한다. 20보다 적으면 크기가 줄어든다. 데이터베이스에 UTF8 인코딩이 적용된 경우에는 VARCHAR와 동일하다.
	벤더	오라클은 NVARCHAR2 타입만 지원한다.

[표 3-5] NATIONAL CHARACTER VARYING 데이터 타입

3장 데이터 타입

숫자 데이터 타입

숫자 데이터 타입은 정수나 실수 데이터를 저장하는데 사용된다. 여기에는 NUMERIC, DECIMAL, INTEGER, SMALLINT, TINYINT, FLOAT, REAL, DOUBLE PRECISION 등의 타입이 포함된다. INTEGER와 SMALLINT, TINYINT 타입은 정수를 표현하며, FLOAT와 REAL, DOUBLE PRECISION 타입은 실수를 표현한다. NUMERIC, DECIMAL 타입은 정수와 실수를 모두 표현할 수 있으며, NUMERIC와 DECIMAL은 지정된 전체 자리수에 허용되는 값에 차이가 있지만 보통 같은 데이터 타입으로 간주되어 동의어로 사용된다. INTEGER타입은 INT, DOUBLE PRECISION 타입은 DOUBLE이 동의어로 사용된다. 또한 ANSI 표준 데이터 타입은 아니지만 BIGINT 타입이 표준처럼 사용되기도 한다.

NUMERIC 타입은 정수와 실수를 표현하는데 모두 사용된다. 괄호 안에 두 개의 인수를 지정하는데 첫 번째 인수는 전체 자리수이고, 두 번째 인수는 소수점 이하 자리수를 지정한다. 두 번째 인수가 0이면 정수가 된다.

NUMERIC		
	구문	NUMERIC (p, s)
	설명	정수 또는 실수 p는 전체 최대 자리수, s는 소수점 이하 자리수를 지정한다. 전체 자리수보다 큰 값을 허용하지 않는다.
	예	NUMERIC (10, 2) 전체 최대 자리수는 10이고 소수점 이하 2자리인 실수 (예: 123.45)
	벤더	오라클은 NUMBER 타입으로 대체하며, MySQL은 DECIMAL 타입으로 대체한다. 대부분의 데이터베이스 서버에서 NUMERIC과 DECIMAL은 동의어로 사용된다.

[표 3-6] NUMERIC 데이터 타입

DECIMAL 타입도 정수와 실수를 표현하는데 모두 사용된다. 괄호 안에 두 개의 인수를 지정하는데 첫 번째 인수는 전체 자리수이고, 두 번째 인수는 소수점 이하 자리수를 지정한다. 두 번째 인수가 0이면 정수가 된다. NUMERIC 타입과의 차이점은 전체 자리수보다 큰 수도 허용된다는 것이다.

DECIMAL		
	구문	DECIMAL (p, s)
	설명	정수 또는 실수 p는 전체 자리수, s는 소수점 이하 자리수를 지정한다. 전체 자리수보다 큰 수도 허용한다.
	예	DECIMAL (10, 2) 전체 최대 자리수는 10이고 소수점 이하 2자리인 실수 (예: 123.45)
	벤더	오라클은 NUMBER 타입으로 대체하며, PostgresSQL은 NUMERIC 타입으로 대체한다. 대부분의 데이터베이스 서버에서 NUMERIC과 DECIMAL은 동의어로 사용된다.

[표 3-7] DECIMAL 데이터 타입

INTEGER 타입은 4 바이트 정수를 표현한다. INT가 동의어로 사용되기도 한다.

INTEGER		
	구문	INTEGER
	설명	4 바이트 정수
	벤더	오라클은 NUMBER(38, 0)으로 대체한다. SQL서버는 INT 타입을 동의어로 사용한다.

[표 3-8] INTEGER 데이터 타입

SMALLINT 타입은 2 바이트 정수를 표현한다.

SMALLINT		
	구문	SMALLINT
	설명	2 바이트 정수
	벤더	오라클은 NUMBER(38, 0)으로 대체한다.

[표 3-9] SMALLINT 데이터 타입

BIGINT 타입은 8 바이트 정수를 표현하며, ANSI 표준 데이터 타입은 아니지만 대부분의 데이터베이스 서버에서 지원한다.

3장 데이터 타입

BIGINT		
	구문	BIGINT
	설명	8 바이트 정수
	벤더	BIGINT는 ANSI 표준 타입은 아니지만 대부분의 데이터베이스 서버에서 지원한다. 오라클은 LONG 타입으로 대체한다.

[표 3-10] BIGINT 데이터 타입

FLOAT 타입은 8바이트 실수를 표현하며 DOUBLE PRECISION 타입과 동일하다.

FLOAT		
	구문	FLOAT
	설명	8 바이트 실수 DOUBLE PRECISION타입과 동일하다.
	벤더	PostgreSQL은 DOUBLE PRECISION 타입으로 대체한다.

[표 3-11] FLOAT 데이터 타입

REAL 타입은 4바이트 실수를 표현한다.

REAL		
	구문	REAL
	설명	4 바이트 실수
	벤더	오라클은 FLOAT 타입으로 대체하며, MySQL은 DOUBLE 타입으로 대체한다.

[표 3-12] REAL 데이터 타입

DOUBLE PRECISION 타입은 8바이트 실수를 표현하며 FLOAT 타입과 동일하다.

DOUBLE PRECISION		
	동의어	DOUBLE
	구문	DOUBLE PRECSION, DOUBLE
	설명	8 바이트 실수 FLOAT 타입과 동일하다.
	벤더	오라클과 SQL 서버는 FLOAT 타입으로 대체한다. MySQL은 DOUBLE 타입을 지원한다.

[표 3-13] DOUBLE PRECISION 타입

대용량 객체, 비트열, 불리안 타입

여기에는 BINARY LARGE OBJECT, BIT, BOOLEAN 타입이 포함된다. CHARACTER LARGE OBJECT 타입은 원래 문자 유형의 타입이지만 이 책에서는 여기에 포함시켰다. CHARACTER LARGE OBJECT 타입과 BINARY LARGE OBJECT 타입은 각각 CLOB과 BLOB 동의어를 갖는다.

CHARACTER LARGE OBJECT 타입은 무제한의 문자 데이터를 표현한다. 오라클 데이터베이스를 제외한 다른 데이터베이스에서는 TEXT 또는 NTEXT 내장 타입을 사용한다. CHARACTER LARGE OBJECT 타입보다는 동의어인 CLOB 타입이 주로 사용된다.

CHARACTER LARGE OBJECT		
	동의어	CLOB
	구문	CLOB
	설명	무제한 문자 데이터
	벤더	오라클을 제외한 SQL 서버, MySQL, PostgreSQL은 TEXT 타입을 사용한다.

[표 3-14] CHARACTER LARGE OBJECT 데이터 타입

BINARY LARGE OBJECT 타입은 무제한의 이진 데이터를 표현한다. 마이크로소프트 SQL 서버에서는 IMAGE 내장 타입을 사용하며, PostgreSQL은 BYTEA 내장 타입을 사용한다. BINARY LARGE OBJECT 타입보다는 동의어인 BLOB 타입이 주로 사용된다.

3장 데이터 타입

BINARY LARGE OBJECT		
	동의어	BLOB
	구문	BLOB
	설명	무제한 이진 데이터
	벤더	SQL 서버는 IMAGE 타입을 사용하며, PostgreSQL은 BYTEA 타입을 사용한다.

[표 3-15] BINARY LARGE OBJECT 타입

BIT 타입은 0과 1로 구성된 비트의 연속으로 데이터를 표현한다. 그러나 주로 하나의 비트만 사용해서 BOOLEAN 타입 대용으로 사용된다.

BIT		
	구문	BIT (n)
	설명	비트의 연속
	예	BIT, BIT(1)
		0 또는 1을 저장한다. BOOLEAN 타입 대용으로 사용할 수 있다
	벤더	오라클은 지원하지 않는다

[표 3-16] BIT 데이터 타입

BOOLEAN 타입은 불리안 참과 거짓 데이터를 표현한다. PostgreSQL을 제외한 다른 데이터베이스 서버에서는 컬럼 데이터 타입으로 지원하지 않는다. 그보다는 저장 프로시저 등에서 주로 사용된다.

BOOLEAN		
	구문	BOOLEAN
	설명	참(TRUE)과 거짓(FALSE) 값
	벤더	SQL 서버는 지원하지 않는다. 오라클은 컬럼 타입으로는 지원하지 않는다. MySQL은 TINYINT 타입으로 대체한다.

[표 3-17] BOOLEAN 데이터 타입

날짜와 시간 타입

날짜와 시간 타입은 날짜와 시간 데이터를 저장하는데 사용된다. 여기에는 DATE, TIME, TIMESTAMP, TIME WITHOUT TIME ZONE, TIMESTAMP WITHOUT TIME ZONE, TIME WITH TIME ZONE, TIMESTAMP WITH TIME ZONE, INTERVAL 등의 타입이 포함된다. 원래 ANSI 표준에는 TIME과 TIMESTAMP 타입은 포함되지 않는다. 이 두 데이터 타입은 ISO/IEC 표준에서 표준으로 지정한 데이터 타입이다. 시간대 정보를 포함한 TIME과 TIMESTAMP 타입도 있지만 그다지 많이 사용되지는 않는다. 또한 시간 간격을 표현하는 INTERVAL 타입도 그다지 자주 사용되지 않는다.

DATE 타입은 날짜를 표현한다. DATE 타입의 데이터는 우리나라의 로케일 형식으로 '년-월-일' 형식으로 표현된다.

DATE		
	구문	DATE
	설명	날짜

[표 3-18] DATE 데이터 타입

TIME 타입은 시간을 표현한다. TIME 타입의 데이터는 우리나라의 로케일 형식으로 '시:분:초' 형식으로 표현된다.

TIME		
	구문	TIME
	설명	시간 ISO/IEC 표준에서 지원한다.
	벤더	PostgreSQL은 TIME WITHOUT TIME ZONE 타입으로 대체한다.

[표 3-19] TIME 데이터 타입

TIMESTAMP 타입은 날짜와 시간을 함께 표현한다. TIMESTAMP 타입의 데이터는 우리나라의 로케일 형식으로 '년-월-일 시:분:초' 형식으로 표현된다.

3장 데이터 타입

TIMESTAMP		
	구문	TIME
	설명	날짜와 시간 ISO/IEC 표준에서 지원한다.
	벤더	오라클은 지원하지 않는다. SQL 서버는 DATETIME 타입을 사용하며, PostgreSQL은 TIMESTAMP WITHOUT TIME ZONE 타입으로 대체한다.

[표 3-20] TIMESTAMP 데이터 타입

ANSI 표준 데이터 타입과 내장 데이터 타입

이번에는 ANSI 데이터 타입에 대한 각 데이터베이스 서버의 내장 데이터 타입을 비교해보기로 한다. 먼저 다음과 같이 ANSI 데이터 타입으로 테이블을 정의하기로 한다.

```
CREATE TABLE t_types (
    c_char CHAR(20),
    c_varchar VARCHAR(20),
    c_nchar NCHAR(20),
    c_nvarchar NVARCHAR(20),
    c_numeric NUMERIC(10, 2),
    c_decimal DECIMAL(10, 2),
    c_integer INTEGER,
    c_smallint SMALLINT,
    c_bigint BIGINT,
    c_float FLOAT,
    c_real  REAL,
    c_double_precision DOUBLE PRECISION,
    c_clob CLOB,
    c_blob BLOB,
    c_bit BIT,
    c_boolean BOOLEAN,
    c_date DATE,
```

```
    c_time TIME,
    c_timestamp TIMESTAMP
);
```

오라클 데이터베이스는 NVARCHAR와 BIGINT, BIT, BOOLEAN, TIME 등의 데이터 타입은 컬럼에 지원하지 않는다. 그 외 다른 데이터 타입은 다음과 같이 내장 데이터 타입으로 변환한다.

COLUMN_NAME	DATA_TYPE	NULLABLE	DATA_DEFAULT	COLUMN_ID	COMMENTS
1 C_CHAR	CHAR(20 BYTE)	Yes	(null)	1	(null)
2 C_VARCHAR	VARCHAR2(20 BYTE)	Yes	(null)	2	(null)
3 C_NCHAR	NCHAR(20 CHAR)	Yes	(null)	3	(null)
4 C_NUMERIC	NUMBER(10,2)	Yes	(null)	4	(null)
5 C_DECIMAL	NUMBER(10,2)	Yes	(null)	5	(null)
6 C_INTEGER	NUMBER(38,0)	Yes	(null)	6	(null)
7 C_SMALLINT	NUMBER(38,0)	Yes	(null)	7	(null)
8 C_FLOAT	FLOAT	Yes	(null)	8	(null)
9 C_REAL	FLOAT	Yes	(null)	9	(null)
10 C_DOUBLE_PRECISION	FLOAT	Yes	(null)	10	(null)
11 C_CLOB	CLOB	Yes	(null)	11	(null)
12 C_BLOB	BLOB	Yes	(null)	12	(null)
13 C_DATE	DATE	Yes	(null)	13	(null)
14 C_TIMESTAMP	TIMESTAMP(6)	Yes	(null)	14	(null)

[그림 3-2] 오라클 지원 데이터 타입

오라클 데이터베이스의 경우 다음과 같은 내장 데이터 타입이 주로 사용된다.

    VARCHAR2
    NVARCHAR2
    NUMBER
    CLOB
    BLOB
    DATE
    TIME

마이크로소프트 SQL 서버는 CLOB, BLOB, BOOLEAN 등의 데이터 타입은 컬럼에 지원하지 않는다. 그 외 다른 데이터 타입은 다음과 같이 내장 데이터 타입으로 변환한다.

3장 데이터 타입

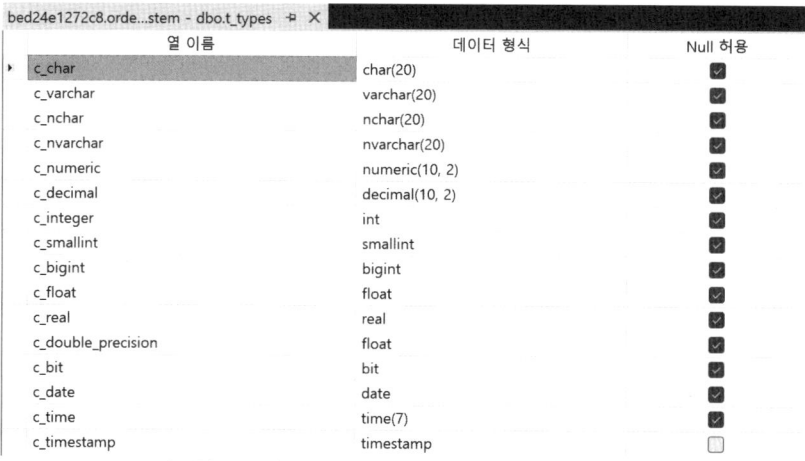

[그림 3-3] 마이크로소프트 SQL 서버 지원 데이터 타입

마이크로소프트 SQL 서버의 경우 다음과 같은 내장 데이터 타입이 주로 사용된다.

    VARCHAR
    NVARCHAR
    DECIMAL
    TEXT
    IMAGE
    DATE
    TIME

MySQL은 CLOB 데이터 타입은 컬럼에 지원하지 않는다. 그 외 다른 데이터 타입은 다음과 같이 내장 데이터 타입으로 변환한다.

SQL 프로그래밍

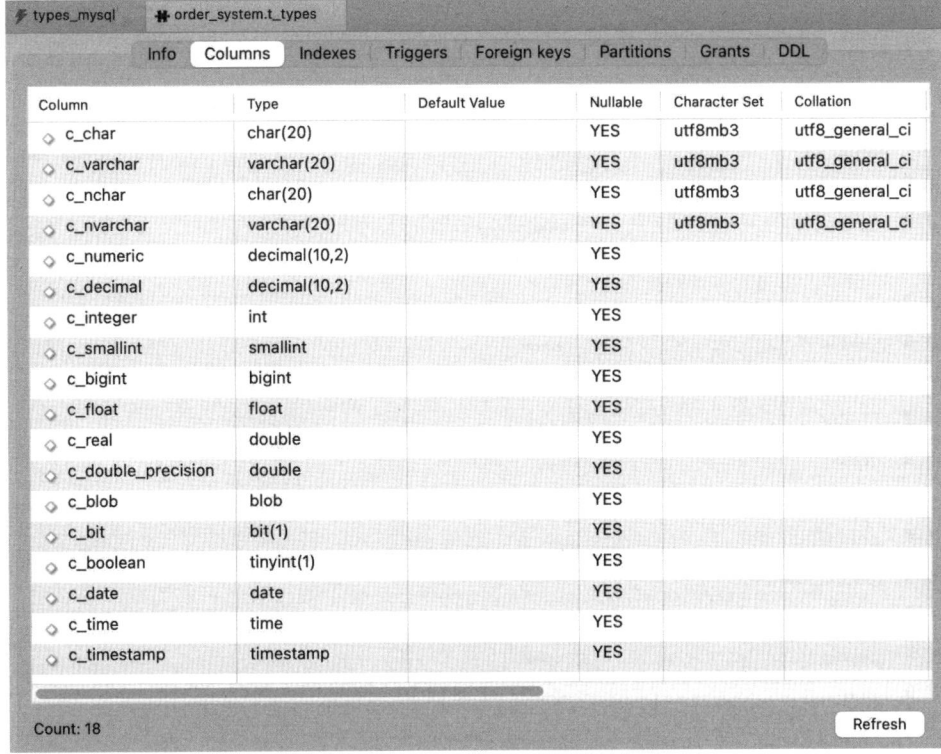

[그림 3-4] MySQL 지원 데이터 타입

MySQL의 경우 다음과 같은 내장 데이터 타입이 주로 사용된다.

    VARCHAR
    NVARCHAR
    DECIMAL
    TEXT
    BLOB
    DATE
    TIME

PostgreSQL은 NVARCHAR, CLOB, BLOB 등의 데이터 타입은 컬럼에 지원하지 않는다. 그 외 다른 데이터 타입은 다음과 같이 내장 데이터 타입으로 변환한다.

3장 데이터 타입

	Name	Data type	Length/Precision	Scale
	c_char	character	20	
	c_varchar	character varying	20	
	c_nchar	character	20	
	c_numeric	numeric	10	2
	c_decimal	numeric	10	2
	c_integer	integer		
	c_smallint	smallint		
	c_bigint	bigint		
	c_float	double precision		
	c_real	real		
	c_double_precision	double precision		
	c_bit	bit	1	
	c_boolean	boolean		
	c_date	date		
	c_time	time without time zone		
	c_timestamp	timestamp without time zone		

[그림 3-5] PostgreSQL 지원 데이터 타입

PostgreSQL의 경우 다음과 같은 내장 데이터 타입이 주로 사용된다.

    VARCHAR
    NUMERIC
    TEXT
    BYTEA
    DATE
    TIME WITHOUT TIME ZONE

다음은 ANSI 표준 데이터 타입과 각 데이터베이스 서버 지원 타입을 비교하여 정리한 표다.

SQL 프로그래밍

ANSI 표준	오라클	SQL 서버	MySQL	PostgresSQL
CHAR	CHAR	CHAR	CHAR	CHAR CHARACTER
VARCHAR	VARCHAR VARCHAR2	VARCHAR	VARCHAR	VARCHAR CHARACTER VARYING
NCHAR	NCHAR	NCHAR	NCHAR CHAR	(지원 안함)
NVARCHAR	(지원 안함) NVARCHAR2	NVARCHAR	NVARCHAR VARCHAR	(지원 안함)
NUMERIC	NUMERIC NUMBER	NUMERIC	NUMERIC DECIMAL	NUMERIC
DECIMAL	DECIMAL NUMBER	DECIMAL	DECIMAL	DECIMAL NUMERIC
INTEGER	INTEGER NUMBER	INTEGER INT	INTEGER INT	INTEGER
SMALLINT	SMALLINT NUMBER	SMALLINT	SMALLINT	SMALLINT
BIGINT	(지원 안함) LONG	BIGINT	BIGINT	BIGINT
FLOAT	FLOAT	FLOAT	FLOAT	FLOAT DOUBLE PRECISION
REAL	REAL FLOAT	REAL	REAL DOUBLE	REAL
DOUBLE PRECISION	DOUBLE PRECISION FLOAT	DOUBLE PRECISION FLOAT	DOUBLE	DOUBLE PRECISION
CLOB	CLOB	(지원 안함) TEXT NTEXT	TEXT	(지원 안함) TEXT

3장 데이터 타입

ANSI 표준	오라클	SQL 서버	MySQL	PostgresSQL
BLOB	BLOB	(지원 안함) IMAGE	BLOB	(지원 안함) BYTEA
BIT	(지원 안함)	BIT	BIT	BIT
BOOLEAN	(지원 안함)	(지원 안함)	BOOLEAN TINYINT	BOOLEAN
DATE	DATE	DATE	DATE	DATE
TIME	TIME	TIME	TIME	TIME TIME WITHOUT TIME ZONE
TIMESTAMP	(지원 안함)	(지원 안함) DATETIME	TIMESTAMP	TIMESTAMP TIMESTAMP WITHOUT TIME ZONE

[표 3-21] ANSI 표준 데이터 타입과 각 데이터베이스 서버 지원 타입 비교

참고로 ANSI SQL 데이터 타입과 자바 및 C# 언어 데이터 타입을 비교하여 정리하면 다음 표와 같다.

SQL 데이터 타입	자바 언어 데이터 타입	닷넷/C# 언어 데이터 타입
CHAR	java.lang.String	String, string
VARCHAR	java.lang.String	String, string
NCHAR	java.lang.String	String, string
NVARCHAR	java.lang.String	String, string
NUMERIC	java.math.BigDecimal	Decimal
DECIMAL	java.math.BigDecimal	Decimal
INTEGER	java.lang.Integer	Int32, int
SMALLINT	java.lang.Short java.lang.Integer	Int16, short
BIGINT	java.lang.Long	Int64, long

SQL 데이터 타입	자바 언어 데이터 타입	닷넷/C# 언어 데이터 타입
FLOAT	java.lang.Double java.math.BigDecimal	Double, double
REAL	java.lang.Float java.math.BigDecimal	Single, float
CLOB	java.sql.Clob java.lang.String	String, string
BLOB	java.sql.Blob byte[]	Byte[], byte[]
BIT	java.lang.Boolean	Boolean, bool
BOOLEAN	java.lang.Boolean	(지원하지 않음)
DATE	java.sql.Date java.util.Date	DateTime
TIME	java.sql.Time java.util.Date	Timespan
TIMESTAMP	java.sql.Timestamp java.util.Date	Byte[], byte[]

[표 3-22] ANSI SQL 데이터 타입과 자바 및 C# 언어 데이터 타입 비교

빈 페이지

4장 SELECT 문

4장
SELECT 문

- [ ] SELECT 문 기본 구문
- [ ] ORDER BY 구
- [ ] WHERE 구
- [ ] CASE WHEN 구
- [ ] 집합 연산자

SELECT 문 기본 구문

SELECT 문은 가장 많이 사용되는 기본적인 SQL 질의문이다. SELECT 문은 다음과 같은 기본적인 구문을 갖는다.

    SELECT 컬럼 목록 FROM 테이블명;

SELECT 예약어 다음에는 질의하고자 하는 테이블의 컬럼 목록이 온다. 그리고 FROM 구 다음에는 테이블명이 온다. 그리고 질의문이 끝났다는 것을 알려주기 위해 세미콜론(;)을 붙인다.

    SELECT customer_id, customer_name, customer_address, customer_email
        FROM customer;

위의 질의문은 customer 테이블에서 customer_id와 customer_name, customer_address, customer_email 컬럼을 질의한다. 위의 질의는 다음과 같은 결과를 보여준다.

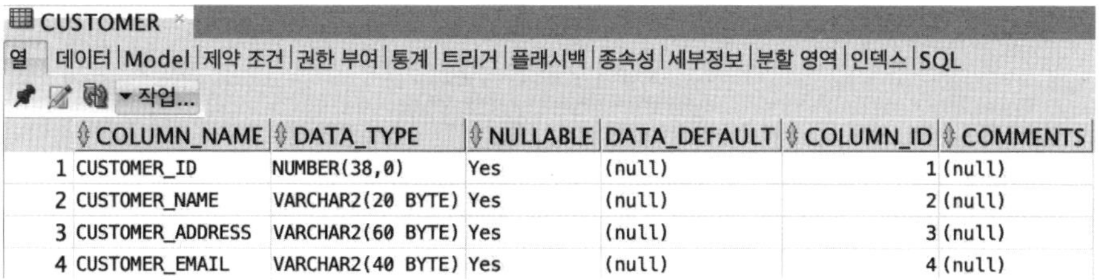

CUSTOMER

열 | 데이터 | Model | 제약 조건 | 권한 부여 | 통계 | 트리거 | 플래시백 | 종속성 | 세부정보 | 분할 영역 | 인덱스 | SQL

작업...

	COLUMN_NAME	DATA_TYPE	NULLABLE	DATA_DEFAULT	COLUMN_ID	COMMENTS
1	CUSTOMER_ID	NUMBER(38,0)	Yes	(null)	1	(null)
2	CUSTOMER_NAME	VARCHAR2(20 BYTE)	Yes	(null)	2	(null)
3	CUSTOMER_ADDRESS	VARCHAR2(60 BYTE)	Yes	(null)	3	(null)
4	CUSTOMER_EMAIL	VARCHAR2(40 BYTE)	Yes	(null)	4	(null)

[그림 4-1] 질의 결과

이처럼 테이블의 모든 컬럼을 질의한다면 컬럼 목록 대신에 * 를 사용하는 것이 더 편리하다.

```
SELECT * FROM customer;
```

테이블에서 일부 컬럼만 질의할 수도 있다.

```
SELECT customer_id, customer_name FROM customer;
```

위의 질의문은 customer 테이블에서 customer_id와 customer_name 컬럼만 선택한다.

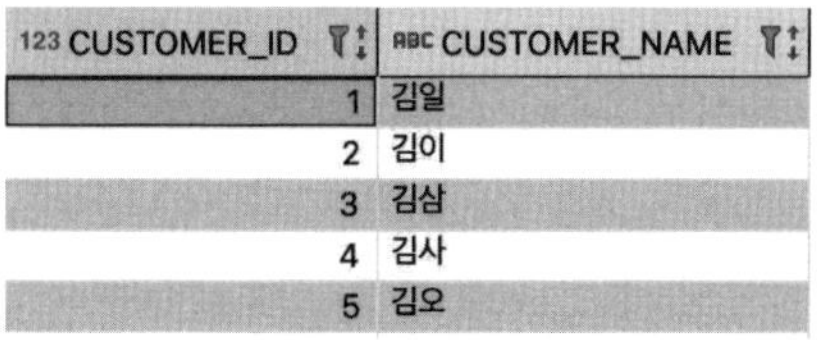

CUSTOMER_ID	CUSTOMER_NAME
1	김일
2	김이
3	김삼
4	김사
5	김오

[그림 4-2] 질의 결과

위의 결과에서 모두 컬럼명이 헤더에 표시된다. 우리는 AS 구를 사용하여 컬럼 별칭(column alias)을 지정해서 헤더의 텍스트를 변경할 수 있다.

```
SELECT customer_name AS "고객명", customer_email AS "고객 이메일"
  FROM customer;
```

또한 AS 구를 생략하고 다음과 같이 작성할 수 있다.

4장 SELECT 문

    SELECT customer_name "고객명", customer_email "고객 이메일"
        FROM customer;

위 질의문의 실행 결과는 다음과 같다.

ABC 고객명	ABC 고객 이메일
김일	kim1@gmail.com
김이	kim2@gmail.com
김삼	kim3@gmail.com
김사	kim4@gmail.com
김오	kim5@gmail.com

[그림 4-3] 질의 결과

오라클과 PostgreSQL에서는 별칭을 지정할 때 쌍따옴표(" ")만 사용할 수 있다. 그러나 SQL 서버와 MySQL에서는 홑따옴표(' ')도 사용할 수 있다.

    SELECT customer_name AS '고객명', customer_email AS '고객 이메일'
        FROM customer;
    SELECT customer_name '고객명', customer_email '고객 이메일'
        FROM customer;

또한 MySQL에서는 백틱(` `)도 사용할 수도 있다.

    SELECT customer_name AS `고객명`, customer_email AS `고객 이메일`
        FROM customer;
    SELECT customer_name `고객명`, customer_email `고객 이메일`
        FROM customer;

또는 따옴표를 사용하지 않고 별칭을 지정할 수도 있다. 이 경우에 당연히 텍스트가 공백 문자를 포함하지 않아야 한다.

    SELECT customer_name AS 고객명, customer_email AS 고객이메일
        FROM customer;
    SELECT customer_name 고객명, customer_email 고객이메일
        FROM customer;

컬럼에 +, -, *, / 등의 산술 연산자를 사용하여 산술 연산의 결과를 질의할 수 있

다.

    SELECT product_name, product_price / 1200
       FROM product;

위의 질의문의 결과는 다음과 같다.

PRODUCT_NAME	PRODUCT_PRICE/1200
제품1	8.3333333333
제품2	16.6666666667
제품3	25
제품4	33.3333333333
제품5	41.6666666667

[그림 4-4] 질의 결과

질의의 결과에서 볼 수 있듯이 컬럼명은 산술 연산식 자체가 된다. 따라서 다음과 같이 AS 구를 사용하여 별칭을 지정하는 것이 좋다.

    SELECT product_name AS 제품명, product_price / 1200 AS "제품 가격(달러)"
       FROM product;

위의 질의문의 결과는 다음과 같다.

제품명	제품 가격(달러)
제품1	8.3333333333
제품2	16.6666666667
제품3	25
제품4	33.3333333333
제품5	41.6666666667

[그림 4-5] 질의 결과

참고로 컬럼명에 공백 문자가 포함될 때 데이터베이스 서버마다 조금씩 구문이 다르다. 오라클과 PostgreSQL의 경우에는 다음과 같이 쌍따옴표로 컬럼명을 둘러싼다.

    "컬럼 이름"

SQL 서버의 경우에는 쌍따옴표와 대괄호를 모두 사용할 수 있다.

    "컬럼 이름"
    [컬럼 이름]

4장 SELECT 문

MySQL 서버의 경우에는 백틱(` `)을 사용한다.

`컬럼 이름`

하지만 이처럼 컬럼명에 공백 문자가 포함되는 경우에 자바나 C#과 같은 프로그래밍 언어를 사용하는 프로그램에서 컬럼명을 사용할 때 코드가 복잡하게 되므로 가능한 한 컬럼명에 공백 문자를 포함시키지 않는 것이 좋다. 마찬가지로 컬럼 별칭도 컬럼명으로 사용되기 때문에 가능한 한 공백 문자를 포함시키지 않는 것이 좋다. 또한 마찬가지 이유로 한글 사용도 자제하는 것이 좋다.

컬럼을 결합할 수도 있다.

오라클과 PostgreSQL의 경우에는 다음과 같이 || 연산자를 사용한다.

SELECT customer_name || ' : ' || customer_address FROM customer;

위 질의문의 실행 결과는 다음과 같다.

CUSTOMER_NAME||':'||CUSTOMER_ADDRESS
김일 : 서울시
김이 : 부산시
김삼 : 대전시
김사 : 인천시
김오 : 대구시

[그림 4-6] 질의 결과

SQL 서버는 + 연산자를 제공한다.

SELECT customer_name + ' : ' + customer_address
    FROM customer;

SQL 서버와 MySQL, PostgreSQL은 CONCAT 함수로 문자 데이터를 결합할 수 있다.

SELECT CONCAT(customer_name , ' : ', customer_address)
    FROM customer;

오라클도 CONCAT 함수를 제공하지만 두 개의 인수만 갖는다. 따라서 위의 질의문과 같은 결과를 얻으려면 다음과 같이 CONCAT 함수를 두 번 사용해야 한다. 함수에 대해서는 5장 함수에서 다루게 된다.

    SELECT CONCAT(CONCAT(customer_name , ' : '), customer_address)
        FROM customer;

오라클은 의사 컬럼(pseudo column)을 제공한다. 의사 컬럼은 컬럼처럼 사용되지만 실제로는 테이블에 없는 컬럼을 말한다. 오라클은 질의에 사용할 수 있는 ROWNUM과 ROWID 등 두 개의 의사 컬럼을 제공한다. ROWNUM은 로우셋에 나타나는 로우의 번호를 반환하며, ROWID는 오라클 데이터베이스가 로우의 물리적인 위치를 저장하기 위해 내부적으로 사용하는 고유한 값이다.

    SELECT ROWNUM, ROWID, customer_name
        FROM customer;

위 질의 결과는 다음과 같다.

ROWNUM	ROWID	CUSTOMER_NAME
1	AAATS8AAHAAAAHdAAA	김일
2	AAATS8AAHAAAAHdAAB	김이
3	AAATS8AAHAAAAHdAAC	김삼
4	AAATS8AAHAAAAHdAAD	김사
5	AAATS8AAHAAAAHdAAE	김오

[그림 4-7] 질의 결과

이번에는 다음과 같이 두 개의 로우를 customer 테이블에 추가하기로 한다.

    INSERT INTO customer VALUES (11, '이일', '서울시', 'lee1@gmail.com');
    INSERT INTO customer VALUES (12, '이이', '부산시', 'lee2@gmail.com');

이제 다음과 같이 질의를 하면,

    SELECT * FROM customer;

결과는 다음과 같다.

4장 SELECT 문

123 CUSTOMER_ID	ABC CUSTOMER_NAME	ABC CUSTOMER_ADDRESS	ABC CUSTOMER_EMAIL
1	김일	서울시	kim1@gmail.com
2	김이	부산시	kim2@gmail.com
3	김삼	대전시	kim3@gmail.com
4	김사	인천시	kim4@gmail.com
5	김오	대구시	kim5@gmail.com
11	이일	서울시	lee1@gmail.com
12	이이	부산시	lee2@gmail.com

[그림 4-8] 질의 결과

위의 결과에서 customer_address 컬럼에 "서울시"와 "부산시"가 중복되어 저장된 것을 확인할 수 있다. 이러한 중복을 없애고 단순히 고객의 주소 목록을 알고 싶다면 다음과 같이 DISTINCT 구를 사용하여 질의할 수 있다.

SELECT DISTINCT customer_address FROM customer;

위 질의 결과는 다음과 같다.

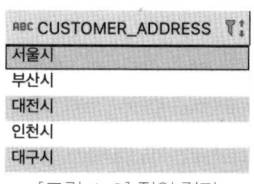

[그림 4-9] 질의 결과

ORDER BY 구

ORDER BY 구는 질의 결과로 추출된 로우를 정렬하는데 사용한다. 예를 들어 고객의 주소 순서대로 로우를 정렬하고 싶다면 다음과 같이 질의문을 작성할 수 있다.

SELECT * FROM customer
    ORDER BY customer_address;

위 질의 결과는 다음과 같다.

123 CUSTOMER_ID	ᴀʙᴄ CUSTOMER_NAME	ᴀʙᴄ CUSTOMER_ADDRESS	ᴀʙᴄ CUSTOMER_EMAIL
5	김오	대구시	kim5@gmail.com
3	김삼	대전시	kim3@gmail.com
2	김이	부산시	kim2@gmail.com
12	이이	부산시	lee2@gmail.com
1	김일	서울시	kim1@gmail.com
11	이일	서울시	lee1@gmail.com
4	김사	인천시	kim4@gmail.com

[그림 4-10] 질의 결과

또는 ORDER BY 구 다음에 컬럼의 위치를 지정할 수 있다.

SELECT * FROM customer ORDER BY 3; -- customer_address 컬럼으로 정렬

참고로 SQL에서 주석은 -- 으로 시작한다.

위의 결과에서 알 수 있듯이 디폴트로 오름차순으로 정렬한다. 만약 내림차순으로 정렬하고 싶다면 DESC 구를 지정한다.

SELECT * FROM customer ORDER BY customer_address DESC;

위 질의 결과는 다음과 같다.

123 CUSTOMER_ID	ᴀʙᴄ CUSTOMER_NAME	ᴀʙᴄ CUSTOMER_ADDRESS	ᴀʙᴄ CUSTOMER_EMAIL
4	김사	인천시	kim4@gmail.com
11	이일	서울시	lee1@gmail.com
1	김일	서울시	kim1@gmail.com
2	김이	부산시	kim2@gmail.com
12	이이	부산시	lee2@gmail.com
3	김삼	대전시	kim3@gmail.com
5	김오	대구시	kim5@gmail.com

[그림 4-11] 질의 결과

디폴트인 오름차순 정렬은 ASC 구가 생략된 것이다.

오름차순과 내림차순을 각 컬럼에 동시에 사용할 수도 있다.

SELECT * FROM customer
    ORDER BY customer_address DESC, customer_id ASC;

위 질의에서 customer_address 컬럼은 내림차순으로, customer_id 컬럼은 오름차순으로 동시에 정렬하고 있다. 질의 결과는 다음과 같다.

4장 SELECT 문

123 CUSTOMER_ID	ABC CUSTOMER_NAME	ABC CUSTOMER_ADDRESS	ABC CUSTOMER_EMAIL
4	김사	인천시	kim4@gmail.com
1	김일	서울시	kim1@gmail.com
11	이일	서울시	lee1@gmail.com
2	김이	부산시	kim2@gmail.com
12	이이	부산시	lee2@gmail.com
3	김삼	대전시	kim3@gmail.com
5	김오	대구시	kim5@gmail.com

[그림 4-12] 질의 결과

질의 결과에서 볼 수 있듯이 "서울시"가 주소인 "김일"과 "이일"이 오름차순으로 정렬된 것을 볼 수 있다. 마찬가지로 "부산시"가 주소인 "김이"와 "이이"가 오름차순으로 정렬되어 있다. 이것은 이전에 "서울시"가 주소인 고객이 "이일"과 "김일" 순으로 정렬되어 있는 것과는 정렬 결과가 다르다.

ODRER BY 구는 가능한 한 꼭 필요한 경우에 한해서만 사용하도록 절제하는 것이 좋다. 대량의 데이터를 질의하는 경우에 먼저 SELECT 문으로 질의하는 로우를 확정한 상태에서 그 후에 정렬하므로 시간이 많이 소요되기 때문이다.

WHERE 구

테이블에 대량의 데이터가 저장되어 있는 경우에 질의하는 로우의 개수를 제한할 수 있다. 이 경우에는 데이터베이스 서버마다 조금씩 구문이 다르다.

오라클과 PostgreSQL은 다음과 같은 구문을 지원한다.

SELECT * FROM customer FETCH FIRST 3 ROWS ONLY;

위 구문은 customer 테이블에서 처음 3개의 로우만 가져오도록 질의한다.

SQL 서버는 다음과 같은 구문을 지원한다.

SELECT TOP 3 * FROM customer;

위 구문은 customer 테이블에서 상위 3개의 로우만 선택하도록 질의한다.

MySQL과 PostgreSQL은 다음과 같은 구문을 지원한다.

SELECT * FROM customer LIMIT 3;

위 구문은 customer 테이블에서 질의 결과를 3개의 로우로 제한하도록 질의한다.

따라서 위의 질의문은 모두 customer 테이블에서 처음 3개의 로우만으로 로우의 개수를 제한한 결과를 보여준다. 질의 결과는 다음과 같다.

CUSTOMER_ID	CUSTOMER_NAME	CUSTOMER_ADDRESS	CUSTOMER_EMAIL
1	김일	서울시	kim1@gmail.com
2	김이	부산시	kim2@gmail.com
3	김삼	대전시	kim3@gmail.com

[그림 4-13] 질의 결과

하지만 로우의 개수를 제한하는 것이 필요한 로우를 선택했다는 것을 보장할 수 없다. 그보다는 조건에 맞는 로우를 선택하는 것이 필요하다. 이 경우에 우리는 WHERE 구를 사용할 수 있다. WHERE 구를 사용하는 구문은 다음과 같다.

SELECT 컬럼 목록 FROM 테이블명 WHERE 조건식;

예를 들어 주소가 "서울시"인 고객의 목록을 보고 싶다면 다음과 같이 질의문을 작성할 수 있다.

SELECT * FROM customer WHERE customer_address = '서울시';

위 질의 결과는 다음과 같다.

CUSTOMER_ID	CUSTOMER_NAME	CUSTOMER_ADDRESS	CUSTOMER_EMAIL
1	김일	서울시	kim1@gmail.com
11	이일	서울시	lee1@gmail.com

[그림 4-14] 질의 결과

위의 질의문에서 WHERE 구에서 = 비교 연산자(comparison operator)가 사용되었다. WHERE 구에는 다음과 같은 비교 연산자를 사용할 수 있다. 참고로 WHERE 구는 자바나 C#과 같은 프로그래밍 언어에서 if 문과 유사하다.

비교 연산자	설명
=	같다
<>	다르다
!=	다르다
>	크다

4장 SELECT 문

비교 연산자	설명
<	작다
>=	크거나 같다
<=	작거나 같다

[표 4-1] 비교 연산자

오라클은 다르다를 표현하는 ^= 연산자를 추가로 지원한다.

예를 들어서 서울에 살지 않는 고객 목록을 선택하고 싶다면 다음과 같이 질의문을 작성할 수 있다.

SELECT * FROM customer WHERE customer_address <> '서울시';

위 질의 결과는 다음과 같다.

123 CUSTOMER_ID	ABC CUSTOMER_NAME	ABC CUSTOMER_ADDRESS	ABC CUSTOMER_EMAIL
2	김이	부산시	kim2@gmail.com
3	김삼	대전시	kim3@gmail.com
4	김사	인천시	kim4@gmail.com
5	김오	대구시	kim5@gmail.com
12	이이	부산시	lee2@gmail.com

[그림 4-15] 질의 결과

만약 가격이 20,000원 이상인 제품을 보고 싶다면, 다음과 같이 product 테이블에서 product_price가 20000 이상인 로우를 질의하는 질의문을 작성할 수 있다.

SELECT * FROM product WHERE product_price > 20000;

위 질의 결과는 다음과 같다.

123 PRODUCT_ID	ABC PRODUCT_NAME	ABC PRODUCT_DESCRIPTION	123 PRODUCT_PRICE
3	제품3	제품3설명	30,000
4	제품4	제품4설명	40,000
5	제품5	제품5설명	50,000

[그림 4-16] 질의 결과

비교 연산자 외에도 LIKE 연산자를 사용할 수 있다. 만약 성이 "이"씨인 고객의 목록을 보고 싶다면 다음과 같이 LIKE 연산자를 사용하여 패턴 매칭(pattern matching)을 할 수 있다.

SQL 프로그래밍

SELECT * FROM customer WHERE customer_name LIKE '이%';

위 질의문은 다음과 같이 customer_name 컬럼이 "이"로 시작하는 로우만 선택한다.

CUSTOMER_ID	CUSTOMER_NAME	CUSTOMER_ADDRESS	CUSTOMER_EMAIL
11	이일	서울시	lee1@gmail.com
12	이이	부산시	lee2@gmail.com

[그림 4-17] 질의 결과

LIKE 연산자에 사용되는 %를 와일드카드(wildcard)라고 하며, 그 자리에 어떤 문자들이 와도 모두 선택한다는 것을 의미한다. 그러니까 "이"로 시작하는 모든 문자 데이터가 여기에 해당되는 것이다. 이러한 와일드카드에는 다음과 같은 기호가 사용된다.

와일드카드	설명
%	어떤 문자들도 선택한다 (0 개 이상의 문자일 수 있다)
_ (밑줄 문자)	정확히 하나의 어떤 문자도 선택한다

[표 4-2] 와일드 카드

다음 질의문은 고객명의 두 번째 문자가 "이"인 고객 목록을 선택한다.

SELECT * FROM customer WHERE customer_name LIKE '_이';

위 질의 결과는 다음과 같다.

CUSTOMER_ID	CUSTOMER_NAME	CUSTOMER_ADDRESS	CUSTOMER_EMAIL
2	김이	부산시	kim2@gmail.com
12	이이	부산시	lee2@gmail.com

[그림 4-18] 질의 결과

SQL 서버는 다음 와일드카드 문자도 지원한다.

와일드카드	설명
[문자 목록]	문자 목록에 있는 정확히 하나의 문자와 일치하는 문자를 선택한다
[^문자 목록]	문자 목록에 없는 정확히 하나의 문자와 일치하는 문자를 선택한다

[표 4-3] SQL 서버 와일드 카드

고객 중에서 성이 "김"과 "이"이면서 이름이 "일"인 고객 목록을 다음과 같이 선택할 수 있다.

4장 SELECT 문

SELECT * FROM customer WHERE customer_name LIKE '[김이]일';

위 질의 결과는 다음과 같다.

123 customer_id	ᴀʙᴄ customer_name	ᴀʙᴄ customer_address	ᴀʙᴄ customer_email
1	김일	서울시	kim1@gmail.com
11	이일	서울시	lee1@gmail.com

[그림 4-19] 질의 결과

고객 중에서 성이 "최"나 "박"이 아니면서 이름이 "삼"인 고객 목록을 다음과 같이 선택할 수 있다.

SELECT * FROM customer WHERE customer_name LIKE '[^최박]삼';

위 질의 결과는 다음과 같다.

123 customer_id	ᴀʙᴄ customer_name	ᴀʙᴄ customer_address	ᴀʙᴄ customer_email
3	김삼	대전시	kim3@gmail.com

[그림 4-20] 질의 결과

와일드카드 문자를 두 번 이상 사용할 수도 있다.

고객 주소 중에 "산" 문자가 들어있는 고객 목록을 다음과 같이 선택할 수 있다.

SELECT * FROM customer WHERE customer_address LIKE '%산%';

위 질의 결과는 다음과 같다.

123 CUSTOMER_ID	ᴀʙᴄ CUSTOMER_NAME	ᴀʙᴄ CUSTOMER_ADDRESS	ᴀʙᴄ CUSTOMER_EMAIL
2	김이	부산시	kim2@gmail.com
12	이이	부산시	lee2@gmail.com

[그림 4-21] 질의 결과

WHERE 구에 AND와 OR, NOT 논리 연산자(logical operator)를 사용할 수 있다.

AND 연산자는 두 값이 모두 참이면 true, 나머지는 false를 반환하고, OR 연산자는 두 값 중 어느 하나라도 참이면 true, 모두 거짓이면 false를 반환한다. 그리고 NOT 연산자는 값이 참이면 false, 거짓이면 true를 반환한다.

먼저 모든 주문 항목을 질의하기로 한다.

SELECT * FROM order_item;

위 질의 결과는 다음과 같다.

ORDER_ITEM_ID	PRODUCT_ID	ORDER_ITEM_QUANTITY	ORDER_ID
1	1	1	1
2	2	2	1
3	3	3	1
4	4	4	2
5	5	5	2
6	1	10	3
7	2	20	3
8	3	30	4
9	4	40	4
10	5	50	4
11	1	100	5
12	2	200	5
13	3	300	5
14	4	400	5
15	5	500	5

[그림 4-22] 질의 결과

이제 예를 들어 제품 ID(product_id)가 2이고 주문 수량(order_item_quantity)이 10개 이상인 주문 항목을 보고자 한다면 다음과 같이 질의할 수 있다.

SELECT * FROM order_item
    WHERE product_id = 2 AND order_item_quantity > 10;

위 질의 결과는 다음과 같다.

ORDER_ITEM_ID	PRODUCT_ID	ORDER_ITEM_QUANTITY	ORDER_ID
7	2	20	3
12	2	200	5

[그림 4-23] 질의 결과

또한 제품 ID가 2이거나 주문 수량이 10개 이상인 주문 항목을 보고자 한다면 다음과 같이 질의할 수 있다.

SELECT * FROM order_item
    WHERE product_id = 2 OR order_item_quantity > 10;

위 질의 결과는 다음과 같다.

4장 SELECT 문

ORDER_ITEM_ID	PRODUCT_ID	ORDER_ITEM_QUANTITY	ORDER_ID
2	2	2	1
7	2	20	3
8	3	30	4
9	4	40	4
10	5	50	4
11	1	100	5
12	2	200	5
13	3	300	5
14	4	400	5
15	5	500	5

[그림 4-24] 질의 결과

제품 ID가 2가 아닌 모든 주문 항목을 보고자 한다면 다음과 같이 질의할 수 있다.

SELECT * FROM order_item WHERE NOT product_id = 2;

위 질의 결과는 다음과 같다.

ORDER_ITEM_ID	PRODUCT_ID	ORDER_ITEM_QUANTITY	ORDER_ID
1	1	1	1
3	3	3	1
4	4	4	2
5	5	5	2
6	1	10	3
8	3	30	4
9	4	40	4
10	5	50	4
11	1	100	5
13	3	300	5
14	4	400	5
15	5	500	5

[그림 4-25] 질의 결과

다음 질의문은 동일한 결과를 보여준다.

SELECT * FROM order_item WHERE product_id <> 2;

만약 제품 ID가 1, 3, 5 인 주문 항목을 보고자 한다면 다음과 같이 질의할 수 있다.

SELECT * FROM order_item
    WHERE product_id = 1 OR
        product_id = 3 OR
        product_id = 5;

하지만 이 경우에 IN 연산자를 사용하면 좀 더 간단하게 질의문을 작성할 수 있다.

SELECT * FROM order_item WHERE product_id IN (1, 3, 5);

IN 연산자 다음 괄호 안에 조건을 콤마로 구분하여 나열한다. 위의 질의문은 product_id 가 1, 3, 5 안에 있으면 로우셋에 포함된다.

위 질의 결과는 다음과 같다.

ORDER_ITEM_ID	PRODUCT_ID	ORDER_ITEM_QUANTITY	ORDER_ID
1	1	1	1
3	3	3	1
5	5	5	2
6	1	10	3
8	3	30	4
10	5	50	4
11	1	100	5
13	3	300	5
15	5	500	5

[그림 4-26] 질의 결과

만약 고객명이 "김일", "김삼", "김오" 중에 있는 로우를 찾는다면 다음과 같이 질의문을 작성할 수 있다.

SELECT * FROM customer WHERE customer_name IN ('김일', '김삼', '김오');

위 질의 결과는 다음과 같다.

CUSTOMER_ID	CUSTOMER_NAME	CUSTOMER_ADDRESS	CUSTOMER_EMAIL
1	김일	서울시	kim1@gmail.com
3	김삼	대전시	kim3@gmail.com
5	김오	대구시	kim5@gmail.com

[그림 4-27] 질의 결과

고객명이 "김일", "김삼", "김오" 인 로우를 제외한 로우를 찾는다면 다음과 같이 질의문을 작성할 수 있다.

SELECT * FROM customer
    WHERE customer_name NOT IN ('김일', '김삼', '김오');

위 질의 결과는 다음과 같다.

4장 SELECT 문

123 CUSTOMER_ID	ABC CUSTOMER_NAME	ABC CUSTOMER_ADDRESS	ABC CUSTOMER_EMAIL
2	김이	부산시	kim2@gmail.com
4	김사	인천시	kim4@gmail.com
11	이일	서울시	lee1@gmail.com
12	이이	부산시	lee2@gmail.com

[그림 4-28] 질의 결과

만약 가격이 10000 이상 30000원 이하의 제품을 찾는다고 하면 다음과 같이 질의문을 작성할 수 있다.

SELECT * FROM product
    WHERE product_price >= 10000 AND product_price <= 30000;

이 경우에 우리는 BETWEEN AND 연산자를 사용하여 작성할 수 있다. 구문은 다음과 같다.

BETWEEN 최소값 AND 최대값

따라서 위의 WHERE 조건식은 다음과 같이 작성될 수 있다.

SELECT * FROM product
    WHERE product_price BETWEEN 10000 AND 30000;

위 질의 결과는 다음과 같다.

123 PRODUCT_ID	ABC PRODUCT_NAME	ABC PRODUCT_DESCRIPTION	123 PRODUCT_PRICE
1	제품1	제품1설명	10,000
2	제품2	제품2설명	20,000
3	제품3	제품3설명	30,000

[그림 4-29] 질의 결과

NOT 연산자와 함께 사용할 수도 있다.

SELECT * FROM product
    WHERE product_price NOT BETWEEN 10000 AND 30000;

위 질의 결과는 다음과 같다.

SQL 프로그래밍

123 PRODUCT_ID	ABC PRODUCT_NAME	ABC PRODUCT_DESCRIPTION	123 PRODUCT_PRICE
4	제품4	제품4설명	40,000
5	제품5	제품5설명	50,000

[그림 4-30] 질의 결과

이번에는 다음과 같이 두 개의 로우를 customer 테이블에 추가하기로 한다.

    INSERT INTO customer VALUES (21, '박일', '대전시', NULL);
    INSERT INTO customer VALUES (22, '박이', '광주시', NULL);

위의 질의문에서는 customer 테이블의 customer_email 컬럼에 이메일 문자 데이터 대신에 NULL을 지정하였다.

NULL 예약어는 값을 알지 못한다는 것을 의미하는 값이다. NULL 값은 빈 문자 데이터나 0이 아니다. 이들은 자신의 값을 갖고 있기 때문이다. NULL 값을 포함하는 컬럼을 질의하면 대부분의 데이터베이스 서버는 대문자로 "NULL"이라고 표시한다.

    SELECT * FROM customer;

이제 위 질의 결과는 다음과 같다.

123 CUSTOMER_ID	ABC CUSTOMER_NAME	ABC CUSTOMER_ADDRESS	ABC CUSTOMER_EMAIL
1	김일	서울시	kim1@gmail.com
2	김이	부산시	kim2@gmail.com
3	김삼	대전시	kim3@gmail.com
4	김사	인천시	kim4@gmail.com
5	김오	대구시	kim5@gmail.com
11	이일	서울시	lee1@gmail.com
12	이이	부산시	lee2@gmail.com
21	박일	대전시	[NULL]
22	박이	광주시	[NULL]

[그림 4-31] 질의 결과

NULL 값을 포함하고 있는 로우가 있는 지 확인하기 위해 다음과 같이 질의문을 작성했다고 하자.

    SELECT * FROM customer WHERE customer_email = NULL;

그러면 다음과 같이 빈 로우셋을 반환한다.

93

4장 SELECT 문

123 CUSTOMER_ID	RBC CUSTOMER_NAME	RBC CUSTOMER_ADDRESS	RBC CUSTOMER_EMAIL

[그림 4-32] 질의 결과

찾지 못했다는 것을 의미한다. 그것은 = 비교 연산자로 NULL을 비교하면 결과는 NULL 되기 때문이다. 따라서 위의 질의문은 다음과 같이 고쳐 써야 한다.

SELECT * FROM customer WHERE customer_email IS NULL;

위의 질의문은 customer_email 컬럼의 값이 NULL인 것만 선택하여 반환한다.

123 CUSTOMER_ID	RBC CUSTOMER_NAME	RBC CUSTOMER_ADDRESS	RBC CUSTOMER_EMAIL
21	박일	대전시	[NULL]
22	박이	광주시	[NULL]

[그림 4-33] 질의 결과

IS NOT NULL 표현식은 컬럼의 값이 NULL이 아닌 것을 선택한다.

CASE WHEN 구

이번에는 물류 대란이 일어나 주소가 "서울시"인 고객에게는 "당일 배송"을 할 수 있지만, 주소가 "인천시"나 "대전시"인 고객에게는 "배송 지연"을, 그리고 나머지 "대구시"나 "부산시", "광주시"인 고객은 "배송 불가"를 알려주어야 한다고 하자. 이것을 우리는 CASE WHEN 구를 사용하여 다음과 같이 질의문을 작성할 수 있다.

```
SELECT customer_name, customer_address,
    CASE customer_address
    WHEN '서울시' THEN '당일 배송'
    WHEN '인천시' THEN '배송 지연'
    WHEN '대전시' THEN '배송 지연'
    ELSE '배송 불가'
    END AS "배송 현황",
    customer_email
FROM customer;
```

CASE WHEN 구는 자바나 C#과 같은 프로그래밍 언어에서 if...else 문이나 swtich...case 문에 해당한다. CASE 구 다음에는 조건을 판단할 컬럼이나 데이터가 오고, WHEN 구에는 조건값을 지정한다. 조건을 판단할 컬럼이나 데이터가 조건값과 같으면 THEN 다음의 값을 반환한다. 그리고 위의 조건에 모두 일치하는 않는다면 ELSE 구에 있는 값이 반환된다. 마지막으로 CASE WHEN 구가 끝났다는 것을 알려주는 END가 온다.

위의 질의문에서 customer_address 컬럼의 값이 "서울시"이면 "당일 배송"을 반환하고, "인천시"인 경우에는 "배송 지연"을 반환한다. 마찬가지로 "대전시"인 경우에도 "배송 지연"을 반환하고, 그 밖의 경우 즉, "부산시"나 "대구시", "광주시"의 경우에는 "배송 불가"를 반환한다.

이제 위 질의 결과는 다음과 같다.

CUSTOMER_NAME	CUSTOMER_ADDRESS	배송 현황	CUSTOMER_EMAIL
김일	서울시	당일 배송	kim1@gmail.com
김이	부산시	배송 불가	kim2@gmail.com
김삼	대전시	배송 지연	kim3@gmail.com
김사	인천시	배송 지연	kim4@gmail.com
김오	대구시	배송 불가	kim5@gmail.com
이일	서울시	당일 배송	lee1@gmail.com
이이	부산시	배송 불가	lee2@gmail.com
박일	대전시	배송 지연	PARK1@GMAIL.COM
박이	광주시	배송 불가	PARK2@GMAIL.COM

[그림 4-34] 질의 결과

조건을 판단할 컬럼이나 데이터 없이 WHEN 구에 조건식을 지정하여 조건을 판단할 수도 있다. 이 경우에는 조건식의 결과가 true이면 THEN 다음의 값을 반환한다. 만약 제품의 가격이 20,000원 이하면 "저가", 40,000원 이하면 "중가", 그 이상이면 "고가"로 가격대를 분류한다고 하면 다음과 같이 질의문을 작성할 수 있다.

```
SELECT product_name, product_description,
    CASE
    WHEN product_price IS NULL THEN '해당 사항 없음'
    WHEN product_price <= 20000 THEN '저가'
    WHEN product_price <= 40000 THEN '중가'
    ELSE '고가'
    END AS "가격대"
FROM product;
```

위의 질의문에서 product 테이블의 product_price 컬럼의 값이 NULL이면 "해당 사항 없음"을 반환하고, product_price 컬럼의 값이 20,000 이하이면 "저가"를 반환한다. product_price 컬럼값이 40,000 이하이면 "중가"를 반환하고 나머지의 경우에는 "고가"를 반환한다.

이제 위 질의 결과는 다음과 같다.

PRODUCT_NAME	PRODUCT_DESCRIPTION	가격대
제품1	제품1설명	저가
제품2	제품2설명	저가
제품3	제품3설명	중가
제품4	제품4설명	중가
제품5	제품5설명	고가

[그림 4-35] 질의 결과

집합 연산자

데이터베이스는 수학의 집합론(set theory)를 기반으로 한다. 따라서 SELECT 문이 반환하는 로우셋(rowset)은 데이터의 집합(set)이다. SQL은 두 개 이상의 질의에 의해 반환되는 로우셋을 결합하는 다음과 같은 집합 연산자(set opertor)를 제공한다.

- UNION
- UNION ALL
- MINUS
- INTERSECT

UNION 연산자는 합집합에 사용된다. 두 로우셋을 묶어 준다. 이때 중복된 로우는 제외된다.

UNION ALL 연산자는 UNION과 마찬가지로 합집합에 사용된다. 그러나 중복된 로우도 포함된다.

MINUS 연산자는 차집합에 사용된다. 첫 번째 로우셋에서 두 번째 로우셋의 로우를 제외한 나머지 로우만 포함된다.

INTERSECT 연산자는 교집합에 사용된다. 두 로우셋에서 중복된 로우만 포함된다.

이들 집합 연산자를 사용할 때 주의해야 할 점은 두 개의 질의문의 각 컬럼과 컬럼의 데이터 타입이 순서대로 일치해야 한다는 것이다.

먼저 다음과 같은 질의문을 실행하면,

> SELECT customer_id, customer_name, customer_address, customer_email
> FROM customer
> WHERE customer_email LIKE 'kim%';

다음과 같은 결과를 보여준다.

CUSTOMER_ID	CUSTOMER_NAME	CUSTOMER_ADDRESS	CUSTOMER_EMAIL
1	김일	서울시	kim1@gmail.com
2	김이	부산시	kim2@gmail.com
3	김삼	대전시	kim3@gmail.com
4	김사	인천시	kim4@gmail.com
5	김오	대구시	kim5@gmail.com

[그림 4-36] 질의 결과

여기에는 이메일이 "kim"으로 시작하는 "김일", "김이", "김삼", "김사", "김오" 고객이 로우셋에 포함되어 있다.

또 다른 다음과 같은 질의문을 질의문을 실행하면,

> SELECT customer_id, customer_name, customer_address, customer_email
> FROM customer
> WHERE customer_address LIKE '대%';

다음과 같은 결과를 보여준다.

CUSTOMER_ID	CUSTOMER_NAME	CUSTOMER_ADDRESS	CUSTOMER_EMAIL
3	김삼	대전시	kim3@gmail.com
5	김오	대구시	kim5@gmail.com
21	박일	대전시	PARK1@GMAIL.COM

[그림 4-37] 질의 결과

여기에는 주소가 "대"로 시작하는 "김삼", "김오", "박일" 고객이 로우셋에 포함되어 있다.

이제 UNION 연산자를 사용하여 합집합을 구해보자.

```
SELECT customer_id, customer_name, customer_address, customer_email
    FROM customer
    WHERE customer_email LIKE 'kim%'
UNION
SELECT customer_id, customer_name, customer_address, customer_email
    FROM customer
    WHERE customer_address LIKE '대%';
```

첫 번째 로우셋에는 "김일", "김이", "김삼", "김사", "김오" 고객이 포함되어 있고, 두 번째 로우셋에는 "김삼", "김오", "박일" 고객이 포함되어 있으므로, 이 두 로우셋의 합집합은 "김일", "김이", "김삼", "김사", "김오", "박일" 고객이 포함된 로우셋이 반환되어야 한다. 여기에서 "김삼"과 "김오"는 중복되므로 중복된 로우는 제외된다.

이 질의문의 실행 결과는 다음과 같다.

CUSTOMER_ID	CUSTOMER_NAME	CUSTOMER_ADDRESS	CUSTOMER_EMAIL
1	김일	서울시	kim1@gmail.com
2	김이	부산시	kim2@gmail.com
3	김삼	대전시	kim3@gmail.com
4	김사	인천시	kim4@gmail.com
5	김오	대구시	kim5@gmail.com
21	박일	대전시	PARK1@GMAIL.COM

[그림 4-38] 질의 결과

이번에는 UNION ALL연산자를 사용하여 합집합을 구해보자.

```
SELECT customer_id, customer_name, customer_address, customer_email
    FROM customer
    WHERE customer_email LIKE 'kim%'
UNION ALL
SELECT customer_id, customer_name, customer_address, customer_email
    FROM customer
    WHERE customer_address LIKE '대%';
```

마찬가지로 첫 번째 로우셋에는 "김일", "김이", "김삼", "김사", "김오" 고객이 포함되어 있고, 두 번째 로우셋에는 "김삼", "김오", "박일" 고객이 포함되어 있으므로, 중복된 로우까지 모두 포함하는 합집합을 구한다면 "김일", "김이", "김삼", "김사", "김오", "김삼", "김오", "박일" 고객이 포함된 로우셋이 반환된다.

이 질의문의 실행 결과는 다음과 같다.

CUSTOMER_ID	CUSTOMER_NAME	CUSTOMER_ADDRESS	CUSTOMER_EMAIL
1	김일	서울시	kim1@gmail.com
2	김이	부산시	kim2@gmail.com
3	김삼	대전시	kim3@gmail.com
4	김사	인천시	kim4@gmail.com
5	김오	대구시	kim5@gmail.com
3	김삼	대전시	kim3@gmail.com
5	김오	대구시	kim5@gmail.com
21	박일	대전시	PARK1@GMAIL.COM

[그림 4-39] 질의 결과

다음에는 MINUS 연산자를 사용하여 차집합을 구해보자.

    SELECT customer_id, customer_name, customer_address, customer_email
       FROM customer
       WHERE customer_email LIKE 'kim%'
    MINUS
    SELECT customer_id, customer_name, customer_address, customer_email
       FROM customer
       WHERE customer_address LIKE '대%';

첫 번째 로우셋에는 "김일", "김이", "김삼", "김사", "김오" 고객이 포함되어 있고, 두 번째 로우셋에는 "김삼", "김오", "박일" 고객이 포함되어 있으므로, 첫 번째 로우셋에서 두 번째 로우셋에 있는 로우들을 모두 제거하면 "김일", "김이", "김사" 고객만 남는다.

따라서 이 질의문의 실행 결과는 다음과 같다.

CUSTOMER_ID	CUSTOMER_NAME	CUSTOMER_ADDRESS	CUSTOMER_EMAIL
1	김일	서울시	kim1@gmail.com
2	김이	부산시	kim2@gmail.com
4	김사	인천시	kim4@gmail.com

[그림 4-40] 질의 결과

마지막으로 INTERSECT 연산자를 사용하여 교집합을 구해보자.

    SELECT customer_id, customer_name, customer_address, customer_email
       FROM customer
       WHERE customer_email LIKE 'kim%'
    INTERSECT

4장 SELECT 문

```
SELECT customer_id, customer_name, customer_address, customer_email
   FROM customer
   WHERE customer_address LIKE '대%';
```

첫 번째 로우셋에는 "김일", "김이", "김삼", "김사", "김오" 고객이 포함되어 있고, 두 번째 로우셋에는 "김삼", "김오", "박일" 고객이 포함되어 있으므로, 이들 두 로우셋에서 중복된 로우는 "김삼"과 "김오" 고객 뿐이다.

따라서 이 질의문의 실행 결과는 다음과 같다.

CUSTOMER_ID	CUSTOMER_NAME	CUSTOMER_ADDRESS	CUSTOMER_EMAIL
3	김삼	대전시	kim3@gmail.com
5	김오	대구시	kim5@gmail.com

[그림 4-41] 질의 결과

5장 SQL 내장 함수

5장
SQL 내장 함수

- ANSI 표준 내장 함수
- 문자 함수
- 숫자 함수
- 날짜와 시간 함수
- 범용 함수
- ANSI 표준 내장 함수와 데이터베이스 서버 내장 함수
- 오라클 내장 함수
- SQL 서버 내장 함수
- MySQL 내장 함수
- PostgreSQL 내장 함수

ANSI 표준 내장 함수

이번 장에서 살펴보게 될 주제는 함수(function)다. 함수란 입력값이 주어지면 입력값을 사용하여 어떤 작업을 수행한 후에 그 결과를 출력하는 코드 블럭이다.

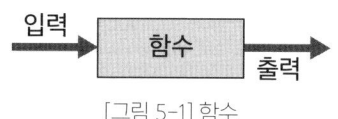

[그림 5-1] 함수

대부분의 프로그래밍 언어들은 함수를 제공하며 자체 함수를 정의할 수 있는 기능을 제공한다. SQL도 예외는 아니다. 그리고 대부분의 데이터베이스 서버는 다양한 내장 함수(built-in function)를 제공한다. 내장 함수란 데이터베이스 서버 자체에 내장되어 제공되는 함수를 말한다.

내장 함수에는 두가지 유형이 있다. 하나는 스칼라 함수(scala function)이고, 다른 하나는 집계 함수(aggregate function)다. 스칼라 함수는 하나의 로우에 있는 데이터에 수행되는 함수를 말한다. 우리가 4장 SELECT 문에서 살펴본 CONCAT 함수는 하나의 로우에 있는 두 개의 컬럼의 문자 데이터를 결합하는 기능을 제공하는 스칼라 함수다. 이에 대하여 집계 함수는 여러 로우에 있는 데이터에 연산이 수행된다. 예를 들어 SUM 함수는 선택된 모든 로우의 특정한 컬럼의 값의 합계를 구하는데 사용된다. 우리는 이번 장에서 주로 스칼라 함수에 대하여 살펴보고, 7장에서 집계 함수에 대해서 살펴보게 될 것이다.

우리는 이처럼 데이터베이스 서버가 제공하는 내장 함수를 사용할 수 있을 뿐만 아니라, 우리가 자체적으로 함수를 정의하고 사용할 수 있다. 이것을 사용자 정의 함수(user-defined function)이라고 한다. 우리는 이 책의 후반부에 사용자 정의 함수를 구현하는 방법에 대해서 살펴보게 될 것이다.

ANSI SQL 표준도 표준 내장 함수를 정의한다. 그리고 대부분의 데이터베이스 서버는 이러한 ANSI 표준 내장 함수를 구현하여 기능을 제공한다. 우리가 3장 데이터 타입에서 살펴본 ANSI 표준 데이터 타입과 마찬가지로, 모든 데이터베이스 서버가 이들 ANSI 표준 내장 함수를 모두 제공하는 것은 아니다. 같은 기능을 제공하지만 다른 함수 이름을 가질 수 있으며, 또는 유사하지만 기능이 추가된 새로운 내장 함수를 제공할 수도 있다. 또한 데이터베이스 서버마다 고유한 기능을 제공하기 위해 ANSI 표준에 정의되어 있지 않는 다양한 독자적인 내장 함수를 제공하기도 한다. 그래서 이 책에서는 먼저 ANSI 표준에 정의되어 있는 내장 함수 중에서 많이 사용되는 중요한 내장 함수들을 살펴보고, 각 데이터베이스 서버가 제공하는 독자적인 내장 함수들 중에서 중요한 것을 추려서 살펴보기로 한다.

다음은 ANSI 표준에서 정의한 SQL 내장 함수 목록이다.

5장 SQL 내장 함수

구분	함수	
문자	|| 연산자	UPPER
	CONVERT	OVERLAY
	TRANSLATE	SUBSTRING
	LOWER	TRIM
숫자	ABS	LN
	BIT_LENGTH	LOG10
	CHAR_LENGTH CHARACTER_LENGTH	MOD
	OCTET_LENGTH	POSITION
숫자	CARDINALITY	POSITION_REGEX
	CEIL, CEILING	POWER
	EXP	SQRT
	EXTRACT	WIDTH_BUCKET
	FLOOR	
삼각 함수	SIN	TANH
	COS	ASIN
	TAN	ACOS
	SINH	ATAN
	COSH	
날짜와 시간	CURRENT_DATE	CURRENT_TIMESTAMP
	CURRENT_TIME	
사용자/역할	CURRENT_ROLE	CURRENT_USER
	USER	SYSTEM_USER
범용	CAST	NULLIF
	COALESCE	
컬렉션	TABLE	UNNEST

구분	함수	
집계	ARRAY_AGG	RANK
	AVG	REGR_AVGX
	CORR	REGR_AVGY
	COUNT	REGR_COUNT
	COUNT(*)	REGR_INTERCEPT
	COVAR_POP	REGR_R2
	COVAR_SAMP	REGR_SLOPE
	CUME_DIST	REGR_SXX
	DENSE_RANK	REGR_SXY
	LISTAGG	REGR_SYY
	MAX	STDDEV_POP
	MIN	STDDEV_SAMP
	PERCENT_RANK	SUM
	PERCENTILE_CONT	VAR_POP
	PERCENTILE_DISC	VAR_SAMP

[표 5-1] ANSI 표준 SQL 내장 함수

우리는 이들 ANSI 표준 내장 함수 중에서 많이 사용되는 것들을 위주로 살펴보기로 한다. 여기에서 설명되지 않는 내장 함수에 대해서는 참조 문서를 참조하기 바란다. 집계 함수에 대해서는 7장 집계 함수와 데이터 그룹화에서 다루게 될 것이다.

문자 함수

4장 SELECT 문에서 살펴본 바와 같이 문자 데이터를 결합할 때 || 연산자를 사용할 수 있다.

    SELECT customer_name || ' : ' || customer_address FROM customer;

SQL 서버는 || 대신에 + 연산자를 제공한다.

    SELECT customer_name + ' : ' + customer_address FROM customer;

5장 SQL 내장 함수

MySQL은 || 연산자를 지원하지 않는다.

그 대신에 각 데이터베이스 서버는 문자 데이터 결합에 사용할 수 있는 CONCAT 함수를 제공한다. CONCAT 함수의 인수에는 콤마로 구분된 결합할 문자 데이터를 나열한다.

SELECT CONCAT(customer_name , ' : ', customer_address) FROM customer;

오라클도 CONCAT 함수를 제공하지만 두 개의 인수만을 갖는다.

SELECT CONCAT(customer_name, customer_address) FROM customer;

UPPER 함수는 괄호 안의 문자 데이터를 대문자로 변환하여 반환한다.

SELECT UPPER(customer_email) FROM customer;

위 질의문의 실행 결과는 다음과 같다.

UPPER(CUSTOMER_EMAIL)
KIM1@GMAIL.COM
KIM2@GMAIL.COM
KIM3@GMAIL.COM
KIM4@GMAIL.COM
KIM5@GMAIL.COM
LEE1@GMAIL.COM
LEE2@GMAIL.COM

[그림 5-2] 질의 결과

이제 다음과 같이 customer 테이블에 이메일 주소가 대문자인 "박일"과 "박이" 고객이 있다고 하자.

CUSTOMER_ID	CUSTOMER_NAME	CUSTOMER_ADDRESS	CUSTOMER_EMAIL
1	김일	서울시	kim1@gmail.com
2	김이	부산시	kim2@gmail.com
3	김삼	대전시	kim3@gmail.com
4	김사	인천시	kim4@gmail.com
5	김오	대구시	kim5@gmail.com
11	이일	서울시	lee1@gmail.com
12	이이	부산시	lee2@gmail.com
21	박일	대전시	PARK1@GMAIL.COM
22	박이	광주시	PARK2@GMAIL.COM

[그림 5-3] customer 테이블

다음과 같이 이메일이 "@gmail.com"으로 끝나는 고객을 선택하는 질의문을 작성하

면,

SELECT * FROM customer WHERE customer_email LIKE '%@gmail.com';

다음과 같이 "박일"과 "박이"가 제외된 로우셋을 반환한다.

CUSTOMER_ID	CUSTOMER_NAME	CUSTOMER_ADDRESS	CUSTOMER_EMAIL
1	김일	서울시	kim1@gmail.com
2	김이	부산시	kim2@gmail.com
3	김삼	대전시	kim3@gmail.com
4	김사	인천시	kim4@gmail.com
5	김오	대구시	kim5@gmail.com
11	이일	서울시	lee1@gmail.com
12	이이	부산시	lee2@gmail.com

[그림 5-4] 질의 결과

이때 UPPER 함수를 사용하여 다음과 같이 질의할 수 있다.

SELECT * FROM customer
　　WHERE UPPER(customer_email) LIKE UPPER('%@gmail.com');

이 경우에 customer_email 컬럼과 "%@gmail.com" 문자 데이터를 모두 대문자로 변환하여 비교하기 때문에 전체 로우가 포함된 로우셋을 반환하게 된다.

CUSTOMER_ID	CUSTOMER_NAME	CUSTOMER_ADDRESS	CUSTOMER_EMAIL
1	김일	서울시	kim1@gmail.com
2	김이	부산시	kim2@gmail.com
3	김삼	대전시	kim3@gmail.com
4	김사	인천시	kim4@gmail.com
5	김오	대구시	kim5@gmail.com
11	이일	서울시	lee1@gmail.com
12	이이	부산시	lee2@gmail.com
21	박일	대전시	PARK1@GMAIL.COM
22	박이	광주시	PARK2@GMAIL.COM

[그림 5-5] 질의 결과

MySQL은 추가로 동일한 기능의 UCASE 함수를 제공한다.

반대로 LOWER 함수는 괄호 안의 문자 데이터를 소문자로 변환하여 반환한다.

SELECT LOWER(customer_email)
　　FROM customer
　　WHERE customer_id IN (21, 22);

위 질의문의 실행 결과는 다음과 같다.

[그림 5-6] 질의 결과

또한 이전 예에서 다음과 같이 UPPER 함수 대신에 LOWER 함수를 사용할 수도 있다.

SELECT * FROM customer
    WHERE LOWER(customer_email) LIKE '%@gmail.com';

MySQL은 추가로 동일한 기능의 LCASE 함수를 제공한다.

SUBSTRING 함수는 부분 문자 데이터를 반환한다.

SELECT SUBSTRING(customer_email, 1, 4) FROM customer
    WHERE customer_id NOT IN (21, 22);

위 질의문은 customer_email 컬럼의 문자 데이터에서 1 번째 즉, 맨 처음에 위치한 문자에서 시작해서 4 개의 문자를 떼어내어 문자 데이터로 반환한다. 세 번째 길이를 지정하는 인수를 생략하면 문자 데이터의 끝까지 떼어내어 반환한다. 참고로 SQL에서 서수는 1에서부터 시작한다.

위 질의문의 실행 결과는 다음과 같다.

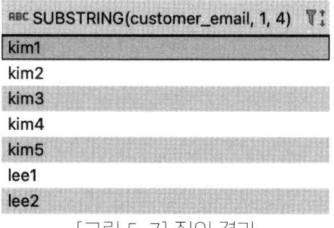

[그림 5-7] 질의 결과

오라클은 SUBSTRING 대신에 SUBSTR 함수를 제공한다. 위의 질의문은 다음과 같이 바꿔 쓸 수 있다.

SELECT SUBSTR(customer_email, 1, 4) FROM customer
    WHERE customer_id NOT IN (21, 22);

실행 결과는 같다.

사용자가 데이터를 입력할 때 실수로 문자 데이터 앞이나 뒤에 스페이스(space) 즉, 공백 문자를 추가할 수 있다. 이러한 데이터를 테이블에 저장할 때 또는 질의할 때 공백 문자를 제거하려면 TRIM 함수를 사용한다.

SELECT TRIM(customer_address), TRIM(customer_email) FROM customer;

현재 우리의 customer 테이블의 로우는 공백 문자를 포함하고 있지 않기 때문에 결과를 확인하기 어렵다. 따라서 다음과 같이 질의문을 작성해서 확인하기로 한다.

SELECT '[' || TRIM('   __SQL 프로그래밍__   ') || ']';

오라클의 경우는 다음과 같이 FROM DUAL 구를 추가한다.

SELECT '[' || TRIM('   __SQL 프로그래밍__   ') || ']' FROM DUAL;

DUAL은 오라클 데이터베이스에 자동적으로 생성된 테이블이다. 우리의 예와 같이 간단하게 함수를 이용해서 결과를 확인할 때 사용할 수 있는 테이블이다.

위 질의문의 실행 결과는 다음과 같다.

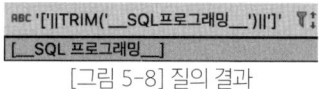

[그림 5-8] 질의 결과

문자 데이터 앞 또는 뒤의 공백 문자만 제거하고 싶다면 다음과 같이 LEADING 또는 TRAILING 구를 지정할 수 있다. BOTH는 디폴트값으로 앞, 뒤 모두 공백 문자를 제거한다.

SELECT '[' || TRIM(LEADING FROM '   __SQL 프로그래밍__   ') || ']' AS "LEADING",
       '[' || TRIM(TRAILING FROM '   __SQL 프로그래밍__   ') || ']' AS "TRAILING",
       '[' || TRIM(BOTH FROM '   __SQL 프로그래밍__   ') || ']' AS "BOTH"
    FROM DUAL;

위 질의문의 실행 결과는 다음과 같다.

[그림 5-9] 질의 결과

공백 문자 대신에 다른 문자도 제거할 수 있다. FROM 구 앞에 제거할 문자를 지정하면 된다.

```
SELECT '[' || TRIM(LEADING '*' FROM '****__SQL 프로그래밍__****') || ']'
          AS "LEADING",
       '[' || TRIM(TRAILING '*' FROM '****__SQL 프로그래밍__****') || ']'
          AS "TRAILING",
       '[' || TRIM(BOTH '*' FROM '****__SQL 프로그래밍__****') || ']'
          AS "BOTH"
   FROM DUAL;
```

위 질의문의 실행 결과는 다음과 같다.

[그림 5-10] 질의 결과

SQL 서버는 LEADING 또는 TRAILING 구를 지원하지는 않는다. 그 대신에 LTRIM과 RTRIM 함수를 제공한다. LTRIM은 TRIM(LEADING FROM ..)과 동일하고, RTRIM은 TRIM(TRAILING FROM...)과 동일하다.

```
SELECT '[' + LTRIM('   __SQL 프로그래밍__   ') + ']' AS "LTRIM",
       '[' + RTRIM('   __SQL 프로그래밍__   ') + ']' AS "RTRIM";
```

위 질의문의 실행 결과는 다음과 같다.

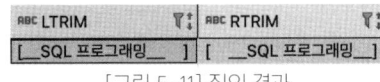

[그림 5-11] 질의 결과

오라클은 TRIM과 함께 LTRIM과 RTRIM 함수도 제공한다.

```
SELECT '[' || LTRIM('   _SQL 프로그래밍_   ') || ']' AS "LTRIM",
       '[' || RTRIM('   _SQL 프로그래밍_   ') || ']' AS "RTRIM"
  FROM DUAL;
```

POSITION 함수는 숫자 함수에 속하지만 문자 데이터와 관련되어 있기 때문에 여기에서 다루기로 한다. POSITION 함수는 첫 번째 인수 문자 데이터에서 두 번째 인수 문자 데이터의 위치를 반환한다. 찾을 수 없으면 NULL을 반환한다.

```
SELECT POSITION('하세요' IN '안녕하세요? SQL입니다.');
```

위 질의문은 "안녕하세요? SQL입니다." 문자 데이터에서 "하세요" 문자 데이터의 위치를 찾는다.

위 질의문의 실행 결과는 다음과 같다.

123 POSITION('하세요' IN '안녕하세요? SQL입니다.')
3

[그림 5-12] 질의 결과

오라클은 POSITION 함수 대신에 INSTR 함수를 제공한다.

```
SELECT INSTR('안녕하세요? SQL입니다.', '하세요') FROM DUAL;
```

SQL 서버도 POSITION 함수 대신에 CHARINDEX 함수를 제공한다.

```
SELECT CHARINDEX('하세요', '안녕하세요? SQL입니다.');
```

또한 PATINDEX 함수는 와일드 카드를 사용할 수 있다.

```
SELECT PATINDEX('%하세요%', '안녕하세요? SQL입니다.');
```

MySQL은 LOCATE 함수도 함께 제공한다.

```
SELECT LOCATE('하세요', '안녕하세요? SQL입니다.');
```

5장 SQL 내장 함수

숫자 함수

ABS 함수는 수의 절대값을 반환한다.

SELECT ABS(-1);

위 질의문의 결과는 1이다.

CEIL 또는 CEILING 함수는 인수로 지정된 숫자 데이터와 가장 가까운 큰 정수를 반환한다. 오라클은 CEIL 함수만 지원한다.

SELECT CEIL(3.14159) FROM DUAL;

3.14159와 가장 가까운 큰 정수는 4이므로 다음과 같은 결과를 반환한다.

[그림 5-13] 질의 결과

SELECT CEIL(-3.14159) FROM DUAL;

음수인 -3.14159와 가장 가까운 큰 정수는 -3이므로 다음과 같은 결과를 반환한다.

[그림 5-14] 질의 결과

SQL 서버는 CEILING 함수만 지원한다.

SELECT CEILING(3.14159);

MySQL과 PostgreSQL은 CEIL과 CEILING 함수를 모두 지원한다.

SELECT CEIL(3.14159);
SELECT CEILING(3.14159);

CEIL 함수와는 반대로 FLOOR 함수는 인수로 지정된 숫자 데이터와 가장 가까운 작은 정수를 반환한다. FLOOR 함수는 네 개의 모든 데이터베이스 서버가 지원한다.

SELECT FLOOR(3.14159) FROM DUAL;

3.14159와 가장 가까운 작은 정수는 3이므로 다음과 같은 결과를 반환한다.

[그림 5-15] 질의 결과

SELECT FLOOR(-3.14159) FROM DUAL;

음수인 -3.14159와 가장 가까운 작은 정수는 -4 이므로 다음과 같은 결과를 반환한다.

[그림 5-16] 질의 결과

MOD 함수는 두 숫자 데이터의 나머지 값을 반환한다.

SELECT MOD(12, 5) FROM DUAL;

12 나누기 5의 나머지는 2가 된다. 따라서 다음과 같은 결과를 반환한다.

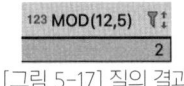

[그림 5-17] 질의 결과

MOD 함수는 SQL 서버를 제외한 세 개의 데이터베이스 서버에서 지원한다. SQL 서버는 MOD 함수 대신에 %(모듈러스) 연산자를 지원한다.

SELECT 12 % 5;

참고로 ANSI 표준 함수는 아니지만 많이 사용하는 숫자 함수는 ROUND와 TRUNC 또는 TRUNCATE 함수다. 이들 함수는 네 개의 데이터베이스 서버에서 지원한다. 단 SQL 서버는 TRUNC 함수를 지원하지 않는다.

ROUND 함수는 인수로 지정된 숫자 데이터를 특정한 위치에서 반올림한 결과를 반

5장 SQL 내장 함수

환한다.

    SELECT ROUND(123.456, 0) FROM DUAL;

123.456을 소수점 이하 0 자리에서 반올림하면 123이 된다. 따라서 다음과 같은 결과를 반환한다.

[그림 5-18] 질의 결과

만약 두 번째 인수가 생략되면 디폴트값은 0이 된다. 따라서 다음 질의문은 이전과 동일하다. 다만 SQL 서버는 이 구문을 지원하지 않는다.

    SELECT ROUND(123.456) FROM DUAL;

다음은 반올림 위치를 지정한 예다.

    SELECT ROUND(123.456, 1) AS "1자리 반올림",
            ROUND(123.456, 2) AS "2자리 반올림",
            ROUND(123.456, -1) AS "-1자리 반올림",
            ROUND(123.456, -2) AS "-2자리 반올림"
    FROM DUAL;

첫 번째 컬럼은 소수점 이하 1자리에서 반올림하여 결과는 123.5 가 되고, 두 번째 컬럼은 소수점 이하 2자리에서 반올림하여 123.46 이 된다. 그리고 세 번째와 네 번째 컬럼은 각각 소수점 이상 1자리와 2자리에서 반올림하여 120과 100이 된다. 따라서 다음과 같은 결과를 반환한다.

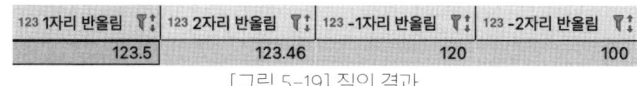
[그림 5-19] 질의 결과

TRUNC 함수는 인수로 지정된 숫자 데이터를 특정한 위치에서 잘라내어 버린 결과를 반환한다. SQL 서버는 TRUNC 함수를 지원하지 않는다.

    SELECT TRUNC(123.456, 0) FROM DUAL;

123.456을 소수점 이하 0 자리에서 잘라내어 버리면 123이 된다. 따라서 다음과 같은 결과를 반환한다.

123 TRUNC(123.456)
123

[그림 5-20] 질의 결과

만약 두 번째 인수가 생략되면 디폴트값은 0이 된다. 따라서 다음 질의문은 이전과 동일하다.

SELECT TRUNC(123.456) FROM DUAL;

MySQL은 TRUC 대신에 TRUNCATE 함수명을 사용하며 두 번째 인수를 지정한 첫 번째 구문만 지원한다.

SELECT TRUNCATE(123.456, 0);

다음은 자르는 위치를 지정한 예다.

SELECT TRUNC(123.456, 1) AS "1자리 버림",
       TRUNC(123.456, 2) AS "2자리 버림",
       TRUNC(123.456, -1) AS "-1자리 버림",
       TRUNC(123.456, -2) AS "-2자리 버림"
   FROM DUAL;

첫 번째 컬럼은 소수점 이하 1자리에서 잘라내어 버려서 결과는 123.4 가 되고, 두 번째 컬럼은 소수점 이하 2자리에서 잘라내어 버려서 123.45 가 된다. 그리고 세 번째와 네 번째 컬럼은 각각 소수점 이상 1자리와 2자리에서 잘라내어 버려서 120과 100이 된다. 따라서 다음과 같은 결과를 반환한다.

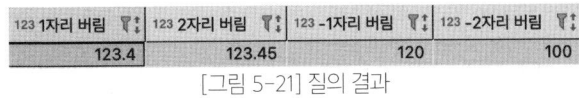

[그림 5-21] 질의 결과

5장 SQL 내장 함수

날짜와 시간 함수

ANSI 표준 내장 함수는 현재 날짜와 시간을 반환하는 다음과 같은 세 개의 함수를 정의한다.

    CURRENT_DATE
    CURRENT_TIME
    CURRENT_TIMESTAMP

이들 함수는 각각 현재 날짜, 현재 시간, 그리고 현재 날짜와 시간을 반환한다.

그러나 각 데이터베이스 서버는 각각 다른 방식으로 날짜와 시간을 반환한다.

오라클은 CURRENT_DATE 함수에서 날짜와 시간을 모두 반환하며, CURRENT_TIME 함수를 지원하지 않는다. 그리고 CURRENT_TIMESTAMP 함수는 시간대 정보를 포함한 날짜와 시간을 모두 반환한다.

    SELECT CURRENT_DATE, CURRENT_TIMESTAMP FROM DUAL;

위 질의 결과는 다음과 같다.

CURRENT_DATE	CURRENT_TIMESTAMP
2022-11-17 15:53:48.0	2022-11-17 15:53:48.186449 Asia/Seoul

[그림 5-22] 질의 결과

또한 CURRENT_DATE의 동의어로 SYSDATE 함수를 제공한다.

    SELECT SYSDATE FROM DUAL;

SQL 서버는 CURRENT_TIMESTAMP 함수만 지원한다. 그리고 시간대 정보를 포함하지 않은 날짜와 시간을 모두 반환한다.

    SELECT CURRENT_TIMESTAMP;

위 질의 결과는 다음과 같다.

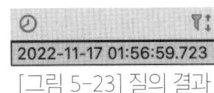

[그림 5-23] 질의 결과

또한 CURRENT_TIMESTAMP의 동의어로 GETDATE 함수를 제공한다.

SELECT GETDATE();

MySQL은 ANSI 표준 사양을 준수하여 세 개의 함수를 지원하며 각각 현재 날짜, 현재 시간, 그리고 시간대 정보를 포함하지 않은 현재 날짜와 시간을 반환한다.

SELECT CURRENT_DATE, CURRENT_TIME, CURRENT_TIMESTAMP;

위 질의 결과는 다음과 같다.

CURRENT_DATE	CURRENT_TIME	CURRENT_TIMESTAMP
2022-11-17	01:58:11	2022-11-17 01:58:11

[그림 5-24] 질의 결과

또한 CURRENT_DATE의 동의어로 CURDATE 함수와, CURRENT_TIME의 동의어로 CURTIME 함수를 제공한다.

SELECT CURDATE();
SELECT CURTIME();

이와 함께 CURRENT_TIMSTAMP의 동의어로 NOW와 SYSDATE 함수도 제공한다.

SELECT NOW();
SELECT SYSDATE();

PostgreSQL은 세 개의 함수를 모두 지원하며 각각 현재 날짜, 시간대 정보를 포함한 현재 시간, 그리고 시간대 정보를 포함한 현재 날짜와 시간을 반환한다.

SELECT CURRENT_DATE, CURRENT_TIME, CURRENT_TIMESTAMP;

위 질의 결과는 다음과 같다.

[그림 5-25] 질의 결과

EXTRACT 함수는 숫자 함수에 속하지만 날짜와 관련되어 있기 때문에 여기에서 다루기로 한다. EXTRACT 함수는 날짜로부터 각각의 년, 월, 일, 시, 분, 초 등의 값을 추출하여 반환하며, 다음과 같은 구문을 갖는다.

　　EXTRACT(date_part FROM 날짜)

data_part에는 YEAR, MONTH, DAY, HOUR, MINUTE, SECOND 등의 년, 월, 일, 시, 분, 초를 나타내는 상수를 지정한다. 다음은 현재 날짜와 시간의 년, 월, 일, 시, 분, 초를 구하는 질의문을 보여준다.

　　SELECT EXTRACT(YEAR FROM CURRENT_TIMESTAMP) FROM DUAL;
　　SELECT EXTRACT(MONTH FROM CURRENT_TIMESTAMP) FROM DUAL;
　　SELECT EXTRACT(DAY FROM CURRENT_TIMESTAMP) FROM DUAL;
　　SELECT EXTRACT(HOUR FROM CURRENT_TIMESTAMP) FROM DUAL;
　　SELECT EXTRACT(MINUTE FROM CURRENT_TIMESTAMP) FROM DUAL;
　　SELECT EXTRACT(SECOND FROM CURRENT_TIMESTAMP) FROM DUAL;

이들 질의문의 실행 결과는 다음과 같다.

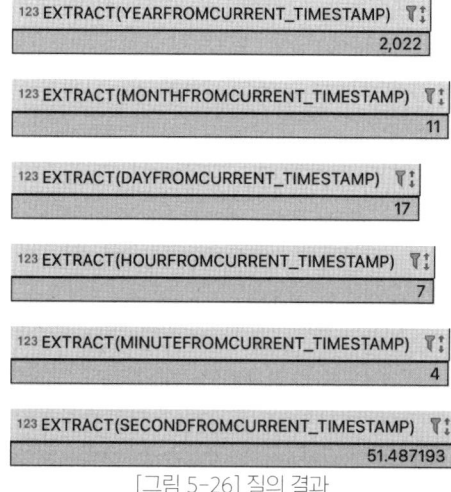

[그림 5-26] 질의 결과

SQL 서버는 EXTRACT 함수를 지원하지 않는다. 대신에 다음과 같은 구문을 갖는 DATEPART 함수를 제공한다.

DATEPART(date_part, 날짜)

위 질의문을 다음과 같이 작성할 수 있다.

SELECT DATEPART(YEAR, CURRENT_TIMESTAMP);
SELECT DATEPART(MONTH, CURRENT_TIMESTAMP);
SELECT DATEPART(DAY, CURRENT_TIMESTAMP);
SELECT DATEPART(HOUR, CURRENT_TIMESTAMP);
SELECT DATEPART(MINUTE, CURRENT_TIMESTAMP);
SELECT DATEPART(SECOND, CURRENT_TIMESTAMP);

이들 질의문의 실행 결과는 이전과 같다.

이들 ANSI 표준 함수 외에도 각 데이터베이스 서버는 독자적인 날짜 내장 함수를 제공한다. 이들 함수에 대해서는 잠시 후에 살펴보기로 한다.

범용 함수

CAST 함수는 표현식의 타입을 다른 타입으로 변환한다.

CAST(표현식 AS 타입)

만약 변환에 실패하면 에러가 발생한다.

SELECT CAST(1234.56 AS INTEGER) FROM DUAL;

위 질의문은 1234.56을 정수로 변환한다. 이때 오라클은 소수점 이하 자리 수를 반올림한다.

따라서 이 질의문의 결과는 다음과 같다.

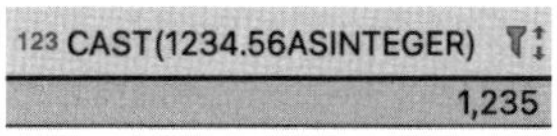

> 123 CAST(1234.56ASINTEGER)
> 1,235

[그림 5-27] 질의 결과

SQL 서버는 소수점 이하 자리 수를 잘라내어 버린다. 따라서 결과는 1234가 된다.

MySQL에서는 사용할 수 있는 타입이 제한된다. 따라서 INTEGER 타입 대신에 SIGNED 또는 UNSIGNED 타입을 사용해야 한다.

    SELECT CAST(1234.56 AS SIGNED);

MySQL도 소수점 이하 자리 수를 반올림한다. 참고로 MySQL은 다음 데이터 타입만 변환할 수 있다.

    DATE, DATETIME, TIME,
    CHAR, NCHAR, BINARY,
    DECIMAL, SIGNED, UNSIGNED

PostgreSQL은 CAST 함수 대신에 :: 연산자를 제공한다.

    SELECT 1234.56 :: INTEGER;

PostgreSQL도 소수점 이하 자리 수를 반올림한다.

CAST 함수를 사용하여 날짜 데이터도 다른 타입으로 변환할 수 있다.

다음 질의문은 날짜 형식의 문자 데이터를 TIMESTAMP 타입으로 변환하고, 변환된 TIMESTAMP 타입을 다시 VARCHAR 타입으로 변환한다.

    SELECT CAST(CAST('2022-11-21' AS TIMESTAMP) AS VARCHAR(30))
        FROM DUAL;

위 질의문의 결과는 다음과 같다.

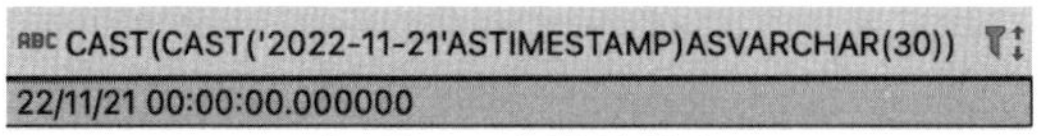

> ABC CAST(CAST('2022-11-21'ASTIMESTAMP)ASVARCHAR(30))
> 22/11/21 00:00:00.000000

[그림 5-28] 질의 결과

MySQL은 다음과 같이 질의문을 작성한다.

SELECT CAST(CAST('2022-11-21' AS DATETIME) AS CHAR(30));

SQL 서버는 CAST와 함께 TRY_CAST 함수도 제공한다. 이 함수는 변환에 실패하면 에러 대신에 NULL을 반환한다.

SELECT TRY_CAST('ONE' AS INTEGER);

위 질의문의 결과는 다음과 같다.

[그림 5-29] 질의 결과

또한 SQL 서버는 CAST와 유사한 기능을 갖는 문자 내장 함수인 CONVERT 함수도 제공한다. 참고로 다른 데이터베이스 서버도 CONVERT 함수를 지원하지만 ANSI 표준 사양을 준수하여 문자 데이터의 인코딩이나 정렬(collate)을 변환하는데 반해, SQL 서버는 CAST 함수와 유사한 변환 기능을 다음과 같은 구문으로 제공한다.

CONVERT(타입, 표현식, 형식)

다음 질의문은 CAST 함수 대신에 CONVERT 함수를 사용하여 다시 작성한 것이다.

SELECT CONVERT(INTEGER, 1234.56);
SELECT CONVERT(VARCHAR(30), CONVERT(DATETIME, '2022-11-21'));

날짜 데이터를 문자 데이터로 변환할 때 형식을 지정할 수 있다. 예를 들어 형식이 20이면 "YYYY-MM-DD HH:MI:SS " 형식으로 표현한다. 따라서 다음 질의문은

SELECT CONVERT(VARCHAR(30), CONVERT(DATETIME, '2022-11-21'), 20);

다음과 같은 결과를 보여준다.

[그림 5-30] 질의 결과

COALESCE 함수는 목록에서 첫 번째 NULL이 아닌 값을 반환한다.

5장 SQL 내장 함수

SELECT COALESCE(NULL, 2, NULL, 1) FROM DUAL;

위 질의문의 결과는 다음과 같다.

[그림 5-31] 질의 결과

NULLIF 함수는 두 값이 같으면 NULL을 반환하고, 다르면 첫 번째 값을 반환한다.

SELECT NULLIF(1, 2), NULLIF(1, 1) FROM DUAL;

위 질의문의 결과는 다음과 같다.

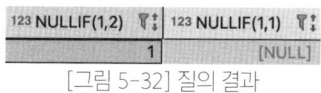

[그림 5-32] 질의 결과

ANSI 표준 내장 함수와 데이터베이스 서버 내장 함수

다음은 ANSI 표준 내장 함수와 각 데이터베이스 서버 내장 함수를 비교하여 정리한 표다. 문자 함수는 다음과 같다.

함수	오라클	SQL 서버	MySQL	PostgreSQL
|| 연산자	지원 CONCAT	미지원 + 연산자 CONCAT	미지원 CONCAT	지원 CONCAT
CONVERT	지원	지원	지원	지원
TRANSLATE	지원	미지원	미지원	지원
LOWER	지원	지원	지원 LCASE	지원
UPPER	지원	지원	지원 UCASE	지원
OVERLAY	미지원	미지원 STUFF	미지원	지원

SQL 프로그래밍

함수	오라클	SQL 서버	MySQL	PostgreSQL
SUBSTRING	미지원 SUBSTR	지원	지원	지원
TRIM	지원 LTRIM RTRIM	미지원 LTRIM RTRIM	지원	지원 BTRIM

[표 5-2] 문자 함수

숫자 함수는 다음과 같다.

함수	오라클	SQL 서버	MySQL	PostgreSQL
ABS	지원	지원	지원	지원
BIT_LENGTH	미지원	미지원	지원	지원
CHAR_LENGTH CHARACTER_LENGTH	미지원 LENTH	미지원 LEN DATALENGTH	지원 LENGTH	지원 LENGTH
OCTET_LENGTH	미지원 LENTHHB	미지원	지원	지원
CARDINALITY	지원	미지원	미지원	지원
CEIL CEILING	지원 CEIL	지원 CEILING	지원 CEIL, CELING	지원 CEIL, CELING
EXP	지원	지원	지원	지원
EXTRACT	지원	미지원 DATEPART	지원	지원
FLOOR	지원	지원	지원	지원
LN	지원	지원	지원	지원
LOG10	지원	미지원 LOG	지원 LOG	미지원 LOG
MOD	지원	미지원 % 연산자	지원	지원

5장 SQL 내장 함수

함수	오라클	SQL 서버	MySQL	PostgreSQL
POSITION	미지원 INSTR	미지원 CHARINDEX PATINDEX	지원 LOCATE	지원
POSITION_REGEX	미지원 REGEXP_INSTR	미지원 PATINDEX	미지원 REGEXP_INSTR	미지원 REGEXP_INSTR
POWER	지원	지원	지원 POW	지원
SQRT	지원	지원	지원	지원
WIDTH_BUCKET	지원	미지원	미지원	지원

[표 5-3] 숫자 함수

삼각 함수는 다음과 같다.

함수	오라클	SQL 서버	MySQL	PostgreSQL
SIN	지원	지원	지원	지원
COS	지원	지원	지원	지원
TAN	지원	지원 COT	지원 COT	지원 COT
SINH	지원	지원	지원	지원
COSH	지원	지원	지원	지원
TANH	지원	지원	지원	지원
ASIN	지원	지원	지원	지원
ACOS	지원	지원	지원	지원
ATAN	지원 ATN2	지원	지원 ATN2	지원 ATN2

[표 5-4] 삼각 함수

날짜와 시간 함수는 다음과 같다.

SQL 프로그래밍

함수	오라클	SQL 서버	MySQL	PostgreSQL
CURRENT_DATE	지원 SYSDATE	미지원	지원	지원
CURRENT_TIME	미지원	미지원	지원	지원
CURRENT_TIMESTAMP	지원	지원 GETDATE	지원	지원 NOW

[표 5-5] 날짜/시간 함수

사용자/역할 함수는 다음과 같다.

함수	오라클	SQL 서버	MySQL	PostgreSQL
CURRENT_ROLE	미지원	미지원	지원	지원
USER	지원	지원	미지원	지원
CURRENT_USER	미지원	지원	미지원	지원
SYSTEM_USER	미지원	지원	미지원	지원

[표 5-6] 사용자/역할 함수

범용 함수는 다음과 같다.

함수	오라클	SQL 서버	MySQL	PostgreSQL
CAST	지원	지원 TRY_CAST	지원	지원 :: 연산자
COALESCE	지원	지원	지원	지원
NULLIF	지원	지원	지원	지원

[표 5-7] 범용 함수

컬렉션 함수는 다음과 같다.

함수	오라클	SQL 서버	MySQL	PostgreSQL
TABLE	지원	미지원	미지원	미지원
UNNEST	미지원	미지원 STRING_SPLIT	미지원	지원

[표 5-8] 컬렉션 함수

집계 함수는 다음과 같다.

함수	오라클	SQL 서버	MySQL	PostgreSQL
모든 집계 함수	지원	지원	지원	지원

[표 5-9] 집계 함수

오라클 내장 함수

오라클에서 독자적으로 제공하는 내장 함수 중에서 많이 사용되는 것들을 위주로 살펴보기로 한다.

ADD_MONTHS 함수는 날짜 데이터에 월수를 더한 날짜를 반환한다.

SELECT ADD_MONTHS('2022-11-21', 3) FROM DUAL;

위의 질의문은 2022년 11월 21일에서 3개월을 더 한 날짜를 반환한다.

위 질의문의 결과는 다음과 같다.

```
ADD_MONTHS('2022-11-21',3)
2023-02-21 00:00:00.000
```

[그림 5-33] 질의 결과

DECODE 함수는 4장 SELECT 문에서 살펴보았던 CASE WHEN 구를 대체할 수 있는 기능을 제공한다.

```
SELECT customer_name, customer_address,
    CASE customer_address
    WHEN '서울시' THEN '당일 배송'
    WHEN '인천시' THEN '배송 지연'
    WHEN '대전시' THEN '배송 지연'
    ELSE '배송 불가'
    END AS "배송 현황",
    customer_email
FROM customer;
```

위의 질의문을 DECODE 함수를 사용하여 다음과 같이 작성할 수 있다.

SQL 프로그래밍

```
SELECT customer_name, customer_address,
    DECODE(customer_address,
    '서울시', '당일 배송',
    '인천시', '배송 지연',
    '대전시', '배송 지연',
    '배송 불가') AS "배송 현황",
    customer_email
    FROM customer;
```

위의 질의문에서 DECODE 함수는 customer_address가 '서울시' 이면 '당일 배송'을, '인천시'와 '대전시' 이면 '배송 지연'을, 그 밖에는 '배송 불가'를 반환한다.

위 질의문의 결과는 다음과 같다.

CUSTOMER_NAME	CUSTOMER_ADDRESS	배송 현황	CUSTOMER_EMAIL
김일	서울시	당일 배송	kim1@gmail.com
김이	부산시	배송 불가	kim2@gmail.com
김삼	대전시	배송 지연	kim3@gmail.com
김사	인천시	배송 지연	kim4@gmail.com
김오	대구시	배송 불가	kim5@gmail.com
이일	서울시	당일 배송	lee1@gmail.com
이이	부산시	배송 불가	lee2@gmail.com
박일	대전시	배송 지연	PARK1@GMAIL.COM
박이	광주시	배송 불가	PARK2@GMAIL.COM

[그림 5-34] 질의 결과

INITCAP 함수는 문자 데이터의 각 단어의 첫 문자를 대문자로 변환하고 다른 문자는 소문자로 변환하여 반환한다.

```
SELECT INITCAP('byung SUN jun') FROM DUAL;
```

위 질의문의 결과는 다음과 같다.

[그림 5-35] 질의 결과

LENGTH 함수는 문자 데이터의 길이를 반환한다.

```
SELECT LENGTH('안녕하세요? SQL입니다.') FROM DUAL;
```

한글도 한 글자로 계산한다.

위 질의문의 결과는 다음과 같다.

[그림 5-36] 질의 결과

MONTHS_BETWEEN 함수는 두 날짜 사이의 개월 수를 반환한다.

    SELECT MONTHS_BETWEEN('2023-02-21', '2022-11-21') FROM DUAL;

위 질의문의 결과는 다음과 같다.

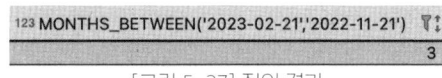

[그림 5-37] 질의 결과

NVL 함수는 컬럼의 값이 NULL이 아니면 컬럼값을 반환하고, NULL이면 지정된 값 또는 연산식의 결과를 반환한다.

    SELECT product_id,
          NVL(inventory_quantity, 0) AS "INVENTORY_QUANTITY"
     FROM inventory;

위의 질의문에서 재고 수량 컬럼 즉, inventory_quantity 컬럼의 값이 NULL이면 0 을 반환한다.

예를 들어 다음과 같이 inventory 테이블에 로우를 추가한다면,

    INSERT INTO inventory VALUES (6, NULL);

위 질의문은 다음과 같은 결과를 보여준다.

SQL 프로그래밍

123 PRODUCT_ID	123 INVENTORY_QUANTITY
1	1,000
2	2,000
3	3,000
4	4,000
5	5,000
6	0

[그림 5-38] 질의 결과

NVL2 함수는 컬럼의 값이 NULL이 아닌 경우에도 지정된 값 또는 연산식의 결과를 반환한다.

```
SELECT product_id,
    NVL2(inventory_quantity, inventory_quantity * 1.1, 0)
    AS "INVENTORY_QUANTITY"
FROM inventory;
```

위 질의문에서는 재고 수량 컬럼 즉, inventory_quantity 컬럼의 값이 NULL이 아니면 재고 수량에 1.1을 곱한 값을 반환하고, NULL이면 0을 반환한다.

위 질의문은 다음과 같은 결과를 보여준다.

123 PRODUCT_ID	123 INVENTORY_QUANTITY
1	1,100
2	2,200
3	3,300
4	4,400
5	5,500
6	0

[그림 5-39] 질의 결과

REPLACE 함수는 문자 데이터에 있는 부분 문자 데이터를 다른 문자로 대체한다.

```
SELECT REPLACE('SQL 프로그래밍', 'SQL', '오라클 PL/SQL') FROM DUAL;
```

위의 질의문은 "SQL 프로그래밍" 문자 데이터에서 "SQL"을 "오라클 PL/SQL"로 대체한 "오라클 PL/SQL 프로그래밍" 문자 데이터를 반환한다.

위 질의문의 결과는 다음과 같다.

[그림 5-40] 질의 결과

REVERSE 함수는 문자 데이터의 순서를 뒤바꾼 결과를 반환한다.

    SELECT REVERSE('programming'), REVERSE('프로그래밍') FROM DUAL;

위 질의문의 결과는 다음과 같다.

[그림 5-41] 질의 결과

TO_CHAR 함수는 다음과 같은 구문으로 날짜나 숫자 데이터를 문자 데이터로 변환한다.

    TO_CHAR(데이터, 형식)

다음 질의문은 숫자 데이터를 형식에 맞게 문자 데이터로 변환한다.

    SELECT TO_CHAR(12345.67, 'L99,999.99') FROM DUAL;

형식에서 9는 숫자 한 자리를 표시하며 빈 자리는 채우지 않는다. 0은 빈 자리를 0으로 채운다. $는 달러 표시를 붙여 표시하고, L은 지역 화폐 단위를 붙여 표시한다. 점(.)은 소수점을 표시하며, 콤마(,)는 천 단위 구분 기호를 표시한다.

위 질의문의 결과는 다음과 같다.

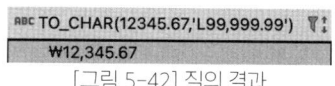

[그림 5-42] 질의 결과

다음 질의문은 날짜 데이터를 문자 데이터로 변환한다.

    SELECT TO_CHAR(CURRENT_TIMESTAMP,
            'YYYY-MM-DD DAY HH24:MI:SS') FROM DUAL;

형식에서 YYYY는 4자리 수 년도로 표시하며, MM은 월, DD는 일을 표시한다. DAY는 요일을 표시하며, HH24는 24시간 형식으로 시간을, MI는 분, SS는 초를 표시한다.

위 질의문의 결과는 다음과 같다.

```
RBC TO_CHAR(CURRENT_TIMESTAMP,'YYYY-MM-DDAYHH24:MI:SS')
2022-11-17 목요일 16:08:56
```

[그림 5-43] 질의 결과

또한 DL, DS, TS와 같은 형식을 사용할 수도 있다. DL은 긴 날짜 형식으로 "2022년 11월 21일 월요일" 형식으로 날짜를 표시하고, DS는 짧은 날짜 형식으로 "2022/11/21" 형식으로 표시한다. TS는 "오후 12:01:55" 형식으로 시간을 표시한다. 이들 형식을 다음과 같이 함께 사용할 수도 있다.

SELECT TO_CHAR(CURRENT_TIMESTAMP, 'DL TS') FROM DUAL;

위 질의문의 결과는 다음과 같다.

```
RBC TO_CHAR(CURRENT_TIMESTAMP,'DLTS')
2022년 11월 17일 목요일 오후 4:10:30
```

[그림 5-44] 질의 결과

또한 NLS_DATE_LANGUAGE 옵션을 추가하여 다음과 같이 날짜 표시 언어를 지정할 수 있다.

SELECT TO_CHAR(CURRENT_TIMESTAMP, 'MonthDD, YYYY, Day',
            'NLS_DATE_LANGUAGE = ENGLISH') FROM DUAL;

위 질의문은 영어로 날짜를 표시한다. 결과는 다음과 같다.

```
RBC TO_CHAR(CURRENT_TIMESTAMP,'MONTHDD,YYYY,DAY','NLS_DATE_LANGUAGE=ENGLISH')
November 17, 2022, Thursday
```

[그림 5-45] 질의 결과

TO_DATE 함수는 역으로 다음과 같은 구문으로 문자 데이터를 날짜 데이터로 변환한다.

TO_DATE(문자데이터, 날짜형식)

이때 문자 데이터의 형식이 날짜 형식과 일치해야 한다.

SELECT TO_DATE('2022-11-21', 'YYYY/MM/DD'),
       TO_DATE('2022-11-21', 'YYYY-MM-DD')
  FROM DUAL;

5장 SQL 내장 함수

위 질의문의 결과는 다음과 같다.

[그림 5-46] 질의 결과

다음과 같이 년, 월, 일이 일치하면 날짜 구분자는 어떤 것을 사용해도 된다.

SELECT TO_DATE('2022-11-21', 'YYYY/MM/DD'),
       TO_DATE('20221121', 'YYYY-MM-DD')
  FROM DUAL;

그러나 다음 질의문은 "ORA-01861: 리터럴이 형식 문자열과 일치하지 않음"이란 에러를 발생시킨다.

SELECT TO_DATE('2022-11-21', 'DD-MON-YYYY'),
       TO_DATE('2022-11-21', 'YYYY-DD-MM')
  FROM DUAL;

형식을 지정하지 않고 날짜 형식의 문자 데이터만 지정할 수 있다.

SELECT TO_DATE('2022-11-21') FROM DUAL;

그러나 이 경우에 문자 데이터의 날짜 형식은 시스템에 설정된 날짜 형식과 같아야 한다. 시스템 날짜 형식은 다음과 같은 질의문으로 확인할 수 있다.

SELECT * FROM nls_session_parameters
  WHERE parameter = 'NLS_DATE_FORMAT';

위 질의문은 다음과 같은 결과를 보여준다.

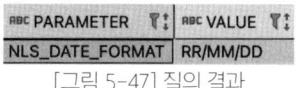

[그림 5-47] 질의 결과

따라서 날짜 형식이 년, 월, 일이 일치하는 다음 질의문은 성공적으로 수행된다.

```
SELECT TO_DATE('2022-11-21'),
       TO_DATE('22/11/21')
  FROM DUAL;
```

그러나 날짜 형식이 일치하지 않는 다음 질의문은 에러가 발생한다.

```
SELECT TO_DATE('21-11월-2021') FROM DUAL;
```

이 에러를 해결하려면 현재 데이터베이스에 연결된 세션의 시스템 날짜 형식을 변경한다.

```
ALTER SESSION SET NLS_DATE_FORMAT = 'DD-MON-YYYY';
SELECT TO_DATE('21-11월-2021') FROM DUAL;
```

위 질의문은 다음과 같은 결과를 보여준다.

[그림 5-47] 질의 결과

또는 다음과 같이 세 번째 인수에 NLS_DATE_LANGUAGE 옵션을 지정할 수 있다.

```
SELECT TO_DATE('2022-11월-21',
               'YYYY-Month-DD',
               'NLS_DATE_LANGUAGE=KOREAN')
  FROM DUAL;
SELECT TO_DATE('November 21, 2022, 11:00 A.M.',
               'Month dd, YYYY, HH:MI A.M.',
               'NLS_DATE_LANGUAGE = AMERICAN')
  FROM DUAL;
```

참고로 날짜를 출력하는 형식은 개발 도구에 설정되어 있다. 예를 들어 sqlplus의 경우에는 시스템에 설정되어 있는 날짜 형식으로 출력된다.

5장 SQL 내장 함수

```
SQL> SELECT * FROM nls_session_parameters WHERE parameter = 'NLS_DATE_FORMAT';

PARAMETER
--------------------------------------------------------------------------------
VALUE
--------------------------------------------------------------------------------
NLS_DATE_FORMAT
DD-MON-RR


SQL> SELECT TO_DATE('2022-11-21', 'YYYY-MM-DD') FROM DUAL;

TO_DATE('
---------
21-NOV-22
```

[그림 5-48] 질의 결과

현재 시스템에 DD-MON-RR 형식으로 지정되어 있기 때문에 이 형식으로 날짜가 출력된다.

SQL 디벨로퍼인 경우에는 다음 그림과 같이 환경 설정에 지정된 날짜 형식으로 날짜가 출력된다.

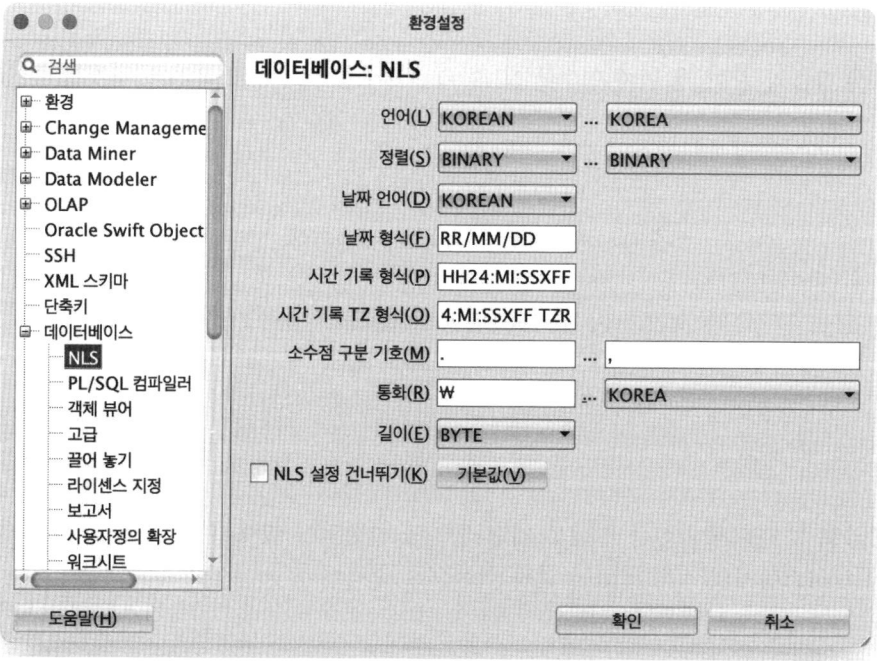

[그림 5-49] SQL 디벨로퍼 날짜 형식 환경 설정

따라서 다음과 같은 형식으로 출력 결과를 보여준다.

TO_DATE('2022-11-21','YYYY-MM-DD')
22/11/21

[그림 5-50] 질의 결과

DBeaver에서도 다음과 같이 환경 설정에 지정된 날짜 형식으로 날짜가 출력된다.

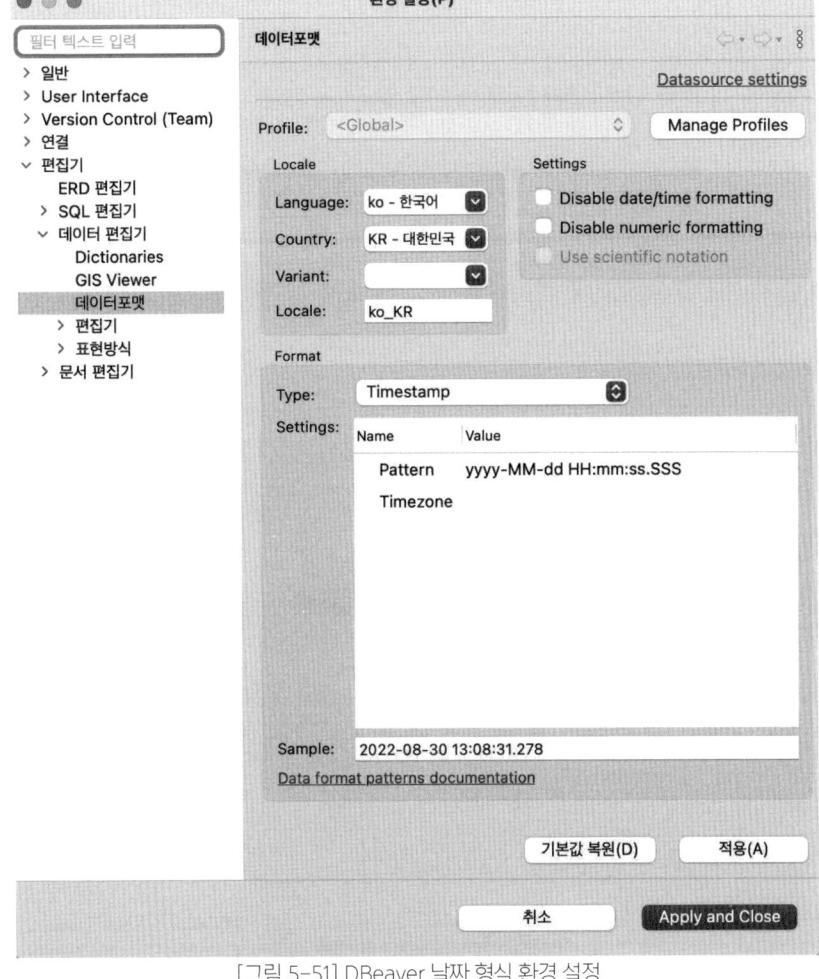

[그림 5-51] DBeaver 날짜 형식 환경 설정

따라서 다음과 같은 형식으로 출력 결과를 보여준다.

> ⊙ TO_DATE('2022-11-21','YYYY-MM-DD')
> 2022-11-21 00:00:00.0

[그림 5-52] 질의 결과

만약 출력되는 형식을 바꾸고 싶다면 다음과 같이 TO_CHAR 함수와 결합할 수 있다.

  SELECT TO_CHAR(TO_DATE('2022-11-21', 'YYYY-MM-DD'), 'YYYY-MM-DD')
    FROM DUAL;

위 질의문은 다음과 같은 결과를 보여준다.

> ᴬᴮᶜ TO_CHAR(TO_DATE('2022-11-21','YYYY-MM-DD'),'YYYY-MM-DD')
> 2022-11-21

[그림 5-53] 질의 결과

TO_NUMBER 함수는 문자 데이터를 숫자 데이터로 변환한다.

  SELECT TO_NUMBER('12345') FROM DUAL;

위 질의문은 문자 데이터 "12345"를 숫자 12345로 변환한다. 따라서 다음과 같은 결과를 보여준다.

> 123 TO_NUMBER('12345')
> 12,345

[그림 5-54] 질의 결과

만약 문자 데이터에 천 단위 구분 문자인 콤마(,)를 포함한다면 다음과 같이 형식을 지정할 수 있다.

  SELECT TO_NUMBER('12,345', '99,999') FROM DUAL;

위 질의문은 다음과 같은 결과를 보여준다.

> 123 TO_NUMBER('12,345','99,999')
> 12,345

[그림 5-55] 질의 결과

오라클의 DBMS_RANDOM 패키지는 난수를 반환하는 VALUE 함수를 제공한다.

```
SELECT DBMS_RANDOM.VALUE(),
       DBMS_RANDOM.VALUE(1, 100)
  FROM DUAL;
```

첫 번째 VALUE 함수는 0에서 1까지의 실수 난수를 반환하고, 두 번째 VALUE 함수는 1에서부터 100까지 실수 난수를 반환한다.

위 질의문은 다음과 같은 결과를 보여준다.

123 DBMS_RANDOM.VALUE()	123 DBMS_RANDOM.VALUE(1,100)
0.3281285535	83.8757721338

[그림 5-56] 질의 결과

SQL 서버 내장 함수

SQL 서버에서 독자적으로 제공하는 내장 함수 중에서 많이 사용되는 것들을 위주로 살펴보기로 한다.

DATALENGTH 함수는 문자 데이터의 길이를 반환한다.

```
SELECT DATALENGTH ('안녕하세요? SQL입니다.');
```

한글은 두 글자로 계산한다.

위 질의문의 결과는 다음과 같다.

[그림 5-57] 질의 결과

DATEADD 함수는 날짜 데이터에 년, 월, 일을 더한 날짜를 반환한다.

```
SELECT DATEADD(YEAR, 1, CAST('2022-11-21' AS DATETIME)) AS "1년 후",
       DATEADD(MONTH, 3, CAST('2022-11-21' AS DATETIME)) AS "3개월 후",
       DATEADD(DAY, 5, CAST('2022-11-21' AS DATETIME)) AS "5일 후";
```

위 질의문의 결과는 다음과 같다.

[그림 5-58] 질의 결과

DATEDIFF 함수는 두 날짜 데이터 사이의 간격을 반환한다.

```
SELECT
    DATEDIFF(
        YEAR,
        CAST('2022-11-21' AS DATETIME),
        DATEADD(YEAR, 2, CAST('2022-11-21' AS DATETIME))) AS "년",
    DATEDIFF(
        MONTH,
        CAST('2022-11-21' AS DATETIME),
        DATEADD(YEAR, 2, CAST('2022-11-21' AS DATETIME))) AS "월",
    DATEDIFF(
        DAY,
        CAST('2022-11-21' AS DATETIME),
        DATEADD(YEAR, 2, CAST('2022-11-21' AS DATETIME))) AS "일";
```

위 질의문의 결과는 다음과 같다.

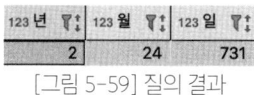

[그림 5-59] 질의 결과

ISDATE 함수는 문자 데이터를 DATETIME 타입으로 변환할 수 있으면 1을 반환하고, 변환할 수 없으면 0을 반환한다.

```
SELECT ISDATE('2022-11-21') AS "ISDATE('2022-11-21')",
       ISDATE(NULL) AS "ISDATE(NULL)";
```

위 질의문의 결과는 다음과 같다.

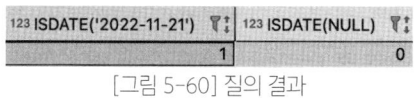

[그림 5-60] 질의 결과

ISNULL 함수는 컬럼의 값이 NULL이 아니면 컬럼값을 반환하고, NULL이면 지정된 값 또는 연산식의 결과를 반환한다.

```
SELECT product_id,
       ISNULL(inventory_quantity, 0) AS "INVENTORY_QUANTITY"
  FROM inventory;
```

위의 질의문에서 재고 수량 컬럼 즉, inventory_quantity 컬럼의 값이 NULL이면 0을 반환한다.

예를 들어 다음과 같이 inventory 테이블에 로우를 추가한다면,

```
INSERT INTO inventory VALUES (6, NULL);
```

위 질의문은 다음과 같은 결과를 보여준다.

product_id	INVENTORY_QUANTITY
1	1,000
2	2,000
3	3,000
4	4,000
5	5,000
6	0

[그림 5-61] 질의 결과

ISNUMERIC 함수는 문자 데이터를 숫자 타입으로 변환할 수 있으면 1을 반환하고, 변환할 수 없으면 0을 반환한다.

```
SELECT ISNUMERIC('3.14159') AS "ISNUMERIC('3.14159')",
       ISNUMERIC('NULL') AS "ISNUMERIC('NULL')";
```

위 질의문의 결과는 다음과 같다.

ISNUMERIC('3.14159')	ISNUMERIC('NULL')
1	0

[그림 5-62] 질의 결과

LEFT 함수는 문자 데이터 왼쪽에서 지정된 길이만큼의 부분 문자 데이터를 반환한다.

```
SELECT DISTINCT LEFT(customer_email, 3) AS "LEFT(customer_email, 3)"
    FROM customer
    WHERE customer_id NOT IN (21, 22);
```

위 질의문에서 customer_email 컬럼에서 왼쪽 3 개 문자를 반환한다.

위 질의문의 결과는 다음과 같다.

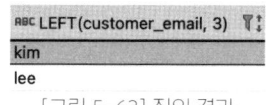

[그림 5-63] 질의 결과

RAND 함수는 0에서 1사이의 실수 난수를 반환한다.

```
SELECT RAND() AS "RAND()",
       RAND(0.5) AS "RAND(0.5)";
```

두 번째 RAND 함수에서처럼 시드값을 지정하면 시드값과 1 사이의 실수 난수를 반환한다.

위 질의문의 결과는 다음과 같다.

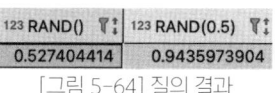

[그림 5-64] 질의 결과

REPLACE 함수는 문자 데이터에 있는 부분 문자 데이터를 다른 문자로 대체한다.

```
SELECT REPLACE('SQL 프로그래밍', 'SQL', '마이크로소프트 SQL 서버 T-SQL');
```

위의 질의문은 "SQL 프로그래밍" 문자 데이터에서 "SQL"을 "마이크로소프트 SQL 서버 T-SQL "로 대체한 "마이크로소프트 SQL 서버 T-SQL 프로그래밍" 문자 데이터를 반환한다.

위 질의문의 결과는 다음과 같다.

[그림 5-65] 질의 결과

REVERSE 함수는 문자 데이터의 순서를 뒤바꾼 결과를 반환한다.

    SELECT REVERSE('programming'), REVERSE('프로그래밍');

위 질의문의 결과는 다음과 같다.

[그림 5-66] 질의 결과

RIGHT 함수는 문자 데이터 오른쪽에서 지정된 길이만큼의 부분 문자 데이터를 반환한다.

    SELECT DISTINCT RIGHT(customer_email, 9) AS "RIGHT(customer_email, 9)"
       FROM customer;

위 질의문에서 customer_email 컬럼에서 오른쪽 9 개 문자를 반환한다.

위 질의문의 결과는 다음과 같다.

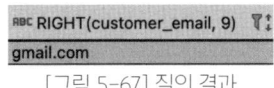

[그림 5-67] 질의 결과

MySQL 내장 함수

MySQL에서 독자적으로 제공하는 내장 함수 중에서 많이 사용되는 것들을 위주로 살펴보기로 한다.

ADDDATE 함수는 날짜 데이터 또는 날짜를 표현한 문자 데이터에 일수를 더한 날짜를 반환한다.

    SELECT ADDDATE('2022-11-21', 7);

위 질의문의 결과는 다음과 같다.

5장 SQL 내장 함수

```
     ABC ADDDATE('2022-11-21', 7)
     2022-11-28
```
[그림 5-68] 질의 결과

INTERVAL를 함께 사용하여 년, 월, 일을 더한 날짜를 반환할 수도 있다.

SELECT ADDDATE('2022-11-21', INTERVAL 1 YEAR) AS "1년 후",
       ADDDATE('2022-11-21', INTERVAL 3 MONTH) AS "3개월 후",
       ADDDATE('2022-11-21', INTERVAL 5 DAY) AS "5일 후";

위 질의문의 결과는 다음과 같다.

```
ABC 1년 후   ABC 3개월 후   ABC 5일 후
2023-11-21   2023-02-21    2022-11-26
```
[그림 5-69] 질의 결과

DATE_ADD 함수는 ADDDATE 함수의 동의어로 사용된다.

SELECT DATE_ADD('2022-11-21', INTERVAL 1 YEAR) AS "1년 후",
       DATE_ADD('2022-11-21', INTERVAL 3 MONTH) AS "3개월 후",
       DATE_ADD('2022-11-21', INTERVAL 5 DAY) AS "5일 후";

결과는 ADDDATE 함수의 경우와 같다.

DATE_FORMAT 함수는 날짜 데이터 또는 날짜를 표현한 문자 데이터에 지정된 형식의 날짜 데이터를 반환한다.

SELECT DATE_FORMAT('2022-11-21', '%Y-%m-%d %W %H:%i:%s');

형식에서 %Y는 4자리수 년도로 표시하며, %m은 월, %d는 일을 표시한다. %W는 요일을 표시하며, %H는 24시간 형식으로 시간을, %i는 분, %s는 초를 표시한다.

위 질의문의 결과는 다음과 같다.

```
ABC DATE_FORMAT('2022-11-21', '%Y-%m-%d %W %H:%i:%s')
2022-11-21 Monday 00:00:00
```
[그림 5-70] 질의 결과

IFNULL 함수는 컬럼의 값이 NULL이 아니면 컬럼값을 반환하고, NULL이면 지정된 값 또는 연산식의 결과를 반환한다.

```
SELECT product_id,
       IFNULL(inventory_quantity, 0) AS "INVENTORY_QUANTITY"
  FROM inventory;
```

위의 질의문에서 재고 수량 컬럼 즉, inventory_quantity 컬럼의 값이 NULL이면 0을 반환한다.

예를 들어 다음과 같이 inventory 테이블에 로우를 추가한다면,

```
INSERT INTO inventory VALUES (6, NULL);
```

위 질의문은 다음과 같은 결과를 보여준다.

123 product_id	123 INVENTORY_QUANTITY
1	1,000
2	2,000
3	3,000
4	4,000
5	5,000
6	0

[그림 5-71] 질의 결과

LEFT 함수는 문자 데이터 왼쪽에서 지정된 길이만큼의 부분 문자 데이터를 반환한다.

```
SELECT DISTINCT LEFT(customer_email, 3) AS "LEFT(customer_email, 3)"
  FROM customer
 WHERE customer_id NOT IN (21, 22);
```

위 질의문에서 customer_email 컬럼에서 왼쪽 3 개 문자를 반환한다.

위 질의문의 결과는 다음과 같다.

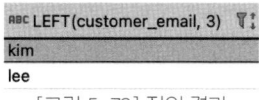

[그림 5-72] 질의 결과

MAKEDATE 함수는 첫 번째 인수인 년의 두 번째 인수인 날수에 해당하는 날짜를 반환한다.

5장 SQL 내장 함수

    SELECT MAKEDATE(2022, 365);

위 질의문의 결과는 다음과 같다.

> MAKEDATE(2022, 365)
> 2022-12-31
> [그림 5-73] 질의 결과

MAKETIME 함수는 인수에 지정된 시, 분, 초에 해당하는 시간을 반환한다.

    SELECT MAKETIME(9, 30, 0);

위 질의문의 결과는 다음과 같다.

> MAKETIME(9, 30, 0)
> 09:30:00
> [그림 5-74] 질의 결과

RAND 함수는 0에서 1사이의 실수 난수를 반환한다.

    SELECT RAND(), RAND(0.5);

두 번째 RAND 함수에서처럼 값을 지정하면 0에서 지정된 값 사이의 실수 난수를 반환한다.

위 질의문의 결과는 다음과 같다.

> RAND()   RAND(0.5)
> 0.6445191937 0.4054035371
> [그림 5-75] 질의 결과

REPLACE 함수는 문자 데이터에 있는 부분 문자 데이터를 다른 문자로 대체한다.

    SELECT REPLACE('SQL 프로그래밍', 'SQL', 'MySQL SQL');

위의 질의문은 "SQL 프로그래밍" 문자 데이터에서 "SQL"을 "MySQL SQL"로 대체한 "MySQL SQL 프로그래밍" 문자 데이터를 반환한다.

위 질의문의 결과는 다음과 같다.

REPLACE('SQL 프로그래밍', 'SQL', 'MySQL SQL')
MySQL SQL 프로그래밍

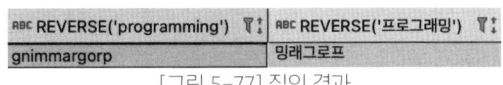

[그림 5-76] 질의 결과

REVERSE 함수는 문자 데이터의 순서를 뒤바꾼 결과를 반환한다.

```
SELECT REVERSE('programming'), REVERSE('프로그래밍');
```

위 질의문의 결과는 다음과 같다.

REVERSE('programming')	REVERSE('프로그래밍')
gnimmargorp	밍래그로프

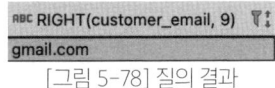

[그림 5-77] 질의 결과

RIGHT 함수는 문자 데이터 오른쪽에서 지정된 길이만큼의 부분 문자 데이터를 반환한다.

```
SELECT DISTINCT RIGHT(customer_email, 9) AS "RIGHT(customer_email, 9)"
  FROM customer;
```

위 질의문에서 customer_email 컬럼에서 오른쪽 9 개 문자를 반환한다.

위 질의문의 결과는 다음과 같다.

RIGHT(customer_email, 9)
gmail.com

[그림 5-78] 질의 결과

STR_TO_DATE 함수는 문자 데이터를 날짜 데이터로 변환한다. 이때 문자 데이터의 형식이 날짜 형식과 일치해야 한다. 만약 일치하지 않으면 NULL을 반환한다.

```
SELECT STR_TO_DATE('2022-11-21', '%Y-%m-%d'),
          STR_TO_DATE('2022/11/21', '%Y-%m-%d');
```

위 질의문의 결과는 다음과 같다.

STR_TO_DATE('2022-11-21', '%Y-%m-%d')	STR_TO_DATE('2022/11/21', '%Y-%m-%d')
2022-11-21	[NULL]

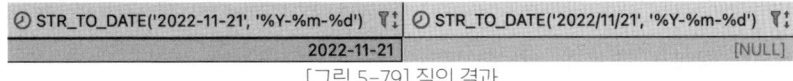

[그림 5-79] 질의 결과

5장 SQL 내장 함수

PostgreSQL 내장 함수

PostgreSQL에서 독자적으로 제공하는 내장 함수 중에서 많이 사용되는 것들을 위주로 살펴보기로 한다.

INITCAP 함수는 문자 데이터의 각 단어의 첫 문자를 대문자로 변환하고 다른 문자는 소문자로 변환하여 반환한다.

    SELECT INITCAP('byung SUN jun');

위 질의문의 결과는 다음과 같다.

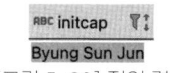

[그림 5-80] 질의 결과

LEFT 함수는 문자 데이터 왼쪽에서 지정된 길이만큼의 부분 문자 데이터를 반환한다.

    SELECT DISTINCT LEFT(customer_email, 3) AS "LEFT(customer_email, 3)"
        FROM customer
        WHERE customer_id NOT IN (21, 22);

위 질의문에서 customer_email 컬럼에서 왼쪽 3 개 문자를 반환한다.

위 질의문의 결과는 다음과 같다.

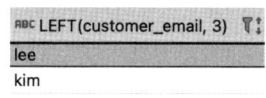

[그림 5-81] 질의 결과

RANDOM 함수는 0에서 1사이의 실수 난수를 반환한다.

    SELECT RANDOM();

위 질의문의 결과는 다음과 같다.

SQL 프로그래밍

[그림 5-82] 질의 결과

REPLACE 함수는 문자 데이터에 있는 부분 문자 데이터를 다른 문자로 대체한다.

SELECT REPLACE('SQL 프로그래밍', 'SQL', 'PostgreSQL PL/pgSQL');

위의 질의문은 "SQL 프로그래밍" 문자 데이터에서 "SQL"을 "'PostgreSQL PL/pgSQL"로 대체한 "'PostgreSQL PL/pgSQL 프로그래밍" 문자 데이터를 반환한다.

위 질의문의 결과는 다음과 같다.

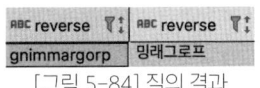

[그림 5-83] 질의 결과

REVERSE 함수는 문자 데이터의 순서를 뒤바꾼 결과를 반환한다.

SELECT REVERSE('programming'), REVERSE('프로그래밍');

위 질의문의 결과는 다음과 같다.

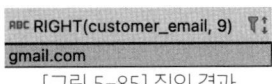

[그림 5-84] 질의 결과

RIGHT 함수는 문자 데이터 오른쪽에서 지정된 길이만큼의 부분 문자 데이터를 반환한다.

SELECT DISTINCT RIGHT(customer_email, 9) AS "RIGHT(customer_email, 9)"
    FROM customer;

위 질의문에서 customer_email 컬럼에서 오른쪽 9 개 문자를 반환한다.

위 질의문의 결과는 다음과 같다.

[그림 5-85] 질의 결과

TO_CHAR 함수는 다음과 같은 구문으로 날짜나 숫자 데이터를 문자 데이터로 변환한다.

    TO_CHAR(데이터, 형식)

다음 질의문은 숫자 데이터를 형식에 맞게 문자 데이터로 변환한다.

    SELECT TO_CHAR(12345.67, 'L99,999.99');

형식에서 9는 숫자 한 자리를 표시하며 빈 자리는 채우지 않는다. 0은 빈 자리를 0으로 채운다. $는 달러 표시를 붙여 표시하고, L은 지역 화폐 단위를 붙여 표시한다. 점(.)은 소수점을 표시하며, 콤마(,)는 천 단위 구분 기호를 표시한다.

위 질의문의 결과는 다음과 같다.

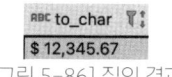

[그림 5-86] 질의 결과

참고로 PostgreSQL 도커 이미지는 영문 버전만 제공하기 때문에 지역 화폐 단위에 "$"가 사용된다. 만약 PostgreSQL 데이터베이스 서버가 한글을 지원한다면 다음과 같이 화폐 로케일을 한글로 지정하고,

    SET LC_MONETARY TO "ko_KR.utf8";

위의 질의문을 실행하면 다음과 같이 지역 화폐 단위에 "₩"가 사용된다.

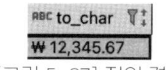

[그림 5-87] 질의 결과

다음 질의문은 날짜 데이터를 문자 데이터로 변환한다.

    SELECT TO_CHAR(CURRENT_TIMESTAMP,
              'YYYY-MM-DD DAY HH24:MI:SS');

형식에서 YYYY는 4자리수 년도로 표시하며, MM은 월, DD는 일을 표시한다. DAY는 요일을 대문자로 표시하며, HH24는 24시간 형식으로 시간을, MI는 분, SS는 초를 표시한다.

위 질의문의 결과는 다음과 같다.

[그림 5-88] 질의 결과

TO_DATE 함수는 반대로 다음과 같은 구문으로 문자 데이터를 날짜 데이터로 변환한다.

　　TO_DATE(문자데이터, 날짜형식)

이때 문자 데이터의 형식이 날짜 형식과 일치해야 한다.

　　SELECT TO_DATE('2022-11-21', 'YYYY/MM/DD'),
　　　　　TO_DATE('2022-11-21', 'YYYY-MM-DD');

위 질의문의 결과는 다음과 같다.

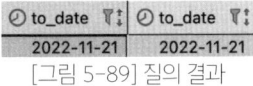

[그림 5-89] 질의 결과

다음과 같이 년, 월, 일이 일치하면 날짜 구분자는 어떤 것을 사용해도 된다.

　　SELECT TO_DATE('2022-11-21', 'YYYY/MM/DD'),
　　　　　TO_DATE('2022/11/21', 'YYYY-MM-DD');

TO_NUMBER 함수는 다음과 같은 구문으로 문자 데이터를 숫자 데이터로 변환한다.

　　TO_NUMBER(문자데이터, 형식)

다음 질의문은 문자 데이터를 형식에 맞게 숫자 데이터로 변환한다.

　　SELECT TO_NUMBER('$12345.67', '$99,999.99');

위 질의문의 결과는 다음과 같다.

123 to_number
12,345.67

[그림 5-90] 질의 결과

TO_TIMESTAMP 함수는 문자 데이터를 날짜와 시간을 모두 표현하는 시간대 정보를 포함하는 타임스탬프 데이터로 변환한다.

SELECT TO_TIMESTAMP('2022-11-21', 'YYYY/MM/DD'),
       TO_TIMESTAMP('2022-11-21', 'YYYY-MM-DD');

위 질의문의 결과는 다음과 같다.

to_timestamp	to_timestamp
2022-11-21 00:00:00+09	2022-11-21 00:00:00+09

[그림 5-91] 질의 결과

6장 테이블 생성

6장
테이블 생성

- □ 테이블 생성
- □ 테이블 변경 및 삭제
- □ 로우 추가
- □ 로우 갱신 및 삭제
- □ 트랜잭션

테이블 생성

우리는 2장 SQL 둘러보기에서 테이블을 생성하기 위해 데이터 정의 언어(DDL, data definition language)인 CREATE TABLE 문을 간단하게 살펴보고 사용하였다. 이번 장에서는 테이블을 생성하고 변경 또는 삭제하는 방법, 그리고 테이블에 로우를 추가하고 갱신 또는 삭제하는 방법에 대해서 자세히 살펴보기로 하겠다.

먼저 테이블을 생성하는 ANSI SQL 표준 구문은 다음과 같다.

```
CREATE TABLE 테이블명 (
    컬럼명 타입 속성
    CONSTRAINT 제약명 제약타입 제약정의
);
```

테이블명은 스키마 내에서 고유한 이름을 가져야 한다. 테이블명으로는 영문자나 한글, 숫자와 특수 문자 $, #, _ 를 사용할 수 있다. 항상 문자로 시작해야 하기 때문에 첫 문자로 숫자가 올 수는 없다. 그리고 당연한 이야기지만 예약어를 테이블명에 사용할 수 없다.

우리는 주문 시스템 예제 프로젝트에서 다음과 같은 테이블명을 사용하였다.

    customer(고객)
    product(제품)
    inventory(재고)
    orders(주문)
    order_item(주문 항목)

order_item과 같이 두 개 이상의 단어를 결합하는 경우에 밑줄 문자(_)로 연결할 수 있다. 또한 order는 예약어로 사용되기 때문에 orders를 사용하였다.

테이블은 여러 컬럼을 포함한다. 그리고 각 컬럼은 컬럼명을 갖는다. 컬럼명은 해당 테이블 안에서 고유한 것이어야 한다. 따라서 같은 테이블 안에서 컬럼명은 중복될 수 없다. 컬럼명도 테이블명과 마찬가지로 영문자나 한글, 숫자와 특수 문자 $, #, _ 를 사용할 수 있다. 항상 문자로 시작해야 하기 때문에 첫 문자로 숫자가 올 수는 없다. 그리고 예약어를 컬럼명에 사용할 수 없다. CREATE TABLE 문에서 괄호 안에 콤마(,)로 구분되어 컬럼이 나열된다.

customer 테이블은 다음과 같은 컬럼을 갖는다.

```
CREATE TABLE customer (
    customer_id,        -- 고객 ID
    customer_name,      -- 고객명
    customer_address,   -- 주소
    customer_email      -- 이메일
);
```

또한 각 컬럼은 데이터 타입을 갖는다. 우리는 이미 3장 데이터 타입에서 컬럼에 사용할 수 있는 데이터 타입에 대해서 살펴보았다. customer 테이블의 각 컬럼은 다음과 같은 데이터 타입을 갖는다.

6장 테이블 생성

```
CREATE TABLE customer (
    customer_id INTEGER,
    customer_name VARCHAR(20),
    customer_address VARCHAR(60),
    customer_email VARCHAR(40)
);
```

그리고 컬럼의 데이터에 NULL 값을 포함하는 지 여부를 명시하는 속성을 지정할 수 있다. 기본적으로는 NULL이 허용된다. NULL을 허용하지 않는다면 NOT NULL 예약어를 명시적으로 지정해야 한다.

```
CREATE TABLE customer (
    customer_id INTEGER NOT NULL,
    customer_name VARCHAR(20) NOT NULL,
    customer_address VARCHAR(60),
    customer_email VARCHAR(40)
);
```

customer 테이블의 경우에 고객 ID와 고객명은 반드시 데이터를 포함해야 하는 중요한 컬럼이므로 NOT NULL을 지정하여 NULL을 허용하지 않게 한다.

그리고 컬럼에 디폴트값을 부여하는 지 여부를 명시하는 속성을 지정할 수 있다. 디폴트값은 테이블에 로우를 추가할 때 해당 컬럼에 대한 값을 제공하지 않으면 자동적으로 부여된 값을 말한다. 디폴트값은 DEFAULT 예약어를 사용하여 지정한다.

```
CREATE TABLE orders (
    order_id INTEGER NOT NULL,              -- 주문 ID
    customer_id INTEGER,                    -- 고객 ID
    order_date DATE DEFAULT CURRENT_DATE    -- 주문 일자 = 현재 날짜
);
```

orders 테이블의 order_date 즉, 주문 일자는 주문을 생성한 현재 날짜로 디폴트값을 지정할 수 있다.

또한 컬럼의 값이 자동적으로 증가하는 지 여부를 지정할 수도 있다. 값이 자동적으로 증가하는 컬럼은 각 로우가 테이블에 추가될 때마다 하나씩 증가되는 숫자값이 저

장된다. 이 기능은 특별히 대리 키(surrogate key)가 기본 키(primary key)로 사용될 때 유용하다. 잠시 후에 살펴보게 된다.

우리가 2장 SQL 둘러보기에서 생성한 테이블에는 같은 값을 갖는 여러 로우를 추가할 수 있다. 예를 들어서 다음과 같은 SQL 문을 살펴보자.

INSERT INTO customer VALUES (1, '김일', '서울시', 'kim1@gmail.com');
INSERT INTO customer VALUES (1, '김일', '서울시', 'kim1@gmail.com');

위 SQL 문은 정확히 같은 값을 갖는 두 개의 로우를 customer 테이블에 추가한다. 하지만 테이블이 이처럼 중복된 로우를 갖는 것은 바람직하지 않다. 그것은 데이터베이스가 집합 이론(set theory)에 기반을 두고 있기 때문이다. 집합의 기본적인 특성은 중복된 값을 허용하지 않는 것이다. 그러니까 특별한 경우가 아니라면 테이블의 로우가 중복되지 않도록 하는 것이 필요하다. 이것을 위해 우리는 컬럼에 기본 키를 지정할 수 있다.

기본 키(primary key)는 테이블에서 로우가 유일하다고 식별하게 하는 값을 갖는다. 기본 키를 정하는데 두가지 방식이 있다. 하나는 자연 키(natural key)로, 자연적으로 유일하다고 식별할 수 있는 값을 갖는 키를 말한다. 주민등록번호 라든지, 회사의 사원 번호, 전화 번호, UUID(Universally Unique IDentifier) 등이 자연 키에 속한다. 이런 값을 키로 사용하면 자연스럽지만, 이런 값들은 보통 많은 문자들로 구성되거나 앞으로 변경될 가능성이 있기 때문에 기본 키로 적합하지 않을 수도 있다.

일반적으로 기본 키를 선택할 때 키로 사용할 가능성이 있는 여러 개의 후보 키(candidate key)를 찾아낸 다음에 이들 중에서 하나를 기본 키로 선택한다. 이때 선정할 때 고려하는 사항은 가장 변경될 것 같지 않은 후보 키, 앞으로도 유일성을 잃지 않을 것 같은 후보 키, 가장 적은 문자로 구성된 후보 키, 사용자 관점에서 가장 사용하기 쉬운 후보 키 등이다. 이렇게 해서 후보 키 중에서 하나를 기본 키로 신택한다. 나머지 선택되지 않은 다른 후보 키를 대체 키(alternate key)라고 한다.

이때 가장 많이 사용되는 후보 키가 대리 키(surrogate key)다. 대리 키는 의미가 없는 임의의 값을 갖는 키를 말한다. 여러분이 온라인 상에서 제품을 주문할 때 "W945093701"과 같은 주문 번호라는 것을 알려주는 경우가 있는데 이것이 일종의 대리 키다. 대리 키는 주문 번호와 같이 문자 데이터를 사용할 수도 있지만 보통은 중복되지 않는 일련의 순차적인 숫자를 사용한다. 예를 들어 첫 번째 로우의 대리 키의 값이 1이면 두 번째 로우의 대리 키의 값은 2가 되고, 그 다음 로우는 3, 4, 5 ... 등으로 자동으로 증가되는 값을 갖는다.

6장 테이블 생성

먼저 customer 테이블의 customer_id 컬럼을 PRIMARY KEY 예약어를 사용하여 기본 키로 설정한다.

```
CREATE TABLE customer (
    customer_id INTEGER PRIMARY KEY NOT NULL,
    customer_name VARCHAR(20) NOT NULL,
    customer_address VARCHAR(60),
    customer_email VARCHAR(40)
);
```

그리고 순차적인 숫자값을 자동적으로 저장하게 할 수 있다.

오라클과 PostgreSQL은 ANSI SQL 표준 구문으로 GENERATED AS IDENTITY 예약어를 사용하여 값이 자동적으로 증가되도록 할 수 있다.

```
GENERATED [ALWAYS | BY DEFAULT] AS IDENTITY
```

GENERATED ALWAYS AS IDENTITY는 항상 값이 자동적으로 증가되게 하며, GENERATED BY DEFAULT AS IDENTITY는 값을 지정하는 것도 허용한다. 예를 들어 다음과 같이 GENERATED ALWAYS AS IDENTITY 컬럼인 경우에는,

```
CREATE TABLE customer (
    customer_id INTEGER GENERATED ALWAYS AS IDENTITY PRIMARY KEY,
    customer_name VARCHAR(20),
    customer_address VARCHAR(60),
    customer_email VARCHAR(40)
);
```

다음과 같이 반드시 INSERT 문에서 customer_id 컬럼에 대해서는 자동 증가된 값을 사용해야 한다.

```
INSERT INTO customer(customer_name, customer_address, customer_email)
    VALUE ('김일', '서울시', 'kim1@gmail.com');
```

그러나 다음과 같이 GENERATED BY DEFAULT AS IDENTITY 컬럼인 경우에는,

```
CREATE TABLE customer (
    customer_id INTEGER GENERATED BY DEFAULT AS IDENTITY PRIMARY KEY,
    customer_name VARCHAR(20),
    customer_address VARCHAR(60),
    customer_email VARCHAR(40)
);
```

다음과 같이 INSERT 문에서 customer_id 컬럼에 대해 자동 증가된 값을 사용할 수도 있고, 값을 지정할 수도 있다.

```
INSERT INTO customer(customer_name, customer_address, customer_email)
    VALUE ('김일', '서울시', 'kim1@gmail.com');
INSERT INTO customer
    VALUE (2, '김이', '부산시', 'kim2@gmail.com');
```

물론 이때 중복된 값을 입력하면 에러가 발생한다. 따라서 우리는 ALWAYS 옵션으로 GENERATED AS IDENTITY 컬럼을 사용하기로 한다.

```
-- 오라클/PostgreSQL
CREATE TABLE customer (
    customer_id INTEGER GENERATED ALWAYS AS IDENTITY
                        PRIMARY KEY NOT NULL,
    customer_name VARCHAR(20) NOT NULL,
    customer_address VARCHAR(60),
    customer_email VARCHAR(40)
);
```

SQL 서버는 IDENTITY 예약어를 사용하여 값이 자동 증가되도록 한다.

```
-- SQL 서버
CREATE TABLE customer (
    customer_id INTEGER IDENTITY PRIMARY KEY NOT NULL,
    customer_name VARCHAR(20) NOT NULL,
    customer_address VARCHAR(60),
    customer_email VARCHAR(40)
```

);

MySQL은 AUTO_INCREMENT 예약어를 제공한다.

```
-- MySQL
CREATE TABLE customer (
    customer_id INTEGER AUTO_INCREMENT PRIMARY KEY NOT NULL,
    customer_name VARCHAR(20) NOT NULL,
    customer_address VARCHAR(60),
    customer_email VARCHAR(40)
);
```

PostgreSQL은 자동 증가되는 독자적인 시리얼 타입인 SMALLSERIAL, SERIAL 또는 BIGSERIAL 타입을 사용하는 또 다른 방법도 제공한다..

```
-- PostgreSQL
CREATE TABLE customer (
    customer_id SERIAL PRIMARY KEY NOT NULL,
    customer_name VARCHAR(20) NOT NULL,
    customer_address VARCHAR(60),
    customer_email VARCHAR(40)
);
```

이와 같이 GENERATED AS IDENTITY, IDENTITY, AUTO_INCREMENT, SERIAL 타입 등의 속성이 추가된 경우에 다음과 같이 INSERT INTO 문을 사용하여 테이블에 로우를 추가할 때 자동적으로 1씩 증가된 값이 로우에 저장된다.

```
INSERT INTO customer(customer_name, customer_address, customer_email)
    VALUES ('김일', '서울시', 'kim1@gmail.com');
```

GENERATED AS IDENTITY 속성은 시작값과 증가값을 지정할 수 있다. 예를 들어 다음 코드는 100에서 시작하여 2씩 증가하는 값을 생성한다.

```
GENERATED ALWAYS AS IDENTITY(START WITH 100 INCREMENT BY 2)
```

IDENTITY 속성도 시작값과 증가값을 지정할 수 있다. 예를 들어 다음 코드는 100에서 시작하여 2씩 증가하는 값을 생성한다.

IDENTITY(100, 2)

AUTO_INCREMENT 속성은 시작하는 값을 변경시킬 수 있다. 다음 코드는 시작값을 100으로 변경한다. ALTER TABLE 문에 대해서는 잠시 후에 설명할 것이다.

ALTER TABLE customer AUTO_INCREMENT = 100;

시퀀스(sequence)를 사용하여 구현할 수도 있다. 먼저 다음과 같이 CREATE SEQUENCE 문을 사용하여 시퀀스 객체를 생성한다.

CREATE SEQUENCE seq_customer_id;

위의 SQL 문에서는 1에서 시작하여 1씩 증가하는 seq_customer_id라는 시퀀스를 생성한다. 시퀀스의 시작값과 증가값을 지정할 수 있다. 예를 들어 다음 코드는 100에서 시작하여 2씩 증가하는 값을 생성한다.

CREATE SEQUENCE seq_customer_id START WITH 100 INCREMENT BY 2;

오라클은 시퀀스의 NEXTVAL 함수를 사용하여 다음과 같은 구문으로 시퀀스에서 다음 값을 반환한다.

시퀀스명.NEXTVAL

이제 INSERT INTO 문을 사용하여 테이블에 로우를 추가할 때 다음과 같이 시퀀스 객체로부터 다음 값을 구한다.

INSERT INTO customer VALUES (seq_customer_id.NEXTVAL,
    '김일', '서울시', 'kim1@gmail.com');

오라클에서 GENERATED AS IDENTITY 컬럼은 내부적으로 시퀀스를 생성하고 DEFAULT 속성에 다음 예와 같이 지정한다.

"ORDR"."ISEQ$$_83460".nextval

여기에서 "ORDR"."ISEQ$$_83460"은 오라클에서 생성한 시퀀스다.

SQL 서버의 경우에 시퀀스에서 다음 값을 가져오는 구문은 오라클과 다르다.

    NEXT VALUE FOR 시퀀스명

마찬가지로 INSERT INTO 문을 사용하여 테이블에 로우를 추가할 때 다음과 같이 시퀀스 객체로부터 다음 값을 구한다.

    INSERT INTO customer VALUES (NEXT VALUE FOR seq_customer_id,
                  '김일', '서울시', 'kim1@gmail.com');

PostgreSQL의 경우에 시퀀스에서 다음 값을 가져오는 구문은 오라클과 다르다. PostgreSQL에서는 NEXTVAL 함수를 사용한다.

    NEXTVAL('시퀀스명')

마찬가지로 INSERT INTO 문을 사용하여 테이블에 로우를 추가할 때 다음과 같이 시퀀스 객체로부터 다음 값을 구한다.

    INSERT INTO customer VALUES (NEXTVAL('seq_customer_id'),
                  '김일', '서울시', 'kim1@gmail.com');

MySQL은 시퀀스를 지원하지 않는다.

테이블에 제약(constraint)를 추가할 수 있다. 제약 타입으로는 UNIQUE, FOREIGN KEY, PRIMARY KEY, CHECK 등이 있다.

제약은 CONSTRAINT 예약어를 사용하여 다음과 같은 구문으로 정의한다.

    CONSTRAINT 제약명 제약타입 제약정의

기본 키(primary key)를 컬럼에 지정하는 대신에 CONSTRAINT 예약어로 추가할 수도 있다.

    CREATE TABLE customer (
        customer_id INTEGER GENERATED ALWAYS AS IDENTITY NOT NULL,
        customer_name VARCHAR(20) NOT NULL,

SQL 프로그래밍

```
    customer_address VARCHAR(60),
    customer_email VARCHAR(40),
    CONSTRAINT pk_customer_id PRIMARY KEY (customer_id)
);
```

만약 기본 키가 여러 컬럼으로 구성된다면 반드시 CONSTRAINT 예약어를 사용해야 한다.

```
CREATE TABLE t1 (
    pk_col1 INTEGER NOT NULL,
    pk_col2 INTEGER NOT NULL,
    col3 VARCHAR(20),
    col4 VARCHAR(20),
    CONSTRAINT pk_t1_col1_col2 PRIMARY KEY (pk_col1, pk_col2)
);
```

외래 키(foreign key)는 다른 테이블의 기본 키를 참조하는 키를 말한다. 예를 들어서 inventory 테이블의 product_id 컬럼은 product 테이블의 product_id 기본 키를 참조한다. 이때 inventory 테이블과 product 테이블 사이에는 관계가 형성된다. inventory 테이블의 product_id 컬럼이 하나의 product 테이블의 product_id 기본 키를 참조하므로, 이들 두 테이블 사이에는 1대1 관계가 형성된다. 이때 product 테이블을 부모 테이블(parent table)이라고 하고, inventory 테이블을 자식 테이블(child table)이라고 한다.

외래 키 제약의 예는 다음과 같다.

```
CREATE TABLE inventory (
    product_id INTEGER PRIMARY KEY,
    inventory_quantity INTEGER NOT NULL,
    CONSTRAINT fk_inventory_product_id FOREIGN KEY (product_id)
    REFERENCES product (product_id)
    ON DELETE CASCADE
);
```

위의 SQL 문에서 제약명은 fk_inventory_product_id이고 제약 타입은 FOREIGN

KEY다. 그리고 괄호 안에 외래 키 제약이 적용되는 컬럼명이 온다. 외래 키가 참조하는 대상은 REFERENCES 예약어 다음에 지정한다. 위의 예에서는 product(product_id) 로 지정되어 있는데 이것은 product 테이블의 product_id 컬럼을 의미한다.

그 다음 ON DELETE 구는 부모 테이블의 로우가 변경 또는 삭제되었을 때 어떤 행위를 수행할 것인지를 지정한다. 예를 들어 product 테이블의 product_id가 1인 로우가 삭제되었다면 inventory 테이블의 product_id 가 1인 로우는 더 이상 product 테이블의 로우를 참조할 수 없게 된다. 이때 우리는 다음과 같은 세가지 옵션의 행위를 선택할 수 있다.

- NO ACTION
- CASCADE
- SET NULL

NO ACTION은 아무 것도 하지 않는다. 이 경우에 inventory 테이블의 product_id가 1인 로우는 그대로 테이블에 있게 된다. 하지만 이 로우가 product 테이블을 참조하여 로우를 읽을 때 에러가 발생하게 된다.

CASCADE는 부모의 기본 키를 참조하는 외래 키값을 갖는 모든 로우를 삭제한다. 이 경우에 inventory 테이블의 product_id가 1인 모든 로우가 삭제된다. product와 inventory 테이블 사이에는 1대1 관계가 형성되기 때문에 하나의 로우만 삭제된다.

SET NULL은 부모의 기본 키를 참조하는 외래 키값을 갖는 모든 로우의 외래 키 컬럼값을 NULL로 변경하는 것이다. 외래 키의 값이 NULL이라는 것은 부모 테이블에 더 이상 로우가 없다는 것을 의미한다. 그러나 만약 외래 키 컬럼에 NOT NULL 속성을 지정했다면 이 옵션을 사용할 수 없다.

위의 SQL 문 예에서는 CASCADE로 지정하여 부모의 기본 키를 참조하는 외래 키값을 갖는 로우를 삭제하도록 하였다.

UNIQUE 제약은 컬럼의 값이 테이블의 전체 로우에서 유일하다는 것을 보장하게 한다. PRIMARY KEY 제약은 자동적으로 UNIQUE 제약을 포함한다. 예를 들어 두 고객 이상이 동시에 같은 이메일을 사용하지 않는다고 한다면, customer 테이블의 customer_email 컬럼에 다음과 같이 UNIQUE 속성을 지정할 수 있다.

```
CREATE TABLE customer (
    customer_id INTEGER GENERATED ALWAYS AS IDENTITY
```

```
                    PRIMARY KEY NOT NULL,
    customer_name VARCHAR(20) NOT NULL,
    customer_address VARCHAR(60),
    customer_email VARCHAR(40) UNIQUE
);
```

또는 제약 구문을 사용하여 다음과 같이 정의할 수 있다.

```
CREATE TABLE customer (
    customer_id INTEGER GENERATED ALWAYS AS IDENTITY
                    PRIMARY KEY NOT NULL,
    customer_name VARCHAR(20) NOT NULL,
    customer_address VARCHAR(60),
    customer_email VARCHAR(40),
    CONSTRAINT uq_customer_email UNIQUE (customer_email)
);
```

CHECK 제약은 컬럼의 값의 범위를 제한한다. 예를 들어 제품 가격이 0 이상이어야 한다면 다음과 같이 product 테이블의 product_price 컬럼에 CHECK 속성을 지정할 수 있다.

```
CREATE TABLE product (
    product_id INTEGER PRIMARY KEY NOT NULL,
    product_name VARCHAR(40) NOT NULL,
    product_description VARCHAR(200),
    product_price INTEGER NOT NULL CHECK(product_price > 0)
);
```

또는 제약 구문을 사용하여 다음과 같이 정의할 수 있다.

```
CREATE TABLE product (
    product_id INTEGER PRIMARY KEY NOT NULL,
    product_name VARCHAR(40) NOT NULL,
    product_description VARCHAR(200),
    product_price INTEGER NOT NULL
```

6장 테이블 생성

```
        CONSTRAINT ck_product_price CHECK(product_price > 0)
);
```

이제 우리는 2장 SQL 둘러보기에서 주문 시스템 예제 데이터베이스의 테이블을 다시 정의하기로 한다.

그 전에 먼저 다음과 같이 기존의 테이블을 모두 삭제한다. 테이블을 삭제하는 구문에 대해서는 잠시 후에 테이블 변경과 삭제에서 설명한다.

```
DROP TABLE order_item;
DROP TABLE orders;
DROP TABLE inventory;
DROP TABLE customer;
DROP TABLE product;
```

오라클과 PostgreSQL은 다음과 같이 정의한다.

```
-- 오라클 / PostgreSQL
CREATE TABLE customer (
    customer_id INTEGER GENERATED ALWAYS AS IDENTITY
                        PRIMARY KEY NOT NULL,
    customer_name VARCHAR(20) NOT NULL,
    customer_address VARCHAR(60),
    customer_email VARCHAR(40)
);
CREATE TABLE product (
    product_id INTEGER GENERATED ALWAYS AS IDENTITY
                        PRIMARY KEY NOT NULL,
    product_name VARCHAR(40) NOT NULL,
    product_description VARCHAR(200),
    product_price INTEGER NOT NULL CHECK(product_price > 0)
);
CREATE TABLE inventory (
    product_id INTEGER PRIMARY KEY,
    inventory_quantity INTEGER NOT NULL ,
```

```sql
    CONSTRAINT fk_inventory_product_id FOREIGN KEY (product_id)
    REFERENCES product (product_id)
    ON DELETE CASCADE
);
CREATE TABLE orders (
    order_id INTEGER GENERATED ALWAYS AS IDENTITY
                        PRIMARY KEY NOT NULL,
    customer_id INTEGER,
    order_date DATE DEFAULT CURRENT_DATE,
    CONSTRAINT fk_order_customer_id FOREIGN KEY (customer_id)
    REFERENCES customer (customer_id)
    ON DELETE CASCADE
);
CREATE TABLE order_item (
    order_item_id INTEGER GENERATED ALWAYS AS IDENTITY
                        PRIMARY KEY NOT NULL,
    product_id INTEGER,
    order_item_quantity INTEGER NOT NULL,
    order_id INTEGER,
    CONSTRAINT fk_order_item_product_id FOREIGN KEY (product_id)
    REFERENCES product (product_id)
    ON DELETE CASCADE,
    CONSTRAINT fk_order_item_order_id FOREIGN KEY (order_id)
    REFERENCES orders (order_id)
    ON DELETE CASCADE
);
```

SQL 서버에는 다음과 같이 정의한다.

```sql
-- SQL 서버
CREATE TABLE customer (
    customer_id INTEGER IDENTITY PRIMARY KEY NOT NULL,
    customer_name VARCHAR(20) NOT NULL,
    customer_address VARCHAR(60),
```

```sql
    customer_email VARCHAR(40)
);
CREATE TABLE product (
    product_id INTEGER IDENTITY PRIMARY KEY NOT NULL,
    product_name VARCHAR(40) NOT NULL,
    product_description VARCHAR(200),
    product_price INTEGER NOT NULL CHECK(product_price > 0)
);
CREATE TABLE inventory (
    product_id INTEGER PRIMARY KEY,
    inventory_quantity INTEGER NOT NULL,
    CONSTRAINT fk_inventory_product_id FOREIGN KEY (product_id)
    REFERENCES product (product_id)
    ON DELETE CASCADE
);
CREATE TABLE orders (
    order_id INTEGER IDENTITY PRIMARY KEY NOT NULL,
    customer_id INTEGER,
    order_date DATE DEFAULT CURRENT_TIMESTAMP,
    CONSTRAINT fk_order_customer_id FOREIGN KEY (customer_id)
    REFERENCES customer (customer_id)
    ON DELETE CASCADE
);
CREATE TABLE order_item (
    order_item_id INTEGER IDENTITY PRIMARY KEY NOT NULL,
    product_id INTEGER,
    order_item_quantity INTEGER NOT NULL,
    order_id INTEGER,
    CONSTRAINT fk_order_item_product_id FOREIGN KEY (product_id)
    REFERENCES product (product_id)
    ON DELETE CASCADE,
    CONSTRAINT fk_order_item_order_id FOREIGN KEY (order_id)
    REFERENCES orders (order_id)
    ON DELETE CASCADE
```

);

MySQL은 다음과 같이 정의한다.

```
-- MySQL
CREATE TABLE customer (
   customer_id INTEGER AUTO_INCREMENT PRIMARY KEY NOT NULL,
   customer_name VARCHAR(20) NOT NULL,
   customer_address VARCHAR(60),
   customer_email VARCHAR(40)
);
CREATE TABLE product (
   product_id INTEGER AUTO_INCREMENT PRIMARY KEY NOT NULL,
   product_name VARCHAR(40) NOT NULL,
   product_description VARCHAR(200),
   product_price INTEGER NOT NULL CHECK(product_price > 0)
);
CREATE TABLE inventory (
   product_id INTEGER PRIMARY KEY,
   inventory_quantity INTEGER NOT NULL,
   CONSTRAINT fk_inventory_product_id FOREIGN KEY (product_id)
   REFERENCES product (product_id)
   ON DELETE CASCADE
);
CREATE TABLE orders (
   order_id INTEGER AUTO_INCREMENT PRIMARY KEY NOT NULL,
   customer_id INTEGER,
   order_date DATETIME DEFAULT CURRENT_TIMESTAMP,
   CONSTRAINT fk_order_customer_id FOREIGN KEY (customer_id)
   REFERENCES customer (customer_id)
   ON DELETE CASCADE
);
CREATE TABLE order_item (
   order_item_id INTEGER AUTO_INCREMENT PRIMARY KEY NOT NULL,
```

6장 테이블 생성

```
        product_id INTEGER,
        order_item_quantity INTEGER NOT NULL,
        order_id INTEGER,
        CONSTRAINT fk_order_item_product_id FOREIGN KEY (product_id)
        REFERENCES product (product_id)
        ON DELETE CASCADE,
        CONSTRAINT fk_order_item_order_id FOREIGN KEY (order_id)
        REFERENCES orders (order_id)
        ON DELETE CASCADE
    );
```

위의 테이블 생성 정의 SQL문에서 데이터베이스 서버 사이의 차이점은 각 테이블의 기본 키 컬럼에 순차적인 숫자값을 생성하는 방식과 데이터 타입, 내장 함수 이름이다. 다른 구문은 완전히 동일하다.

테이블 변경 및 삭제

테이블을 변경할 때는 ALTER TABLE 문을 사용한다. ANSI SQL 표준 구문은 다음과 같다.

```
ALTER TABLE 테이블명
    ADD [COLUMN] 컬럼명 타입 애트리뷰트
    ALTER [COLUMN] 컬럼명 SET DEFAULT 디폴트값
    ALTER [COLUMN] 컬럼명 DROP DEFAULT
    DROP [COLUMN] 컬럼명
    ADD 제약
    DROP CONSTRAINT 제약명;
```

각 데이터베이스 서버는 ANSI SQL 표준 구문을 지원하기는 하지만 약간의 변형이 있다.

테이블에 컬럼을 추가할 때는 ADD COLUMN 구를 사용한다. 오라클과 SQL 서버에서는 COLUMN을 생략하고 ADD 구만 사용할 수 있다. 예를 들어 customer 테이블에 전화번호인 customer_phone 컬럼을 추가한다고 하면 다음과 같이 작성할 수 있다.

```
ALTER TABLE customer
    ADD customer_phone VARCHAR(20) NOT NULL UNIQUE;
```

하지만 위 SQL 문은 테이블에 로우가 있는 경우에는 에러를 발생시킨다. 기존의 로우에 customer_phone 컬럼을 추가할 때 NULL이 저장되게 되는데, 이것은 NOT NULL과 UNIQUE 제약을 위배하는 일이 되기 때문이다. 따라서 기존에 로우가 있다면 이들 속성을 제외하고 이러한 제약에 위배되지 않도록 다음과 같이 컬럼을 추가해야 한다.

```
ALTER TABLE customer
    ADD customer_phone VARCHAR(20);
```

테이블에 있는 기존의 컬럼의 데이터 타입을 변경할 수 있다. 예를 들어 customer 테이블에 추가된 customer_phone 컬럼의 타입을 VARCHAR(120)로 변경한다고 하자.

오라클과 MySQL에서는 다음과 같이 MODIFY 구를 사용해야 한다.

```
ALTER TABLE customer
    MODIFY customer_phone VARCHAR(120);
```

SQL 서버와 PostgreSQL에서는 ALTER COLUMN 구를 사용한다.

```
ALTER TABLE customer
    ALTER COLUMN customer_phone VARCHAR(120);
```

테이블에 있는 기존의 컬럼의 속성을 변경시킬 수도 있다. 예를 들어 기존의 customer 테이블의 customer_id 컬럼에 NOT NULL 속성을 추가한다고 하자.

오라클과 MySQL에서는 다음과 같이 MODIFY 구를 사용해야 한다.

```
ALTER TABLE customer
    MODIFY customer_id INTEGER NOT NULL;
```

SQL 서버에서는 ALTER COLUMN 구를 사용한다.

6장 테이블 생성

```
ALTER TABLE customer
    ALTER COLUMN customer_id INTEGER NOT NULL;
```

PostgreSQL에서도 다음과 같이 ALTER COLUMN 구를 사용한다.

```
ALTER TABLE customer
    ALTER COLUMN customer_id SET NOT NULL;
```

PRIMARY KEY 제약은 다음과 같이 추가한다.

```
ALTER TABLE customer
    ADD PRIMARY KEY (customer_id);
```

참고로 오라클과 MySQL에서는 다음과 같이 MODIFY 구를 사용해서 속성과 PRIMARY KEY 제약을 한번에 추가할 수 있다.

```
ALTER TABLE customer
    MODIFY customer_id INTEGER PRIMARY KEY NOT NULL;
```

FOREING KEY 제약은 다음과 같이 추가한다.

```
ALTER TABLE inventory
    ADD CONSTRAINT fk_inventory_product_id FOREIGN KEY (product_id)
    REFERENCES product (product_id)
    ON DELETE CASCADE;
```

테이블에 있는 기존의 컬럼의 이름을 변경할 때는 RENAME COLUMN 구를 사용한다. 예를 들어 inventory 테이블의 inventory_quantity 컬럼을 product_quantity로 변경한다면 다음과 같이 질의문을 작성한다.

```
ALTER TABLE inventory
    RENAME COLUMN inventory_quantity TO product_quantity;
```

MySQL의 경우에는 다음과 같이 CHANGE 구를 사용한다.

```
ALTER TABLE inventory
   CHANGE inventory_quantity product_quantity INTEGER NOT NULL;
```

SQL 서버는 sp_rename이라고 하는 저장 프로시저를 제공한다. 따라서 다음과 같이 sp_rename 저장 프로시저를 호출해야 한다. SQL 서버의 저장 프로시저에 대해서는 12장 저장 프로시저 – SQL 서버에서 다루게 된다.

```
EXEC sys.sp_rename 'dbo.inventory.inventory_quantity',
       'product_quantity', 'COLUMN';
```

테이블에 있는 기존의 컬럼을 삭제하는 경우에는 DROP COLUMN 구를 사용한다. 예를 들어 customer 테이블에 추가된 customer_phone 컬럼을 삭제한다면 다음과 같이 질의문을 작성한다.

```
ALTER TABLE customer
   DROP COLUMN customer_phone;
```

SQL 서버의 경우에는 해당 컬럼에 제약이 추가된 경우에 에러가 발생할 수 있다. 예를 들어 customer_phone 컬럼에 UNIQUE 제약이 추가된 경우라면 다음과 같은 에러가 발생한다.

```
The object 'UQ__customer__CE0EE0E63EEA853C' is dependent
on column 'customer_phone'.
```

이 경우에는 먼저 다음과 같이 DROP 구를 사용하여 UNIQUE 제약을 삭제해야 한다.

```
ALTER TABLE customer
   DROP UQ__customer__CE0EE0E6D9E2FE9A;
```

기존의 테이블 자체를 삭제할 때는 DROP TABLE 문을 사용한다.

```
DROP TABLE 테이블명 [CASCADE];
```

예를 들어 product 테이블을 삭제한다고 하면 다음과 같이 DROP TABLE 문을 사

6장 테이블 생성

용한다.

　　DROP TABLE product;

그런데 자식 테이블인 inventory 테이블의 product_id 외래 키가 부모 테이블인 product 테이블의 product_id 기본 키를 참조하고 있다면 FOREIGN KEY 제약 때문에 에러가 발생하게 된다. 이 경우에는 먼저 자식 테이블인 inventory 테이블에서 FOREIGN KEY 제약을 삭제해야 한다.

오라클과 PostgreSQL은 이 경우에 모든 제약을 제거하도록 CASCADE를 지정할 수 있다.

오라클의 경우에는 다음과 같이 CASCADE CONSTRAINTS를 사용한다.

　　DROP TABLE product CASCADE CONSTRAINTS;

PostgreSQL의 경우에는 다음과 같이 CASCADE만 사용한다.

　　DROP TABLE product CASCADE;

SQL 서버와 MySQL은 이 옵션을 제공하지 않는다.

DROP TABLE 문과 유사하지만 기능이 다른 TRUNCATE TABLE 문이 있다.

　　TRUNCATE TABLE 테이블명;

TRUNCATE TABLE 문은 테이블 그 자체가 아닌 테이블에 있는 모든 로우를 삭제한다.

　　TRUNCATE TABLE customer;

이 경우에 다시 테이블에 로우를 추가하면 오라클과 PostgreSQL은 GENERATED ALWAYS AS IDENTITY가 지정된 컬럼에는 이전의 마지막 값에서부터 증가된 값이 저장된다. 만약 초기값에서부터 증가되는 값을 사용하고 싶다면 PostgreSQL에서는 다음과 같이 RESTART IDENTITY를 추가한다.

　　TRUNCATE TABLE customer RESTART IDENTITY;

오라클에서는 다음과 같이 GENERATED AS IDENTITY 컬럼을 변경한다.

    ALTER TABLE customer
      MODIFY customer_id GENERATED ALWAYS AS IDENTITY (START WITH 1);

SQL 서버와 MySQL은 항상 초기값에서부터 다시 시작한다.

참고로 SQL 서버에서 IDENTIY 컬럼의 초기값을 변경하고 싶다면 다음과 같은 구문을 사용한다.

    DBCC CHECKIDENT ('테이블명', RESEED, 초기값);

위 구문에서 초기값은 0에서 시작한다.

    DBCC CHECKIDENT ('customer', RESEED, 0);

MySQL에서 ATUO_INCREMENT 컬럼의 초기값을 변경하고 싶다면 다음과 같이 ALTER TABLE 문을 사용한다.

    ALTER TABLE 테이블명 AUTO_INCREMENT = 초기값;

위 구문에서 초기값은 1에서 시작한다.

    ALTER TABLE customer AUTO_INCREMENT = 1;

PostgreSQL에서 GENERATED AS IDENTIY 컬럼의 초기값을 변경하고 싶다면 다음과 같이 ALTER TABLE 문을 사용한다.

    ALTER TABLE 테이블명
      ALTER 컬럼명 RESTART WITH 초기값;

위 구문에서 초기값은 1에서 시작한다.

    ALTER TABLE customer
      ALTER customer_id RESTART WITH 1;

6장 테이블 생성

이제 기존의 주문 시스템 테이블을 다음과 같이 변경할 수 있다.
오라클의 경우에 다음과 같이 SQL 문을 작성할 수 있다.

```
-- 오라클
-- cusomer 테이블
ALTER TABLE customer
    DROP COLUMN customer_id;
ALTER TABLE customer
    ADD customer_id INTEGER GENERATED ALWAYS AS IDENTITY;
ALTER TABLE customer
    MODIFY customer_id INTEGER GENERATED ALWAYS AS IDENTITY
        PRIMARY KEY NOT NULL;
ALTER TABLE customer
    MODIFY customer_name VARCHAR(20) NOT NULL;
-- product 테이블
ALTER TABLE product
    DROP COLUMN product_id;
ALTER TABLE product
    ADD product_id INTEGER GENERATED ALWAYS AS IDENTITY;
ALTER TABLE product
    MODIFY product_id INTEGER GENERATED ALWAYS AS IDENTITY
        PRIMARY KEY NOT NULL;
ALTER TABLE product
    MODIFY product_name VARCHAR(40) NOT NULL;
ALTER TABLE product
    MODIFY product_price INTEGER NOT NULL CHECK(product_price >= 0);
-- inventory 테이블
ALTER TABLE inventory
    MODIFY product_id INTEGER PRIMARY KEY;
ALTER TABLE inventory
    MODIFY inventory_quantity INTEGER NOT NULL ;
ALTER TABLE inventory
    ADD CONSTRAINT fk_inventory_product_id FOREIGN KEY (product_id)
        REFERENCES product (product_id)
```

```sql
        ON DELETE CASCADE;
-- orders 테이블
ALTER TABLE orders
    DROP COLUMN order_id;
ALTER TABLE orders
    ADD order_id INTEGER GENERATED ALWAYS AS IDENTITY;
ALTER TABLE orders
    MODIFY order_id INTEGER GENERATED ALWAYS AS IDENTITY
        PRIMARY KEY NOT NULL;
ALTER TABLE orders
    MODIFY order_date DATE DEFAULT CURRENT_DATE;
ALTER TABLE orders
    ADD CONSTRAINT fk_order_customer_id FOREIGN KEY (customer_id)
    REFERENCES customer (customer_id)
    ON DELETE CASCADE;
-- order_item 테이블
ALTER TABLE order_item
    DROP COLUMN order_item_id;
ALTER TABLE order_item
    ADD order_item_id INTEGER GENERATED ALWAYS AS IDENTITY;
ALTER TABLE order_item
    MODIFY order_item_id INTEGER GENERATED ALWAYS AS IDENTITY
        PRIMARY KEY NOT NULL;
ALTER TABLE order_item
    MODIFY order_item_quantity INTEGER NOT NULL;
ALTER TABLE order_item
    ADD CONSTRAINT fk_order_item_product_id FOREIGN KEY (product_id)
    REFERENCES product (product_id)
    ON DELETE CASCADE;
ALTER TABLE order_item
    ADD CONSTRAINT fk_order_item_order_id FOREIGN KEY (order_id)
    REFERENCES orders (order_id)
    ON DELETE CASCADE;
```

6장 테이블 생성

SQL 서버의 경우에는 다음과 같이 SQL 문을 작성할 수 있다.

```
-- SQL 서버
-- cusomer 테이블
ALTER TABLE customer
    DROP COLUMN customer_id;
ALTER TABLE customer
    ADD customer_id INTEGER IDENTITY;
ALTER TABLE customer
    ALTER COLUMN customer_id INTEGER NOT NULL;
ALTER TABLE customer
    ADD PRIMARY KEY (customer_id);
ALTER TABLE customer
    ALTER COLUMN customer_name VARCHAR(20) NOT NULL;
-- product 테이블
ALTER TABLE product
    DROP COLUMN product_id;
ALTER TABLE product
    ADD product_id INTEGER IDENTITY;
ALTER TABLE product
    ALTER COLUMN product_id INTEGER NOT NULL;
ALTER TABLE product
    ADD PRIMARY KEY (product_id);
ALTER TABLE product
    ALTER COLUMN product_name VARCHAR(40) NOT NULL;
ALTER TABLE product
    ALTER COLUMN product_price INTEGER NOT NULL;
ALTER TABLE product
    ADD CONSTRAINT ck_product_price CHECK(product_price > 0);
-- inventory 테이블
ALTER TABLE inventory
    ALTER COLUMN product_id INTEGER NOT NULL;
ALTER TABLE inventory
    ADD PRIMARY KEY (product_id);
```

```sql
ALTER TABLE inventory
    ALTER COLUMN inventory_quantity INTEGER NOT NULL;
ALTER TABLE inventory
    ADD CONSTRAINT fk_inventory_product_id FOREIGN KEY (product_id)
    REFERENCES product (product_id)
    ON DELETE CASCADE;
-- orders 테이블
ALTER TABLE orders
    DROP COLUMN order_id;
ALTER TABLE orders
    ADD order_id INTEGER IDENTITY;
ALTER TABLE orders
    ALTER COLUMN order_id INTEGER NOT NULL;
ALTER TABLE orders
    ADD PRIMARY KEY (order_id);
ALTER TABLE orders
    ADD CONSTRAINT chk_order_date DEFAULT CURRENT_TIMESTAMP
        FOR order_date;
ALTER TABLE orders
    ADD CONSTRAINT fk_order_customer_id FOREIGN KEY (customer_id)
    REFERENCES customer (customer_id)
    ON DELETE CASCADE;
-- order_item 테이블
ALTER TABLE order_item
    DROP COLUMN order_item_id;
ALTER TABLE order_item
    ADD order_item_id INTEGER IDENTITY;
ALTER TABLE order_item
    ALTER COLUMN order_item_id INTEGER NOT NULL;
ALTER TABLE order_item
    ADD PRIMARY KEY (order_item_id);
ALTER TABLE order_item
    ALTER COLUMN order_item_quantity INTEGER NOT NULL;
ALTER TABLE order_item
```

ADD CONSTRAINT fk_order_item_product_id FOREIGN KEY (product_id)
REFERENCES product (product_id)
ON DELETE CASCADE;
ALTER TABLE order_item
ADD CONSTRAINT fk_order_item_order_id FOREIGN KEY (order_id)
REFERENCES orders (order_id)
ON DELETE CASCADE;

MySQL의 경우에는 다음과 같이 SQL 문을 작성할 수 있다.

```
-- MySQL
-- cusomer 테이블
ALTER TABLE customer
    MODIFY customer_id INTEGER AUTO_INCREMENT PRIMARY KEY NOT NULL;
ALTER TABLE customer
    MODIFY customer_name VARCHAR(20) NOT NULL;
-- product 테이블
ALTER TABLE product
    MODIFY product_id INTEGER AUTO_INCREMENT PRIMARY KEY NOT NULL;
ALTER TABLE product
    MODIFY product_name VARCHAR(40) NOT NULL;
ALTER TABLE product
    MODIFY product_price INTEGER NOT NULL CHECK(product_price > 0);
-- inventory 테이블
ALTER TABLE inventory
    MODIFY product_id INTEGER PRIMARY KEY;
ALTER TABLE inventory
    MODIFY inventory_quantity INTEGER NOT NULL;
ALTER TABLE inventory
    ADD CONSTRAINT fk_inventory_product_id FOREIGN KEY (product_id)
    REFERENCES product (product_id)
    ON DELETE CASCADE;
-- orders 테이블
ALTER TABLE orders
```

        MODIFY order_id INTEGER AUTO_INCREMENT PRIMARY KEY NOT NULL;
ALTER TABLE orders
        MODIFY order_date DATETIME DEFAULT CURRENT_TIMESTAMP;
ALTER TABLE orders
        ADD CONSTRAINT fk_order_customer_id FOREIGN KEY (customer_id)
        REFERENCES customer (customer_id)
        ON DELETE CASCADE;
-- order_item 테이블
ALTER TABLE order_item
        MODIFY order_item_id INTEGER AUTO_INCREMENT PRIMARY KEY NOT NULL;
ALTER TABLE order_item
        MODIFY order_item_quantity INTEGER NOT NULL;
ALTER TABLE order_item
        ADD CONSTRAINT fk_order_item_product_id FOREIGN KEY (product_id)
        REFERENCES product (product_id)
        ON DELETE CASCADE;
ALTER TABLE order_item
        ADD CONSTRAINT fk_order_item_order_id FOREIGN KEY (order_id)
        REFERENCES orders (order_id)
        ON DELETE CASCADE;

PostgreSQL의 경우에는 다음과 같이 SQL 문을 작성할 수 있다.

    -- PostgreSQL
    -- cusomer 테이블
ALTER TABLE customer
        DROP COLUMN customer_id;
ALTER TABLE customer
        ADD customer_id INTEGER GENERATED ALWAYS AS IDENTITY;
ALTER TABLE customer
        ALTER COLUMN customer_id SET NOT NULL;
ALTER TABLE customer
        ADD PRIMARY KEY (customer_id);
ALTER TABLE customer

```sql
    ALTER COLUMN customer_name SET NOT NULL;
-- product 테이블
ALTER TABLE product
    DROP COLUMN product_id;
ALTER TABLE product
    ADD product_id INTEGER GENERATED ALWAYS AS IDENTITY;
ALTER TABLE product
    ALTER COLUMN product_id SET NOT NULL;
ALTER TABLE product
    ADD PRIMARY KEY (product_id);
ALTER TABLE product
    ALTER COLUMN product_name SET NOT NULL;
ALTER TABLE product
    ALTER COLUMN product_price SET NOT NULL;
ALTER TABLE product
    ADD CONSTRAINT ck_product_price CHECK(product_price > 0);
-- inventory 테이블
ALTER TABLE inventory
    ADD PRIMARY KEY (product_id);
ALTER TABLE inventory
    ALTER COLUMN inventory_quantity SET NOT NULL;
ALTER TABLE inventory
    ADD CONSTRAINT fk_inventory_product_id FOREIGN KEY (product_id)
    REFERENCES product (product_id)
    ON DELETE CASCADE;
-- orders 테이블
ALTER TABLE orders
    DROP COLUMN order_id;
ALTER TABLE orders
    ADD order_id INTEGER GENERATED ALWAYS AS IDENTITY;
ALTER TABLE orders
    ALTER COLUMN order_id SET NOT NULL;
ALTER TABLE orders
    ADD PRIMARY KEY (order_id);
```

```sql
ALTER TABLE orders
    ALTER COLUMN order_date SET DEFAULT CURRENT_DATE;
ALTER TABLE orders
    ADD CONSTRAINT fk_order_customer_id FOREIGN KEY (customer_id)
    REFERENCES customer (customer_id)
    ON DELETE CASCADE;
-- order_item 테이블
ALTER TABLE order_item
    DROP COLUMN order_item_id;
ALTER TABLE order_item
    ADD order_item_id INTEGER GENERATED ALWAYS AS IDENTITY;
ALTER TABLE order_item
    ALTER COLUMN order_item_id SET NOT NULL;
ALTER TABLE order_item
    ADD PRIMARY KEY (order_item_id);
ALTER TABLE order_item
    ALTER COLUMN order_item_quantity SET NOT NULL;
ALTER TABLE order_item
    ADD CONSTRAINT fk_order_item_product_id FOREIGN KEY (product_id)
    REFERENCES product (product_id)
    ON DELETE CASCADE;
ALTER TABLE order_item
    ADD CONSTRAINT fk_order_item_order_id FOREIGN KEY (order_id)
    REFERENCES orders (order_id)
    ON DELETE CASCADE;
```

로우 추가

테이블에 로우를 추가할 때 2장 SQL 둘러보기에서 살펴본 바와 같이 INSERT INTO 문을 사용한다.

```
INSERT INTO 테이블명(컬럼 목록) VALUES (값 목록);
```

테이블명 다음의 괄호 안에는 콤마(,)로 구분된 컬럼의 목록을 지정하고, VALUES 다음의 괄호 안에는 이들 컬럼 목록에 대응되는 값의 목록을 순서대로 콤마(,)로 구분하여 나열한다.

```
INSERT INTO customer(customer_id, customer_name,
                    customer_address, customer_email)
    VALUES (1, '김일', '서울시', 'kim1@gmail.com');
```

앞에서 우리는 다음과 같이 INSERT INTO 문을 사용하였다.

```
INSERT INTO customer VALUES (1, '김일', '서울시', 'kim1@gmail.com');
INSERT INTO customer VALUES (2, '김이', '부산시', 'kim2@gmail.com');
INSERT INTO customer VALUES (3, '김삼', '대전시', 'kim3@gmail.com');
INSERT INTO customer VALUES (4, '김사', '인천시', 'kim4@gmail.com');
INSERT INTO customer VALUES (5, '김오', '대구시', 'kim5@gmail.com');
```

위의 SQL 문에서처럼 VALUES 다음에 모든 컬럼의 값이 순서대로 지정되어 있으면 테이블명 다음의 컬럼 목록을 생략할 수 있다.

그리고 값이 자동 증가되는 컬럼이나 DEFAULT 속성이 지정된 컬럼 또는 NULL이 허용되는 컬럼인 경우에는 컬럼 목록에서 이들 컬럼을 생략할 수 있다. 이 경우에는 테이블명 다음에 괄호 안에 컬럼 목록을 나열해야 한다.

```
INSERT INTO customer(customer_name, customer_address, customer_email)
    VALUES ('김일', '서울시', 'kim1@gmail.com');
INSERT INTO orders (customer_id, order_item_id) VALUES (1, 1);
```

위의 SQL 문에서 customer 테이블의 customer_id와 orders 테이블의 order_id 컬럼은 값이 자동 증가되는 컬럼이기 때문에 생략되었고, orders 테이블의 order_date 컬럼은 DEFAULT 속성이 지정된 컬럼이기 때문에 생략되었다. 이때 order_date 컬럼에는 CURRENT_DATE 함수가 제공하는 디폴트값이 저장된다. NULL이 허용되는 컬럼의 경우 자동적으로 NULL 값이 저장된다.

오라클을 제외한 SQL 서버와 MySQL, PostgreSQL의 경우에는 다음과 같이 여러 행의 INSERT INTO 문을 단일 행으로 실행할 수 있다.

```
-- SQL 서버, MySQL, PostgreSQL
INSERT INTO customer(customer_name, customer_address, customer_email)
    VALUES ('김일', '서울시', 'kim1@gmail.com'),
           ('김이', '부산시', 'kim2@gmail.com'),
           ('김삼', '대전시', 'kim3@gmail.com'),
           ('김사', '인천시', 'kim4@gmail.com'),
           ('김오', '대구시', 'kim5@gmail.com');
```

오라클의 경우에 다음과 같이 독자적인 구문을 지원한다.

```
INSERT ALL
INTO customer(customer_name, customer_address, customer_email)
    VALUES ('김일', '서울시', 'kim1@gmail.com')
INTO customer(customer_name, customer_address, customer_email)
    VALUES ('김이', '부산시', 'kim2@gmail.com')
INTO customer(customer_name, customer_address, customer_email)
    VALUES ('김삼', '대전시', 'kim3@gmail.com')
INTO customer(customer_name, customer_address, customer_email)
    VALUES ('김사', '인천시', 'kim4@gmail.com')
INTO customer(customer_name, customer_address, customer_email)
    VALUES ('김오', '대구시', 'kim5@gmail.com')
SELECT * FROM DUAL;
```

그러나 위의 구문에서 자동 증가되는 컬럼이 있는 경우에 같은 값이 모든 로우에 적용되기 때문에 에러가 발생하게 된다.

다른 테이블에 질의한 결과를 테이블에 추가할 수 있다. 예를 들어서 다음과 같이 customer2 테이블을 생성했다고 하자.

```
CREATE TABLE customer2 (
    customer_id INTEGER GENERATED ALWAYS AS IDENTITY
                        PRIMARY KEY NOT NULL,
    customer_name VARCHAR(20) NOT NULL,
    customer_address VARCHAR(60),
    customer_email VARCHAR(40)
```

6장 테이블 생성

);

이 경우 기존의 customer 테이블에 있는 모든 로우를 새로운 customer2 테이블에 추가하려면 다음과 같이 SQL 문을 작성할 수 있다.

```
INSERT INTO customer2(customer_name, customer_address, customer_email)
    SELECT customer_name, customer_address, customer_email
        FROM customer;
```

이때 SELECT 문에 나열된 컬럼의 개수와 순서가 모두 테이블명 뒤의 괄호 안에 있는 컬럼의 개수와 순서가 같아야 한다.

이제 오라클 데이터베이스에 주문 시스템 테이블을 새로 생성한 경우에는 다음과 같이 데이터를 추가한다.

```
-- 오라클
-- customer 테이블
INSERT INTO customer(customer_name, customer_address, customer_email)
    VALUES ('김일', '서울시', 'kim1@gmail.com');
INSERT INTO customer(customer_name, customer_address, customer_email)
    VALUES ('김이', '부산시', 'kim2@gmail.com');
INSERT INTO customer(customer_name, customer_address, customer_email)
    VALUES ('김삼', '대전시', 'kim3@gmail.com');
INSERT INTO customer(customer_name, customer_address, customer_email)
    VALUES ('김사', '인천시', 'kim4@gmail.com');
INSERT INTO customer(customer_name, customer_address, customer_email)
    VALUES ('김오', '대구시', 'kim5@gmail.com');
-- product 테이블
INSERT INTO product(product_name, product_description, product_price)
    VALUES ('제품1', '제품1설명', 10000);
INSERT INTO product(product_name, product_description, product_price)
    VALUES ('제품2', '제품2설명', 20000);
INSERT INTO product(product_name, product_description, product_price)
    VALUES ('제품3', '제품3설명', 30000);
INSERT INTO product(product_name, product_description, product_price)
```

```
    VALUES ('제품4', '제품4설명', 40000);
INSERT INTO product(product_name, product_description, product_price)
    VALUES ('제품5', '제품5설명', 50000);
-- inventory 테이블
INSERT INTO inventory VALUES (1, 1000);
INSERT INTO inventory VALUES (2, 2000);
INSERT INTO inventory VALUES (3, 3000);
INSERT INTO inventory VALUES (4, 4000);
INSERT INTO inventory VALUES (5, 5000);
-- orders 테이블
INSERT INTO orders(customer_id) VALUES (1);
INSERT INTO orders(customer_id) VALUES (2);
INSERT INTO orders(customer_id) VALUES (3);
INSERT INTO orders(customer_id) VALUES (4);
INSERT INTO orders(customer_id) VALUES (5);
-- order_item 테이블
INSERT INTO order_item(product_id, order_item_quantity, order_id)
    VALUES (1, 1, 1);
INSERT INTO order_item(product_id, order_item_quantity, order_id)
    VALUES (2, 2, 1);
INSERT INTO order_item(product_id, order_item_quantity, order_id)
    VALUES (3, 3, 1);
INSERT INTO order_item(product_id, order_item_quantity, order_id)
    VALUES (4, 4, 2);
INSERT INTO order_item(product_id, order_item_quantity, order_id)
    VALUES (5, 5, 2);
INSERT INTO order_item(product_id, order_item_quantity, order_id)
    VALUES (1, 10, 3);
INSERT INTO order_item(product_id, order_item_quantity, order_id)
    VALUES (2, 20, 3);
INSERT INTO order_item(product_id, order_item_quantity, order_id)
    VALUES (3, 30, 4);
INSERT INTO order_item(product_id, order_item_quantity, order_id)
    VALUES (4, 40, 4);
```

6장 테이블 생성

```
INSERT INTO order_item(product_id, order_item_quantity, order_id)
    VALUES (5, 50, 4);
INSERT INTO order_item(product_id, order_item_quantity, order_id)
    VALUES (1, 100, 5);
INSERT INTO order_item(product_id, order_item_quantity, order_id)
    VALUES (2, 200, 5);
INSERT INTO order_item(product_id, order_item_quantity, order_id)
    VALUES (3, 300, 5);
INSERT INTO order_item(product_id, order_item_quantity, order_id)
    VALUES (4, 400, 5);
INSERT INTO order_item(product_id, order_item_quantity, order_id)
    VALUES (5, 500, 5);
```

오라클이 아닌 다른 데이터베이스 서버에 주문 시스템 테이블을 새로 생성한 경우에는 다음과 같이 데이터를 추가할 수 있다.

```
-- SQL 서버, MySQL, PostgreSQL
INSERT INTO customer(customer_name, customer_address, customer_email)
    VALUES ('김일', '서울시', 'kim1@gmail.com'),
           ('김이', '부산시', 'kim2@gmail.com'),
           ('김삼', '대전시', 'kim3@gmail.com'),
           ('김사', '인천시', 'kim4@gmail.com'),
           ('김오', '대구시', 'kim5@gmail.com');
INSERT INTO product(product_name, product_description, product_price)
    VALUES ('제품1', '제품1설명', 10000),
           ('제품2', '제품2설명', 20000),
           ('제품3', '제품3설명', 30000),
           ('제품4', '제품4설명', 40000),
           ('제품5', '제품5설명', 50000);
INSERT INTO inventory
    VALUES (1, 1000),
           (2, 2000),
           (3, 3000),
           (4, 4000),
```

```
              (5, 5000);
INSERT INTO orders(customer_id)
    VALUES (1), (2), (3), (4), (5);
INSERT INTO order_item(product_id, order_item_quantity, order_id)
    VALUES (1, 1, 1),
           (2, 2, 1),
           (3, 3, 1),
           (4, 4, 2),
           (5, 5, 2),
           (1, 10, 3),
           (2, 20, 3),
           (3, 30, 4),
           (4, 40, 4),
           (5, 50, 4),
           (1, 100, 5),
           (2, 200, 5),
           (3, 300, 5),
           (4, 400, 5),
           (5, 500, 5);
```

로우 갱신 및 삭제

테이블에 저장된 기존의 로우를 갱신할 때 UPDATE 문을 사용한다.

```
UPDATE 테이블명 SET 컬럼명1 = 값1, 컬럼명2 = 값2 ...
[WHERE 조건식];
```

만약 모든 제품 가격이 10% 인상되었다면 다음과 같이 SQL 문을 작성할 수 있다.

```
UPDATE product SET product_price = product_price * 1.1;
```

이제 product 테이블을 다음과 같이 질의하면,

6장 테이블 생성

SELECT * FROM product;

다음과 같이 인상된 제품 가격을 볼 수 있다.

123 PRODUCT_ID	ABC PRODUCT_NAME	ABC PRODUCT_DESCRIPTION	123 PRODUCT_PRICE
1	제품1	제품1설명	11,000
2	제품2	제품2설명	22,000
3	제품3	제품3설명	33,000
4	제품4	제품4설명	44,000
5	제품5	제품5설명	55,000

[그림 6-1] 질의 결과

하지만 이처럼 모든 제품의 가격이 인상되는 것이 아니라면 WHERE 구에 조건을 지정할 수 있다. 만약 product_id 가 3인 제품3의 가격이 10,000원 인하되었다면 다음과 같이 SQL 문을 작성할 수 있다.

UPDATE product SET product_price = product_price - 10000
    WHERE product_id = 3;

이제 다음과 같이 인하된 제품 가격을 볼 수 있다.

123 PRODUCT_ID	ABC PRODUCT_NAME	ABC PRODUCT_DESCRIPTION	123 PRODUCT_PRICE
1	제품1	제품1설명	11,000
2	제품2	제품2설명	22,000
3	제품3	제품3설명	23,000
4	제품4	제품4설명	44,000
5	제품5	제품5설명	55,000

[그림 6-2] 질의 결과

테이블에 저장된 기존의 로우를 삭제할 때 DELETE 문을 사용한다.

DELETE FROM 테이블명 WHERE 조건식;

만약 product_id 가 3인 제품3이 품절이 되어 더 이상 판매되지 않는다면 다음과 같이 삭제할 수 있다.

DELETE FROM product WHERE product_id = 3;

그리고 다음과 같이 제품3이 삭제된 것을 확인할 수 있다.

123 PRODUCT_ID	ᴀʙᴄ PRODUCT_NAME	ᴀʙᴄ PRODUCT_DESCRIPTION	123 PRODUCT_PRICE
1	제품1	제품1설명	11,000
2	제품2	제품2설명	22,000
4	제품4	제품4설명	44,000
5	제품5	제품5설명	55,000

[그림 6-3] 질의 결과

또한 inventory 테이블을 다음과 같이 질의하면,

SELECT * FROM inventory;

다음과 같이 product_id가 3인 로우도 함께 삭제된 것을 확인할 수 있다.

123 PRODUCT_ID	123 PRODUCT_QUANTITY
1	1,000
2	2,000
4	4,000
5	5,000

[그림 6-4] 질의 결과

또한 order_item 테이블도 다음과 같이 질의하면,

SELECT * FROM order_item WHERE product_id = 3;

다음과 같이 product_id가 3인 모든 로우가 삭제되어 아무 것도 남아 있지 않는 것을 확인할 수 있다.

123 ORDER_ITEM_ID	123 PRODUCT_ID	123 ORDER_ITEM_QUANTITY

[그림 6-5] 질의 결과

그 이유는 inventory 테이블의 FOREIGN KEY 제약에서 부모 테이블 즉, product 테이블의 로우가 삭제될 때 자식 테이블 즉, inventory 테이블의 로우도 함께 삭제하도록 ON DELETE CASCADE 가 다음과 같이 설정되어 있기 때문이다.

```
CREATE TABLE inventory (
    product_id INTEGER PRIMARY KEY,
    inventory_quantity INTEGER NOT NULL,
    CONSTRAINT fk_inventory_product_id FOREIGN KEY (product_id)
    REFERENCES product (product_id)
```

6장 테이블 생성

```
        ON DELETE CASCADE
    );
```

order_item 테이블도 마찬가지로 다음과 같이 ON DELETE CASCADE가 설정되어 있다.

```
CREATE TABLE order_item (
    order_item_id INTEGER GENERATED ALWAYS AS IDENTITY
                            PRIMARY KEY NOT NULL,
    product_id INTEGER,
    order_item_quantity INTEGER NOT NULL,
    CONSTRAINT fk_order_item_product_id FOREIGN KEY (product_id)
    REFERENCES product (product_id)
    ON DELETE CASCADE
);
```

테이블의 전체 로우를 삭제하고 싶다면 앞에서 설명한 바와 같이 TRUNCATE TABLE 문을 사용할 수 있다.

```
TRUNCATE TABLE product;
```

하지만 자식 테이블의 외래 키에서 참조하고 있는 기본 키를 갖는 로우가 있다면 이 SQL 문은 에러를 발생시키게 된다.

오라클에서는 다음과 같은 에러 메시지를 볼 수 있다.

ORA-02266: 사용으로 설정된 외래 키에 의해 참조되는 테이블의 고유/기본 키

트랜잭션

트랜잭션(transaction)을 우리말로 거래라고 한다. 하나의 거래에는 여러 행위가 포함될 수 있으며, 이들 행위들이 모두 성공적으로 수행되어야 거래가 완료된다. 이들 행위 중에 어느 하나라도 실패한다면 거래는 완료되지 못한다. 데이터베이스의 트랜잭션도 이와 같다.

예를 들어 은행 예금 계좌에서 다른 계좌로 이체하는 경우를 살펴보자. 계좌 이체는 한 계좌에서 예금액을 출금하여 다른 계좌로 입금하는 것을 말한다. 계좌 이체라는 거래 즉, 트랜잭션을 수행하기 위해 가장 먼저 한 계좌에서 출금하고 성공적이면 해당 계좌에서 잔액을 감소시킨다.

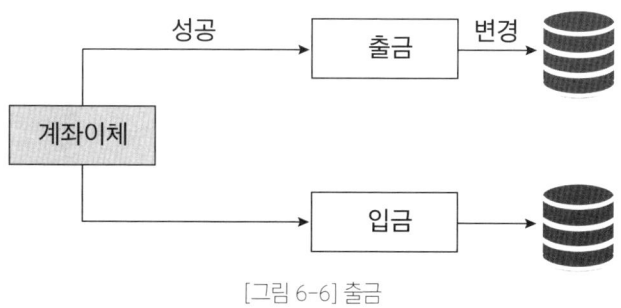

[그림 6-6] 출금

다음 작업은 다른 계좌로 출금된 금액을 입금하는 일이다. 입금이 성공적으로 수행되면 해당 계좌에 잔액을 증가시킨다.

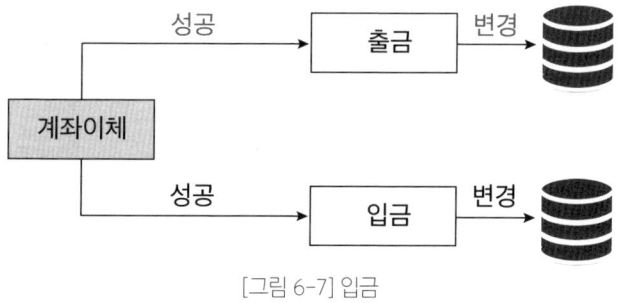

[그림 6-7] 입금

이때 거래 즉, 트랜잭션이 완료되어 커밋(commit) 함으로써 입출금 각 계좌의 잔액 데이터를 성공적으로 저장할 수 있게 된다.

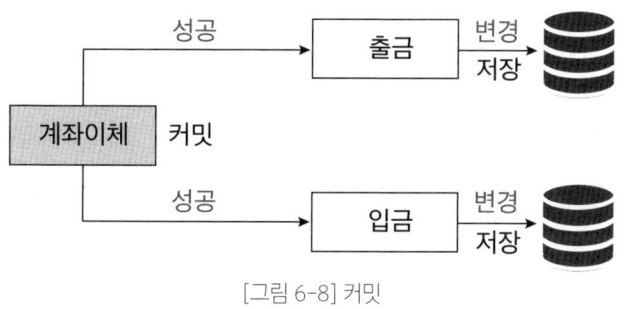

[그림 6-8] 커밋

6장 테이블 생성

그러나 출금은 성공적으로 수행되었지만 어떤 이유에서든 입금을 수행하는데 실패했다고 하자.

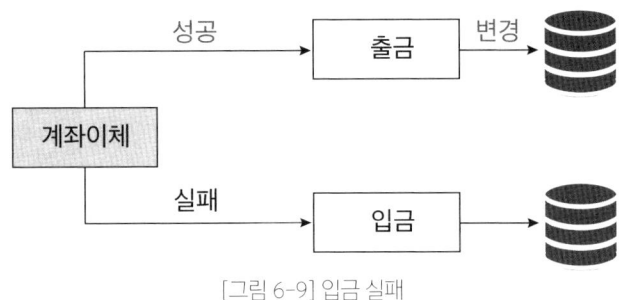

[그림 6-9] 입금 실패

그러면 출금을 수행할 때 변경된 계좌의 잔액은 출금되기 이전 상태로 되돌려야 한다. 따라서 트랜잭션은 롤백(rollback)되어야만 한다.

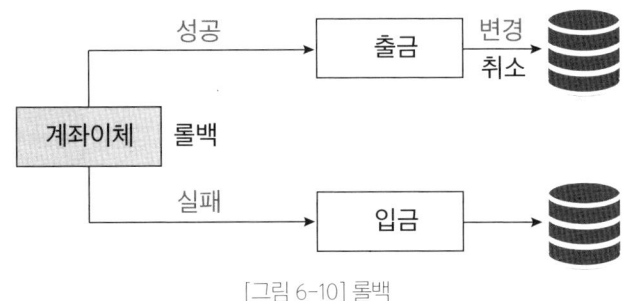

[그림 6-10] 롤백

트랜잭션이 롤백되면 해당 트랜잭션 안에서 수행되는 모든 작업은 취소되고 트랜잭션을 수행하기 이전의 상태로 되돌아간다.

트랜잭션은 ACID(Atomicity, Consistency, Isolation, Durability)라는 4가지 특성을 갖는다.

특성	설명
원자성(atomicity)	모든 데이터 수정이 함께 수행되거나 또는 아무런 데이터 수정이 수행되지 않음을 보장하는 것
일관성(consistency)	트랜잭션이 실행을 성공적으로 완료하면 언제나 일관성 있는 데이터 지속 상태로 유지함을 보장하는 것
격리성(isolation)	트랜잭션을 수행 시 다른 트랜잭션의 작업이 끼어들지 못하도록 보장하는 것

특성	설명
영속성(durability)	성공적으로 수행된 트랜잭션은 영원히 반영되어야 함을 보장하는 것

[표 6-1] 트랜잭션 특성

원자성(atomicity)이란 모든 데이터 수정이 함께 수행되거나 또는 아무런 데이터 수정이 수행되지 않음을 보장하는 것을 말한다. 모두 아니면 아무 것도 아닌(all or nothing) 상태가 되는 것이다. 계좌 이체 예에서 트랜잭션이 커밋되어야 출금 계좌에서 잔액이 감소되고 입금 계좌에 잔액이 증가할 수 있게 된다. 출금이든 입금이든 어느 하나라도 실패한다면 트랜잭션을 시작한 이전 상태로 롤백되어 아무 일도 일어나지 않은 상태로 된다.

일관성(consistency)이란 트랜잭션이 실행을 성공적으로 완료하면 언제나 일관성 있는 데이터 지속 상태로 유지함을 보장하는 것을 말한다. 계좌 이체 트랜잭션이 성공하여 커밋되면 출금 계좌에서는 출금액만큼 잔액이 감소되고 입금 계좌에는 출금액만큼 잔액이 증가된다. 출금 계좌에서는 잔액이 감소되었는데 입금 계좌에 잔액이 증가되지 않는 일이 발생하지 않는다는 것을 보장한다는 것을 의미한다.

격리성(isolation)이란 트랜잭션을 수행 시 다른 트랜잭션의 작업이 끼어들지 못하도록 보장하는 것을 말한다. 계좌 이체 트랜잭션은 동시에 여러 건이 발생할 수 있다. 출금 계좌에서 출금된 금액이 다른 트랜잭션의 입금 계좌로 입금된다면 커다란 문제가 발생하게 될 것이다. 따라서 하나의 트랜잭션은 다른 트랜잭션과 격리되어 독자적인 작업을 수행할 수 있어야만 한다.

영속성(durability)은 성공적으로 수행된 트랜잭션은 영원히 반영되어야 함을 보장하는 것을 말한다. 계좌 이체에서 트랜잭션이 성공적으로 커밋되었다면 출금 계좌와 입금 계좌의 잔액은 데이터베이스에 저장되어야 한다.

참고로 DBeaver 개발 도구에서 트랜잭션을 실습할 때 "T"자 아이콘을 클릭하여 자동 커밋 옵션을 끄고 다음과 같이 수동 커밋 모드로 실행해야 한다.

[그림 6-11] DBeaver 수동 커밋 모드

트랜잭션은 다음 명령으로 시작한다.

```
START TRANSACTION;
```

6장 테이블 생성

SQL 서버에서는 다음 명령을 실행한다.

   BEGIN TRANSACTION;

참고로 트랜잭션 시작 명령을 실행하지 않아도 수동 커밋 모드에서는 자동으로 트랜잭션을 시작한다.

다음에는 테이블의 데이터를 변경하는 여러 INSERT, UPDATE, DELETE 문을 수행하고, 최종적으로 트랜잭션이 성공적이면 COMMIT 명령을 실행하여 지금까지 데이터를 변경한 사항을 데이터베이스에 저장한다.

   COMMIT;

그러나 트랜잭션이 실패한다면 ROLLBACK 명령을 실행하여 지금까지 데이터를 변경한 사항을 취소하고 원 상태로 되돌린다.

   ROLLBACK;

이제 트랜잭션이 실행되는 과정을 살펴보자.

먼저 다음과 같이 임시 customer2 테이블을 생성한다.

```
CREATE TABLE customer2 (
    customer_id INTEGER,
    customer_name VARCHAR(20),
    customer_address VARCHAR(60),
    customer_email VARCHAR(40)
);
```

그리고 다음과 같이 기존의 customer 테이블에서 데이터를 읽어와 복사하여 저장한다.

   INSERT INTO customer2 SELECT * FROM customer;

다음 질의문으로 customer2 테이블의 데이터를 확인한다.

   SELECT * FROM customer2;

위 질의문의 실행 결과는 다음과 같다.

123 CUSTOMER_ID	ABC CUSTOMER_NAME	ABC CUSTOMER_ADDRESS	ABC CUSTOMER_EMAIL
1	김일	서울시	kim1@gmail.com
2	김이	부산시	kim2@gmail.com
3	김삼	대전시	kim3@gmail.com
4	김사	인천시	kim4@gmail.com
5	김오	대구시	kim5@gmail.com

[그림 6-12] 질의 결과

이제 다음 SQL 문을 하나씩 실행한다.

```
INSERT INTO customer2 VALUES (6, '박일', '부산시', 'park1@gmail.com');
UPDATE customer2 SET customer_address = '서울시' WHERE customer_id = 2;
DELETE FROM customer2 WHERE customer_id = 3;
```

이제 ROLLBACK을 실행한다.

```
ROLLBACK;
```

그리고 다시 customer2 테이블의 데이터를 확인해보면 원 상태로 그대로인 것을 확인할 수 있다.

이번에는 ROLLBACK을 실행하기 전까지의 세 개의 질의문을 실행한 상태에서, 다른 데이터베이스 연결을 생성하여 다음 질의문으로 customer2 테이블의 데이터를 확인한다.

```
SELECT * FROM customer2;
```

그러면 변경되기 이전의 결과와 같게 된다. 그 이유는 데이터베이스 연결 세션(session) 사이에 서로의 작업이 분리되어 트랜잭션 중에 끼어들지 못하기 때문이다. 이것이 위에서 설명한 트랜잭션의 특성 중 격리성(isolation)이다.

그러나 이제 ROLLBACK 대신에 COMMIT을 실행하면 "박일" 고객이 추가되고, '김이' 고객의 주소가 변경되며, "김삼" 고객이 삭제되어 성공적으로 데이터베이스에 데이터가 변경되는 것을 확인할 수 있다.

```
COMMIT;
```

CUSTOMER_ID	CUSTOMER_NAME	CUSTOMER_ADDRESS	CUSTOMER_EMAIL
1	김일	서울시	kim1@gmail.com
2	김이	서울시	kim2@gmail.com
4	김사	인천시	kim4@gmail.com
5	김오	대구시	kim5@gmail.com
6	박일	부산시	park1@gmail.com

[그림 6-13] 질의 결과

그리고 다른 데이터베이스 연결 세션에서 customer2 테이블의 데이터를 확인하면 데이터가 변경된 결과를 보여주게 된다.

이제 다음과 같이 앞에서 생성했던 customer2 테이블도 삭제하여 원상 복구하기로 한다.

```
DROP TABLE customer2;
```

7장 집계 함수

7장
집계 함수

- [ ] 집계 함수
- [ ] GROUP BY 구
- [ ] 그룹화 함수

집계 함수

우리는 5장 내장 함수에서 데이터베이스 서버가 제공하는 내장 함수를 사용하는 방법에 대해서 살펴보았다. 이번에는 이들 내장 함수 중에서 우리가 아직 다루지 않은 집계 함수에 대해서 살펴보기로 한다.

집계 함수(aggregate function)는 테이블에 있는 전체 로우에 대해서 특정한 컬럼의 값의 합계를 산출하는 등의 계산을 수행하는 함수를 말한다. 우리가 5장 내장 함수에서 살펴본 대부분의 함수는 하나의 로우를 대상으로 하지만, 집계 함수는 여러 로우를 대상으로 한다는 점에서 구별된다. 따라서 집계 함수를 다중 로우 함수(multiple row function)이라고 하여, 단일 로우 함수(single row function)와 구별한다.

5장 내장 함수에서 살펴본 바와 같이 ANSI SQL 표준은 다음과 같은 집계 함수를 정의한다. 그리고 대부분의 데이터베이스 서버에서 이들 집계 함수를 지원한다.

SQL 프로그래밍

구분	함수	함수
집계	ARRAY_AGG	RANK
	AVG	REGR_AVGX
	CORR	REGR_AVGY
	COUNT	REGR_COUNT
	COUNT(*)	REGR_INTERCEPT
	COVAR_POP	REGR_R2
	COVAR_SAMP	REGR_SLOPE
	CUME_DIST	REGR_SXX
	DENSE_RANK	REGR_SXY
	LISTAGG	REGR_SYY
	MAX	STDDEV_POP
	MIN	STDDEV_SAMP
	PERCENT_RANK	SUM
	PERCENTILE_CONT	VAR_POP
	PERCENTILE_DISC	VAR_SAMP

[표 7-1] ANSI 표준 집계 함수

이들 중에서 가장 많이 사용하는 다음 집계 함수에 대해서 살펴보기로 한다.

- COUNT
- SUM
- AVG
- MAX
- MIN

COUNT 함수는 로우의 개수를 반환한다. 예를 들어 어떤 테이블에 로우의 개수를 알고 싶을 때 다음과 같이 COUNT 함수를 사용할 수 있다.

SELECT COUNT(*) FROM order_item;

위 질의문의 결과는 다음과 같다.

![COUNT(*) 12]

[그림 7-1] 질의 결과

이때 집계 함수는 여러 로우를 대상으로 하기 때문에 다음 코드에서 order_item_id 와 같이 개별 로우에 관련된 컬럼을 포함할 수는 없다.

```
SELECT order_item_id, COUNT(*)
    FROM order_item;
```

위의 질의문은 오라클에서 다음과 같은 에러 메시지를 출력한다.

ORA-00937: 단일 그룹의 그룹 함수가 아닙니다

하지만 COUNT 함수의 인수로 * 대신에 특정한 컬럼명을 지정할 수 있다. 예를 들어 product_id가 5인 제품의 판매 건수를 알고 싶다면 다음과 같이 COUNT 함수를 사용할 수 있다.

```
SELECT COUNT(order_item_id)
    FROM order_item
    WHERE product_id = 5;
```

위 질의문의 결과는 다음과 같다.

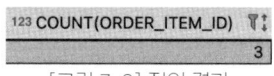

[그림 7-2] 질의 결과

SUM 함수는 특정한 컬럼의 값의 합계를 반환한다. 예를 들어 product_id가 5인 제품의 판매 수량의 합계를 알고 싶다면 다음과 같이 SUM 함수를 사용할 수 있다.

```
SELECT SUM(order_item_quantity)
    FROM order_item
    WHERE product_id = 5;
```

위 질의문의 결과는 다음과 같다.

SUM(ORDER_ITEM_QUANTITY)
555

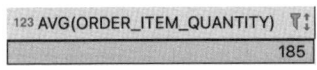

[그림 7-3] 질의 결과

AVG 함수는 특정한 컬럼의 값의 평균값을 반환한다.

```
SELECT AVG(order_item_quantity)
  FROM order_item
  WHERE product_id = 5;
```

위 질의문의 결과는 다음과 같다.

AVG(ORDER_ITEM_QUANTITY)
185

[그림 7-4] 질의 결과

MAX와 MIN 함수는 특정한 컬럼값의 최대값과 최소값을 반환한다.

```
SELECT MAX(order_item_quantity), MIN(order_item_quantity)
  FROM order_item
  WHERE product_id = 5;
```

위 질의문의 결과는 다음과 같다

MAX(ORDER_ITEM_QUANTITY)	MIN(ORDER_ITEM_QUANTITY)
500	5

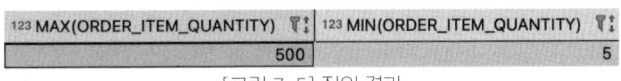

[그림 7-5] 질의 결과

이들 집계 함수에 DISTINCT 구를 함께 사용할 수 있다. 우리가 4장 SELECT 문에서 이미 살펴본 바와 같이 DISTINCT 구는 중복된 값을 갖는 로우를 제거한다. 예를 들어서 먼저 다음과 같이 order_item 테이블에 중복된 로우를 추가하기로 한다.

```
INSERT INTO order_item(product_id, order_item_quantity, order_id)
  VALUES (1, 10, 2), (2, 200, 2), (5, 5, 2);
```

오라클에서는 다음과 같이 작성한다.

```
INSERT INTO order_item(product_id, order_item_quantity, order_id)
  VALUES (1, 10, 2);
```

7장 집계 함수

```
INSERT INTO order_item(product_id, order_item_quantity, order_id)
    VALUES (2, 200, 2);
INSERT INTO order_item(product_id, order_item_quantity, order_id)
    VALUES (5, 5, 2);
```

이제 DISTINCT 구와 함께 다음과 같이 COUNT 함수를 사용하는 질의문을 작성한다.

```
SELECT COUNT(DISTINCT order_item_quantity),
       COUNT(order_item_quantity)
  FROM order_item;
```

위 질의문의 결과는 다음과 같다.

COUNT(DISTINCT ORDER_ITEM_QUANTITY)	COUNT(ORDER_ITEM_QUANTITY)
12	15

[그림 7-6] 질의 결과

두 번째 컬럼의 전체 15 건 중에서 중복된 건이 3 건이 있으므로 DISTINCT 구가 사용된 첫 번째 컬럼은 12 를 보여준다.

두 번째 컬럼과 같이 전체를 대상으로 할 때 ALL 구를 추가할 수 있다.

```
SELECT COUNT(DISTINCT order_item_quantity),
       COUNT(ALL order_item_quantity)
  FROM order_item;
```

이번에는 중복된 제품 판매 수량을 제외한 전체 판매 수량을 보고 싶다면 다음과 같이 질의문을 작성할 수 있다.

```
SELECT SUM(DISTINCT order_item_quantity),
       SUM(order_item_quantity)
  FROM order_item;
```

위 질의문의 결과는 다음과 같다.

123 SUM(DISTINCTORDER_ITEM_QUANTITY)	123 SUM(ORDER_ITEM_QUANTITY)
1,332	1,547

[그림 7-7] 질의 결과

위의 결과에서 전체 판매 수량은 1,547 개이고, 중복된 수량을 제외하면 1,332 개 임을 알 수 있다.

GROUP BY 구

이러한 집계 함수가 반환하는 값을 원하는 컬럼으로 묶고 싶다면 GROUP BY 구를 사용할 수 있다.

```
SELECT 그룹컬럼 목록, 집계함수(컬럼)
    FROM 테이블명
    GROUP BY 그룹컬럼 목록;
```

GROUP BY 구 다음에는 그룹으로 묶고 싶은 컬럼의 목록이 온다. 그리고 SELECT 문의 컬럼 목록에는 GROUP BY 구에 지정된 컬럼 목록에 있는 것만 올 수 있다.

예를 들어서 제품별로 총 판매 수량과 평균 판매 수량을 알고 싶다면 다음과 같이 질의문을 작성할 수 있다.

```
SELECT product_id, SUM(order_item_quantity), AVG(order_item_quantity)
    FROM order_item
    GROUP BY product_id;
```

위 질의문의 결과는 다음과 같다.

123 PRODUCT_ID	123 SUM(ORDER_ITEM_QUANTITY)	123 AVG(ORDER_ITEM_QUANTITY)
1	121	30.25
2	422	105.5
5	560	140
4	444	148

[그림 7-8] 질의 결과

만약 주문 수량이 10개 이상인 것으로만 제한하고 product_id 순으로 정렬하고 싶다면 다음과 같이 WHERE 구와 ORDER BY 구를 함께 사용할 수 있다.

```
SELECT product_id, SUM(order_item_quantity), AVG(order_item_quantity)
    FROM order_item
    WHERE order_item_quantity > 10
    GROUP BY product_id
    ORDER BY product_id;
```

위 질의문에서는 먼저 order_item_quantity 가 10 이상인 로우들을 추려내고, product_id 별로 묶어서 order_item_quantity 컬럼값에 SUM 함수와 AVG 함수를 적용하여 총 판매 수량과 평균 판매 수량을 구한 다음에 product_id 순으로 정렬한다.

따라서 위 질의문의 결과는 다음과 같다.

PRODUCT_ID	SUM(ORDER_ITEM_QUANTITY)	AVG(ORDER_ITEM_QUANTITY)
1	100	100
2	420	140
4	440	220
5	550	275

[그림 7-9] 질의 결과

이번에는 만약 평균 판매 수량이 100개 이상인 것만 추려내고 싶다면 어떻게 해야 할까? 아마도 WHERE 구에 다음과 같이 조건을 지정하고 싶은 생각이 들 수도 있겠다.

```
SELECT product_id, SUM(order_item_quantity), AVG(order_item_quantity)
    FROM order_item
    WHERE AVG(order_item_quantity) > 100
    GROUP BY product_id
    ORDER BY product_id;
```

하지만 이 구문은 오라클의 경우 다음과 같은 에러 메시지를 보여준다.

ORA-00934: 그룹 함수는 허가되지 않습니다

WHERE 구에는 AVG와 같은 집계 함수는 사용할 수 없다는 의미다. WHERE 구는 아직 집계 함수가 적용되기 전에 전체 로우에서 조건에 맞는 로우를 추려낼 때 사용되기 때문이다.

이 경우에 우리는 HAVING 구를 사용할 수 있다.

SQL 프로그래밍

```
SELECT 그룹컬럼 목록, 집계함수(컬럼)
    FROM 테이블명
    GROUP BY 그룹컬럼 목록
    HAVING 그룹조건;
```

HAVING 구에는 그룹을 제한하는 조건식을 지정한다. 따라서 위의 질의문을 제대로 고쳐 쓰면 다음과 같다.

```
SELECT product_id, SUM(order_item_quantity), AVG(order_item_quantity)
    FROM order_item
    GROUP BY product_id
    HAVING AVG(order_item_quantity) > 100
    ORDER BY product_id;
```

위 질의문의 결과는 다음과 같다.

PRODUCT_ID	SUM(ORDER_ITEM_QUANTITY)	AVG(ORDER_ITEM_QUANTITY)
2	422	105.5
4	444	148
5	560	140

[그림 7-10] 질의 결과

WHERE 구와 HAVING 구를 함께 사용할 수 있다.

```
SELECT product_id, SUM(order_item_quantity), AVG(order_item_quantity)
    FROM order_item
    WHERE order_item_quantity > 10
    GROUP BY product_id
    HAVING AVG(order_item_quantity) > 100
    ORDER BY product_id;
```

위의 질의문에서는 먼저 order_item_quantity 가 10 이상인 로우들을 추려내고, product_id 별로 묶어서 order_item_quantity 컬럼값에 SUM 함수와 AVG 함수를 적용하여 총 판매 수량과 평균 판매 수량을 구한 다음에 평균 판매 수량이 100보다 큰 그룹만을 추려서 product_id 순으로 정렬한다. 따라서 위 질의문의 결과는 다음과 같다.

123 PRODUCT_ID	123 SUM(ORDER_ITEM_QUANTITY)	123 AVG(ORDER_ITEM_QUANTITY)
2	420	140
4	440	220
5	550	275

[그림 7-11] 질의 결과

여기에서 WHERE 구와 HAVING 구의 차이점은 WHERE 구는 전체 로우에서 조건에 맞는 로우를 선택하고, HAVING 구는 집계 함수에 의해 집계된 결과 중에서 조건에 맞는 그룹을 선택한다는 것이다. 따라서 WHERE 구가 먼저 수행되어 조건에 맞는 로우를 선택하고, 그 다음에 집계 결과 중에서 조건에 맞는 그룹을 선택한다.

이번에는 한 걸음 더 나아가서 제품별로 총 매출액과 평균 매출액을 구한다고 하자. 매출액을 구하기 위해서는 제품 가격이 필요하다. 하지만 제품 가격은 제품 즉, product 테이블에 product_price 컬럼에 저장되어 있기 때문에 매출액을 구하기 위해서는 product 테이블도 필요하다. 따라서 order_item 테이블과 product 테이블을 다음과 같이 결합 즉, 조인(join) 할 수 있다. 여러 테이블을 조인하는 구문에 대해서는 다음 8장 조인에서 설명하게 될 것이다.

```
SELECT product_name AS "제품명",
       SUM(order_item_quantity * product_price) AS "총 매출액",
       AVG(order_item_quantity * product_price) AS "평균 매출액"
FROM order_item
JOIN product ON order_item.product_id = product.product_id
GROUP BY product_name;
```

위 질의문의 결과는 다음과 같다.

ABC 제품명	123 총 매출액	123 평균 매출액
제품1	1,331,000	332,750
제품2	9,284,000	2,321,000
제품4	19,536,000	6,512,000
제품5	30,800,000	7,700,000

[그림 7-12] 질의 결과

이와 내친 김에 좀 더 나가 보기로 하자. 이번에는 주문 일자별 제품별 매출액을 구해야 한다고 하자. 그러나 주문 일자는 orders 테이블의 order_date 컬럼에 저장되어 있으므로 주문 일자를 구하기 위해서는 또 orders 테이블이 필요하다. 그런데 현재 우리의 orders 테이블에는 DEFAULT 값으로 모든 주문 일자가 같으므로 다음과 같이 UPDATE 문을 실행하여 주문 일자를 변경하기로 한다.

UPDATE orders SET order_date = '2022-11-21' WHERE customer_id IN (1, 4);
UPDATE orders SET order_date = '2022-11-22' WHERE customer_id IN (2, 5);
UPDATE orders SET order_date = '2022-11-23' WHERE customer_id = 3;

이제 다음과 같이 질의문을 작성할 수 있다.

```
SELECT TO_CHAR(order_date, 'YYYY-MM-DD') AS "주문 일자",
       product_name AS "제품명",
       SUM(order_item_quantity * product_price) AS "제품 매출액"
FROM order_item
JOIN product ON order_item.product_id = product.product_id
JOIN orders ON orders.order_id = order_Item.order_id
GROUP BY order_date, product_name
ORDER BY order_date, product_name;
```

SQL 서버의 경우에 TO_CHAR 함수 대신에 다음과 같이 CONVERT 함수를 사용한다.

CONVERT(VARCHAR(10), order_date, 23)

마찬가지로 MySQL의 경우에도 TO_CHAR 함수 대신에 다음과 같이 DATE_FORMAT 함수를 사용한다.

DATE_FORMAT(order_date, '%Y-%m-%d')

위 질의문의 실행 결과는 다음과 같다.

주문 일자	제품명	제품 매출액
2022-11-21	제품1	11,000
2022-11-21	제품2	44,000
2022-11-21	제품4	1,760,000
2022-11-21	제품5	2,750,000
2022-11-22	제품1	1,100,000
2022-11-22	제품2	4,400,000
2022-11-22	제품4	17,776,000
2022-11-22	제품5	275,000
2022-11-23	제품1	110,000
2022-11-23	제품2	440,000

[그림 7-13] 질의 결과

이번에는 주문 일자별 매출액을 구한다고 하면 다음과 같이 질의문을 작성할 수 있다.

```
SELECT TO_CHAR(order_date, 'YYYY-MM-DD') AS "주문 일자",
       SUM(order_item_quantity * product_price) AS "일 매출액"
FROM order_item
JOIN product ON order_item.product_id = product.product_id
JOIN orders ON orders.order_id = order_Item.order_id
GROUP BY order_date
ORDER BY order_date;
```

위 질의문의 실행 결과는 다음과 같다.

주문 일자	일 매출액
2022-11-21	4,565,000
2022-11-22	55,836,000
2022-11-23	550,000

[그림 7-14] 질의 결과

그룹화 함수

이와 같이 집계 함수와 함께 GROUP BY 구를 사용하여 그룹화하는데 사용할 수 있는 재미 있는, 그러나 조금은 어려울 수 있는 다음과 같은 함수가 있다.

- ROLLUP
- CUBE
- GROUPING SETS

이들 중 ROLLUP과 CUBE 함수는 GROUP BY 구에 함께 사용된다. 먼저 이들 함수의 쓰임새부터 살펴보자. 우리는 방금 전에 주문 일자별 제품별 매출액과 주문 일자별 일 매출액을 각각 구하는 질의문을 작성하였다. 그런데 ROLLUP과 CUBE 함수를 사용하면 하나로 합칠 수 있다. 먼저 ROLLUP 함수를 사용하여 다음과 같이 질의문을 작성한다.

```
SELECT TO_CHAR(order_date, 'YYYY-MM-DD') AS "주문 일자",
       product_name AS "제품명",
       SUM(order_item_quantity * product_price) AS "제품 매출액"
FROM order_item
JOIN product ON order_item.product_id = product.product_id
JOIN orders ON orders.order_id = order_Item.order_id
GROUP BY ROLLUP(order_date, product_name)
ORDER BY order_date, product_name;
```

위 질의문의 실행 결과는 다음과 같다.

주문 일자	제품명	제품 매출액
2022-11-21	제품1	11,000
2022-11-21	제품2	44,000
2022-11-21	제품4	1,760,000
2022-11-21	제품5	2,750,000
2022-11-21	[NULL]	4,565,000
2022-11-22	제품1	1,210,000
2022-11-22	제품2	8,800,000
2022-11-22	제품4	17,776,000
2022-11-22	제품5	28,050,000
2022-11-22	[NULL]	55,836,000
2022-11-23	제품1	110,000
2022-11-23	제품2	440,000
2022-11-23	[NULL]	550,000
[NULL]	[NULL]	60,951,000

[그림 7-15] 질의 결과

위의 결과에서 5번 행에는 2022년 11월 21일의 제품 매출액이 출력되고, 10번 행에도 22일의 제품 매출액, 그리고 13번 행에는 23일의 제품 매출액이 추가로 출력된다. 그리고 마지막 14번 행에는 전체 매출 총액이 출력되고 있다.

이처럼 ROLLUP 함수는 그룹별로 결과를 보여준다.

이번에는 ROLLUP 함수 대신에 CUBE 함수를 사용하기로 한다.

```
SELECT TO_CHAR(order_date, 'YYYY-MM-DD') AS "주문 일자",
       product_name AS "제품명",
       SUM(order_item_quantity * product_price) AS "제품 매출액"
FROM order_item
JOIN product ON order_item.product_id = product.product_id
JOIN orders ON orders.order_id = order_Item.order_id
```

7장 집계 함수

```
GROUP BY CUBE(order_date, product_name)
ORDER BY order_date, product_name;
```

위 질의문의 실행 결과는 다음과 같다.

주문 일자	제품명	제품 매출액
2022-11-21	제품1	11,000
2022-11-21	제품2	44,000
2022-11-21	제품4	1,760,000
2022-11-21	제품5	2,750,000
2022-11-21	[NULL]	4,565,000
2022-11-22	제품1	1,210,000
2022-11-22	제품2	8,800,000
2022-11-22	제품4	17,776,000
2022-11-22	제품5	28,050,000
2022-11-22	[NULL]	55,836,000
2022-11-23	제품1	110,000
2022-11-23	제품2	440,000
2022-11-23	[NULL]	550,000
[NULL]	제품1	1,331,000
[NULL]	제품2	9,284,000
[NULL]	제품4	19,536,000
[NULL]	제품5	30,800,000
[NULL]	[NULL]	60,951,000

[그림 7-16] 질의 결과

CUBE 함수는 ROLLUP 함수의 결과 외에도 14번 행에서부터 17번 행까지 제품별 총 매출액의 결과도 함께 보여준다. 마치 3차원 큐브처럼 3차원 정보를 2차원 테이블 형식으로 보여주고 있다.

그러면 이제 좀 더 이해하기 쉬운 예제로 이들 함수의 구문에 대해서 살펴보기로 하자. 먼저 ROLLUP 함수를 사용하는 구문은 다음과 같다.

```
SELECT 그룹컬럼 목록, 집계함수(컬럼)
    FROM 테이블명
    GROUP BY ROLLUP(그룹컬럼 목록)
    HAVING 그룹조건;
```

이제 다음과 같이 order_item의 product_id 컬럼을 그룹화하는 질의문을 작성할 수 있다.

```
SELECT product_id, SUM(order_item_quantity), AVG(order_item_quantity)
    FROM order_item
```

```
        GROUP BY ROLLUP(product_id)
        ORDER BY product_id;
```

위 질의문의 실행 결과는 다음과 같다.

PRODUCT_ID	SUM(ORDER_ITEM_QUANTITY)	AVG(ORDER_ITEM_QUANTITY)
1	121	30.25
2	422	105.5
4	444	148
5	560	140
[NULL]	1,547	103.1333333333

[그림 7-17] 질의 결과

위 결과에서 5번 행에서 product_id 컬럼으로 그룹화한 SUM 함수와 AVG 함수의 결과를 보여준다.

ROLLUP 함수에 여러 컬럼을 지정할 수 있다. 다음 질의문에서는 product_id와 order_item_id을 그룹화 컬럼으로 지정하고 있다.

```
        SELECT product_id, order_item_id,
                SUM(order_item_quantity), AVG(order_item_quantity)
        FROM order_item
        GROUP BY ROLLUP(product_id, order_item_id)
        ORDER BY product_id, order_item_id;
```

위 질의문의 실행 결과는 다음과 같다.

7장 집계 함수

PRODUCT_ID	ORDER_ITEM_ID	SUM(ORDER_ITEM_QUANTITY)	AVG(ORDER_ITEM_QUANTITY)
1	1	1	
1	6	10	
1	11	100	
1	16	10	
1	[NULL]	121	3
2	2	2	
2	7	20	
2	12	200	
2	17	200	
2	[NULL]	422	1
4	4	4	
4	9	40	
4	14	400	
4	[NULL]	444	
5	5	5	
5	10	50	
5	15	500	
5	18	5	
5	[NULL]	560	

[그림 7-18] 질의 결과

위 결과에서 5번 행에 product_id가 1인 그룹화된 SUM 함수와 AVG 함수의 결과를 보여주며, 10번 행에서는 product_id가 2인 그룹화된 결과를, 그리고 14번과 19번 행에서는 product_id가 4와 5인 그룹화된 SUM 함수와 AVG 함수의 결과를 보여준다. 마지막으로 20번 행에서는 전체 그룹화된 SUM 함수와 AVG 함수의 결과를 보여준다.

SQL 서버도 같은 구문을 지원하지만 결과는 다르다. SQL 서버에서 위 질의문의 실행 결과는 다음과 같다.

	product_id	order_item_id		
1	[NULL]	[NULL]	1,547	103
2	1	[NULL]	121	30
3	1	1	1	1
4	1	6	10	10
5	1	11	100	100
6	1	16	10	10
7	2	[NULL]	422	105
8	2	2	2	2
9	2	7	20	20
10	2	12	200	200
11	2	17	200	200
12	4	[NULL]	444	148
13	4	4	4	4
14	4	9	40	40
15	4	14	400	400
16	5	[NULL]	560	140
17	5	5	5	5
18	5	10	50	50
19	5	15	500	500
20	5	18	5	5

[그림 7-19] 질의 결과

위 결과에서 볼 수 있듯이 그룹화 결과가 오라클이나 PostgreSQL과는 다르게 선두에 온다. 1번 행에 전체 그룹화된 SUM 함수와 AVG 함수의 결과를 보여주며, 2번 행에 product_id가 1인 그룹화된 결과를 보여준다. 마찬가지로 7번과 12번, 16번 행에 각각 product_id 별 그룹화된 SUM 함수와 AVG 함수의 결과를 선두에 보여준다.

MySQL은 ROLLUP 함수 대신에 다음과 같이 WITH ROLLUP 구를 사용한다.

    SELECT product_id, order_item_id,
        SUM(order_item_quantity), AVG(order_item_quantity)
      FROM order_item
      GROUP BY product_id, order_item_id WITH ROLLUP
      ORDER BY product_id, order_item_id;

결과는 SQL 서버와 같다.

CUBE 함수를 사용하는 구문은 다음과 같다.

    SELECT 그룹컬럼 목록, 집계함수(컬럼)
      FROM 테이블명
      GROUP BY CUBE(그룹컬럼 목록)
      HAVING 그룹조건;

이제 다음과 같이 order_item 테이블의 product_id 컬럼을 그룹화하는 질의문을 작성할 수 있다.

```
SELECT product_id, SUM(order_item_quantity), AVG(order_item_quantity)
    FROM order_item
    GROUP BY CUBE(product_id)
    ORDER BY product_id;
```

위 질의문의 실행 결과는 다음과 같이 ROLLUP 함수를 사용한 경우와 같다.

	PRODUCT_ID	SUM(ORDER_ITEM_QUANTITY)	AVG(ORDER_ITEM_QUANTITY)
1	1	121	30.25
2	2	422	105.5
3	4	444	148
4	5	560	140
5	[NULL]	1,547	103.1333333333

[그림 7-20] 질의 결과

CUBE 함수에도 여러 컬럼을 지정할 수 있다. 다음 질의문에서는 product_id와 order_item_id을 그룹화 컬럼으로 지정하고 있다.

```
SELECT product_id, order_item_id,
        SUM(order_item_quantity), AVG(order_item_quantity)
    FROM order_item
    GROUP BY CUBE(product_id, order_item_id)
    ORDER BY product_id, order_item_id;
```

위 질의문의 실행 결과는 다음과 같다.

	123 PRODUCT_ID	123 ORDER_ITEM_ID	123 SUM(ORDER_ITEM_QUANTITY)	123 AVG(ORDER_ITEM_QUANTITY)
1	1	1	1	
2	1	6	10	
3	1	11	100	
4	1	16	10	
5	1	[NULL]	121	3(
6	2	2	2	
7	2	7	20	
8	2	12	200	
9	2	17	200	
10	2	[NULL]	422	1(
11	4	4	4	
12	4	9	40	
13	4	14	400	
14	4	[NULL]	444	
15	5	5	5	
16	5	10	50	
17	5	15	500	
18	5	18	5	
19	5	[NULL]	560	
20	[NULL]	1	1	
21	[NULL]	2	2	
22	[NULL]	4	4	
23	[NULL]	5	5	
24	[NULL]	6	10	
25	[NULL]	7	20	
26	[NULL]	9	40	
27	[NULL]	10	50	
28	[NULL]	11	100	
29	[NULL]	12	200	
30	[NULL]	14	400	
31	[NULL]	15	500	
32	[NULL]	16	10	
33	[NULL]	17	200	
34	[NULL]	18	5	

[그림 7-21] 질의 결과

ROLLUP 함수의 결과 외에도 20번 행에서부터 34번 행까지 order_item_id 별 그룹화 결과도 함께 보여준다.

SQL 서버는 같은 구문을 지원하지만 다음과 같이 다른 결과를 보여준다

7장 집계 함수

	product_id	order_item_id		
1	[NULL]	[NULL]	1,547	103
2	[NULL]	1	1	1
3	[NULL]	2	2	2
4	[NULL]	4	4	4
5	[NULL]	5	5	5
6	[NULL]	6	10	10
7	[NULL]	7	20	20
8	[NULL]	9	40	40
9	[NULL]	10	50	50
10	[NULL]	11	100	100
11	[NULL]	12	200	200
12	[NULL]	14	400	400
13	[NULL]	15	500	500
14	[NULL]	16	10	10
15	[NULL]	17	200	200
16	[NULL]	18	5	5
17	1	[NULL]	121	30
18	1	1	1	1
19	1	6	10	10
20	1	11	100	100
21	1	16	10	10
22	2	[NULL]	422	105
23	2	2	2	2
24	2	7	20	20
25	2	12	200	200
26	2	17	200	200
27	4	[NULL]	444	148
28	4	4	4	4
29	4	9	40	40
30	4	14	400	400
31	5	[NULL]	560	140
32	5	5	5	5
33	5	10	50	50
34	5	15	500	500
35	5	18	5	5

[그림 7-22] 질의 결과

위 결과에서 볼 수 있듯이 그룹화 결과가 오라클이나 PostgreSQL과는 다르게 선두에 온다.

MySQL은 CUBE 함수와 같은 기능을 제공하지 않는다. 하지만 다음과 같이 UNION 집합 연산자를 사용하여 구현할 수 있다.

```
SELECT product_id, order_item_id,
       SUM(order_item_quantity), AVG(order_item_quantity)
  FROM order_item
  GROUP BY product_id, order_item_id WITH ROLLUP
UNION
```

SQL 프로그래밍

```
SELECT product_id, order_item_id,
       SUM(order_item_quantity), AVG(order_item_quantity)
  FROM order_item
 GROUP BY order_item_id, product_id WITH ROLLUP;
```

위 질의문의 실행 결과는 다음과 같다.

	product_id	order_item_id	SUM(order_item_quantity)	AVG(order_item_quantity)
1	1	1	1	1
2	1	6	10	10
3	1	11	100	100
4	1	[NULL]	111	37
5	2	2	2	2
6	2	7	20	20
7	2	12	200	200
8	2	[NULL]	222	74
9	4	4	4	4
10	4	9	40	40
11	4	14	400	400
12	4	[NULL]	444	148
13	5	5	5	5
14	5	10	50	50
15	5	15	500	500
16	5	[NULL]	555	185
17	[NULL]	[NULL]	1,332	111
18	[NULL]	1	1	1
19	[NULL]	2	2	2
20	[NULL]	4	4	4
21	[NULL]	5	5	5
22	[NULL]	6	10	10
23	[NULL]	7	20	20
24	[NULL]	9	40	40
25	[NULL]	10	50	50
26	[NULL]	11	100	100
27	[NULL]	12	200	200
28	[NULL]	14	400	400
29	[NULL]	15	500	500

[그림 7-23] 질의 결과

GROUPING SETS 함수는 그룹화 결과만 보여준다.

```
SELECT 그룹컬럼 목록, 집계함수(컬럼)
  FROM 테이블명
 GROUP BY GROUPING SETS(그룹컬럼 목록)
 HAVING 그룹조건;
```

7장 집계 함수

GROUPING SETS 함수를 사용하는 질의문의 예는 다음과 같다.

```
SELECT product_id, order_item_id,
       SUM(order_item_quantity), AVG(order_item_quantity)
FROM order_item
GROUP BY GROUPING SETS(product_id, order_item_id)
ORDER BY product_id, order_item_id;
```

위 질의문의 실행 결과는 다음과 같다.

	PRODUCT_ID	ORDER_ITEM_ID	SUM(ORDER_ITEM_QUANTITY)	AVG(ORDER_ITEM_QUANTITY)
1	1	[NULL]	121	
2	2	[NULL]	422	
3	4	[NULL]	444	
4	5	[NULL]	560	
5	[NULL]	1	1	
6	[NULL]	2	2	
7	[NULL]	4	4	
8	[NULL]	5	5	
9	[NULL]	6	10	
10	[NULL]	7	20	
11	[NULL]	9	40	
12	[NULL]	10	50	
13	[NULL]	11	100	
14	[NULL]	12	200	
15	[NULL]	14	400	
16	[NULL]	15	500	
17	[NULL]	16	10	
18	[NULL]	17	200	

[그림 7-24] 질의 결과

SQL 서버도 같은 구문을 지원하지만 다음과 같이 다른 결과를 보여준다.

	product_id	order_item_id		
1	[NULL]	1	1	1
2	[NULL]	2	2	2
3	[NULL]	4	4	4
4	[NULL]	5	5	5
5	[NULL]	6	10	10
6	[NULL]	7	20	20
7	[NULL]	9	40	40
8	[NULL]	10	50	50
9	[NULL]	11	100	100
10	[NULL]	12	200	200
11	[NULL]	14	400	400
12	[NULL]	15	500	500
13	[NULL]	16	10	10
14	[NULL]	17	200	200
15	[NULL]	18	5	5
16	1	[NULL]	121	30
17	2	[NULL]	422	105
18	4	[NULL]	444	148
19	5	[NULL]	560	140

[그림 7-25] 질의 결과

MySQL은 GROUPING SETS 함수를 지원하지 않는다.

빈 페이지

ND # 8장 조인

8장
조인

- 조인 기본 구문
- 외부 조인
- 자체 조인
- 비등가 조인

조인 기본 구문

우리는 7장 집계 함수에서 SELECT 문에 여러 개의 테이블을 함께 사용하는 예를 경험하였다. 주문 일자별 매출액을 구하기 위해서 다음과 같이 질의문을 작성하였다.

```
SELECT TO_CHAR(orders.order_date, 'YYYY-MM-DD') AS "주문 일자",
       SUM(order_item_quantity * product_price) AS "일 매출액"
  FROM order_item
  JOIN product ON order_item.product_id = product.product_id
  JOIN orders ON orders.order_id = order_Item.order_id
  GROUP BY orders.order_date
  ORDER BY orders.order_date;
```

위의 질의문에서는 order_item과 product, ordres 등 세 개의 테이블을 결합하여 사용하고 있다. 이처럼 하나의 SELECT 문에서 여러 개의 테이블을 결합하는 것을 조인(join)이라고 한다. 이것은 우리가 4장 SELECT 문에서 살펴보았던 UNION 등의 집합 연산자를 사용한 것과는 구별된다. 집합 연산자를 사용하는 경우에는 각 SELECT 문이 반환하는 로우셋 즉, 집합들을 결합하여 합집합을 만들거나, 중복되는 부분을 교집합으로 만들거나, 중복되는 부분을 제외하여 차집합을 만드는 작업을 하지만, 조인은 하나의 SELECT 문에서 여러 개의 테이블을 결합하여 조건에 맞는 데이터만 가져와 하나의 로우셋을 반환한다.

조인을 사용하는 기본 구문은 다음과 같다.

    SELECT 컬럼목록
        FROM 테이블명1
        JOIN 테이블명2 ON 조인조건;

JOIN 구에는 FROM 구에 지정된 테이블과 결합 즉, 조인시킬 테이블명이 온다. 그리고 ON 구에는 이들 테이블을 조인하는 조건을 지정한다.

만약 모든 제품의 제품명과 제품 가격, 그리고 재고 수량을 보고 싶다고 하자. 제품명과 제품 가격은 제품 테이블 즉, product 테이블의 product_name과 product_price 컬럼에서 가져올 수 있지만, 재고 수량은 재고 테이블 즉, inventory 테이블의 inventory_quanity 컬럼에 저장되어 있기 때문에 위의 질의 요구를 충족시키기 위해서는 product 테이블과 inventory 테이블 등 두 개의 테이블을 사용해야 한다. 따라서 우리는 다음과 같이 product 테이블과 inventory 테이블을 조인하는 질의문을 작성할 수 있다.

    SELECT product_name, product_price, inventory_quantity
        FROM product
        JOIN inventory ON product.product_id = inventory.product_id;

위의 질의문에서는 다음 그림과 같이 product 테이블의 product_id 컬럼의 값과 inventory 테이블의 product_id 컬럼의 값이 같은 로우를 조인하여 결과를 생성한다.

8장 조인

123 product_id	ABC product_name	ABC product_description	123 product_price	123 product_id	123 inventory_quantity
1	제품1	제품1설명	11,000	1	1,000
2	제품2	제품2설명	22,000	2	2,000
4	제품4	제품4설명	44,000	4	4,000
5	제품5	제품5설명	55,000	5	5,000

ABC product_name	123 product_price	123 inventory_quantity
제품1	11,000	1,000
제품2	22,000	2,000
제품4	44,000	4,000
제품5	55,000	5,000

[그림 8-1] 테이블 조인

위 질의문은 USING 구를 사용하여 다음과 같이 작성할 수 있다.

    SELECT product_name, product_price, inventory_quantity
        FROM product
        JOIN inventory USING (product_id);

USING 구에는 두 테이블에 모두 포함된 같은 데이터 타입의 같은 컬럼명을 갖는 컬럼이 괄호 안에 지정된다. product 테이블과 inventory 테이블은 모두 같은 데이터 타입의 product_id라는 컬럼을 갖고 있으므로 이 컬럼을 사용할 수 있다.

또한 NATURAL JOIN 구를 사용하여 다음과 같이 질의할 수도 있다.

    SELECT product_name, product_price, inventory_quantity
        FROM product
        NATURAL JOIN inventory;

위의 질의문에서는 데이터베이스 서버가 자동적으로 두 테이블 즉, product와 inventory 테이블에서 같은 데이터 타입의 같은 컬럼명을 갖는 컬럼을 찾아서 조인할 때 사용한다.

이들 두 질의문의 결과는 JOIN ON 구를 사용한 것과 같다.

ABC product_name	123 product_price	123 inventory_quantity
제품1	11,000	1,000
제품2	22,000	2,000
제품4	44,000	4,000
제품5	55,000	5,000

[그림 8-2] 질의 결과

그러나 SQL 서버는 JOIN USING 구와 NATURAL JOIN 구를 지원하지 않는다.

현재의 ANIS 표준 SQL 버전(SQL-99) 이전에는 JOIN 구를 사용하지 않고 다음과 같은 구문을 사용하였다.

```
SELECT 컬럼목록
    FROM 테이블명1, 테이블명2
    WHERE 조인조건;
```

위의 질의문을 다음과 같이 작성할 수 있다.

```
SELECT product_name, product_price, inventory_quantity
    FROM product, inventory
    WHERE product.product_id = inventory.product_id;
```

이 구문은 아직도 오래 전에 작성된 SQL 문에서 많이 찾아 볼 수 있으며, 대부분의 데이터베이스 서버에서 아직도 지원한다. 우리는 가능한 한 현재 ANIS 표준 SQL 버전의 구문을 사용하기로 한다.

JOIN ON 구와 WHERE 구에서 조인 조건을 지정할 때 두 테이블의 컬럼명이 같은 경우에 어떤 테이블의 컬럼인 지를 명시하기 위해 다음과 같은 구문을 사용한 것을 볼 수 있다.

테이블명.컬럼명

따라서 다음과 같은 구문이 사용되었다.

```
ON product.product_id = inventory.product_id
WHERE product.product_id = inventory.product_id
```

SELECT 문의 컬럼 목록에도 이름이 같은 컬럼이 사용된다면 반드시 이 구문을 사용하여 어느 테이블의 컬럼인지를 명시해야 한다.

```
SELECT product.product_id, product_name, product_price,
        inventory_quantity
    FROM product
    JOIN inventory ON product.product_id = inventory.product_id;
```

위 질의문의 예에서 SELECT 문의 첫 번째 컬럼에 product 테이블의 product_id를 사용한다는 것을 지정하고 있다.

컬럼이 같은 이름을 갖지 않는다면 굳이 테이블명을 함께 사용할 필요가 없지만, 직관적으로 어느 테이블의 컬럼인지 알 수 있도록 다음과 같이 테이블명을 함께 지정하는 경우도 많다.

```
SELECT product.product_id,
       product.product_name,
       product.product_price,
       inventory.inventory_quantity
  FROM product
  JOIN inventory ON product.product_id = inventory.product_id;
```

이때는 질의문이 길어져서 복잡해지는 문제점이 발생한다. 이 문제를 해결하기 위해 컬럼에 별칭(alias)을 사용하는 것과 같이 테이블명에도 별칭을 사용하여 질의문을 좀 더 간결하게 만들 수 있다.

```
SELECT p.product_name, p.product_price, i.inventory_quantity
  FROM product p
  JOIN inventory i ON p.product_id = i.product_id;
```

위의 질의문에서 product 테이블명 뒤의 p와 inventory 테이블명 뒤의 i가 테이블 별칭이다.

외부 조인

우리가 지금까지 사용한 조인은 모두 내부 조인(inner join)이다. 따라서 위의 질의문을 다음과 같이 INNER JOIN 구를 사용하여 다시 작성할 수 있다.

```
SELECT p.product_name, p.product_price, i.inventory_quantity
  FROM product p
  INNER JOIN inventory i ON p.product_id = i.product_id;
```

내부 조인은 다음 그림과 같이 두 테이블의 공통점에 초점을 맞춘다.

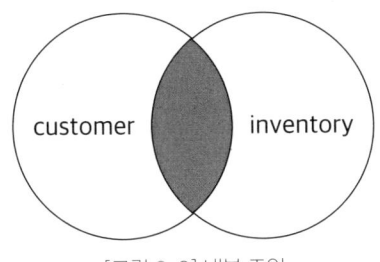

[그림 8-3] 내부 조인

내부 조인 외에도 세가지 외부 조인(outer join)이 있다. 외부 조인은 내부 조인이 반환하는 로우 외에도, 조인 조건에 일치하지 않는 다른 테이블의 로우도 로우셋에 포함된다. 외부 조인은 다음과 같은 세가지 유형이 있다.

- LEFT OUTER JOIN
- RIGHT OUTER JOIN
- FULL OUTER JOIN

외부 조인을 제대로 이해하기 위해 먼저 다음과 같이 product 테이블에 세 개의 로우를 추가하기로 한다.

```
INSERT INTO product(product_name, product_description, product_price)
    VALUES ('제품6', '제품6설명', 110000);
INSERT INTO product(product_name, product_description, product_price)
    VALUES ('제품7', '제품7설명', 120000);
INSERT INTO product(product_name, product_description, product_price)
    VALUES ('제품8', '제품8설명', 130000);
```

이제 product 테이블과 inventory 테이블은 다음과 같다. product 테이블에는 product_id가 1, 2, 4, 5, 6, 7, 8 인 로우가 포함되어 있고, inventory 테이블에는 테이블에는 product_id가 1, 2, 4, 5 인 로우만 포함되어 있다.

product_id	product_name	product_description	product_price
1	제품1	제품1설명	11,000
2	제품2	제품2설명	22,000
4	제품4	제품4설명	44,000
5	제품5	제품5설명	55,000
6	제품6	제품6설명	110,000
7	제품7	제품7설명	120,000
8	제품8	제품8설명	130,000

product_id	inventory_quantity
1	1,000
2	2,000
4	4,000
5	5,000

[그림 8-4] product와 inventory 테이블

먼저 왼쪽 외부 조인 즉, LEFT OUT JOIN은 다음과 같은 구문을 갖는다.

    SELECT 컬럼목록
        FROM 왼쪽테이블명
        LEFT OUTER JOIN 오른쪽테이블명 ON 조인조건;

이제 전체 제품의 재고 현황을 보고 싶다고 하자. 이 경우에 우리는 product 테이블과 inventory 테이블을 LEFT OUTER JOIN으로 조인할 수 있다.

    SELECT product_name, inventory_quantity
        FROM product p
        LEFT OUTER JOIN inventory i ON p.product_id = i.product_id;

위 질의문의 결과는 다음과 같다.

product_name	inventory_quantity
제품1	1,000
제품2	2,000
제품4	4,000
제품5	5,000
제품8	[NULL]
제품6	[NULL]
제품7	[NULL]

[그림 8-5] 질의 결과

위의 결과에서 볼 수 있듯이 FROM 구 즉, 왼쪽에 있는 product 테이블에 있는 모든 로우는 포함되지만, inventory 테이블에는 product_id가 6, 7, 8 인 로우가 없으므로

inventory_quantity 컬럼에 NULL로 표시된다.

LEFT OUTER JOIN을 다이어그램으로 표현하면 다음과 같다.

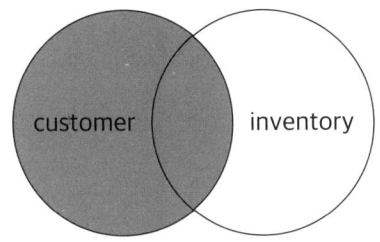

[그림 8-6] LEFT OUTER JOIN

이번에는 모든 제품의 판매 현황을 보고 싶다고 하자. 판매 현황은 order_item 테이블의 order_item_quantity 컬럼에 저장되어 있으므로 product 테이블과 order_item 테이블을 LEFT OUTER JOIN으로 조인할 수 있다.

```
SELECT product_name, order_item_id, order_item_quantity
    FROM product p
    LEFT OUTER JOIN order_item i ON p.product_id = i.product_id
    ORDER BY p.product_id, order_item_id;
```

위 질의문의 결과는 다음과 같다.

product_name	order_item_id	order_item_quantity
제품1	1	1
제품1	6	10
제품1	11	100
제품2	2	2
제품2	7	20
제품2	12	200
제품4	4	4
제품4	9	40
제품4	14	400
제품5	5	5
제품5	10	50
제품5	15	500
제품6	[NULL]	[NULL]
제품7	[NULL]	[NULL]
제품8	[NULL]	[NULL]

[그림 8-7] 질의 결과

마찬가지로 order_item 테이블에는 product_id가 6, 7, 8 인 로우가 없으므로 order_item_id와 order_item_quantity 컬럼에는 NULL이 표시된다.

8장 조인

오른쪽 외부 조인 즉, RIGHT OUTER JOIN은 다음과 같은 구문을 갖는다.

SELECT 컬럼목록
  FROM 왼쪽테이블명
  RIGHT OUTER JOIN 오른쪽테이블명 ON 조인조건;

이번에는 우리는 product 테이블과 inventory 테이블을 RIGHT OUTER JOIN으로 조인하기로 한다.

SELECT product_name, inventory_quantity
  FROM product p
  RIGHT OUTER JOIN inventory i ON p.product_id = i.product_id;

위 질의문의 결과는 다음과 같다.

product_name	inventory_quantity
제품1	1,000
제품2	2,000
제품4	4,000
제품5	5,000

[그림 8-8] 질의 결과

inventory 테이블은 product 테이블과 1대1 관계를 갖기 때문에 inventory 테이블은 product 테이블의 기본 키에는 없는 외래 키를 가질 수 없어서 내부 조인의 결과와 같게 된다.

그러면 이제 오른쪽 외부 조인의 결과를 좀 더 확실하게 보여줄 수 있도록 다음과 같이 임시로 inventory 테이블에서 외래 키를 삭제하기로 한다.

ALTER TABLE inventory
  DROP CONSTRAINT FK_INVENTORY_PRODUCT_ID;

그리고 다음과 같이 inventory 테이블에 로우를 추가하기로 한다.

INSERT INTO inventory VALUES (101, 6000);
INSERT INTO inventory VALUES (102, 7000);
INSERT INTO inventory VALUES (103, 8000);

이제 다시 위의 RIGHT OUTER JOIN 질의문을 실행하면 다음과 같은 결과를 보여준다.

ABC PRODUCT_NAME	123 INVENTORY_QUANTITY
제품1	1,000
제품2	600
제품4	1,200
제품5	5,000
[NULL]	8,000
[NULL]	6,000
[NULL]	7,000

[그림 8-9] 질의 결과

왼쪽 테이블 즉, product 테이블에는 없는 로우의 product_name 컬럼에는 NULL 이 표시된다.

RIGHT OUTER JOIN을 다이어그램으로 표현하면 다음과 같다.

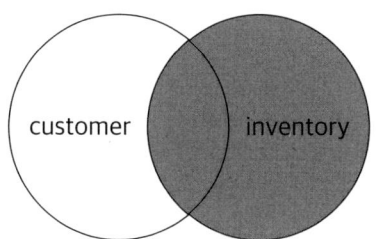

[그림 8-10] RIGHT OUTER JOIN

사실 LEFT OUTER JOIN과 RIGHT OUTER JOIN은 테이블의 순서만 바꾼 것에 불과하다. 예를 들어 앞에서 LEFT OUTER JOIN 질의문에서 테이블의 순서를 바꾸면 RIGHT OUTER JOIN 질의문의 결과와 같아진다.

```
SELECT product_name, inventory_quantity
    FROM inventory i
    LEFT OUTER JOIN product p ON p.product_id = i.product_id;
```

참고로 오라클은 다음과 같이 이전 조인 구문에서 LEFT OUTER JOIN과 RIGHT OUTER JOIN을 사용할 수 있다. LEFT OUTER JOIN인 경우에는 WHERE 구 오른쪽의 테이블 컬럼명에 (+)을 붙인다.

```
SELECT product_name, product_price, inventory_quantity
    FROM product p, inventory i
```

WHERE p.product_id = i.product_id(+);

RIGHT OUTER JOIN인 경우에는 WHERE 구 왼쪽의 테이블 컬럼명에 (+)을 붙인다.

SELECT product_name, product_price, inventory_quantity
    FROM product p, inventory i
    WHERE p.product_id(+) = i.product_id;

전체 외부 조인 즉, FULL OUTER JOIN은 다음과 같은 구문을 갖는다.

SELECT 컬럼목록
    FROM 왼쪽테이블명
    FULL OUTER JOIN 오른쪽테이블명 ON 조인조건;

이번에는 우리는 product 테이블과 inventory 테이블을 FULL OUTER JOIN으로 조인하기로 한다.

SELECT product_name, inventory_quantity
    FROM product p
    FULL OUTER JOIN inventory i ON p.product_id = i.product_id;

위 질의문의 결과는 다음과 같다.

PRODUCT_NAME	INVENTORY_QUANTITY
제품1	1,000
제품2	600
제품4	1,200
제품5	5,000
제품6	[NULL]
제품7	[NULL]
제품8	[NULL]
[NULL]	7,000
[NULL]	8,000
[NULL]	6,000

[그림 8-11] 질의 결과

위의 결과에서 볼 수 있듯이 FULL OUTER JOIN은 LEFT OUTER JOIN과 RIGHT OUTER JOIN을 결합한 결과를 보여준다.

FULL OUTER JOIN을 다이어그램으로 표현하면 다음과 같다.

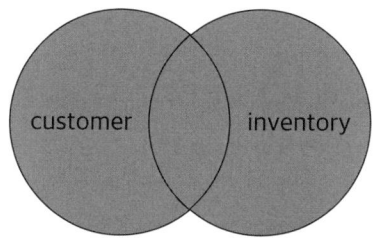

[그림 8-12] FULL OUTER JOIN

MySQL은 FULL OUTER JOIN을 지원하지 않는다.

이제 이번 장에서 우리가 임시로 추가했던 로우를 모두 삭제하고 inventory 테이블에도 외래 키를 다시 추가하여 원상 복구하기로 한다.

```
DELETE FROM product WHERE product_id BETWEEN 6 AND 8;
DELETE FROM inventory WHERE product_id BETWEEN 101 AND 103;
ALTER TABLE inventory
    ADD CONSTRAINT fk_inventory_product_id FOREIGN KEY(product_id)
        REFERENCES product(product_id)
        ON DELETE CASCADE;
```

위의 코드에서 여러분의 product 테이블에 추가된 로우의 제품 ID 즉, product_id 값은 다를 수 있다. SELECT 문으로 product 테이블을 질의한 후에 product_id 값을 확인하고 지정하기 바란다.

내부 조인과 외부 조인 외에도 교차 조인(cross join)도 있다.

```
SELECT 컬럼목록
    FROM 왼쪽테이블명
    CROSS JOIN 오른쪽테이블명;
```

교차 조인은 두 테이블의 로우 사이에 가능한 한 조합을 모두 반환한다. 예를 들어 product 테이블과 inventory 테이블 사이의 교차 조인을 다음과 같이 작성할 수 있다.

```
SELECT product_name, inventory_quantity
    FROM product
```

233

CROSS JOIN inventory;

위 질의문의 결과는 다음과 같다.

PRODUCT_NAME	INVENTORY_QUANTITY
제품1	1,000
제품2	1,000
제품4	1,000
제품5	1,000
제품1	600
제품2	600
제품4	600
제품5	600
제품1	1,200
제품2	1,200
제품4	1,200
제품5	1,200
제품1	5,000
제품2	5,000
제품4	5,000
제품5	5,000

[그림 8-13] 질의 결과

각 테이블의 로우가 4개이므로 4 x 4 하여 모두 16개의 로우가 생성된다.

이제 여러 개의 테이블을 조인하는 경우를 살펴보자.

예를 들어서 고객별 제품별 매출액 현황을 알고 싶다고 하자. 우선 가장 중요한 주문 정보는 orders 테이블에 있다. 고객명은 customer 테이블의 customer_name 컬럼에 있고, 제품명은 product 테이블의 product_name 컬럼에 있다. 그리고 제품의 판매 개수는 order_item 테이블의 order_item_quantity 컬럼에 있다. 그리고 매출액을 알기 위해서는 제품 가격이 필요하므로 product 테이블의 product_price을 참조해야 한다. 따라서 우리는 orders 테이블과 customer 테이블과 product 테이블, 그리고 order_item 테이블 등 네 개의 테이블을 조인하는 질의문을 다음과 같이 작성할 수 있다.

```
SELECT customer_name, product_name, product_price,
       order_item_quantity , product_price * order_item_quantity AS "매출액"
FROM orders o
JOIN customer c ON o.customer_id = c.customer_id
JOIN order_item i ON o.order_id = i.order_id
JOIN product p ON i.product_id = p.product_id
ORDER BY c.customer_id, p.product_id;
```

위 질의문에서 먼저 orders 테이블의 customer_id와 cutomer 테이블의 customer_id가 같은 로우를 조인하고, orders 테이블의 order_id와 order_item 테이블의 order_id 가 같은 로우를 조인한다. 그리고 마지막으로 product 테이블의 product_id와 order_item 테이블의 product_id가 같은 로우를 조인한 후, customer 테이블의 customer_id와 product 테이블의 product_id 순으로 정렬하여 결과를 반환한다.

위 질의문의 결과는 다음과 같다.

CUSTOMER_NAME	PRODUCT_NAME	PRODUCT_PRICE	ORDER_ITEM_QUANTITY	매출액
김일	제품1	11,000	1	11,000
김일	제품2	22,000	2	44,000
김이	제품1	11,000	10	110,000
김이	제품2	22,000	200	4,400,000
김이	제품4	44,000	4	176,000
김이	제품5	55,000	5	275,000
김이	제품5	55,000	5	275,000
김삼	제품1	11,000	10	110,000
김삼	제품2	22,000	20	440,000
김사	제품4	44,000	40	1,760,000
김사	제품5	55,000	50	2,750,000
김오	제품1	11,000	100	1,100,000
김오	제품2	22,000	200	4,400,000
김오	제품4	44,000	400	17,600,000
김오	제품5	55,000	500	27,500,000

[그림 8-14] 질의 결과

만약 특정한 고객의 제품별 매출액 현황을 알고 싶다고 다음과 같이 WHERE 구를 추가할 수 있다.

```
SELECT customer_name, product_name, product_price,
       order_item_quantity , product_price * order_item_quantity AS "매출액"
FROM orders o
JOIN customer c ON o.customer_id = c.customer_id
JOIN order_item i ON o.order_id = i.order_id
JOIN product p ON i.product_id = p.product_id
WHERE c.customer_id = 1
ORDER BY c.customer_id, p.product_id;
```

위 질의문의 결과는 다음과 같다.

8장 조인

CUSTOMER_NAME	PRODUCT_NAME	PRODUCT_PRICE	ORDER_ITEM_QUANTITY	매출액
김일	제품1	11,000	1	11,000
김일	제품2	22,000	2	44,000

[그림 8-15] 질의 결과

또한 고객별 제품별 매출액 현황에서 고객별 매출액 합계도 알고 싶다고 하면, 다음과 같이 7장 집계 함수에서 다루었던 집계 함수를 사용하여 다음과 같이 질의문을 작성할 수 있다.

```
SELECT customer_name, product_name,
       SUM(product_price * order_item_quantity) AS "매출액"
FROM orders o
JOIN customer c ON o.customer_id = c.customer_id
JOIN order_item i ON o.order_id = i.order_id
JOIN product p ON i.product_id = p.product_id
GROUP BY ROLLUP(c.customer_id, customer_name, product_name)
ORDER BY c.customer_id;
```

MySQL에서는 다음과 같이 작성한다.

```
SELECT customer_name, product_name,
       SUM(product_price * order_item_quantity) AS "매출액"
FROM orders o
JOIN customer c ON o.customer_id = c.customer_id
JOIN order_item i ON o.order_id = i.order_id
JOIN product p ON i.product_id = p.product_id
GROUP BY c.customer_id, customer_name, product_name WITH ROLLUP
ORDER BY c.customer_id;
```

위 질의문의 실행 결과는 다음과 같다.

CUSTOMER_NAME	PRODUCT_NAME	매출액
김일	제품1	11,000
김일	제품2	44,000
김일	[NULL]	55,000
[NULL]	[NULL]	55,000
김이	제품4	176,000
김이	제품5	275,000
김이	[NULL]	451,000
[NULL]	[NULL]	451,000
김삼	제품1	110,000
김삼	제품2	440,000
김삼	[NULL]	550,000
[NULL]	[NULL]	550,000
김사	제품4	1,760,000
김사	제품5	2,750,000
김사	[NULL]	4,510,000
[NULL]	[NULL]	4,510,000
김오	제품1	1,100,000
김오	제품2	4,400,000
김오	제품4	17,600,000
김오	[NULL]	23,100,000
[NULL]	[NULL]	23,100,000
[NULL]	[NULL]	28,666,000

[그림 8-16] 질의 결과

7장 집계 함수에서 살펴본 바와 같이 SQL 서버와 MySQL에서는 그룹화 결과가 먼저 나온다.

자체 조인

이번에는 제품을 묶음 판매한다고 가정하자. 예를 들어서 제품1과 제품2를 묶어서 제품6이란 이름으로 판매하고, 제품4와 제품5를 묶어서 제품7이란 이름으로 판매하는 것이다. 그렇다면 각 제품이 어떤 묶음 제품에 속하는 지에 대한 정보가 추가되어야 한다. 이것을 위해서 우리는 다음과 같이 product 테이블에 group_id 컬럼을 추가하기로 한다.

```
ALTER TABLE product
    ADD group_id INTEGER;
```

그리고 product 테이블에 다음과 같이 묶음 제품을 추가하기로 한다.

8장 조인

```
INSERT INTO product(product_name, product_description, product_price, group_id)
    VALUES ('묶음제품1', '묶음제품1설명', 25000, NULL);
INSERT INTO product(product_name, product_description, product_price, group_id)
    VALUES ('묶음제품2', '묶음제품2설명', 80000, NULL);
```

이제 기존 제품을 묶음 제품에 묶기 위해 다음과 같이 기존의 로우를 변경한다.

```
UPDATE product SET group_id = 27 WHERE product_id IN (1, 2);
UPDATE product SET group_id = 28 WHERE product_id IN (4, 5);
```

위의 코드에서 여러분이 새로 추가한 로우의 product_id 는 27이나 28이 아닐 수 있다. product 테이블을 질의한 후에 product_id 값을 확인하고 group_id 컬럼에 지정하기 바란다.

이제 product 테이블은 다음과 같은 데이터를 포함한다.

123 PRODUCT_ID	ABC PRODUCT_NAME	ABC PRODUCT_DESCRIPTION	123 PRODUCT_PRICE	123 GROUP_ID
1	제품1	제품1설명	10,000	27
2	제품2	제품2설명	20,000	27
4	제품4	제품4설명	40,000	28
5	제품5	제품5설명	50,000	28
27	묶음제품1	묶음제품1설명	25,000	[NULL]
28	묶음제품2	묶음제품2설명	80,000	[NULL]

[그림 8-17] product 테이블

이제 묶음 제품별로 제품 현황을 보고 싶다면 다음과 같이 자체 조인(self join)을 사용할 수 있다. 자체 조인은 하나의 같은 테이블을 FROM구와 JOIN 구에 명시하되 테이블의 별칭을 다르게 지정하여 여러 개의 테이블처럼 사용하여 조인한다. 묶음 제품의 경우에 어떤 제품이 묶음으로 묶여 있는지 알기 위해서는 다른 로우의 group_id 컬럼 값을 읽어서 같은 값을 갖는 로우를 찾아야 한다. 따라서 다음과 같이 질의문을 작성할 수 있다.

```
SELECT p1.product_name, p2.product_name, p2.product_price,
       p1.product_price
  FROM product p1
  JOIN product p2 ON p1.product_id = p2.group_id;
```

위 질의문의 결과는 다음과 같다.

PRODUCT_NAME	PRODUCT_NAME	PRODUCT_PRICE	PRODUCT_PRICE
묶음제품1	제품1	10,000	25,000
묶음제품1	제품2	20,000	25,000
묶음제품2	제품4	40,000	80,000
묶음제품2	제품5	50,000	80,000

[그림 8-18] 질의 결과

또는 이전 조인 구문으로 다음과 같이 자체 조인을 작성할 수 있다.

　　SELECT p1.product_name, p2.product_name, p2.product_price,
　　　　　p1.product_price
　　　FROM product p1, product p2
　　　WHERE p1.product_id = p2.group_id;

위 질의문의 결과는 앞에서와 동일하다.

이제 지금 추가한 로우와 컬럼을 삭제하여 원상 복구 하기로 한다.

　　DELETE FROM product WHERE product_id IN (27, 28);
　　ALTER TABLE product
　　　DROP COLUMN group_id;

여러분이 새로 추가한 로우의 product_id 는 27이나 28이 아닐 수 있다. product 테이블을 질의한 후에 product_id 값을 확인하고 WHERE 구에 지정하기 바란다.

비등가 조인

지금까지 우리가 다룬 조인은 등가 조인(equi join) 즉, 조인 조건이 같은 값을 찾는 것이다. 따라서 ON 구에는 항상 = 연산자가 사용되었다. 반면에 비등가 조인(non-equi join)은 〉, 〈, 〉=, 〈=, BETWEEN 등의 연산자가 사용된다.

이번에는 고객에게 제품을 신속하게 배송하기 위해 제품의 적정 재고 수량을 유지해야 한다는 요구가 추가되었다고 하자. 제품의 최소 재고 수량과 최대 재고 수량을 저장하기 위해 다음과 같이 product 테이블에 최소 재고 수량을 저장할 min_inventory_quantity 컬럼과 최대 재고 수량을 저장할 max_inventory_quantity 컬럼을 추가하기로 한다.

8장 조인

```
ALTER TABLE product
    ADD min_inventory_quantity INTEGER;
ALTER TABLE product
    ADD max_inventory_quantity INTEGER;
```

그리고 최소 재고 수량은 현재 재고 수량의 0.5 배로 하고, 최대 재고 수량은 현재 재고 수량의 1.5 배로 하기로 한다. 따라서 product 테이블의 로우를 다음과 같이 갱신할 수 있다.

```
UPDATE product SET
    min_inventory_quantity = (
        SELECT inventory_quantity * 0.5
            FROM inventory i WHERE product.product_id = i.product_id
    ),
    max_inventory_quantity = (
        SELECT inventory_quantity * 1.5
            FROM inventory i
                WHERE product.product_id = i.product_id
    );
```

위의 SQL 문에서 괄호 안에 SELECT 문을 두었는데 이러한 구문을 서브 질의(subquery)라고 한다. product 테이블의 min_inventory_quantity 컬럼에 저장할 값을 inventory 테이블에서 product 테이블의 product_id와 같은 로우를 선택하여 현재 재고 수량을 구한 다음에 0.5를 곱해서 반환한다. max_inventory_quantity 컬럼에 저장할 값도 inventory 테이블에서 product 테이블의 product_id와 같은 로우를 선택하여 현재 재고 수량을 구한 다음에 1.5를 곱해서 반환한다. 서브 질의에 대해서는 다음 9장 서브 질의에서 다루게 될 것이다.

그런데 만약 product_id가 2인 제품과 4인 제품의 재고 수량이 최소 재고 수량보다 적다고 가정하자. 따라서 우리는 inventory 테이블에 다음과 같이 product_id가 2인 제품과 4인 제품의 재고 수량을 갱신할 수 있다.

```
UPDATE inventory SET inventory_quantity = inventory_quantity * 0.3
    WHERE product_id IN (2, 4);
```

이제 어떤 제품이 적정 재고 수량 범위를 벗어나 있는 지를 알고 싶다면 우리는 다음과 같이 비등가 조인을 사용할 수 있다.

```
SELECT product_name, inventory_quantity,
        min_inventory_quantity, max_inventory_quantity
  FROM inventory i
  JOIN product p
    ON i.product_id = p.product_id AND
       inventory_quantity NOT BETWEEN
         min_inventory_quantity AND max_inventory_quantity
 ORDER BY i.product_id;
```

위의 질의문에서 ON 구에서 NOT BETWEEN AND를 사용하여 product 테이블의 min_inventory_quantity 컬럼 즉, 최소 재고 수량과 max_inventory_quantity 컬럼 즉, 최대 재고 수량 사이 즉, 적정 재고 수량 안에 있지 않은 지 여부를 판단한다.

위 질의문의 결과는 다음과 같다.

PRODUCT_NAME	INVENTORY_QUANTITY	MIN_INVENTORY_QUANTITY	MAX_INVENTORY_QUANTITY
제품2	180	300	900
제품4	360	600	1,800

[그림 8-19] 질의 결과

또는 이전 조인 구문으로 다음과 같이 작성할 수 있다.

```
SELECT product_name, inventory_quantity,
        min_inventory_quantity, max_inventory_quantity
  FROM inventory i, product p
 WHERE i.product_id = p.product_id AND
       inventory_quantity NOT BETWEEN
         min_inventory_quantity AND max_inventory_quantity
 ORDER BY i.product_id;
```

이번에는 다른 예를 하나 더 보기로 한다. 예를 들어 제품을 정가보다 낮게 할인하여 판매하거나, 품귀 현상으로 인해 정가보다 높게 판매할 수 있다고 하자. 따라서 얼마까지 할인하여 판매할 수 있는 지, 그리고 얼마까지 많이 받을 수 있는 지를 관리하기 위해 다음과 같이 discount 테이블을 추가하기로 한다.

```
CREATE TABLE discount (
    product_id INTEGER PRIMARY KEY NOT NULL,
    discount_lowest INTEGER,
    discount_highest INTEGER,
    CONSTRAINT fk_discount_product_id FOREIGN KEY (product_id)
        REFERENCES product(product_id)
        ON DELETE CASCADE
);
```

discount_lowest 컬럼은 가장 낮게 할인하여 판매할 수 있는 최소 판매 금액을 저장하고, discount_highest 컬럼은 가장 높은 가격으로 판매할 수 있는 최대 판매 금액을 저장하기로 한다. 이제 다음과 같이 discount 테이블의 로우를 추가하기로 한다. 최소 판매 금액은 정가의 80% 이고, 최대 판매 금액은 정가 그대로 하기로 한다.

```
INSERT INTO discount
    SELECT product_id, product_price * 0.8, product_price
        FROM product;
```

위의 구문에서도 서브 질의를 사용한다. SELECT 문에서 반환한 로우셋으로 discount 테이블에 로우를 추가한다.

discount 테이블의 데이터는 다음과 같다.

PRODUCT_ID	DISCOUNT_LOWEST	DISCOUNT_HIGHEST
1	8,000	10,000
2	16,000	20,000
4	32,000	40,000
5	40,000	50,000

[그림 8-20] discount 테이블

그리고 order_item 테이블에 실제로 판매한 금액을 저장할 sale_unit_price 컬럼을 다음과 같이 추가하기로 한다.

```
ALTER TABLE order_item
    ADD sale_unit_price INTEGER;
```

다음에는 order_item 테이블의 모든 로우를 적정 판매 금액을 판매한 것으로 갱신하기로 한다.

```
UPDATE order_item
  SET sale_unit_price = (
    SELECT product_price * 0.9
      FROM product p
      WHERE p.product_id = order_item.product_id
  );
```

그리고 order_item_id가 6에서 10까지의 주문 항목에서 최소 판매 금액보다 적은 정가의 70%의 가격으로 판매했다고 하자.

```
UPDATE order_item
  SET sale_unit_price = (
    SELECT product_price * 0.7
      FROM product p
      WHERE p.product_id = order_item.product_id
  )
  WHERE order_item_id BETWEEN 6 AND 10;
```

이제 order_item 테이블의 데이터는 다음과 같다.

ORDER_ITEM_ID	PRODUCT_ID	ORDER_ITEM_QUANTITY	SALE_UNIT_PRICE
1	1	1	9,000
2	2	2	18,000
4	4	4	36,000
5	5	5	45,000
6	1	10	7,000
7	2	20	14,000
9	4	40	28,000
10	5	50	35,000
11	1	100	9,000
12	2	200	18,000
14	4	400	36,000
15	5	500	45,000

[그림 8-21] order_item 테이블

이제 관리자가 총 판매 금액이 정상적이지 않은 것을 발견하고 어떤 제품이 어떤 주문 항목에서 적정 판매 금액 범위 밖에서 비정상적으로 판매되었는지를 찾고 싶다고 하자. 이때 우리는 다음과 같이 질의문을 작성할 수 있다.

8장 조인

```
SELECT product_name, order_item_id, product_price,
       discount_lowest, discount_highest, sale_unit_price
  FROM order_item i
  JOIN product p ON i.product_id = p.product_id
  JOIN discount d ON d.product_id = i.product_id AND
       sale_unit_price NOT BETWEEN discount_lowest AND discount_highest
  ORDER BY p.product_id, order_item_id;
```

질의문이 다소 복잡해졌지만 일단 product와 discount, order_item 테이블의 product_id는 모두 같아야 한다는 전제에 출발하면 쉽다. 그 조건 하에 order_item 테이블의 sale_unit_price 가 discount 테이블의 discount_lowest와 discount_highest 사이에 있지 않은 order_item 테이블의 로우를 구하면 된다.

위 질의문의 결과는 다음과 같다.

PRODUCT_NAME	ORDER_ITEM_ID	PRODUCT_PRICE	DISCOUNT_LOWEST	DISCOUNT_HIGHEST	SALE_UNIT_PRICE
제품1	6	10,000	8,000	10,000	7,000
제품2	7	20,000	16,000	20,000	14,000
제품4	9	40,000	32,000	40,000	28,000
제품5	10	50,000	40,000	50,000	35,000

[그림 8-22] 질의 결과

또는 이전 조인 구문으로 다음과 같이 작성할 수 있다.

```
SELECT product_name, order_item_id, product_price,
       d.discount_lowest, d.discount_highest, i.sale_unit_price
  FROM order_item i, product p, discount d
 WHERE i.product_id = p.product_id AND d.product_id = i.product_id AND
       i.sale_unit_price NOT BETWEEN d.discount_lowest AND
                                     d.discount_highest
 ORDER BY p.product_id, i.order_item_id;
```

이제 앞에서 임시로 추가했던 discount 테이블과 product 테이블에 추가했던 min_inventory_quantity과 max_inventory_quantity 컬럼, 그리고 order_item 테이블의 sale_unit_price 컬럼을 삭제하여 원상 복구 하기로 한다.

```
DROP TABLE discount;
ALTER TABLE product
```

    DROP COLUMN min_inventory_quantity;
ALTER TABLE product
    DROP COLUMN max_inventory_quantity;
ALTER TABLE order_item
    DROP COLUMN sale_unit_price;

빈 페이지

9장 서브 질의

9장
서브 질의

- 서브 질의 개요
- IN, ANY, SOME, ALL 연산자
- INSERT, UPDATE, DELETE 문 서브 질의

서브 질의 개요

서브 질의(subquery)는 메인 질의(main query)라고 하는 다른 SQL 문 안에 포함되는 SELECT 문이다. 서브 질의로부터 반환된 결과가 메인 질의 안에서 사용된다. 하나 이상의 여러 서브 질의가 하나의 메인 질의 안에 있을 수 있다.

서브 질의는 FROM이나 JOIN 구에서 데이터 소스(data source)로서 사용될 수 있으며, WHERE 구나 HAVING 구에 사용되어 조건을 정의하는데 사용될 수 있다 그리고 GROUP BY, ORDER BY 구, 그리고 SELECT 문의 컬럼 목록으로 사용될 수 있다.

먼저 서브 질의는 다음 구문과 같이 FROM이나 JOIN 구에서 데이터 소스로서 사용될 수 있다.

```
SELECT 컬럼 목록
    FROM (서브 질의문);
```

또는,

```
SELECT 컬럼 목록
    FROM 테이블명
    JOIN (서브 질의문) ON 조건식;
```

이때 서브 질의는 일반적으로 마치 임시로 생성되는 테이블과 같이 여러 로우를 반환한다. 이와 같이 서브 질의가 여러 로우를 반환할 때 다중 로우 서브 질의(multiple-row subquery)라고 한다.

예를 들어 제품별 매출액을 알고 싶다고 하자.

우선 제품별 총 매출 수량은 다음과 같은 질의문으로 구할 수 있다.

```
SELECT product_id, SUM(order_item_quantity) product_quantities
    FROM order_item
    GROUP BY product_id;
```

위 질의문의 결과는 다음과 같다.

123 PRODUCT_ID	123 PRODUCT_QUANTITIES
1	121
2	422
4	444
5	560

[그림 9-1] 질의 결과

이제 이 질의문의 결과로 반환되는 로우셋을 테이블처럼 사용하여 다음과 같이 제품별 매출 총액을 구하는 메인 질의문을 작성할 수 있다.

```
SELECT product_name, product_quantities * product_price AS product_sales
    FROM product
    JOIN (서브 질의문) 서브질의별칭
    ON product.product_id = 서브질의별칭.product_id;
```

이제 메인 질의와 서브 질의를 합쳐서 다음과 같이 하나의 질의문으로 작성할 수 있다.

```
SELECT product_name, product_quantities * product_price AS product_sales
    FROM product
    JOIN (
```

9장 서브 질의

```
        SELECT product_id, SUM(order_item_quantity) product_quantities
            FROM order_item
            GROUP BY product_id
        ) order_item_total
    ON product.product_id = order_item_total.product_id;
```

위 질의문의 결과는 다음과 같다.

PRODUCT_NAME	PRODUCT_SALES
제품1	1,331,000
제품2	9,284,000
제품4	19,536,000
제품5	30,800,000

[그림 9-2] 질의 결과

이처럼 서브 질의가 FROM구나 JOIN 구에 사용되는 경우에 다음과 같이 WITH 구를 사용할 수 있다.

```
WITH
서브질의별칭 AS (서브 질의문)
SELECT 컬럼 목록
    FROM 서브질의별칭;
```

또는,

```
WITH
서브질의별칭 AS (서브 질의문)
SELECT 컬럼 목록
    FROM 테이블명
    JOIN 서브질의별칭 ON 조건식;
```

위의 서브 질의문을 WITH 구로 다음과 같이 작성할 수 있다.

```
WITH
order_item_total AS (
    SELECT product_id, SUM(order_item_quantity) product_quantities
        FROM order_item
```

```
        GROUP BY product_id
    )
    SELECT product_name, product_quantities * product_price AS product_sales
        FROM product
        JOIN order_item_total
        ON product.product_id = order_item_total.product_id;
```

위 질의문의 실행 결과는 앞에서와 같다.

서브 질의를 WHERE 구나 HAVING 구에 사용되어 조건을 정의하는데 사용할 수도 있다.

```
    SELECT 컬럼 목록
        FROM 테이블명
        WHERE (서브 질의문) 조건식
```

예를 들어 "김이" 고객이 처음 주문한 이후에 주문한 고객 목록을 알고 싶다고 하자. 우선 "김이" 고객이 처음 주문한 날짜는 다음과 같이 질의문으로 작성할 수 있다.

```
    SELECT order_date
        FROM orders o
        JOIN customer c ON c.customer_id = o.customer_id
        WHERE customer_name = '김이'
        ORDER BY order_date
        FETCH FIRST 1 ROWS ONLY;
```

orders 테이블과 customer 테이블을 조인하여 "김이" 고객의 주문 정보를 가져온 다음에 날짜별로 정렬하여 가장 처음의 한 개의 로우만 가져온다. 이처럼 서브 질의가 WHERE 구나 HAVING 구에 사용되어 조건을 정의하는데 사용되는 경우에는 보통 질의 결과가 단일 로우인 경우가 많다. 이러한 서브 질의를 단일 로우 서브 질의(single-row subquery)라고 한다.

우리가 4장 SELECT 문에서 살펴본 것처럼 테이블에 대량의 데이터가 저장되어 있는 경우에 질의하는 로우의 개수를 제한할 수 있는데 오라클이나 PostgreSQL의 경우에는 FETCH ROWS ONLY 구를 사용한다. 따라서 위의 질의문에서 FETCH FIRST

9장 서브 질의

1 ROWS ONLY는 가장 앞에 있는 한 개의 로우만 가져온다.

SQL 서버의 경우에는 TOP 구를 사용한다.

    SELECT TOP 1 order_date
        FROM orders o
        JOIN customer c ON c.customer_id = o.customer_id
        WHERE customer_name = '김이'
        ORDER BY order_date;

MySQL의 경우에는 LIMIT 구를 사용한다.

    SELECT order_date
        FROM orders o
        JOIN customer c ON c.customer_id = o.customer_id
        WHERE customer_name = '김이'
        ORDER BY order_date
        LIMIIT 3;

위 질의문의 결과는 다음과 같다.

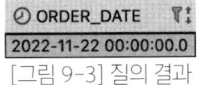

[그림 9-3] 질의 결과

이제 다음과 같은 조건식으로 서브 질의가 반환하는 날짜보다 이후에 주문한 메인 질의를 다음과 같이 작성할 수 있다.

    SELECT customer_name, order_date
        FROM orders o
        JOIN customer c ON o.customer_id = c.customer_id
        WHERE order_date > (서브 질의문);

이제 메인 질의와 서브 질의를 합쳐서 다음과 같이 하나의 질의문으로 작성할 수 있다.

```
SELECT customer_name, order_date
    FROM orders o
    JOIN customer c ON o.customer_id = c.customer_id
    WHERE order_date > (
        SELECT order_date
            FROM orders o
            JOIN customer c ON c.customer_id = o.customer_id
            WHERE customer_name = '김이'
            ORDER BY order_date
            FETCH FIRST 1 ROWS ONLY
    );
```

위 질의문의 결과는 다음과 같다.

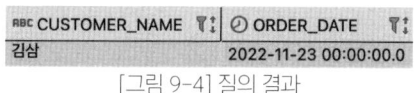

[그림 9-4] 질의 결과

이번에는 100만원 이상 구입한 고객의 목록을 구하고 싶다고 하자.

우선 다음 질의문으로 customer_id가 1인 고객의 주문 총액을 구할 수 있다.

```
SELECT SUM(p.product_price * i.order_item_quantity)
    FROM orders o
    JOIN order_item i ON o.order_id = i.order_id
    JOIN product p ON i.product_id = p.product_id
    WHERE o.customer_id = 1;
```

위 질의문의 결과는 다음과 같다.

[그림 9-5] 질의 결과

그리고 같은 방식으로 customer_id가 2, 3, 4, 5인 고객의 주문 총액을 알 수 있다.

9장 서브 질의

123 SUM(P.PRODUCT_PRICE*I.ORDER_ITEM_QUANTITY)
451,000

123 SUM(P.PRODUCT_PRICE*I.ORDER_ITEM_QUANTITY)
550,000

123 SUM(P.PRODUCT_PRICE*I.ORDER_ITEM_QUANTITY)
4,510,000

123 SUM(P.PRODUCT_PRICE*I.ORDER_ITEM_QUANTITY)
23,100,000

[그림 9-6] 질의 결과

이제 이들 고객 중에서 100만원 이상 구입한 고객 목록을 찾기 위해 다음과 같이 메인 질의문을 작성할 수 있다.

```
SELECT customer_name
    FROM customer c
    WHERE (서브 질의문) > 1000000;
```

그리고 서브 질의문에서 customer_id 값인 1, 2, 3, 4, 5 대신에 customer 테이블에서 가져온 customer_id 값으로 대체하면 된다.

```
SELECT customer_name
    FROM customer c
    WHERE (
        SELECT SUM(p.product_price * i.order_item_quantity)
            FROM orders o
            JOIN order_item i ON o.order_id = i.order_id
            JOIN product p ON i.product_id = p.product_id
            WHERE o.customer_id = c.customer_id
    ) > 1000000;
```

위 질의문의 결과는 다음과 같다.

SQL 프로그래밍

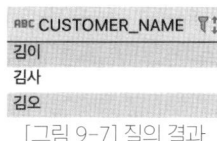

[그림 9-7] 질의 결과

또는 다음과 같이 WHERE 구에 서브 질의를 두는 대신에, 앞에 방식대로 JOIN 구에 두도록 질의문을 작성할 수 있다.

```
SELECT customer_name
    FROM customer c
    JOIN (
        SELECT customer_id, SUM(p.product_price * i.order_item_quantity)
            FROM orders o
            JOIN order_item i ON o.order_id = i.order_id
            JOIN product p ON i.product_id = p.product_id
            GROUP BY o.customer_id
            HAVING SUM(p.product_price * i.order_item_quantity) > 1000000
    ) customer_above_1000000
    ON c.customer_id = customer_above_1000000.customer_id;
```

위의 질의문에서는 먼저 다음과 같은 서브 질의문이 작성되었다.

```
SELECT customer_id, SUM(p.product_price * i.order_item_quantity)
    FROM orders o
    JOIN order_item i ON o.order_id = i.order_id
    JOIN product p ON i.product_id = p.product_id
    GROUP BY o.customer_id
    HAVING SUM(p.product_price * i.order_item_quantity) > 1000000;
```

위 서브 질의문의 결과는 다음과 같다.

CUSTOMER_ID	SUM(P.PRODUCT_PRICE*I.ORDER_ITEM_QUANTITY)
2	5,236,000
4	4,510,000
5	50,600,000

[그림 9-8] 질의 결과

255

9장 서브 질의

이제 이 서브 질의문의 결과로 반환되는 로우셋을 테이블처럼 사용하여 다음과 같이 100만원 이상인 고객 목록을 찾는 메인 질의문을 작성할 수 있다.

```
SELECT customer_name
    FROM customer c
    JOIN (서브 질의문) customer_above_1000000
    ON c.customer_id = customer_above_1000000.customer_id;
```

이들 두 메인 질의와 서브 질의를 합쳐서 앞에서 제시한 질의문을 만들 수 있게 된다.

참고로 SQL 서버에서는 서브 질의의 SUM 함수를 사용한 컬럼의 별칭을 요구하므로, 다음과 같이 별칭을 지정해야 한다.

```
SELECT customer_name
    FROM customer c
    JOIN (
        SELECT customer_id,
                SUM(p.product_price * i.order_item_quantity) amount
        FROM orders o
        JOIN order_item i ON o.order_id = i.order_id
        JOIN product p ON i.product_id = p.product_id
        GROUP BY o.customer_id
        HAVING SUM(p.product_price * i.order_item_quantity) > 1000000
    ) customer_above_1000000
    ON c.customer_id = customer_above_1000000.customer_id;
```

질의문의 실행 결과는 앞에서와 같다.

또한 서브 질의는 SELECT나 GROUP BY, ORDER BY 구에 사용되어 컬럼 목록으로 사용될 수 있다.

```
SELECT (서브 질의문)
    FROM 테이블명
    WHERE 조건식
```

이번에는 제품의 평균 판매 수량을 구하기로 한다.

먼저 product_id 가 1인 제품의 평균 판매 수량은 다음과 같이 구할 수 있다.

```
SELECT AVG(order_item_quantity)
   FROM order_item i
   WHERE i.product_id = 1;
```

위 질의문의 결과는 다음과 같다.

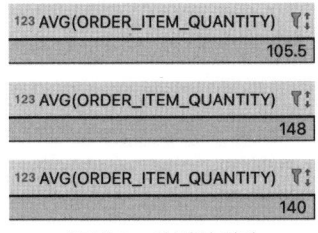

[그림 9-9] 질의 결과

그리고 같은 방식으로 product_id가 2, 4, 5인 제품의 평균 판매 수량을 알 수 있다.

[그림 9-10] 질의 결과

이제 이들 로우를 product 테이블과 결합하도록 다음과 같이 메인 질의문을 작성할 수 있다.

```
SELECT product_name, (서브 질의문) average_quantity
   FROM product p;
```

그리고 서브 질의문에서 product_id 값인 1, 2, 4, 5 대신에 product 테이블에서 가져온 product_id 값으로 대체하면 된다.

```
SELECT product_name, (
   SELECT AVG(order_item_quantity)
      FROM order_item i
      WHERE i.product_id = p.product_id
   ) average_quantity
   FROM product p;
```

257

위 질의문의 결과는 다음과 같다.

PRODUCT_NAME	AVERAGE_QUANTITY
제품1	30.25
제품2	105.5
제품4	148
제품5	140

[그림 9-11] 질의 결과

이번에는 고객별 거래 건수를 구하기로 한다.

먼저 customer_id 가 1인 제품의 거래 건수는 다음과 같이 구할 수 있다.

 SELECT COUNT(customer_id)
  FROM orders o
  WHERE o.customer_id = 1;

위 질의문의 결과는 다음과 같다.

COUNT(CUSTOMER_ID)
2

[그림 9-12] 질의 결과

그리고 같은 방식으로 customer_id가 2, 3, 4, 5인 고객의 거래 건수를 알 수 있다.

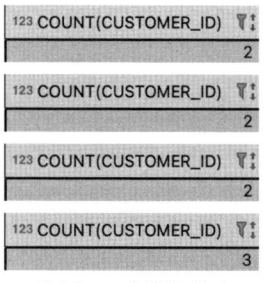

COUNT(CUSTOMER_ID)
2
2
2
3

[그림 9-13] 질의 결과

이제 이들 로우를 customer 테이블과 결합하도록 다음과 같이 메인 질의문을 작성할 수 있다.

 SELECT customer_name, (서브 질의문)
  FROM customer c;

그리고 서브 질의문에서 customer_id 값인 1, 2, 3, 4, 5 대신에 customer 테이블에서 가져온 customer_id 값으로 대체하면 된다.

```
SELECT customer_name, (
    SELECT COUNT(customer_id)
      FROM orders o
      WHERE o.customer_id = .customer_id
) order_count
FROM customer c;
```

위 질의문의 결과는 다음과 같다.

CUSTOMER_NAME	ORDER_COUNT
김일	2
김이	2
김삼	2
김사	2
김오	3

[그림 9-14] 질의 결과

IN, ANY, SOME, ALL 연산자

서브 질의가 여러 개의 로우를 반환하는 다중 로우 서브 질의인 경우에 조건식에 IN, ANY, SOME, ALL 연산자를 사용할 수 있다.

이번에는 예를 들어 판매되지 않은 제품의 제품명과 가격 정보를 구하고 싶다고 하자.

우선 판매된 제품 목록은 다음과 같은 질의문으로 구할 수 있다.

```
SELECT DISTINCT product_id FROM order_item;
```

위 질의문의 결과는 다음과 같다.

9장 서브 질의

123 PRODUCT_ID
1
2
4
5

[그림 9-15] 질의 결과

따라서 product 테이블에서 product_id 컬럼이 이들 값을 포함하지 않는 로우를 찾기 위해 다음과 같이 NOT IN 연산자를 사용하는 메인 질의문을 작성할 수 있다.

SELECT product_name, product_price
　FROM product
　WHERE product_id NOT IN (서브 질의문);

이제 메인 질의와 서브 질의를 합쳐서 다음과 같이 하나의 질의문으로 작성할 수 있다.

SELECT product_name, product_price
　FROM product
　WHERE product_id NOT IN (
　　SELECT DISTINCT product_id FROM order_item
);

이제 product 테이블에 아직 판매되지 않은 세 개의 제품 로우를 추가하기로 한다.

INSERT INTO product(product_name, product_description, product_price)
　VALUES ('제품6', '제품6설명', 110000);
INSERT INTO product(product_name, product_description, product_price)
　VALUES ('제품7', '제품7설명', 120000);
INSERT INTO product(product_name, product_description, product_price)
　VALUES ('제품8', '제품8설명', 130000);

위 질의문을 실행하면 다음과 같은 결과를 보여준다.

PRODUCT_NAME	PRODUCT_PRICE
제품6	110,000
제품7	120,000
제품8	130,000

[그림 9-16] 질의 결과

이번에는 주문 수량이 100 개 이상인 제품의 제품명과 가격 정보를 구하기로 한다.

우선 주문 수량이 100 개 이상인 제품의 product_id를 구하는 질의문을 다음과 같이 작성할 수 있다.

    SELECT DISTINCT product_id
       FROM order_item
       WHERE order_item_quantity > 100;

위 질의문의 결과는 다음과 같다.

PRODUCT_ID
2
4
5

[그림 9-17] 질의 결과

따라서 product 테이블에서 이들 값 중에 어떤 값이라도 갖는 product_id를 갖는 로우를 구하는 질의문을 다음과 같이 ANY 연산자를 사용하여 작성할 수 있다.

    SELECT product_name, product_price
    FROM product
    WHERE product_id = ANY (서브 질의문);

ANY 연산자는 product_id 컬럼의 값이 괄호 안에 서브 질의문의 결과로 반환된 나열된 값들 중에서 어느 하나라도 일치한다면 true를 반환하고, 모두 일치하지 않는 경우에만 false를 반환한다.

이제 메인 질의와 서브 질의를 합쳐서 다음과 같이 하나의 질의문으로 작성할 수 있다.

    SELECT product_name, product_price
       FROM product
       WHERE product_id = ANY (

```
        SELECT DISTINCT product_id
            FROM order_item
            WHERE order_item_quantity > 100
    );
```

위 질의문의 결과는 다음과 같다.

PRODUCT_NAME	PRODUCT_PRICE
제품2	22,000
제품4	44,000
제품5	55,000

[그림 9-18] 질의 결과

SOME 연산자도 product_id 컬럼의 값이 괄호 안에 서브 질의문의 결과로 반환된 나열된 값들 중에서 일부라도 일치한다면 true를 반환하고, 모두 일치하지 않는 경우에만 false를 반환한다. 따라서 위의 질의문에서 ANY 대신에 SOME을 대체하여 사용할 수 있다.

```
    FROM product
    WHERE product_id = SOME (
        SELECT DISTINCT product_id
            FROM order_item
            WHERE order_item_quantity > 100
    );
```

ALL 연산자는 product_id 컬럼의 값이 괄호 안에 서브 질의문의 결과로 반환된 나열된 값들 모두와 일치하는 경우에만 true를 반환하고, 어느 하나라도 일치하지 않는 경우에는 false를 반환한다.

예를 들어 다음 질의문을 살펴보자.

```
    SELECT product_name, product_price
        FROM product
        WHERE product_id = ALL (
            SELECT DISTINCT product_id FROM order_item
        );
```

위 질의문에서 다음 서브 질의문은 앞에서 살펴본 바와 같이 판매된 제품 목록을 반환한다.

    SELECT DISTINCT product_id FROM order_item;

따라서 product_id가 1, 2, 4, 5인 로우셋을 반환한다.

그러나 product 테이블의 어떤 로우도 이들 값을 모두 포함하는 로우는 없다. 따라서 메인 질의문에서 ALL 연산자를 사용할 때 모든 로우에서 false를 반환하게 된다.

그러므로 위의 질의문은 아무 것도 반환하지 않게 된다.

이번에는 = 연산자 대신에 <> 연산자를 사용하여 다음과 같이 질의문을 작성해 보자.

    SELECT product_name, product_price
      FROM product
      WHERE product_id <> ALL (
        SELECT DISTINCT product_id FROM order_item
      );

먼저 위 질의문의 실행 결과를 보면 다음과 같다.

PRODUCT_NAME	PRODUCT_PRICE
제품6	110,000
제품7	120,000
제품8	130,000

[그림 9-19] 질의 결과

위의 결과는 판매되지 않은 제품의 목록을 보여준다. 결국 <> ALL은 = ANY 연산자의 반대가 된다.

이번에는 거래가 있는 고객 정보를 구하기로 한다.

먼저 거래가 있는 고객의 customer_id를 다음과 같은 질의문으로 구할 수 있다.

    SELECT DISTINCT customer_id FROM orders;

위 질의문의 결과는 다음과 같다.

9장 서브 질의

123 CUSTOMER_ID
1
2
3
4
5

[그림 9-20] 질의 결과

customer 테이블의 customer_id가 이들 값 중에 하나라도 있다면 true가 되도록 EXISTS 연산자를 사용하여 다음과 같이 메인 질의문을 작성할 수 있다.

```
SELECT customer_name
   FROM customer
   WHERE EXISTS (서브 질의문);
```

이제 메인 질의와 서브 질의를 합쳐서 다음과 같이 하나의 질의문으로 작성할 수 있다.

```
SELECT customer_name
   FROM customer
   WHERE EXISTS (
      SELECT DISTINCT customer_id FROM orders
   );
```

위 질의문의 결과는 다음과 같다.

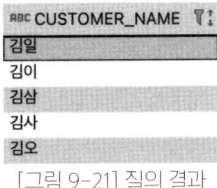

ABC CUSTOMER_NAME
김일
김이
김삼
김사
김오

[그림 9-21] 질의 결과

위의 질의문은 ANY 연산자를 사용한 다음 질의문과 동일한 결과를 보여준다.

```
SELECT customer_name
   FROM customer
   WHERE customer_id = ANY (
      SELECT DISTINCT customer_id FROM orders
```

);

INSERT, UPDATE, DELETE 문 서브 질의

우리는 이미 8장 조인에서 INSERT 문과 UPDATE 문에서 서브 질의를 사용한 경험을 갖고 있다. 다음 질의문은 product 테이블에서 데이터를 가져와 discount 테이블에 저장하는 예를 보여주었다.

```
INSERT INTO discount
    SELECT product_id, product_price * 0.8, product_price
        FROM product;
```

또한 다음 질의문은 product 테이블에 min_inventory_quantity와 max_inventory_quantity 컬럼의 값을 inventory 테이블에서 데이터를 가져와 갱신하는 예를 보여주었다.

```
UPDATE product p SET
    min_inventory_quantity = (
        SELECT inventory_quantity * 0.5
            FROM inventory i WHERE p.product_id = i.product_id
    ),
    max_inventory_quantity = (
        SELECT inventory_quantity * 1.5
            FROM inventory i WHERE p.product_id = i.product_id
    );
```

이제 좀 더 자세히 살펴보기로 한다.

먼저 INSERT 문과 함께 서브 질의를 가장 많이 사용하는 사례는 우리가 6장 테이블 생성에서 이미 경험한 것처럼 개발자들이 테스트를 위해서 임시로 테이블을 생성하고 기존 테이블의 데이터를 모두 복사하는 것이다. 예를 들어 다음과 같이 customer2 테이블을 생성하기로 한다.

9장 서브 질의

```
CREATE TABLE customer2 (
    customer_id INTEGER,
    customer_name VARCHAR(20),
    customer_address VARCHAR(60),
    customer_email VARCHAR(40)
);
```

그리고 다음과 같이 기존의 customer 테이블에서 데이터를 읽어와 복사하여 저장한다.

```
INSERT INTO customer2 SELECT * FROM customer;
```

이제 customer2 테이블을 다음과 같이 질의하면,

```
SELECT * FROM customer2;
```

다음과 같은 결과를 보여준다.

123 CUSTOMER_ID	ABC CUSTOMER_NAME	ABC CUSTOMER_ADDRESS	ABC CUSTOMER_EMAIL
1	김일	서울시	kim1@gamil.com
2	김이	부산시	kim2@gamil.com
3	김삼	대전시	kim3@gamil.com
4	김사	인천시	kim4@gamil.com
5	김오	대구시	kim5@gamil.com

[그림 9-22] 질의 결과

이번에는 제품의 판매율에 따라 제품 가격을 다시 책정한다고 하자. 이 경우에 우리는 다음과 같이 UPDATE 문과 함께 서브 질의를 사용할 수 있다.

```
UPDATE product SET product_price = product_price - product_price * (
    SELECT AVG(order_item_quantity) / SUM(order_item_quantity)
        FROM order_item i
        WHERE i.product_id = product.product_id
)
WHERE product_id IN (
    SELECT DISTINCT product_id FROM order_item
);
```

SQL 프로그래밍

원래의 제품 가격은 다음과 같다.

PRODUCT_ID	PRODUCT_NAME	PRODUCT_DESCRIPTION	PRODUCT_PRICE
1	제품1	제품1설명	11,000
2	제품2	제품2설명	22,000
4	제품4	제품4설명	44,000
5	제품5	제품5설명	55,000
21	제품6	제품6설명	110,000
22	제품7	제품7설명	120,000
23	제품8	제품8설명	130,000

[그림 9-23] product 테이블

이제 위의 질의문을 실행하고 다시 제품 가격을 조회하면 다음과 같은 결과를 보여준다.

PRODUCT_ID	PRODUCT_NAME	PRODUCT_DESCRIPTION	PRODUCT_PRICE
1	제품1	제품1설명	8,250
2	제품2	제품2설명	16,500
4	제품4	제품4설명	29,333
5	제품5	제품5설명	41,250
21	제품6	제품6설명	110,000
22	제품7	제품7설명	120,000
23	제품8	제품8설명	130,000

[그림 9-24] 질의 결과

이번에는 판매되지 않은 제품을 삭제하기로 한다. 이 경우에 우리는 다음과 같이 DELETE 문과 함께 서브 질의를 사용할 수 있다.

```
DELETE FROM product
    WHERE product_id NOT IN (
        SELECT DISTINCT product_id FROM order_item
    );
```

위 질의문을 실행하고 제품을 조회하면 다음과 같은 결과를 보여준다.

PRODUCT_ID	PRODUCT_NAME	PRODUCT_DESCRIPTION	PRODUCT_PRICE
1	제품1	제품1설명	8,250
2	제품2	제품2설명	16,500
4	제품4	제품4설명	29,333
5	제품5	제품5설명	41,250

[그림 9-25] 질의 결과

이제 다음과 같이 앞에서 생성했던 customer2 테이블도 삭제하여 원상 복구 하기로 한다.

9장 서브 질의

drop TABLE customer2;

10장 뷰와 인덱스

10장
뷰와 인덱스

☐ 뷰
☐ 인덱스
☐ 데이터베이스와 스키마
☐ 사용자와 권한

뷰

뷰(view)는 단순히 데이터베이스에 저장되어 있는 SELECT 문에 불과하다. 그러나 뷰는 데이터베이스에 있는 테이블인 것처럼 참조될 수 있기 때문에 가상 테이블(virtual table)이라고도 불리운다. 테이블에는 물리적으로 데이터가 저장되지만 뷰는 데이터를 포함하지 않는다. 그러나 마치 데이터를 포함하고 있는 실제 테이블처럼 사용할 수 있다.

만약에 여러분이 항상 제품 정보와 재고 현황을 같이 사용한다고 하면 제품 재고 현황이 필요할 때 마다 다음과 같이 product 테이블과 inventory 테이블을 조인하는 질의문을 작성해야 한다.

```
SELECT p.product_id, product_name, product_price, inventory_quantity
    FROM product p
    JOIN inventory i ON p.product_id = i.product_id;
```

SQL 프로그래밍

그래서 이와 같은 제품 정보와 재고 현황이 필요할 때마다 다음과 같이 서브 질의로 사용할 수 있다. 다음 질의문은 현재 회사가 보유하고 있는 재고 자산을 파악하기 위해 사용할 수 있다.

```
SELECT pi.product_name, pi.product_price * pi.inventory_quantity "재고 자산"
    FROM (
        SELECT p.product_id, product_name, product_price, inventory_quantity
            FROM product p
            JOIN inventory i ON p.product_id = i.product_id
    ) pi;
```

위 질의문의 결과는 다음과 같다.

PRODUCT_NAME	재고 자산
제품1	11,000,000
제품2	44,000,000
제품4	176,000,000
제품5	275,000,000

[그림 10-1] 질의 결과

하지만 만약 위의 질의문에서 서브 질의문을 v_product_inventory라는 이름을 갖는 뷰로 정의하였다면 테이블처럼 사용하여 다음과 같이 간단한 구문으로 같은 결과를 가져올 수 있을 것이다.

```
SELECT product_name, product_price * inventory_quantity "재고 자산"
    FROM v_product_inventory;
```

이 질의문의 결과는 서브 질의를 사용한 질의문과 같다.

뷰는 다음 구문과 같이 CREATE VIEW 문으로 생성한다.

```
CREATE VIEW 뷰명 AS
    질의문;
```

위의 v_product_inventory 뷰는 다음과 같이 생성할 수 있다.

```
CREATE VIEW v_product_inventory AS
    SELECT p.product_id, product_name, product_price, inventory_quantity
```

```
FROM product p
    JOIN inventory i ON p.product_id = i.product_id;
```

이제 v_product_inventory 뷰로 다음과 같이 질의하면,

```
SELECT * FROM v_product_inventory;
```

다음과 같은 결과를 보여준다.

PRODUCT_ID	PRODUCT_NAME	PRODUCT_PRICE	INVENTORY_QUANTITY
1	제품1	11,000	1,000
2	제품2	22,000	2,000
4	제품4	44,000	4,000
5	제품5	55,000	5,000

[그림 10-2] 질의 결과

또는 다음과 같은 구문으로 컬럼의 별칭을 지정할 수도 있다.

```
CREATE VIEW 뷰명 (별칭 목록) AS
    질의문;
```

따라서 위의 뷰는 다음과 같이 다시 작성될 수 있다.

```
CREATE VIEW v_product_inventory2 (
    pid, pname, price, quantity
) AS
SELECT p.product_id, product_name, product_price, inventory_quantity
    FROM product p
    JOIN inventory i ON p.product_id = i.product_id;
```

이 뷰는 다음과 같이 사용할 수 있다.

```
SELECT pname, price * quantity "재고 자산"
    FROM v_product_inventory2;
```

이 질의문의 결과는 서브 질의를 사용한 질의문과 같다.

이처럼 뷰를 사용하면 복잡한 코드를 간단하게 할 수 있으며, 다른 테이블과 함께 재

사용하기 쉽다. 또한 계산된 컬럼을 생성하거나 컬럼의 이름을 바꿀 수도 있다.

또한 뷰를 사용하면 데이터의 서브 집합을 생성할 수도 있다. 예를 들어 다음과 같이 customer 테이블에서 일부의 데이터만 가져오게 할 수 있다.

```
CREATE VIEW v_customer_135 AS
    SELECT customer_id, customer_name
        FROM customer
        WHERE customer_id IN (1, 3, 5);
```

이제 다음과 같이 v_customer_135 뷰를 질의하면,

```
SELECT * FROM v_customer_135;
```

다음과 같은 결과를 보여준다.

CUSTOMER_ID	CUSTOMER_NAME
1	김일
3	김삼
5	김오

[그림 10-3] 질의 결과

또한 이러한 뷰의 특징으로 인해 보안을 강화하는데도 도움을 준다. 위의 v_customer_135 뷰에서처럼 고객의 주소와 이메일 등 개인 정보를 노출시키지 않게 할 수도 있다.

뷰는 특히 다중 사용자 환경에서 다음과 같은 이점을 가져다 준다.

- 데이터 독립성 : 뷰는 사용자로 하여금 중요하거나 필요한 데이터만을 일관적으로 사용할 수 있게 한다. 설사 기초 테이블이 변경되는 일이 있더라도 뷰의 구조가 변경되지 않는 한 그대로 일관성을 가지고 데이터를 사용할 수 있게 된다.
- 즉시성 : 기초 테이블에 행해진 변경 사항은 즉시 뷰에 반영된다.
- 보안 기능의 향상 : 사용자가 기초 테이블에 직접 접근하는 대신에 뷰를 통해서만 간접적으로 접근하게 함으로써 데이터베이스에 보안 기능을 향상시킬 수 있다.
- 복잡성의 제거 : 뷰는 여러 개의 테이블을 포함하는 질의를 단 하나의 테이블을 포함하는 질의의 형태로 변형시킴으로써 내부적인 복잡한 코드를 감출 수 있다.
- 편리성 : 사용자는 자신에게 필요한 데이터에만 집중할 수 있게 한다. 즉, 사용자마

다 같은 데이터를 서로 다른 방식으로 볼 수 있다.

하지만, 뷰 역시 단점을 갖고 있다.

- 변경 제한 : 뷰를 통하여 데이터를 변경시키는데 제한이 있다.
- 구조 제한 : 뷰의 구조는 생성 시에 결정된다. 뷰를 생성한 이후에 기초 테이블에 추가된 컬럼은 뷰에 반영되지 않는다.
- 성능 문제 : 뷰를 사용할 때 오버헤드가 뒤따르게 된다. 어느 경우에는 아주 사소한 정도이겠지만, 좀 더 큰 문제를 일으키는 경우도 있을 수 있다.

생성된 뷰를 변경할 때는 ALTER VIEW 문을 사용한다.

```
ALTER VIEW 뷰명 AS
    질의문;
```

만약 v_customer_135 뷰에 고객의 이메일을 추가할 필요가 생겼다면 다음과 같이 작성할 수 있다.

```
ALTER VIEW v_customer_135 AS
    SELECT customer_id, customer_name, customer_email
      FROM customer
      WHERE customer_id IN (1, 3, 5);
```

하지만 오라클과 PostgreSQL에서는 ALTER VIEW 문에서 제한적으로 제약을 변경하거나 추가, 삭제하는 기능만 지원하므로 다음과 같이 CREATE OR REPLACE 문을 사용해야 한다.

```
CREATE OR REPLACE VIEW v_customer_135 AS
    SELECT customer_id, customer_name, customer_email
      FROM customer
      WHERE customer_id IN (1, 3, 5);
```

SQL 서버는 CREATE OR REPLACE 문을 지원하지 않지만, MySQL에서는 AL-

TER VIEW와 CREATE OR REPLACE 문을 모두 사용할 수 있다.

이제 다시 다음과 같이 v_customer_135 뷰를 질의하면,

    SELECT * FROM v_customer_135;

다음과 같은 결과를 보여준다.

CUSTOMER_ID	CUSTOMER_NAME	CUSTOMER_EMAIL
1	김일	kim1@gmail.com
3	김삼	kim3@gmail.com
5	김오	kim5@gmail.com

[그림 10-4] 질의 결과

기존의 뷰를 삭제할 때는 DROP VIEW 문을 사용한다.

    DROP VIEW 뷰명;

이제 다음과 같이 v_customer_135 뷰를 삭제할 수 있다.

    DROP VIEW v_customer_135;

뷰를 사용하여 데이터를 삽입하거나 갱신 또는 삭제할 수도 있다.

먼저 간단한 예로 다음과 같이 하나의 테이블만 사용하는 뷰를 생성하기로 한다.

    CREATE VIEW v_customer AS
        SELECT * FROM customer;

이제 v_customer 뷰로 다음과 같이 질의하여 데이터를 확인한다.

    SELECT * FROM v_customer;

질의 결과는 다음과 같다.

10장 뷰와 인덱스

CUSTOMER_ID	CUSTOMER_NAME	CUSTOMER_ADDRESS	CUSTOMER_EMAIL
1	김일	서울시	kim1@gmail.com
2	김이	부산시	kim2@gmail.com
3	김삼	대전시	kim3@gmail.com
4	김사	인천시	kim4@gmail.com
5	김오	대구시	kim5@gmail.com

[그림 10-5] 질의 결과

이제 v_customer 뷰를 사용하여 데이터를 추가하기로 한다.

INSERT INTO v_customer(customer_name, customer_address, customer_email)
　　VALUES ('이일', '서울시', 'lee1@gmail.com');

이제 customer 테이블을 사용하여 다음과 같이 질의하여 데이터를 확인한다.

SELECT * FROM customer
　　ORDER BY customer_id;

질의 결과는 다음과 같다.

CUSTOMER_ID	CUSTOMER_NAME	CUSTOMER_ADDRESS	CUSTOMER_EMAIL
1	김일	서울시	kim1@gmail.com
2	김이	부산시	kim2@gmail.com
3	김삼	대전시	kim3@gmail.com
4	김사	인천시	kim4@gmail.com
5	김오	대구시	kim5@gmail.com
6	이일	서울시	lee1@gmail.com

[그림 10-6] 질의 결과

다음에는 v_customer 뷰를 사용하여 "이일" 고객의 주소를 "광주시"로 변경하기로 한다.

UPDATE v_customer SET customer_address = '광주시'
　　WHERE customer_id = 6;

이제 customer 테이블을 사용하여 질의하여 주소가 변경되었는지 확인한다.

123 CUSTOMER_ID	ABC CUSTOMER_NAME	ABC CUSTOMER_ADDRESS	ABC CUSTOMER_EMAIL
1	김일	서울시	kim1@gmail.com
2	김이	부산시	kim2@gmail.com
3	김삼	대전시	kim3@gmail.com
4	김사	인천시	kim4@gmail.com
5	김오	대구시	kim5@gmail.com
6	이일	광주시	lee1@gmail.com

[그림 10-7] 질의 결과

이제 v_customer 뷰를 사용하여 "이일" 고객을 삭제하기로 한다.

DELETE FROM v_customer WHERE customer_id = 6;

이제 customer 테이블을 사용하여 질의하여 데이터가 삭제되었는 지 확인한다.

123 CUSTOMER_ID	ABC CUSTOMER_NAME	ABC CUSTOMER_ADDRESS	ABC CUSTOMER_EMAIL
1	김일	서울시	kim1@gmail.com
2	김이	부산시	kim2@gmail.com
3	김삼	대전시	kim3@gmail.com
4	김사	인천시	kim4@gmail.com
5	김오	대구시	kim5@gmail.com

[그림 10-8] 질의 결과

ANSI SQL 표준에서는 다음과 같은 경우에 뷰에서 데이터를 삽입하고 갱신 또는 삭제할 수 있도록 정의하였다.

- 집합 연산자를 사용하지 않은 경우
- 집계 함수로 그룹화되지 않는 경우
- DISTINCT 구를 포함하지 않은 경우
- ROWNUM이나 ROWGUIDCOL과 같은 의사 컬럼(pseudocolumn)을 참조하지 않은 경우
- 구체화된 뷰(materialized view)가 아닌 경우

이러한 조건을 만족하는 경우에 여러 테이블을 조인하여 생성한 뷰를 통해서도 데이터를 삽입하고 갱신 또는 삭제할 수 있다.

예를 들어 v_product_inventory 뷰에 다음 INSERT 문을 실행하면,

INSERT INTO v_product_inventory(product_name, product_price)
    VALUES ('제품6', 66000);

product 테이블에 다음과 같이 새로운 로우가 추가된다.

PRODUCT_ID	PRODUCT_NAME	PRODUCT_DESCRIPTION	PRODUCT_PRICE
1	제품1	제품1설명	11,000
2	제품2	제품2설명	22,000
4	제품4	제품4설명	44,000
5	제품5	제품5설명	55,000
9	제품6	[NULL]	66,000

[그림 10-9] 질의 결과

그러나 다음과 같이 inventory 테이블의 컬럼에 값을 추가하려고 하면 에러가 발생한다.

INSERT INTO v_product_inventory(inventory_quantity)
    VALUES (6000);

그것은 v_product_inventory 뷰의 product_id는 product 테이블에 묶여있기 때문에 inventory 테이블에 새로운 로우가 추가될 때 inventory 테이블의 product_id은 NULL이 되기 때문이다. 따라서 v_product_inventory 뷰를 통해서는 inventory 테이블에 로우를 추가할 수는 없다.

여기서 주목해야 할 점은 다시 v_product_inventory 뷰로 질의하면 product 테이블에 추가된 로우는 나타나지 않는다는 것이다. 그것은 v_product_inventory 뷰가 product 와 inventory 두 테이블을 조인할 때 product_id 가 9인 로우가 inventory 테이블에는 없기 때문에 product 테이블의 product_id 가 9인 로우도 제외되기 때문이다.

PRODUCT_ID	PRODUCT_NAME	PRODUCT_PRICE	INVENTORY_QUANTITY
1	제품1	11,000	1,000
2	제품2	22,000	2,000
4	제품4	44,000	4,000
5	제품5	55,000	5,000

[그림 10-10] 질의 결과

이번에는 inventory 테이블에 직접 product_id 가 9인 새로운 로우를 추가하기로 한다.

INSERT INTO inventory VALUES (9, 6000);

그리고 다시 v_product_inventory 뷰로 질의를 하면 다음과 같이 product_id가 9인 새로운 로우가 나타난다.

PRODUCT_ID	PRODUCT_NAME	PRODUCT_PRICE	INVENTORY_QUANTITY
1	제품1	11,000	1,000
2	제품2	22,000	2,000
4	제품4	44,000	4,000
5	제품5	55,000	5,000
9	제품6	66,000	6,000

[그림 10-11] 질의 결과

이 경우에 PostgreSQL에서는 다음과 같이 INSERT에 대한 규칙(rule)을 추가해야 한다.

```
CREATE OR REPLACE RULE rl_v_product_inventory_insert AS
    ON INSERT TO v_product_inventory
    DO INSTEAD
    INSERT INTO product (product_name, product_price)
        VALUES (NEW.product_name, NEW.product_price);
```

위의 규칙은 v_product_inventory 뷰에 INSERT 할 때 그 대신에 product 테이블에 INSERT 문을 실행하라는 의미가 된다.

이번에는 v_product_inventory 뷰로 product_id가 9인 로우의 product_name 값을 변경하기로 한다.

```
UPDATE v_product_inventory SET product_name = '신제품6'
    WHERE product_id = 9;
```

그리고 다시 product 테이블로 질의를 하면 다음과 같이 product_id가 9인 로우의 product_name 컬럼이 변경된 것을 확인할 수 있다.

10장 뷰와 인덱스

123 PRODUCT_ID	RBC PRODUCT_NAME	RBC PRODUCT_DESCRIPTION	123 PRODUCT_PRICE
1	제품1	제품1설명	11,000
2	제품2	제품2설명	22,000
4	제품4	제품4설명	44,000
5	제품5	제품5설명	55,000
9	신제품6	[NULL]	66,000

[그림 10-12] 질의 결과

이번에는 v_product_inventory 뷰로 product_id가 9인 로우의 inventory_quantity 값을 변경하기로 한다.

```
UPDATE v_product_inventory SET inventory_quantity = 600
    WHERE product_id = 9;
```

그리고 inventory 테이블로 질의를 하면 다음과 같이 product_id가 9인 로우의 inventory_quantity 컬럼이 변경된 것을 확인할 수 있다.

123 PRODUCT_ID	123 INVENTORY_QUANTITY
1	1,000
2	2,000
4	4,000
5	5,000
9	600

[그림 10-13] 질의 결과

PostgreSQL에서는 다음과 같이 UPDATE에 대한 규칙을 추가해야 한다.

```
CREATE OR REPLACE RULE rl_v_product_inventory_update AS
    ON UPDATE TO v_product_inventory
    DO INSTEAD (
        UPDATE product SET product_name = NEW.product_name
            WHERE product_id = OLD.product_id;
        UPDATE inventory SET inventory_quantity = NEW.inventory_quantity
            WHERE product_id = OLD.product_id;
    );
```

위의 규칙은 v_product_inventory 뷰에 UPDATE 할 때 그 대신에 product 테이블과 inventory 테이블에 모두 UPDATE 문을 실행하라는 의미가 된다.

이제 v_product_inventory 뷰로 product_id가 9인 로우를 삭제하기로 한다.

```
DELETE FROM v_product_inventory
    WHERE product_id = 9;
```

그러면 다음과 같이 product 테이블에서도 삭제되고,

123 PRODUCT_ID	ABC PRODUCT_NAME	ABC PRODUCT_DESCRIPTION	123 PRODUCT_PRICE
1	제품1	제품1설명	11,000
2	제품2	제품2설명	22,000
4	제품4	제품4설명	44,000
5	제품5	제품5설명	55,000

[그림 10-14] 질의 결과

inventory 테이블에서도 삭제된다.

123 PRODUCT_ID	123 INVENTORY_QUANTITY
1	1,000
2	2,000
4	4,000
5	5,000

[그림 10-15] 질의 결과

SQL 서버에서는 다음과 같이 DELETE에 대한 트리거(trigger)를 추가해야 한다.

```
CREATE TRIGGER tr_v_product_inventory_delete
    ON v_product_inventory
    INSTEAD OF DELETE AS
BEGIN
    DECLARE @product_id INT
    SELECT @product_id = DELETED.product_id FROM DELETED
    DELETE FROM product WHERE product_id = @product_id
END;
```

위의 트리거는 v_product_inventory 뷰에 DELETE 할 때 그 대신에 product 테이블에 DELETE 문을 실행하라는 의미가 된다. 이때 inventory 테이블의 FOREIGN KEY 제약에 ON DELETE CASCADE가 지정되어 있으므로 같은 product_id 키값을 갖는 로우도 자동적으로 삭제된다. SQL 서버의 트리거에 대해서는 12장 저장 프로시저 - SQL 서버에서 설명한다.

PostgreSQL에서도 다음과 같이 DELETE에 대한 규칙을 추가해야 한다.

10장 뷰와 인덱스

```
CREATE OR REPLACE RULE rl_v_product_inventory_delete AS
    ON DELETE TO v_product_inventory
    DO INSTEAD
    DELETE FROM product WHERE product_id = OLD.product_id;
```

위의 규칙은 v_product_inventory 뷰에 DELETE 할 때 그 대신에 product 테이블에 DELETE 문을 실행하라는 의미가 된다. 마찬가지로 inventory 테이블의 FOREIGN KEY 제약에 ON DELETE CASCADE가 지정되어 있으므로 같은 product_id 키값을 갖는 로우도 자동적으로 삭제된다.

하지만 MySQL에서는 이처럼 여러 테이블이 조인된 뷰를 삭제할 수 없다. 따라서 다음과 같은 에러가 발생한다.

```
Can not delete from join view 'order_system.v_product_inventory'
```

앞에서 뷰는 데이터를 포함하지 않는다고 하였지만, 정확히 말하자면 이것은 사실이 아니다. 왜냐하면 오라클과 PostgreSQL에서 구체화된 뷰(materialized view)는 물리적으로 데이터를 포함할 수 있기 때문이다. 지금까지 살펴본 일반적인 뷰는 뷰를 통해서 질의할 때 기초 테이블(base table)에서 다시 데이터를 가져오기 때문에 성능에 손실이 있을 수 있다. 따라서 성능이 절대적으로 필요한 경우에는 구체화된 뷰를 사용하는 것이 바람직하다. 그러나 대용량의 데이터베이스인 경우에는 데이터가 구체화된 뷰에도 중복되어 저장되기 때문에 저장 장치의 용량 손실을 감수해야 한다.

구체화된 뷰는 CREATE MATERIALIZED VIEW 문으로 생성한다.

```
CREATE MATERIALIZED VIEW mv_customer
    AS SELECT * FROM customer;
```

이제 mv_customer 뷰로 질의를 하면,

```
SELECT * FROM mv_customer;
```

다음과 같은 결과를 보여준다.

SQL 프로그래밍

123 CUSTOMER_ID	ABC CUSTOMER_NAME	ABC CUSTOMER_ADDRESS	ABC CUSTOMER_EMAIL
1	김일	서울시	kim1@gmail.com
2	김이	부산시	kim2@gmail.com
3	김삼	대전시	kim3@gmail.com
4	김사	인천시	kim4@gmail.com
5	김오	대구시	kim5@gmail.com

[그림 10-16] 질의 결과

그러나 앞에서 언급한 바와 같이 구체화된 뷰를 통해서는 데이터를 삽입하고 갱신 또는 삭제할 수 없다. 그리고 또 한가지 특징은 구체화된 뷰를 생성한 후에 기초 테이블을 통해서 데이터를 추가하고 변경한 사항은 구체화된 뷰에 반영되지 않는다는 것이다. 그러니까 구체화된 뷰를 생성할 때 일종의 스냅샷(snapshot)이 만들어지는 것이다. 따라서 구체화된 뷰는 데이터의 변화가 없는 테이블에 사용하는 것이 바람직하다. 예를 들어 다음과 같이 customer 테이블에 새로운 로우를 추가한다.

```
INSERT INTO customer(customer_name, customer_address, customer_email)
    VALUES ('박일', '부산시', 'park1@gmail.com');
```

그리고 다시 mv_customer 뷰로 질의를 해도,

```
SELECT * FROM mv_customer;
```

이전과 동일한 결과를 보여준다.

그러나 오라클의 경우에는 구체화된 뷰에도 기초 테이블을 통해서 데이터를 추가하고 변경한 사항은 구체화된 뷰에 반영되게 할 수는 있다. 조금은 복잡하니까 무시하고 넘어가도 상관없지만 간단히 살펴보기로 한다.

먼저 기존의 구체화된 뷰를 삭제한다.

```
DROP MATERIALIZED VIEW mv_customer;
```

다음에는 다음과 같이 기초 테이블에 구체화 뷰 로그를 생성해야 한다.

```
CREATE MATERIALIZED VIEW LOG ON customer
    WITH ROWID, PRIMARY KEY
    INCLUDING NEW VALUES;
```

그리고 다음과 같이 구체화된 뷰를 생성한다.

10장 뷰와 인덱스

```
CREATE MATERIALIZED VIEW mv_customer
    REFRESH FAST ON COMMIT WITH PRIMARY KEY
    AS SELECT * FROM customer;
```

REFRESH FAST ON COMMIT 옵션은 기초 테이블에 데이터를 커밋할 때 빠르게 다시 뷰를 고치라는 의미다.

이제 mv_customer 뷰로 질의를 하면,

```
SELECT * FROM mv_customer;
```

바로 전에 추가한 "박일" 고객 정보와 함께 다음과 같은 결과를 보여준다.

CUSTOMER_ID	CUSTOMER_NAME	CUSTOMER_ADDRESS	CUSTOMER_EMAIL
1	김일	서울시	kim1@gmail.com
2	김이	부산시	kim2@gmail.com
3	김삼	대전시	kim3@gmail.com
4	김사	인천시	kim4@gmail.com
5	김오	대구시	kim5@gmail.com
7	박일	부산시	park1@gmail.com

[그림 10-17] 질의 결과

그리고 다음과 같이 customer 테이블에 새로운 로우를 추가한다.

```
INSERT INTO customer(customer_name, customer_address, customer_email)
    VALUES ('박이', '광주시', 'park2@gmail.com');
```

이때 반드시 자동 커밋하든가 또는, COMMIT 명령을 실행해야 한다. 커밋에 대해서는 6장 테이블 생성을 참조하기 바란다.

그리고 다시 mv_customer 뷰로 질의를 하면 추가된 "박이" 고객의 로우가 포함된다.

CUSTOMER_ID	CUSTOMER_NAME	CUSTOMER_ADDRESS	CUSTOMER_EMAIL
1	김일	서울시	kim1@gmail.com
2	김이	부산시	kim2@gmail.com
3	김삼	대전시	kim3@gmail.com
4	김사	인천시	kim4@gmail.com
5	김오	대구시	kim5@gmail.com
7	박일	부산시	park1@gmail.com
8	박이	광주시	park2@gmail.com

[그림 10-18] 질의 결과

구체화된 뷰 로그를 삭제할 때는 다음과 같이 DROP MATERIALIZED VIEW LOG 문을 사용한다.

DROP MATERIALIZED VIEW LOG ON customer;

SQL 서버에서는 구체화된 뷰를 인덱스 뷰(indexed view)라고 부른다. 그리고 이름과 같이 뷰에 인덱스(index)를 추가할 수 있다. 인덱스에 대해서는 잠시 후에 설명하기로 한다.

인덱스 뷰는 다음과 같이 WITH SCHEMABINDING 구와 함께 CREATE VIEW 문으로 생성한다.

CREATE VIEW iv_customer WITH SCHEMABINDING AS
   SELECT customer_id, customer_name, customer_address, customer_email
     FROM dbo.customer;

이때 SELECT 문에 * 를 사용할 수 없다. 대신에 컬럼을 직접 나열해야 한다. 그리고 dbo.customer와 같이 테이블명(customer)과 함께 스키마명(dbo)도 지정해야 한다.

그리고 다음과 같이 인덱스를 생성하여 인덱스 뷰에 추가한다.

CREATE UNIQUE CLUSTERED INDEX idx_vcustomer
  ON iv_customer (customer_id);

이제 iv_customer 뷰로 질의를 하면,

SELECT * FROM iv_customer;

다음과 같은 결과를 보여준다.

customer_id	customer_name	customer_address	customer_email
1	김일	서울시	kim1@gmail.com
2	김이	부산시	kim2@gmail.com
3	김삼	대전시	kim3@gmail.com
4	김사	인천시	kim4@gmail.com
5	김오	대구시	kim5@gmail.com

[그림 10-19] 질의 결과

다음과 같이 customer 테이블에 새로운 로우를 추가한다.

10장 뷰와 인덱스

```
INSERT INTO customer(customer_name, customer_address, customer_email)
    VALUES ('박일', '부산시', 'park1@gmail.com');
```

그리고 다시 iv_customer 뷰로 질의를 하면 추가된 "박일" 고객의 로우가 포함된다.

customer_id	customer_name	customer_address	customer_email
1	김일	서울시	kim1@gmail.com
2	김이	부산시	kim2@gmail.com
3	김삼	대전시	kim3@gmail.com
4	김사	인천시	kim4@gmail.com
5	김오	대구시	kim5@gmail.com
7	박일	부산시	park1@gmail.com

[그림 10-20] 질의 결과

이처럼 인덱스 뷰는 오라클의 구체화된 뷰와는 달리, 기초 테이블을 통해서 데이터를 추가하고 변경한 사항을 뷰에 반영되게 하기 위해 로그가 필요없으며, 인덱스를 추가할 수 있어 인덱스 뷰로 빠르게 질의를 처리할 수 있다는 장점을 갖는다.

MySQL은 구체화된 뷰나 인덱스 뷰와 같은 기능을 제공하지 않는다.

인덱스

인덱스(index)는 빠르게 원하는 데이터를 검색할 수 있게 하는 기능을 제공한다. 데이터베이스에서의 인덱스는 종종 책에서의 찾아보기 또는 인덱스에 비유된다. 책과 마찬가지로 데이터베이스 인덱스는 정렬되어 있으며, 각 인덱스 항목은 찾고자 하는 데이터 또는 해당 데이터를 발견할 수 있는 위치에 대한 정보를 포함하고 있다.

인덱스를 생성할 때 CREATE INDEX 문을 사용한다.

```
CREATE INDEX 인덱스명
    ON 테이블명 (컬럼 목록);
```

예를 들어 orders 테이블에 다음과 같이 인덱스를 추가할 수 있다.

```
CREATE INDEX idx_orders_customer
    ON orders (customer_id);
```

이제 orders 테이블의 customer_id 컬럼에 오름차순으로 정렬되는 인덱스가 생성된다. 따라서 다음과 같이 WHERE 구에 customer_id을 검색 조건으로 orders 테이블을 질의할 때 질의 속도가 빨라질 것을 예상할 수 있다.

```
SELECT order_id, customer_id, order_date
    FROM orders
    WHERE customer_id = 3;
```

인덱스를 삭제하려면 DROP INDEX 문을 사용한다.

```
DROP INDEX 인덱스명;
```

예를 들어 다음과 같이 orders 테이블에 추가된 인덱스를 삭제할 수 있다.

```
DROP INDEX idx_orders_customer;
```

PRIMARY KEY 제약 또는 UNIQUE 제약이 지정되면 해당 컬럼에 대하여 인덱스가 생성된다. 이들 인덱스는 해당 컬럼의 값이 유일하다는 것을 강화하므로, 해당 컬럼에 대하여 중복된 값을 허용하지 않는다. 다만 PRIMARY KEY 제약이 지정된 컬럼에는 NOT NULL이 지정되어야 하지만, UNIQUE 제약이 지정된 컬럼에는 널 값이 허용된다. 그러나 이 경우에도 마찬가지로 중복된 널 값은 허용되지 않는다.

UNIQUE 제약이 지정되지 않은 컬럼에 다음과 같이 고유 인덱스(unique index)를 추가할 수 있다.

```
CREATE UNIQUE INDEX idx_customer_name
    ON customer (customer_name);
```

위 SQL 문에서는 customer 테이블의 customer_name 컬럼에 고유 인덱스를 추가한다. 그러나 만약 customer_name 컬럼에 중복된 값을 포함하고 있다면 에러가 발생한다.

PRIMARY KEY 또는 UNIQUE 제약과는 달리, FOREIGN KEY 제약은 인덱스를 생성하지 않는다. 그러나 데이터베이스 서버는 외래 키 참조를 강화하기 위하여 참조하거나 참조되는 테이블에 영향을 미치는 로우의 추가, 삭제, 갱신 시마다 데이터베이스 서버는 실행 계획(execution plan)에 별도의 단계를 추가한다. 만약 테이블이 여러 개의 FOREIGN KEY 제약을 포함한다면 데이터베이스 서버의 이 실행 계획은 그만큼 복잡해지게 된다. 겉으로 보기에는 단순한 로우의 추가 또는 갱신 과정은 다른 테이블의 참조나 중간 임시 테이블의 생성 등과 같은 복잡한 작업에 의하여 기대보다 훨씬 느린 결과를 가져오게 한다.

따라서 FOREIGN KEY 제약에 지정되는 컬럼은 인덱스의 강력한 후보가 된다. FOREIGN KEY 제약이 참조하고 있는 기본 키의 순서대로 인덱스를 생성하면 조인이 효율적으로 수행될 수 있다. 위의 예에서처럼 orders 테이블의 customer_id 컬럼은 모두 인덱스의 좋은 후보가 된다.

대부분의 데이터베이스 서버는 인덱스 생성에 효율적인 알고리즘인 B-트리(B-Tree) 방식으로 인덱스를 생성한다. B-트리 인덱스는 = 연산자를 사용하는 동일성 뿐만 아니라 〈, 〈=, 〉, 〉=, BETWEEN과 같은 범위 연산자를 사용하여 정렬되어 있는 데이터에 유용하다.

오라클은 이 외에도 함수 기반 인덱스(function based index)과 비트맵 인덱스(bitmap index)도 제공한다. 함수 기반 인덱스는 컬럼에 사용되는 함수나 연산식의 결과를 기반으로 하는 인덱스를 말한다. 예를 들어 다음과 같은 질의문이 자주 사용된다면,

```
SELECT customer_name, customer_address, customer_email
    FROM customer
    WHERE SUBSTR(customer_name, 0, 1) = '김';
```

다음과 같이 함수 기반 인덱스를 생성할 수 있다.

```
CREATE INDEX idx_customer_substr
    ON customer(SUBSTR(customer_name, 0, 1));
```

또한 비트맵 인덱스는 작은 범위의 값을 포함하는 컬럼에 주로 사용된다. 예를 들어 orders 테이블에 주문 상태를 표현하는 order_status 컬럼을 포함시킨다고 하자.

```
CREATE TABLE orders (
    order_id INTEGER GENERATED ALWAYS AS IDENTITY PRIMARY KEY NOT NULL,
    customer_id INTEGER NOT NULL,
    order_date DATE DEFAULT CURRENT_DATE,
    order_status CHAR(1),
    CONSTRAINT fk_order_customer_id FOREIGN KEY (customer_id)
```

```
        REFERENCES customer (customer_id)
        ON DELETE CASCADE
   );
```

order_status 컬럼에는 주문 준비 중이면 'P', 재고 확보 중이면 'I', 출고 완료이면 'D', 배송 완료이면 'C'라고 하는 값을 포함한다고 하자. 그리고 주문 정보를 질의할 때 order_status 컬럼을 자주 사용한다면 우리는 다음과 같이 order_status 컬럼에 비트맵 인덱스를 추가할 수 있다.

```
   CREATE BITMAP INDEX idx_orders_order_status
       ON orders (order_status);
```

비트맵 인덱스는 비트맵이 각 키값으로 사용되어 대용량 데이터베이스에 유용하다.

SQL 서버는 두 종류의 인덱스를 지원한다. 하나는 클러스터 인덱스(clustered index)로 인덱스 키 항목의 정렬 순서대로 테이블 안에 물리적으로 데이터를 포함한다. 하나의 테이블에는 반드시 하나의 클러스터 인덱스만 가질 수 있으며 주로 기본 키가 클러스터 인덱스를 사용한다. 따라서 SQL 서버는 디폴트로 기본 키에 대하여 클러스터 인덱스를 생성한다. 만약 테이블에 기본 키가 없다면 NOT NULL이 지정된 UNIQUE 제약 컬럼에 클러스터 인덱스를 생성한다. 비클러스터 인덱스(nonclustered index) 는 물리적으로 데이터를 포함하지 않는다. 따라서 비클러스터 인덱스를 사용하여 데이터를 검색할 때 먼저 인덱스를 검색하고 다음에 인덱스가 가르키는 로우에서 데이터를 가져오는 두 과정이 필요하게 된다. 주로 기본 키가 아닌 외래 키나 UNIQUE 제약이 지정된 컬럼에 비클러스터 인덱스를 생성한다.

테이블이 기본 키를 갖지 않을 때 CREATE CLUSTERED INDEX 문으로 클러스터 인덱스를 생성할 수 있다. 예를 들어 만약 다음과 같이 orders 테이블에 기본 키가 없다면,

```
   CREATE TABLE orders (
       order_id INTEGER NOT NULL,
       customer_id INTEGER NOT NULL,
       order_date DATE DEFAULT CURRENT_DATE
   );
```

다음과 같이 클러스터 인덱스를 생성할 수 있다.

```
CREATE CLUSTERED INDEX idx_orders_order_id
    ON orders (order_id);
```

비클러스터 인덱스는 CREATE INDEX 문을 사용한다.

MySQL도 SQL 서버와 마찬가지로 디폴트로 기본 키에 클러스터 인덱스를 생성한다. 만약 테이블에 기본 키가 없다면 NOT NULL이 지정된 UNIQUE 제약 컬럼에 클러스터 인덱스를 생성한다. 클러스터 인덱스가 아닌 인덱스를 2차 인덱스(secondary index)라고 한다. 하지만 SQL 서버와는 달리 기본 키나 UNIQUE 제약이 아닌 컬럼에 클러스터 인덱스를 추가할 수는 없다.

PostgreSQL에서 클러스터 인덱스를 생성하려면 CLUSTER 문으로 테이블을 클러스터링 즉, 인덱스 정보를 기반으로 재구성한다.

```
CLUSTER customer USING customer_pkey;
```

위의 SQL 문에서 customer_pkey는 customer 테이블에 PostgreSQL이 생성한 기본 키의 인덱스명이다.

테이블의 클러스터링을 해제하려면 다음과 같이 FALSE 옵션을 지정한다.

```
CLUSTER FALSE customer USING customer_pkey;
```

오라클에서 클러스터 인덱스와 유사한 개념이 인덱스 구성 테이블(IOT, Index Organized Table)이다. 인덱스 구성 테이블을 생성하기 위해서는 다음과 같이 테이블을 생성할 때 ORGANIZATION INDEX를 지정한다.

```
CREATE TABLE customer (
    customer_id INTEGER  GENERATED ALWAYS AS IDENTITY
                    PRIMARY KEY NOT NULL,
    customer_name VARCHAR(20) NOT NULL,
    customer_address VARCHAR(60),
    customer_email VARCHAR(40)
)
ORGANIZATION INDEX;
```

인덱스가 데이터 검색을 위한 효율적인 매커니즘을 제공하긴 하지만, 인덱스를 관리하는 데는 오버헤드가 뒤따르게 마련이다. 우리는 다음과 같은 인덱스의 오버헤드를 고려해야 한다.

- 테이블에 새로운 로우가 추가될 때마다 모든 인덱스에는 인덱스 레코드가 추가되고 정렬된다.
- 테이블의 로우가 갱신될 때마다 대응되는 인덱스도 갱신된다.
- 인덱스를 저장할 디스크 영역이 증가된다.
- 데이터베이스 서버가 실행 계획을 선택하기 전에 모든 인덱스를 고려해야 하므로, 질의 최적화 동안에 수행 능력이 저하될 수 있다.

따라서, 인덱스는 데이터를 추출할 때 얻을 수 있는 성능의 향상을 고려하여 선택되어야만 한다. 인덱스를 선택하는데 있어서 참고할 수 있는 가이드라인은 다음과 같다.

- 기본 키와 대체 키를 인덱스로 사용한다. 앞에서 살펴본 바와 같이 대부분의 데이터베이스 서버는 PRIMARY KEY 및 UNIQUE 제약으로 정의되는 기본 키에 대하여 항상 인덱스를 생성한다.
- 자주 사용되는 외래 키를 인덱스로 사용한다. 자주 사용되는 외래 키가 참조하는 테이블의 기본 키에 지정된 컬럼의 순서대로 인덱스를 생성한다.
- 작은 크기의 테이블에 대해서는 인덱스를 생성하지 않는다. 테이블의 크기가 작다면 인덱스 구조를 생성하는 것보다 메모리에서 전체 테이블을 검색하는 것이 더 효율적일 수 있다.
- 자주 갱신되는 컬럼이나 테이블에 대하여 인덱스를 생성하지 않는다.
- 질의의 조건 컬럼으로 사용되어 테이블에서 많은 로우를 추출하는 컬럼에 대해서는 인덱스를 생성하지 않는다. 예를 들어, 어떤 테이블에 남자와 여자를 구분하는 컬럼이 있다고 하면, 이 테이블에 저장된 모든 로우는 남자 또는 여자일 것이다. 또한, 이 테이블의 성격 상 남자인 로우가 대부분이라고 하자. 이때 만약 이 테이블에서 남자인 로우를 추출하는 질의가 실행된다면, 이 테이블에 저장되어 있는 대부분의 로우에 접근하게 될 것입니다. 따라서 이런 경우에는 남자와 여자를 구분하는 컬럼에 대하여 인덱스를 생성하는 것은 아무런 의미가 없게 된다.
- 긴 문자열을 포함하는 컬럼을 인덱스로 사용하지 않는다.

10장 뷰와 인덱스

데이터베이스와 스키마

오라클은 하나의 데이터베이스 서버 인스턴스가 하나의 데이터베이스에 접근하여 데이터를 관리한다. 따라서 오라클 데이터베이스 서버에서는 설치할 때 생성한 데이터베이스를 사용하면 된다. 그러나 다른 데이터베이스 서버는 하나의 인스턴스에 여러 데이터베이스에 추가할 수 있다.

SQL 서버는 데이터베이스 서버 인스턴스가 사용하는 master 데이터베이스 외에도 다른 여러 개의 데이터베이스를 추가할 수 있다. MySQL도 데이터베이스 서버 인스턴스가 사용하는 sys 데이터베이스 외에 다른 여러 개의 데이터베이스를 추가할 수 있으며, PostgreSQL도 데이터베이스 서버 인스턴스가 사용하는 postgres 데이터베이스와 새로운 데이터베이스를 생성할 때 템플릿으로 사용하는 template0, template1 데이터베이스 외에도 다른 여러 개의 데이터베이스를 추가할 수 있다.

새로운 데이터베이스를 생성할 때는 먼저 각 데이터베이스 서버 인스턴스가 사용하는 데이터베이스에 접속한 다음 CREATE DATABASE 문을 사용한다.

CREATE DATABASE 데이터베이스명;

예를 들어 ordrdb 데이터베이스를 생성한다면 다음과 같이 SQL 문을 실행하면 된다.

CREATE DATABASE ordrdb;

이때 데이터베이스 서버마다 설정이 다르지만 영문 사용을 기본으로 하기 때문에 한글이 깨진다든지 정렬이 제대로 되지 않는 문제가 발생할 수 있다. 각 데이터베이스 서버별 기본 설정은 다음과 같다.

SQL 서버의 디폴트 설정은 다음과 같다.

CREATE DATABASE ordrdb
  COLLATE SQL_Latin1_General_CP1_CI_as;

위의 설정에서 COLLATE는 문자 데이터의 정렬 방법을 지정한다. Latin 은 문자 데이터를 아스키(ASCII)로 처리한다는 것을 의미하며, CP1은 코드 페이지 1252를 나타낸다. CI는 대소문자를 구별하지 않는다는 것을 의미하며 as는 액센트를 구별하여 'ü'

가 'u'와 같지 않다는 것을 의미한다.

MySQL의 디폴트 설정은 다음과 같다.

CREATE DATABASE ordrdb
DEFAULT CHARACTER SET utf8mb4 DEFAULT COLLATE utf8mb4_0900_ai_ci;

위의 설정에서 DEFAULT CHARACTER SET은 디폴트 문자 세트로 utf8mb4는 최대 길이가 4 바이트인 UTF-8 유니 코드를 의미한다. 0900은 유니코드 데이터 정렬 알고리즘 버전이며 ai도 액센트를 구별하여 'ü' 가 'u'와 같지 않다는 것을 의미한다. ci 도 대소문자를 구별하지 않는다는 것을 의미한다.

PostgreSQL 의 디폴트 설정은 다음과 같다.

CREATE DATABASE ordrdb
WITH ENCODING utf8 LC_COLLATE en_US.UTF-8 LC_CTYPE en_US.UTF-8;

위의 설정에서 ENCODING은 인코딩으로 utf8은 UTF-8 유니 코드를 의미한다. LC_COLLATE는 로케일(locale) 정렬 방식으로 en_US.UTF-8는 영어 UTF-8 유니 코드를 의미한다. LC_CTYPE은 로케일 문자 유형을 의미한다.

따라서 한글을 원활하게 사용하려면 다음과 같이 설정하는 것이 좋다.

SQL 서버의 설정은 다음과 같다.

CREATE DATABASE ordrdb
COLLATE Korean_Wansung_CI_AS;

위 설정에서 Korean_Wansung은 한국어 완성형을 의미한다.

MySQL의 설정은 다음과 같다.

CREATE DATABASE ordrdb
DEFAULT CHARACTER SET utf8 DEFAULT COLLATE utf8_general_ci;

PostgreSQL의 설정은 다음과 같다.

CREATE DATABASE ordrdb
WITH ENCODING 'UTF8' LC_COLLATE='ko_KR.UTF-8'

```
LC_CTYPE='ko_KR.UTF-8' TEMPLATE=template0;
```

위의 설정에서 TEMPLATE은 데이터베이스를 생성할 때 템플릿으로 사용하는 표준 시스템 데이터베이스를 지정한다. 디폴트 표준 시스템 데이터베이스는 template1으로 인코딩 또는 로케일에 관한 데이터를 포함한다. template0는 2차 표준 시스템 데이터베이스로 template1과 동일하지만 인코딩 또는 로케일에 관한 데이터를 포함하지 않는다.

참고로 우리가 사용하는 PostgreSQL이 제공하는 공식 도커 이미지는 영어 기반으로 en_US.UTF-8만 지원하고 ko_KR.UTF-8은 지원하지 않아 위의 설정이 동작하지 않는다.

SQL 서버와 MySQL에서 어떤 사용자든 데이터베이스를 사용할 수 있으며, 이미 다른 데이터베이스에 연결된 상태에서 USE 문을 사용하여 다른 데이터베이스를 사용할 수 있다.

```
USE ordrdb;
```

PostgreSQL도 어떤 사용자든 데이터베이스를 사용할 수는 있지만 이미 데이터베이스에 연결된 상태에서 다른 데이터베이스를 사용할 수는 없다. PostgreSQL에서 데이터베이스는 물리적으로 분리되어 있어 다른 데이터베이스를 사용하기 위해서는 사용자는 해당 데이터베이스로 재연결해야 한다.

데이터베이스를 삭제할 때는 DROP DATABASE 문을 사용한다.

```
DROP DATABASE ordrdb;
```

스키마(schema)란 테이블, 뷰, 인덱스 등 객체들의 집합을 의미한다. 앞에서 1장 SQL과 데이터베이스에서 이미 언급한 바와 같이 오라클 데이터베이스는 하나의 인스턴스 안에서 여러 사용자(user)가 각각 자신의 스키마(schema)를 소유한다. 따라서 오라클 데이터베이스에서 사용자와 스키마는 동일한 개념으로 사용된다. 하지만 다른 데이터베이스 서버는 사용자와 스키마를 별개의 개념으로 사용한다. 즉, SQL 서버와 PostgreSQL에서 스키마는 데이터베이스의 하위 개념이며, MySQL에서 스키마는 데이터베이스와 동일하다.

SQL 서버의 각 데이터베이스는 다음과 같은 미리 정의된 스키마를 제공한다.

- dbo
- guest
- sys
- INFORMATION_SCHEMA

이들 중에서 sys와 INFORMATION_SCHEMA는 시스템 객체를 위한 스키마이기 때문에 변경하거나 삭제할 수 없다. 새로 생성된 데이터베이스의 디폴트 스키마는 dbo로, dbo 사용자 계정이 소유한다. CREATE USER로 새로운 사용자를 생성할 때 dbo를 디폴트 스키마로 사용하게 된다.

PostgreSQL의 각 데이터베이스는 public이라고 하는 미리 정의된 디폴트 스키마를 제공한다.

SQL 서버와 PostgreSQL에서 다음과 같은 구문을 사용하여 스키마를 생성한다.

CREATE SCHEMA 스키마명;

다음과 같이 ordr 스키마를 생성할 수 있다.

CREATE SCHEMA ordr;

SQL 서버는 어떤 사용자든 다음과 같은 구문으로 스키마에 객체를 생성할 수 있다.

스키마명.객체명

예를 들어 다음과 같이 ordr 스키마에 customer 테이블을 생성할 수 있다.

CREATE TABLE ordr.customer (
   customer_id INTEGER IDENTITY PRIMARY KEY NOT NULL,
   customer_name VARCHAR(20) NOT NULL,
   customer_address VARCHAR(60),
   customer_email VARCHAR(40)
);

AUTHORIZATION 구를 함께 사용하여 특정 사용자를 소유자로 지정할 수 있다.

10장 뷰와 인덱스

사용자에 대해서는 잠시 후에 설명하기로 한다.

    CREATE SCHEMA ordr AUTHORIZATION user1;

위 SQL 문에서 user1 사용자는 ordr 스키마를 소유한다.

또는 ALTER AUTHORIZATION ON SCHEMA 문을 사용하여 특정한 사용자를 소유자로 변경할 수 있다.

    ALTER AUTHORIZATION ON SCHEMA::ordr TO user1;

또한 앞에서 설명한 바와 같이 사용자를 생성할 때 디폴트 스키마를 지정할 수 있다.

    CREATE USER user1
        FOR LOGIN login1
        WITH DEFAULT_SCHEMA = ordr;

또는 ALTER USER 문으로 디폴트 스키마를 변경할 수 있다.

    ALTER USER user1
        WITH DEFAULT_SCHEMA = ordr;

CREATE USER와 ALTER USER 문은 각각 사용자를 생성하고 변경하는 SQL 문이다. 이들 SQL 문에 대해서는 잠시 후에 설명한다.

그러나 사용자에게 sysadmin 역할이 부여되었다면 디폴트 스키마 설정은 무시된다. sysadmin 역할 사용자의 디폴트 스키마는 dbo다. 역할과 sysadmin 역할에 대해서도 잠시 후에 설명한다.

다른 스키마의 객체를 가져오려면 TRANSFER 구와 함께 ALTER SCHEMA 문을 사용한다.

    ALTER SCHEMA ordr TRANSFER dbo.product;

위 SQL 문에서 dbo 스키마에 포함되어 있는 product 테이블을 ordr 스키마로 이동시킨다.

이제 product 테이블을 질의하려면 다음과 같이 ordr 스키마명을 앞에 붙여야 한다.

```
SELECT * FROM ordr.product;
```

PostgreSQL은 스키마를 소유한 사용자만 스키마를 사용할 수 있다. 따라서 스키마를 생성할 때 AUTHORIZATION 구를 함께 사용하여 특정한 사용자를 소유자로 지정하거나,

```
CREATE SCHEMA ordr AUTHORIZATION user1;
```

또는 OWNER TO 구와 함께 ALTER SCHEMA 문으로 특정한 사용자를 소유자로 지정할 수 있다.

```
ALTER SCHEMA ordr OWNER TO user1;
```

이제 스키마 소유자는 다음과 같은 구문으로 스키마에 객체를 생성할 수 있다.

스키마명.객체명

예를 들어 다음과 같이 ordr 스키마에 customer 테이블을 생성할 수 있다.

```
CREATE TABLE ordr.customer (
    customer_id INTEGER GENERATED ALWAYS AS IDENTITY
                        PRIMARY KEY NOT NULL,
    customer_name VARCHAR(20) NOT NULL,
    customer_address VARCHAR(60),
    customer_email VARCHAR(40)
);
```

스키마에 포함되어 있는 객체를 다른 스키마로 이동할 때는 SET SCHEMA 구와 함께 ALTER 문을 사용한다.

```
ALTER TABLE product
    SET SCHEMA ordr;
```

위 SQL 문에서 현재 스키마에 포함되어 있는 product 테이블을 ordr 스키마로 이동시킨다..

10장 뷰와 인덱스

스키마를 삭제할 때는 DROP SCHEMA 문을 사용한다.

    DROP SCHEMA 스키마명;

앞에서 생성한 ordr 스키마를 다음과 같이 삭제할 수 있다.

    DROP SCHEMA ordr;

사용자와 권한

모든 데이터베이스 서버는 사용자(user)와 권한(privilege, permission)을 관리한다. 사용자는 데이터베이스 서버에 접속할 수 있는 계정(account)을 갖는다. 사용자가 데이터베이스에 접속한다고 해도 데이터베이스의 객체를 생성하고 사용하기 위해서는 권한을 부여 받아야 한다.

오라클 데이터베이스를 설치할 때 기본적으로 관리자 권한을 갖는 두 개의 사용자(user) 계정을 생성한다.

- SYS
- SYSTEM

SYS 계정은 SYSDBA 권한(privilege)을 부여받아 모든 데이터베이스 관리 기능을 수행한다. SYSTEM 계정은 백업과 복구, 데이터베이스 업그레이드를 제외한 다른 모든 관리 기능을 수행한다.

또한 오라클은 다음과 같은 두 개의 시스템 권한을 제공한다.

- SYSDBA
- SYSOPER

SYSDBA 권한은 모든 작업이 허용되는 강력한 데이터베이스 관리자를 위한 권한이며, SYSOPER는 사용자 데이터를 들여다 볼 수는 없지만 사용자가 데이터베이스를 운영하는데 필요한 기본적인 작업이 허용되는 권한이다.

SQL 프로그래밍

우리는 이미 1장 SQL과 데이터베이스에서 오라클에서 사용자를 생성하였다. 사용자를 생성할 때는 CREATE USER 문을 사용한다.

    CREATE USER 사용자명
        IDENTIFIED BY 비밀번호;

이때 반드시 사용자를 생성할 권한이 있는 계정에서 SQL 문을 수행해야 한다. 따라서 먼저 시스템 관리자 계정인 SYSTEM이나 SYS 계정으로 로그인한 후에 CREATE USER 문을 수행하는 것이 가장 좋다.

    CREATE USER user1
        IDENTIFIED BY 1234;

CREATE USER 문을 실행할 때 사용자명이 "C##"으로 시작하지 않으면 다음과 같은 에러를 발생시킬 수 있다.

    ORA-65096: 공통 사용자 또는 롤 이름이 부적합합니다.

이 경우에는 사용자명을 "C##"으로 시작하도록 부여하든가, 또는 다음과 같이 ALTER SESSION 문을 먼저 실행하고 CREATE USER 문을 실행하면 된다.

    ALTER SESSION SET "_oracle_script"=TRUE;

이 경우 만약 다른 데이터베이스 연결로 새로운 세션이 시작되었다면 다시 위의 ALTER SESSION 문을 실행해야 한다.

사용자 비밀번호를 변경하고 싶다면 ALTER USER 문을 사용한다.

    ALTER USER user1 IDENTIFIED BY 4321;

사용자를 삭제하려면 DROP USER 문을 사용한다.

    DROP USER user1;

이때 사용자와 관련된 모든 스키마를 삭제하고 싶다면 CASCADE 옵션을 추가한다.

10장 뷰와 인덱스

    DROP USER user1 CASCADE;

참고로 만약 사용자를 삭제할 때,

    ORA-28014: cannot drop administrative user or role

에러가 발생하면 다음과 같이 ALETER SESSION 문을 먼저 실행하고 DROP USER 문을 실행하면 된다.

    ALTER SESSION SET "_oracle_script"=TRUE;

사용자를 생성하였다고 하더라도 이 사용자 계정은 데이터베이스에 연결할 수 있는 권한이 없으므로 데이터베이스에 연결할 때 다음과 같은 에러를 발생시킨다.

    ORA-01045: user ORDR lacks CREATE SESSION privilege; logon denied

따라서 생성된 사용자에게 시스템 권한(system privilege)을 부여해야 한다. 시스템 권한은 세션이나 테이블, 뷰, 인덱스, 시퀀스, 프로시저 등 특정한 유형의 객체에 수행할 수 있는 권한이다. 중요한 몇 가지를 추리면 다음과 같다.

분류	시스템 권한	설명
세션	CREATE SESSION	데이터베이스 접속 권한
테이블	CREATE TABLE ALTER TABLE DROP TABLE SELECT ANY TABLE	테이블을 생성하고 변경, 삭제 및 질의할 수 있는 권한
뷰	CREATE VIEW ALTER VIEW DROP VIEW	뷰를 생성하고 변경, 또는 삭제할 수 있는 권한
인덱스	CREATE ANY INDEX ALTER ANY INDEX DROP ANY INDEX	인덱스를 생성하고 변경, 또는 삭제할 수 있는 권한

분류	시스템 권한	설명
시퀀스	CREATE SEQUENCE ALTER ANY SEQUENCE DROP ANY SEQUENCE	시퀀스를 생성하고 변경, 또는 삭제할 수 있는 권한
프로시저	CREATE PROCEDURE ALTER ANY PROCEDURE DROP ANY PROCEDURE	저장 프로시저를 생성하고 변경, 또는 삭제할 수 있는 권한

[표 10-1] 오라클 시스템 권한

시스템 권한을 부여할 때는 GRANT 문을 사용한다.

GRANT 권한 TO 사용자명;

예를 들어 데이터베이스에 접속할 권한을 부여할 때 다음과 같이 GRANT 문을 사용한다.

GRANT CREATE SESSION TO user1;

위의 SQL 문의 실행되면 user1 사용자는 데이터베이스에 접속할 권한을 갖는다.

부여된 시스템 권한을 취소할 때는 REVOKE 문을 사용한다.

REVOKE 권한 FROM 사용자명;

user1에게 부여된 CREATE SESSION 권한을 취소하려면 다음과 같이 REVOKE 문을 사용한다.

REVOKE CREATE SESSION user1;

위의 SQL 문의 실행되면 user1 사용자는 더 이상 데이터베이스에 접속할 수 없게 된다.

객체 권한(object privilege)은 특정한 사용자가 생성한 테이블이나 뷰, 인덱스, 시퀀스, 저장 프로시저 등과 관련된 권한이다. 예를 들어 ordr 사용자가 소유한 테이블에 user1 사용자가 SELECT나 INSERT 등의 SQL 문을 실행할 수 있도록 허용할 수 있다.

10장 뷰와 인덱스

객체 권한을 부여할 때는 다음 구문의 GRANT 문을 사용한다.

    GRANT [권한 | ALL PRIVILEGES]
        ON 객체명
        TO 사용자명;

객체 권한 중 중요한 몇 가지를 추리면 다음과 같다.

분류	객체 권한	설명
테이블	INSERT UPDATE DELETE SELECT	테이블에 로우를 추가하고 변경, 삭제 및 질의할 수 있는 권한
	INDEX	테이블의 인덱스를 생성할 수 있는 권한
뷰	INSERT UPDATE DELETE SELECT	뷰에 로우를 추가하고 변경, 삭제 및 질의할 수 있는 권한
시퀀스	SELECT	시퀀스의 CURRVAL과 NEXTVAL 사용 권한
프로시저	EXECUTE	저장 프로시저를 실행할 수 있는 권한

[표 10-2] 오라클 객체 권한

모든 권한을 부여하고자 한다면 ALL PRIVILEGES 옵션을 지정한다.

예를 들어 ordr 사용자가 생성한 customer 테이블의 SELECT 권한을 부여한다면 먼저 ordr 사용자 계정으로 로그인 한 후에 다음과 같이 SQL 문을 실행한다.

    GRANT SELECT
        ON customer
        TO user1;

이제 user1 계정으로 로그인 한 후에 다음과 같이 SELECT 문을 실행할 수 있다.

    SELECT * FROM ordr.customer;

객체 권한을 취소할 때도 REVOKE 문을 사용한다.

```
REVOKE [권한 | ALL PRIVILEGES]
    ON 객체명
    FROM 사용자명;
```

다시 user1 사용자에게 부여한 customer 테이블의 SELECT 권한을 취소한다면 먼저 ordr 사용자 계정으로 로그인한 후에 다음과 같이 SQL 문을 실행한다.

```
REVOKE SELECT
    ON customer
    FROM user1;
```

이제 user1 계정으로 로그인한 후에 다음과 같이 SELECT 문을 실행할 수 없게 된다.

```
SELECT * FROM ordr.customer;
```

위 질의문을 실행하면 다음과 같은 에러 메시지를 만나게 된다.

    ORA-00942: 테이블 또는 뷰가 존재하지 않습니다

만약 새로운 사용자를 생성한다면 처음에는 아무런 권한이 없으므로 다양한 시스템 권한을 일일이 부여해야 한다. 이러한 불편함을 없애기 위해 오라클은 역할(role)을 제공한다. 역할은 여러 종류의 권한을 묶어 놓은 그룹이다. 역할을 사용하면 여러 권한을 한번에 부여하고 취소할 수 있으므로 편리하다.

오라클은 데이터베이스를 설치할 때 다음과 같은 미리 정의된 역할(predefined role)을 제공한다.

- CONNECT
- RESOURCE
- DBA

CONNECT 역할은 데이터베이스에 접속할 수 있게 하는 권한을 갖는다. RE-SOURCE 역할은 사용자가 테이블, 뷰 등의 객체를 생성할 수 있게 하는 기본 시스템

권한을 갖고 있다. DBA 역할은 데이터베이스를 관리하는 대부분의 시스템 권한을 갖고 있다.

각 역할에 포함되어 있는 시스템 권한은 다음 질의문으로 확인할 수 있다.

SELECT * FROM DBA_SYS_PRIVS WHERE GRANTEE = 'CONNECT';
SELECT * FROM DBA_SYS_PRIVS WHERE GRANTEE = 'RESOURCE';
SELECT * FROM DBA_SYS_PRIVS WHERE GRANTEE = 'DBA';

오라클 데이터베이스를 공부할 때는 다음과 같이 이들 세 개의 역할을 모두 부여하는 것이 좋다.

GRANT RESOURCE, CONNECT, DBA TO user1;

사용자 정의 역할(user-defined role)을 생성할 수도 있다.

CREATE ROLE 역할명;

먼저 CREATE ROLE 문을 사용하여 사용자 정의 역할을 생성한다.

CREATE ROLE role_user1;

다음에는 GRANT 문을 사용하여 권한을 사용자 정의 역할에 부여한다.

GRANT CONNECT, RESOURCE, DBA TO role_user1;

이렇게 생성된 사용자 정의 역할을 GRANT 문으로 사용자에게 부여할 수 있다.

GRANT role_user1 TO user1;

사용자에게 부여된 권한과 역할은 다음과 같은 질의문으로 확인할 수 있다.

SELECT * FROM USER_SYS_PRIVS;
SELECT * FROM USER_ROLE_PRIVS;

GRANT 문으로 부여한 역할을 취소할 때도 REVOKE 문을 사용한다.

REVOKE 역할명 FROM 사용자명;

user1 사용자에 부여된 role_user1 역할을 취소하려면 다음과 같이 SQL 문을 작성한다.

REVOKE role_user1 FROM user1;

사용자 정의 역할은 DROP ROLE 문을 사용하여 삭제할 수 있다.

DROP ROLE role_user1;

SQL 서버는 데이터베이스 서버에 로그인하는 계정과 사용자를 분리한다.

로그인 인증은 윈도우 인증(Windows authentication)과 SQL 인증(SQL authentication) 등 두가지 방법으로 수행된다.

윈도우 운영체제에 SQL 서버를 설치할 때 다음과 같은 윈도우 인증 계정을 생성한다.

WINSERVER\Administrator

여기에서 WINSERVER는 SQL 서버를 설치한 머신 이름이고, Administrator는 로그인 계정 이름이다.

이 외에도 윈도우 인증 로그인 계정을 생성하는 경우에는 다음과 같이 FROM WINDOWS 구와 함께 CREATE LOGIN 문으로 생성한다.

CREATE LOGIN [도메인명\윈도우계정명] FROM WINDOWS;

SQL 서버는 SQL 인증에 사용되는 "sa" 로그인 계정을 제공한다. sa는 시스템 관리자(system administrator)의 약자로, "sa" 로그인 계정은 가장 권한이 많은 시스템 관리자 계정이다. "sa" 로그인 계정은 잠시 후에 살펴 볼 sysadmin 역할이 부여된다.

다른 로그인 계정은 다음과 같이 CREATE LOGIN 문으로 생성한다.

CREATE LOGIN 로그인명 WITH PASSORD = '비밀번호';

이때 비밀번호의 길이는 최소 8자 이상이어야 하며, 영숫자와 함께 느낌표(!), 달러 기호($), 숫자 기호(#) 또는 퍼센트(%)와 같은 문자가 포함되어야 한다. 암호 길이는 128자까지 길고 복잡한 암호를 사용해야 한다.

    CREATE LOGIN login1 WITH PASSWORD = 'passW0rd!';

만약 간단한 암호를 사용하고 싶다면 CREATE LOGIN 또는 ALTER LOGIN 문에서 CHECK_POLICY를 OFF로 지정한다.

    CREATE LOGIN login1 WITH PASSWORD='1234', CHECK_POLICY=OFF;

또는,

    ALTER LOGIN login1 WITH PASSWORD='1234', CHECK_POLICY=OFF;

로그인 계정을 삭제하려면 다음과 같이 DROP LOGIN 문을 사용한다.

    DROP LOGIN login1;

사용자는 다음과 같은 구문으로 생성한다.

    CREATE USER 사용자명 FOR LOGIN 로그인명;

login1 로그인 계정과 연결된 user1 사용자를 다음과 같이 생성할 수 있다.

    CREATE USER user1 FOR LOGIN login1;

사용자를 변경할 때는 다음과 같이 ALTER USER 문을 사용한다.
사용자 이름은 WITH NAME 구와 함께 다음과 같이 변경할 수 있다.

    ALTER USER user1
       WITH NAME = user2;

연결된 로그인은 WITH LOGIN 구와 함께 다음과 같이 변경할 수 있다.

    ALTER USER user1
       WITH LOGIN = login2;

사용자를 삭제할 때는 다음과 같이 DROP USER 문을 사용한다.

DROP USER user1;

로그인 계정과 사용자를 생성하였다고 하더라도 이 로그인 계정은 데이터베이스에 연결할 수 있는 권한만 갖는다. 따라서 생성된 로그인 계정과 사용자에게 역할(role)을 부여해야 한다. SQL 서버에서 역할은 서버 역할(server role)과 데이터베이스 역할(database role)로 구분된다. 서버 역할은 서버 자원의 보안 권한을 부여하는데 사용하며, 데이터베이스 역할은 데이터베이스의 보안 권한을 부여하는데 사용한다. 일반적으로 로그인 계정에는 서버 역할을 부여하고, 사용자에는 데이터베이스 역할을 부여한다.

다음은 SQL 서버가 제공하는 미리 정의된 역할 중에서 많이 사용되는 것을 간추린 것이다.

분류	역할	설명
서버	public	모든 사용자가 사용할 수 있는 객체만 허가하는 디폴트 역할
	dbcreator	데이터베이스를 생성, 변경, 삭제, 복구할 수 있는 역할
	sysadmin	모든 서버 행위를 할 수 있는 역할
데이터베이스	db_owner	데이터베이스에 대한 모든 유지 보수 및 설정 행위를 수행할 수 있는 역할
	db_ddladmin	DDL 문을 실행할 수 있는 역할
	db_datawriter	사용자 테이블에 데이터를 추가, 변경, 삭제할 수 있는 역할
	db_datareader	사용자 테이블의 데이터를 읽기만 할 수 있는 역할

[표 10-3] SQL 서버 역할

서버 역할을 부여할 때는 다음과 같이 ALTER SERVER ROLE 문을 사용한다.

ALTER SERVER ROLE 서버역할
    ADD MEMBER 로그인명;

login1 로그인 계정에 sysadmin 역할을 부여한다면 다음과 같이 SQL 문을 작성한

10장 뷰와 인덱스

다.

```
ALTER SERVER ROLE sysadmin
    ADD MEMBER login1;
```

login1 로그인 계정에서 sysadmin 역할을 삭제한다면 다음과 같이 SQL 문을 작성한다.

```
ALTER SERVER ROLE sysadmin
    DROP MEMBER login1;
```

데이터베이스 역할을 부여할 때는 다음과 같이 해당 데이터베이스에서 ALTER ROLE 문을 사용한다.

```
USE 데이터베이스명;
ALTER ROLE 데이터베이스역할
    ADD MEMBER 사용자명;
```

user1 사용자에 db_owner 역할을 부여한다면 다음과 같이 SQL 문을 작성한다.

```
USE ordrdb;
ALTER ROLE db_owner
    ADD MEMBER user1;
```

user1 사용자에서 db_owner 역할을 삭제한다면 다음과 같이 SQL 문을 작성한다.

```
USE ordrdb;
ALTER ROLE db_owner
    DROP MEMBER user1;
```

일반적인 사용자에게는 사용자 테이블을 읽고 쓸 수 있는 역할만 부여하는 것이 좋다.

```
USE ordrdb;
ALTER ROLE db_datawriter
```

```
    ADD MEMBER user1;
ALTER ROLE db_datareader
    ADD MEMBER user1;
```

또는 사용자에게 특정한 테이블이나 뷰, 인덱스, 시퀀스, 저장 프로시저 등에 관련된 권한((permission, 허가)을 부여할 수 있다.

SQL 서버에 정의된 권한은 다음 질의문으로 확인할 수 있다.

```
SELECT * FROM sys.fn_builtin_permissions(DEFAULT);
```

이들 중에서 많이 사용되는 것만 간추리면 다음과 같다.

분류	권한	설명
객체	INSERT UPDATE DELETE SELECT	테이블이나 뷰 등의 객체에 로우를 추가하고 변경, 삭제 및 질의할 수 있는 권한
	CONTROL	테이블이나 뷰 등의 객체에 모든 행위를 수행할 수 있는 권한
프로시저	EXECUTE	저장 프로시저를 실행할 수 있는 권한
데이터베이스	INSERT UPDATE DELETE SELECT	데이터베이스에 있는 모든 객체에 로우를 추가하고 변경, 삭제 및 질의할 수 있는 권한
	CONTROL	데이터베이스에 있는 모든 객체에 모든 행위를 수행할 수 있는 권한
	EXECUTE	데이터베이스에 있는 모든 저장 프로시저를 실행할 수 있는 권한
	CREATE DATABASE CREATE SCHEMA CREATE TABLE CREATE VIEW CREATE PROCEDURE	데이터베이스, 스키마, 테이블, 뷰, 저장 프로시저를 생성할 수 있는 권한

분류	권한	설명
스키마	INSERT UPDATE DELETE SELECT	스키마에 있는 모든 객체에 로우를 추가하고 변경, 삭제 및 질의할 수 있는 권한
	CONTROL	스키마에 있는 모든 객체에 모든 행위를 수행할 수 있는 권한
	EXECUTE	스키마에 있는 모든 저장 프로시저를 실행할 수 있는 권한

[표 10-4] SQL 서버 권한

사용자에게 객체 권한을 부여하기 위해서는 GRANT 문을 사용한다.

```
GRANT [권한 | ALL PRIVILEGES]
    ON 객체명
    TO 사용자명;
```

모든 권한을 부여하고자 한다면 ALL 또는 ALL PRIVILEGES 옵션을 지정한다. 이때 sa, dbo, 엔터티 소유자, information_schema, sys 또는 사용자 자신에 대한 권한을 부여할 수는 없다.

예를 들어 user1 사용자에게 ordr 스키마에 있는 customer 테이블의 SELECT 권한을 부여한다면 sa 로그인 계정으로 로그인 한 후 다음과 같이 SQL 문을 실행한다.

```
GRANT SELECT
    ON ordr.customer
    TO user1;
```

이제 login1 계정으로 로그인 한 후에 다음과 같이 SELECT 문을 실행할 수 있다.

```
SELECT * FROM ordr.customer;
```

특정한 데이터베이스에 있는 모든 객체의 SELECT, INSERT, UPDATE, DELETE 권한을 부여하려면 다음과 같이 GRANT 문을 작성한다.

```
GRANT SELECT, INSERT, UPDATE, DELETE
   ON DATABASE::ordrdb
   TO user1;
```

특정한 스키마에 있는 모든 객체의 SELECT, INSERT, UPDATE, DELETE 권한을 부여하려면 다음과 같이 GRANT 문을 작성한다.

```
GRANT SELECT, INSERT, UPDATE, DELETE
   ON SCHEMA::ordr
   TO user1;
```

현재 사용자에 설정되어 있는 모든 서버 권한을 보려면 다음과 같이 질의할 수 있다.

```
SELECT * FROM fn_my_permissions(NULL, 'SERVER');
```

또한 현재 사용자에 설정되어 있는 모든 데이터베이스 권한을 보려면 다음과 같이 질의할 수 있다.

```
SELECT * FROM fn_my_permissions(NULL, 'DATABASE');
```

현재 사용자에 설정되어 있는 특정 스키마의 권한을 보려면 다음과 같이 질의할 수 있다.

```
SELECT * FROM fn_my_permissions('ordr', 'SCHEMA');
```

객체 권한을 취소할 때는 REVOKE 문을 사용한다.

```
REVOKE [권한 | ALL PRIVILEGES]
   ON 객체명
   FROM 사용자명;
```

이때 sa, dbo, 엔터티 소유자, information_schema, sys 또는 사용자 자신에 대한 권한을 취소할 수는 없다.

다시 user1 사용자에게 부여한 ordr 스키마에 있는 customer 테이블의 SELECT 권한을 취소한다면 먼저 sa 로그인 계정으로 로그인 한 후에 다음과 같이 SQL 문을 실행

10장 뷰와 인덱스

한다.

```
REVOKE SELECT
    ON ordr.customer
    FROM user1;
```

MySQL은 "root"라고 하는 수퍼 유저(superuser) 즉, 시스템 루트(root) 사용자 또는 관리자 권한을 갖는 사용자 계정을 제공한다. 루트 사용자의 비밀 번호는 MySQL 데이터베이스를 설치할 때 부여한다.

다른 사용자는 다음과 같이 CREATE USER문을 사용하여 생성할 수 있다.

```
CREATE USER 사용자명
    IDENTIFIED BY 비밀번호;
```

이때 반드시 사용자를 생성할 권한이 있는 계정에서 SQL 문을 수행해야 한다. 따라서 먼저 시스템 관리자 계정인 root 계정으로 로그인한 후에 CREATE USER 문을 수행하는 것이 가장 좋다.

```
CREATE USER user1
    IDENTIFIED BY '1234';
```

참고로 MySQL 서버를 설치할 때 component_validate_password 컴포넌트를 설치했다면 최소한 8자리 이상의 비밀 번호를 지정해야 한다. 만약 설치된 component_validate_password 컴포넌트를 삭제하고 싶다면 다음 명령을 실행한다.

```
UNINSTALL COMPONENT 'file://component_validate_password';
```

MySQL은 다음과 같은 구문으로 로컬 사용자(local user)와 원격 사용자(remote user)를 구분하여 지원한다.

```
CREATE USER '사용자명'@['localhost' | 'IP 주소' | '%'
    IDENTIFIED BY 비밀번호;
```

로컬 사용자는 MySQL 서버가 실행되고 있는 머신(localhost)과 동일한 컴퓨터에서 데이터베이스에 접속하는 사용자로 다음과 같이 생성한다.

```
CREATE USER 'user1'@'localhost'
    IDENTIFIED BY '1234';
```

위에서 생성한 user1@localhost 로컬 사용자 계정으로는 원격에 있는 머신에서 MySQL 서버에 접속할 수 없다.

특정한 IP에서 접속하는 원격 사용자는 다음과 같이 생성한다.

```
CREATE USER 'user1'@'192.168.1.7'
    IDENTIFIED BY '1234';
```

위에서 생성한 user1@192.168.1.7 원격 사용자 계정으로는 다른 IP 주소를 갖는 머신은 물론이고 localhost에서도 MySQL 서버에 접속할 수 없다.

모든 IP 주소에서 접속할 수 있는 원격 사용자는 다음과 같이 생성한다.

```
CREATE USER 'user2'@'%'
    IDENTIFIED BY '1234';
```

위에서 생성한 user2@% 원격 사용자 계정으로는 localhost를 포함하여 모든 IP 주소 상에 있는 머신에서 MySQL 서버에 접속할 수 있다. CREATE USER 문에 사용자명만 지정하면 디폴트로 모든 IP 주소에서 접속할 수 있는 원격 사용자가 생성된다.

비밀 번호를 변경할 때는 ALTER USER 문을 사용한다.

```
ALTER USER 'user2'@'%'
    IDENTIFIED BY 'newpassword';
```

생성한 사용자를 삭제할 때는 DROP USER 문을 사용한다.

```
DROP USER 'user2'@'%'
```

CREATE USER 문으로 생성한 사용자는 MySQL 서버에 접속할 수 있는 권한만 갖는다. 따라서 사용자에게 특정한 테이블이나 뷰, 인덱스, 시퀀스, 저장 프로시저 등에 관련된 권한(privilege)을 부여해야 한다. 많이 사용되는 권한을 간추리면 다음과 같다.

10장 뷰와 인덱스

분류	권한	설명
테이블	CREATE ALTER DROP SELECT	테이블을 생성하고 변경, 삭제 및 질의할 수 있는 권한
	INSERT UPDATE DELETE	테이블의 로우를 추가하고 변경, 삭제할 수 있는 권한
뷰	CREATE VIEW ALTER VIEW DROP	뷰를 생성하고 변경, 또는 삭제할 수 있는 권한
프로시저	CREATE ROUTINE ALTER ROUTINE EXECUTE	저장 프로시저를 생성하고 변경, 또는 실행할 수 있는 권한

[표 10-5] MySQL 권한

사용자에게 객체 권한을 부여하기 위해서는 GRANT 문을 사용한다.

```
GRANT [권한 | ALL PRIVILEGES]
    ON 데이터베이스명.객체명
    TO 사용자명;
```

모든 권한을 부여하고자 한다면 ALL 또는 ALL PRIVILEGES 옵션을 지정한다.

전역 수준(global level)으로 MySQL 서버의 모든 데이터베이스의 모든 객체에 권한을 부여한다면 다음과 같이 ON 구에 *.*를 지정한다.

```
ON *.*
```

데이터베이스 수준(database level)으로 특정한 데이터이스의 모든 객체에 권한을 부여한다면 다음과 같이 ON 구에 지정한다.

```
ON 데이터베이스명.*
```

테이블 수준(table level)으로 특정한 데이터베이스의 특정한 테이블에 부여한다면 다음과 같이 ON 구에 지정한다.

    ON 데이터베이스명.테이블명

예를 들어 user1@localhost 사용자에게 ordrdb 데이터베이스의 모든 객체에 대한 모든 권한을 부여한다면 다음과 같이 SQL 문을 작성한다.

    GRANT ALL
       ON ordrdb.*
       TO 'user1'@'localhost';

user1@% 사용자에게 ordrdb 데이터베이스의 모든 객체에 대한 SELECT, INSERT, UPDATE, DELETE 권한을 부여한다면 다음과 같이 SQL 문을 작성한다.

    GRANT SELECT, INSERT, UPDATE, DELETE
       ON ordrdb.*
       TO 'user1'@'%';

GRANT OPTION 권한은 다른 사용자에게 권한을 넘겨줄 수 있게 한다. 예를 들어 다음과 같이 user1@% 사용자에게 GRANT OPTION 권한을 부여하면,

    GRANT GRANT OPTION
       ON ordrdb.*
       TO 'user1'@'%';

또는,

    GRANT
       ON ordrdb.*
       TO 'user1'@'%'
       WITH GRANT OPTION;

user1@% 사용자는 다음과 같이 user2@% 사용자에게 권한을 넘겨줄 수 있다.

    GRANT SELECT, INSERT, UPDATE, DELETE

10장 뷰와 인덱스

   ON ordrdb.*
   TO 'user2'@'%';

권한을 취소할 때는 REVOKE 문을 사용한다.

  REVOKE [권한 | ALL PRIVILEGES]
   ON 데이터베이스명.객체명
   FROM 사용자명;

앞에서 user1@% 사용자에게 부여된 권한을 취소한다면 다음과 같이 SQL 문을 작성한다.

  REVOKE SELECT, INSERT, UPDATE, DELETE
   ON ordrdb.*
   FROM'user1'@'%';

만약 새로운 사용자를 생성한다면 처음에는 아무런 권한이 없으므로 다양한 권한을 일일이 부여해야 한다. 이러한 불편함을 없애기 위해 MySQL에서도 역할(role)을 제공한다. 역할은 여러 종류의 권한을 묶어 놓은 그룹이다. 역할을 사용하면 여러 권한을 한번에 부여하고 취소할 수 있으므로 편리하다.
 역할은 다음과 같은 구문으로 생성한다.

  CREATE ROLE 역할명;

먼저 CREATE ROLE 문을 사용하여 역할을 생성한다.

  CREATE ROLE user_read, user_write;

이때 사용자의 경우와 마찬가지로 다음과 같이 모든 IP 주소에서 사용할 수 있는 역할이 생성된다.

  CREATE ROLE 'user_read'@'%', 'user_write'@'%';

사용자와 마찬가지로 로컬 또는 특정 IP 주소를 지정할 수 있다.

CREATE ROLE 'user_read'@'localhost', 'user_write'@'192.168.1.7';

다음에는 GRANT 문을 사용하여 권한을 역할에 부여한다.

GRANT SELECT
   ON ordrdb.*
   TO user_read;
GRANT INSERT, UPDATE, DELETE
   ON ordrdb.*
   TO user_write;

또는 다음과 같이 GRANT OPTION을 지정할 수도 있다.

GRANT SELECT
   ON ordrdb.*
   TO user_read
   WITH GRANT OPTION;
GRANT INSERT, UPDATE, DELETE
   ON ordrdb.*
   TO user_write
   WITH GRANT OPTION;

이렇게 생성된 역할을 GRANT 문으로 사용자에게 부여할 수 있다.

GRANT user_read
   TO user1;
GRANT user_write
   TO user1;

다음에는 FLUSH PRIVILEGES 명령으로 변경 사항을 즉시 반영하도록 한다.

FLUSH PRIVILEGES;

이제 user1으로 접속한 후에 다음과 같이 SET ROLE 문을 실행한다.

10장 뷰와 인덱스

```
SET ROLE user_read, user_write;
```

그리고 SHOW GRANTS 문을 사용하여 사용자에게 부여된 역할을 확인할 수 있다.

```
SHOW GRANTS FOR user1;
```

역할에 부여된 권한은 REVOKE 문을 사용하여 취소한다.

```
REVOKE SELECT
    ON ordrdb.*
    FROM user_read;
REVOKE INSERT, UPDATE, DELETE
    ON ordrdb.*
    FROM user_write;
```

역할을 삭제할 때는 DROP ROLE 문을 사용한다.

```
DROP ROLE user_read, user_write;
```

PostgreSQL은 "postgres"라고 하는 수퍼 유저(superuser) 즉, 관리자 권한을 갖는 사용자 계정을 제공한다. postgres 사용자의 비밀 번호는 PostgreSQL 데이터베이스를 설치할 때 부여한다.

다른 사용자는 다음과 같이 CREATE USER문을 사용하여 생성할 수 있다.

```
CREATE USER 사용자명
    WITH 옵션;
```

PostgreSQL은 사용자와 역할을 동의어로 사용한다. 따라서 다음과 같이 CREATE ROLE 문을 사용하여 생성할 수도 있다.

```
CREATE ROLE 역할명
    WITH 옵션;
```

위 구문에서 WITH 예약어는 생략할 수 있다. 옵션에는 LOGIN, PASSWORD, SUPERUSER, CREATEDB, CREATEROLE 등을 지정할 수 있다.

이때 반드시 사용자를 생성할 권한이 있는 계정에서 SQL 문을 수행해야 한다. 따라서 먼저 시스템 관리자 계정인 postgres 계정으로 로그인한 후에 CREATE USER 문을 수행하는 것이 가장 좋다.

```
CREATE USER user1
    PASSWORD '1234';
```

또는 CREATE ROLE 문을 사용할 수도 있다.

```
CREATE ROLE user1
    LOGIN PASSWORD '1234';
```

PASSWORD 옵션과 함께 비밀 번호를 지정할 수 있다. CREATE ROLE 문을 사용할 때 사용자에게 로그인을 허용하려면 LOGIN 옵션을 함께 지정한다.

수퍼 유저 즉, 관리자 권한을 갖는 사용자를 생성하려면 다음과 같이 SUPERUSER 옵션을 지정한다.

```
CREATE USER superuser
    WITH SUPERUSER PASSWORD '1234';
```

또는,

```
CREATE ROLE superuser
    WITH SUPERUSER LOGIN PASSWORD '1234';
```

비밀 번호를 변경하고 싶다면 다음과 같이 ALTER USER 또는 ALTER ROLE 문을 사용한다.

```
ALTER ROLE user1
    PASSWORD 'newpassword';
```

생성한 사용자 또는 역할을 삭제하려면 DROP USER 또는 DROP ROLE 문을 사용한다.

```
DROP ROLE superuser;
```

10장 뷰와 인덱스

우리가 앞에서 생성한 사용자 또는 역할은 로그인만 할 수 있을 뿐 데이터베이스에 있는 테이블과 같은 객체에는 접근할 수 없다. 따라서 사용자에게 특정한 테이블이나 뷰, 인덱스, 시퀀스, 저장 프로시저 등에 관련된 권한(privilege)을 부여해야 한다. 많이 사용되는 권한을 간추리면 다음과 같다.

분류	권한	설명
테이블 뷰	CREATE SELECT	테이블이나 뷰를 생성하고 변경, 삭제 및 질의할 수 있는 권한
	INSERT UPDATE DELETE	테이블이나 뷰의 로우를 추가하고 변경, 삭제할 수 있는 권한
프로시저	EXECUTE	저장 프로시저를 실행할 수 있는 권한

[표 10-6] PostgreSQL 권한

사용자에게 객체 권한을 부여하기 위해서는 GRANT 문을 사용한다.

```
GRANT [권한 | ALL PRIVILEGES]
    ON [스키마명.]객체명
    TO 사용자명;
```

모든 권한을 부여하고자 한다면 ALL 또는 ALL PRIVILEGES 옵션을 지정한다.

예를 들어 user1 사용자에게 ordr 스키마에 있는 customer 테이블에 대한 SELECT, INSERT, UPDATE, DELETE 권한을 부여한다면 다음과 같이 SQL 문을 작성한다.

```
GRANT SELECT, INSERT, UPDATE, DELETE
    ON ordr.customer
    TO user1;
```

user1 사용자에게 ordr 스키마의 모든 테이블과 뷰에 대한 모든 권한을 부여한다면 다음과 같이 SQL 문을 작성한다.

```
GRANT ALL
    ON ALL TABLES IN SCHEMA ordr
    TO user1;
```

권한을 취소할 때는 REVOKE 문을 사용한다.

    REVOKE [권한 | ALL PRIVILEGES]
        ON [스키마명.]객체명
        FROM 사용자명;

앞에서 user1 사용자에게 부여된 ordr 스키마의 customer 테이블에 대한 SELECT, INSERT, UPDATE, DELETE 권한을 취소한다면 다음과 같이 SQL 문을 작성한다.

    REVOKE SELECT, INSERT, UPDATE, DELETE
        ON ordr.customer
        FROM user1;

또한 user1 사용자에게 부여된 ordr 스키마의 모든 테이블과 뷰에 대한 모든 권한을 취소한다면 다음과 같이 SQL 문을 작성한다.

    REVOKE ALL
        ON ALL TABLES IN SCHEMA ordr
        FROM user1;

여러 역할을 묶은 그룹 역할(group role)을 생성할 수 있다.

일반적으로 그룹으로 사용되는 역할에는 LOGIN 옵션을 지정하지 않는다.

    CREATE ROLE group_role;

그룹에 포함될 역할을 생성하고 권한을 부여한다.

    CREATE ROLE user_read;
    CREATE ROLE user_write;
    GRANT SELECT
        ON ALL TABLES IN SCHEMA ordr
        TO user_read;
    GRANT INSERT, UPDATE, DELETE
        ON ALL TABLES IN SCHEMA ordr
        TO user_write;

10장 뷰와 인덱스

그리고 GRANT 문을 사용하여 이들 역할을 그룹 역할에 포함시킨다.

GRANT user_read TO group_role;
GRANT user_write TO group_role;

다음에는 그룹 역할을 GRANT와 REVOKE 문으로 사용자에 부여하거나 취소할 수 있다.

GRANT group_role TO user1;
REVOKE group_role FROM user1;

11장 저장 프로시저 - 오라클

11장
저장 프로시저 - 오라클

- PL/SQL 기본 구문
- 저장 프로시저
- 저장 함수
- 트리거

PL/SQL 기본 구문

    우리가 5장 SQL 내장 함수에서 살펴본 함수는 데이터베이스 서버 자체에 저장되어 있는 프로그램이다. 데이터베이스 서버에서 사용할 수 있는 이러한 저장 프로그램으로는 저장 프로시저(stored procedure)와 저장 함수(stored function)가 있다. 프로시저는 업무 로직에 따라 어떤 작업을 수행하여 그 결과로 데이터베이스에 데이터를 저장하거나 변경하는 프로그램이고, 함수는 작업을 수행한 후에 그 결과를 반환하는 프로그램이다. 이들 두 유형의 프로그램은 결과를 반환하는 지 여부만 다르고 여러가지 면에서 유사하기 때문에 이 둘을 묶어서 저장 루틴(stored routine)이라고도 한다.

    이 외에도 데이터베이스의 테이블에 INSERT, UPDATE, DELETE 문이 실행될 때 수행되는 작업을 처리하는 프로그램인 트리거(trigger)와, 예정된 시간에 자동적으로 실행되는 프로그램인 이벤트(event)도 있다.

    각 데이터베이스 서버는 각각 이들 저장 프로그램을 작성하는데 사용할 수 있는 SQL 방언(dialect) 언어를 제공한다. 오라클은 SQL 프로시저 확장인 PL/SQL(Procedural

Language/SQL)을 제공하며, SQL 서버는 T-SQL(Transact-SQL)을, MySQL은 SQL/PSM(SQL/Persistent Stored Module)을, PostgreSQL은 PL/pgSQL(Procedural Language/PostgreSQL)을 제공한다. 이 외에도 SQL 서버에서는 C# 언어를 사용하여 저장 프로그램을 작성할 수 있으며, PostgreSQL은 PL/pgSQL 외에도 SQL, PL/Tcl, PL/Perl, PL/Python 등의 언어도 지원한다.

우리는 이 장에서 시작하는 4개 장에서 각각 오라클, SQL 서버, MySQL, PostgreSQL의 PL/SQL, T-SQL, SQL/PSM, PL/pgSQL 언어의 기본적인 구문을 살펴보고, 가장 많이 사용되는 저장 프로시저와 함수, 그리고 트리거를 작성하는 방법을 전형적인 유형의 간단한 예제와 함께 살펴보게 될 것이다.

먼저 오라클 PL/SQL에서부터 시작하기로 한다.

PL/SQL 프로그램은 다음과 같은 블럭 구조(block structure)를 갖는다.

```
[DECLARE
    선언문;
]
BEGIN
    명령문;
[EXCEPTION
    예외 처리문;
]
END;
/
```

DECLARE 선언부에는 다른 블록에서 사용할 변수를 선언한다. BEGIN...END 실행부에는 반복이나 조건식 등의 실제로 실행되는 명령문이 온다. EXCEPTION 예외 처리부에는 명령문이 실행될 때 발생하는 실행 에러를 처리하는 명령문이 온다. 그리고 PL/SQL 블록은 슬래쉬(/)로 끝난다.

PL/SQL은 이름이 없는 익명 블럭(anonymous block)을 지원한다. 우리는 익명 블럭에 코드를 작성하면서 PL/SQL의 기본 구문을 익히기로 한다. 먼저 가장 기초적인 안녕하세요? 프로그램부터 작성하기로 하자. 참고로 PL/SQL 코드를 작성할 때는 sqlplus나 SQL 디벨로퍼를 사용하는 것이 편리하다. 우리는 SQL 디벨로퍼를 사용하기로 한다. sqlplus와 SQL 디벨로퍼를 설치하는 방법에 대해서는 1장 SQL과 데이터베이스를 참조하기 바란다.

11장 저장 프로시저 - 오라클

```
SET SERVEROUTPUT ON;
BEGIN
    DBMS_OUTPUT.PUT_LINE('안녕하세요? PL/SQL?');
END;
/
```

SET SERVEROUTPUT ON 문은 실행 결과를 화면에 출력하기 위해 SERVEROUTPUT 설정값을 ON으로 지정하는 sqlplus 명령문이다. PUT_LINE는 화면에 문자열을 출력하기 위해 오라클에서 제공하는 프로시저이며 DBMS_OUTPUT 패키지 안에 포함되어 있다.

따라서 위의 코드를 실행하면 다음과 같은 결과를 보여준다.

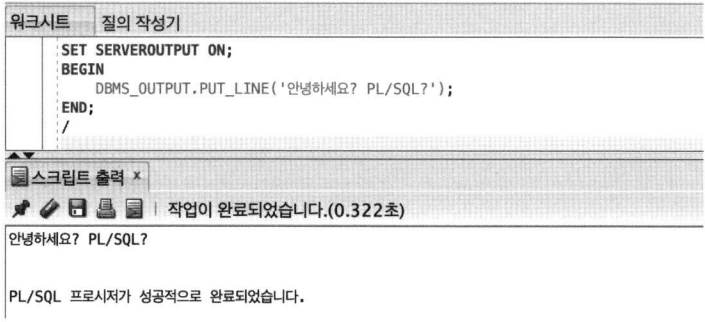

[그림 11-1] 실행 결과

다른 블럭에서 사용할 변수는 DECLARE 선언부에 다음과 같은 구문으로 선언한다.

 변수명 타입 := 초기값;

다음 코드는 변수를 선언하고 사용하는 예를 보여준다.

```
DECLARE
    l_name VARCHAR2(20);
    l_id INTEGER := 1;
BEGIN
    l_name := '김일';
    DBMS_OUTPUT.PUT_LINE('ID : ' || l_id || ', 이름 : ' || l_name);
END;
```

SQL 프로그래밍

문자열을 결합할 때는 || 연산자를 사용한다.

위 코드의 실행 결과는 다음과 같다.

ID : 1, 이름 : 김일

PL/SQL도 자바와 같은 범용 언어와 마찬가지로 제어문을 제공한다.

IF 조건문은 다음과 같은 구문을 갖는다.

```
IF 조건식1 THEN
    명령문1;
ELSIF 조건식2 THEN
    명령문2;
ELSE
    명령문3;
END IF;
```

이번에는 특정 고객의 총 매출액을 출력하고 매출액이 천 만원 이상이면 최우수 고객, 500 만원 이상이면 우수 고객, 그 이하면 일반 고객이라고 출력하는 코드를 작성하기로 한다.

```
DECLARE
    l_customer_name VARCHAR2(20);
    l_sum INTEGER;
BEGIN
    SELECT customer_name, SUM(product_price * order_item_quantity)
        INTO l_customer_name, l_sum
        FROM orders o
        JOIN customer c ON o.customer_id = c.customer_id
        JOIN order_item i ON o.order_id = i.order_id
        JOIN product p ON i.product_id = p.product_id
        WHERE c.customer_id = 5
        GROUP BY c.customer_id, customer_name;
```

11장 저장 프로시저 - 오라클

```
        DBMS_OUTPUT.PUT_LINE('고객명 : ' || l_customer_name || ', 총 매출액 : ' || l_sum);
        IF l_sum > 10000000 THEN
            DBMS_OUTPUT.PUT_LINE('최우수 고객입니다.');
        ELSIF l_sum > 5000000 THEN
            DBMS_OUTPUT.PUT_LINE('우수 고객입니다.');
        ELSE
            DBMS_OUTPUT.PUT_LINE('일반 고객입니다.');
        END IF;
    END;
    /
```

위의 코드에서 SELECT INTO 문은 선택된 값을 변수에 저장한다. 따라서 customer_name 컬럼의 값은 l_customer_name 변수에 저장되고, SUM(product_price * order_item_quantity)은 l_sum 변수에 저장된다. 그리고 IF 문에서 l_sum이 10000000 이상이면 "최우수 고객입니다."를 출력하고, l_sum이 5000000 이상이면 "우수 고객입니다.", 그 이하면 "일반 고객입니다."를 출력한다.

위 코드의 실행 결과는 다음과 같다.

```
고객명 : 김오, 총 매출액 : 9666600
우수 고객입니다.
```

CASE 문을 사용할 수도 있다.

```
CASE 조건식
    WHEN 값1 THEN 명령문1;
    WHEN 값2 THEN 명령문2;
    ...
    ELSE 명령문3;
END CASE;
```

위의 코드에 CASE 문을 추가해서 다음과 같이 작성할 수 있다.

```
DECLARE
    l_customer_name VARCHAR2(20);
```

```
    l_sum INTEGER;
    l_rate INTEGER;
  BEGIN
    SELECT customer_name, SUM(product_price * order_item_quantity)
      INTO l_customer_name, l_sum
      FROM orders o
      JOIN customer c ON o.customer_id = c.customer_id
      JOIN order_item i ON o.order_id = i.order_id
      JOIN product p ON i.product_id = p.product_id
      WHERE c.customer_id = 5
      GROUP BY c.customer_id, customer_name;
    DBMS_OUTPUT.PUT_LINE('고객명 : ' || l_customer_name || ', 총매출액 : ' || l_sum);
    IF l_sum > 10000000 THEN
      l_rate := 1;
    ELSIF l_sum > 5000000 THEN
      l_rate := 2;
    ELSE
      l_rate := 3;
    END IF;
    CASE l_rate
      WHEN 1 THEN DBMS_OUTPUT.PUT_LINE('최우수 고객입니다.');
      WHEN 2 THEN DBMS_OUTPUT.PUT_LINE('우수 고객입니다.');
      ELSE DBMS_OUTPUT.PUT_LINE('일반 고객입니다.');
    END CASE;
  END;
  /
```

위 코드에서는 총 매출액이 천 만원 이상이면 1 등급으로 l_rate 변수에 1을 저장하고, 500 만원 이상이면 2 등급으로 l_rate 변수에 2를, 그 이하면 3 등급으로 l_rate 변수에 3을 저장한다. 그 후에 CASE 문에서 l_rate가 1이면 "최우수 고객입니다."를 출력하고, 2이면 "우수 고객입니다.", 3 이면 "일반 고객입니다."를 출력한다.

또는 CASE 문만 사용해서 다음과 같이 작성할 수도 있다.

```
DECLARE
    l_customer_name VARCHAR2(20);
    l_sum INTEGER;
BEGIN
    SELECT customer_name, SUM(product_price * order_item_quantity)
        INTO l_customer_name, l_sum
        FROM orders o
        JOIN customer c ON o.customer_id = c.customer_id
        JOIN order_item i ON o.order_id = i.order_id
        JOIN product p ON i.product_id = p.product_id
        WHERE c.customer_id = 5
        GROUP BY c.customer_id, customer_name;
    DBMS_OUTPUT.PUT_LINE('고객명 : ' || l_customer_name || ', 총매출액 : ' || l_sum);
    CASE
        WHEN l_sum > 10000000 THEN
            DBMS_OUTPUT.PUT_LINE('최우수 고객입니다.');
        WHEN l_sum > 5000000 THEN
            DBMS_OUTPUT.PUT_LINE('우수 고객입니다.');
        ELSE DBMS_OUTPUT.PUT_LINE('일반 고객입니다.');
    END CASE;
END;
/
```

위 코드에서는 CASE 문에서 l_sum 이 10000000 이상이면 "최우수 고객입니다."를 출력하고, l_sum이 5000000 이상이면 "우수 고객입니다.", 그 이하면 "일반 고객입니다."를 출력한다.

위 코드의 실행 결과는 다음과 같다.

```
고객명 : 김오, 총 매출액 : 9666600
우수 고객입니다.
```

반복문에는 FOR LOOP, WHILE LOOP, LOOP 문 등이 있다.

FOR LOOP 문은 다음과 같은 구문을 갖는다.

```
FOR 카운터변수 IN 시작값 .. 끝값 LOOP
    명령문
END LOOP;
```

예를 들어 1에서부터 3까지 반복하면서 "사랑합니다"를 출력한다면 다음과 같이 코드를 작성한다.

```
BEGIN
    FOR i IN 1 .. 3 LOOP
        DBMS_OUTPUT.PUT_LINE(i || '번째: 사랑합니다.');
    END LOOP;
END;
/
```

위 코드의 실행 결과는 다음과 같다.

```
1번째: 사랑합니다.
2번째: 사랑합니다.
3번째: 사랑합니다.
```

WHILE LOOP 문은 다음과 같은 구문을 갖는다.

```
WHILE 표현식 LOOP
    명령문;
END LOOP;
```

위의 FOR LOOP 문을 WHILE LOOP 문으로 바꾸면 다음과 같다.

```
DECLARE
    i INTEGER;
BEGIN
    i := 1;
    WHILE i < 4 LOOP
        DBMS_OUTPUT.PUT_LINE(i || '번째: 사랑합니다.');
        i := i + 1;
```

```
    END LOOP;
  END;
  /
```

LOOP 문은 다음과 같은 구문을 갖는다.

```
  LOOP
     명령문;
     EXIT WHEN 표현식
  END LOOP;
```

위의 FOR LOOP 문을 LOOP 문으로 바꾸면 다음과 같다.

```
  DECLARE
     i INTEGER;
  BEGIN
     i := 1;
     LOOP
        DBMS_OUTPUT.PUT_LINE(i || '번째: 사랑합니다.');
        i := i + 1;
        EXIT WHEN i > 3;
     END LOOP;
  END;
  /
```

변수를 선언할 때 테이블의 컬럼을 참조하는 참조 타입(reference type)을 사용할 수 있다.

```
  변수명 테이블명.컬럼명%TYPE := 초기값;
```

다음 코드는 customer 테이블의 customer_name 컬럼의 타입을 l_customer 변수의 타입으로 사용한다.

```
  DECLARE
     l_customer_name customer.customer_name%TYPE;
```

```
BEGIN
    SEIECT customer_name
      INTO l_customer_name
      FROM customer
      WHERE customer_id = 1;
    DBMS_OUTPUT.PUT_LINE('이름: ' || l_customer_name);
END;
/
```

위 코드의 실행 결과는 다음과 같다.

이름: 김일

테이블 자체를 참조 타입으로 사용할 수 있다.

변수명 테이블명%ROWTYPE;

다음 코드에서 l_customer_row 변수의 타입으로 customer 테이블의 타입이 사용된다.

```
DECLARE
    l_customer_row customer%ROWTYPE;
BEGIN
    SEIECT *
      INTO l_customer_row
      FROM customer
      WHERE customer_id = 1;
    DBMS_OUTPUT.PUT_LINE('ID: ' || l_customer_row.customer_id);
    DBMS_OUTPUT.PUT_LINE('이름: ' || l_customer_row.customer_name);
    DBMS_OUTPUT.PUT_LINE('주소: ' || l_customer_row.customer_address);
    DBMS_OUTPUT.PUT_LINE('이메일: ' || l_customer_row.customer_email);
END;
/
```

위 코드에서 선택한 테이블의 로우가 l_customer_row 변수에 저장된다. 따라서 l_

customer_row 변수에서 다음과 같은 구문으로 각 컬럼의 값을 읽을 수 있다.

> 테이블타입변수.컬럼명

위 코드의 실행 결과는 다음과 같다.

> ID: 1
> 이름: 김일
> 주소: 서울시
> 이메일: kim1@gmail.com

조인된 여러 테이블의 컬럼을 묶어서 하나의 레코드(record)로 정의하여 사용할 수 있다.

```
TYPE 레코드명 IS RECORD (
    변수명 타입,
    …
);
```

예를 들어 product 테이블의 product_name과 product_price 컬럼 그리고 inventory 테이블의 inventory_quantity 컬럼을 묶어서 다음과 같이 product_inventory_type 레코드로 정의할 수 있다.

```
TYPE product_inventory_type IS RECORD (
    product_name VARCHAR2(40),
    product_price INTEGER,
    inventory_quantity INTEGER
);
```

다음 코드는 레코드를 사용하여 질의한 결과를 출력하는 예를 보여준다.

```
DECLARE
    TYPE product_inventory_type IS RECORD (
        product_name VARCHAR2(40),
        product_price INTEGER,
```

```
        inventory_quantity INTEGER
    );
    l_product_inventory_rec product_inventory_type;
BEGIN
    SELECT product_name, product_price, inventory_quantity
        INTO l_product_inventory_rec
        FROM product
        JOIN inventory ON product.product_id = inventory.product_id
        WHERE product.product_id = 1;
    DBMS_OUTPUT.PUT_LINE('제품명: ' || l_product_inventory_rec.product_name);
    DBMS_OUTPUT.PUT_LINE('제품 가격: ' || l_product_inventory_rec.product_price);
    DBMS_OUTPUT.PUT_LINE('재고 수량: ' || l_product_inventory_rec.inventory_quantity);
END;
/
```

위 코드의 실행 결과는 다음과 같다.

제품명: 제품1
제품 가격: 30000
재고 수량: 1000

지금까지 우리는 하나의 로우를 선택하는 예를 살펴보았지만 일반적으로 SQL 질의문은 개별적인 로우보다는 전체 로우셋을 반환한다. 그리고 우리는 이들 로우셋에서 하나씩 로우를 꺼내와 작업할 때가 많다. 이것을 위해서 우리는 커서(cursor)를 사용할 수 있다.

커서를 사용하기 위해서는 먼저 커서를 선언해야 한다.

```
CURSOR 커서명 IS
    질의문;
```

다음은 커서를 선언한 예다.

11장 저장 프로시저 - 오라클

```
CURSOR l_customer_cursor IS
  SELECT *
    FROM customer
    ORDER BY customer_id;
```

커서를 선언한 후에는 OPEN 문을 사용하여 커서를 연다.

```
OPEN l_customer_cursor;
```

그리고 반복문에서 FETCH INTO 문을 사용하여 커서에서 하나의 로우를 읽어 변수에 저장한다. 이 작업을 커서에 로우가 더 이상 없을 때 즉, 커서명%NOTFOUND일 때 반복문을 빠져온다.

```
LOOP
  FETCH l_customer_cursor
    INTO l_customer_row;
  EXIT WHEN l_customer_cursor%NOTFOUND;
  -- 작업 수행
END LOOP;
```

마지막으로 열려 있는 커서를 CLOSE 문으로 닫는다.

```
CLOSE l_customer_cursor;
```

다음 코드는 커서를 사용하여 customer 테이블에 있는 모든 로우를 화면에 출력하는 예를 보여준다.

```
DECLARE
  CURSOR l_customer_cursor IS
    SELECT *
      FROM customer
      ORDER BY customer_id;
  l_customer_row customer%ROWTYPE;
BEGIN
  OPEN l_customer_cursor;
```

```
    LOOP
        FETCH l_customer_cursor
            INTO l_customer_row;
        EXIT WHEN l_customer_cursor%NOTFOUND;
        DBMS_OUTPUT.PUT_LINE(
            'ID: ' || l_customer_row.customer_id ||
            ', 이름: ' || l_customer_row.customer_name ||
            ', 주소: ' || l_customer_row.customer_address ||
            ', 이메일: ' || l_customer_row.customer_email);
    END LOOP;
    CLOSE l_customer_cursor;
END;
/
```

위 코드의 실행 결과는 다음과 같다.

```
ID: 1, 이름: 김일, 주소: 서울시, 이메일: kim1@gmail.com
ID: 2, 이름: 김이, 주소: 서울시, 이메일: kim2@gmail.com
ID: 3, 이름: 김삼, 주소: 대전시, 이메일: kim3@gmail.com
ID: 4, 이름: 김사, 주소: 인천시, 이메일: kim4@gmail.com
ID: 5, 이름: 김오, 주소: 대구시, 이메일: kim5@gmail.com
```

또는 다음과 같이 FOR LOOP 문을 사용하여 간단하게 커서를 사용할 수도 있다.

```
BEGIN
    FOR l_customer_row IN l_customer_cursor LOOP
        DBMS_OUTPUT.PUT_LINE(
            'ID: ' || l_customer_row.customer_id ||
            ', 이름: ' || l_customer_row.customer_name ||
            ', 주소: ' || l_customer_row.customer_address ||
            ', 이메일: ' || l_customer_row.customer_email);
    END LOOP;
END;
```

커서에 매개변수를 지정할 수도 있다.

11장 저장 프로시저 - 오라클

```
CURSOR l_customer_cursor (
  p_id customer.customer_id%TYPE) IS
  SELECT *
    FROM customer
    WHERE customer_id = p_id
    ORDER BY customer_id;
```

그리고 커서를 열 때 인수를 전달한다.

```
OPEN l_customer_cursor (3);
```

또는 FOR LOOP 문에서 다음과 같이 커서에 인수를 전달한다.

```
FOR l_customer_row IN l_customer_cursor(3) LOOP
  -- 생략
END LOOP;
```

다음 코드는 매개변수를 갖는 커서를 사용하는 예를 보여준다.

```
DECLARE
  CURSOR l_customer_cursor (
    p_id customer.customer_id%TYPE) IS
    SELECT *
      FROM customer
      WHERE customer_id = p_id
      ORDER BY customer_id;
  l_customer_row customer%ROWTYPE;
BEGIN
  -- OPEN l_customer_cursor(3);
  FOR l_customer_row IN l_customer_cursor(3) LOOP
    DBMS_OUTPUT.PUT_LINE(
      'ID: ' || l_customer_row.customer_id ||
      ', 이름: ' || l_customer_row.customer_name ||
      ', 주소: ' || l_customer_row.customer_address ||
      ', 이메일: ' || l_customer_row.customer_email);
```

```
        END LOOP;
    END;
    /
```

위 코드의 실행 결과는 다음과 같다.

    ID: 3, 이름: 김삼, 주소: 대전시, 이메일: kim3@gmail.com

커서를 열 때 OPEN FOR 문을 사용하여 실행 시에 질의문을 지정할 수 있다. 그러기 위해서는 먼저 다음과 같이 커서 타입을 선언한다.

```
    TYPE 커서타입 IS
        REF CURSOR RETURN 테이블타입;
```

위의 선언문에서 REF CURSOR는 커서의 포인터(pointer) 즉, 커서를 가리키는 값이다. 그리고 이 커서 포인터는 테이블 타입을 반환한다. 다음 코드는 customer 테이블을 반환하는 customer_cursor_type을 선언한 예다.

```
    TYPE customer_cursor_type IS
        REF CURSOR RETURN customer%ROWTYPE;
```

다음은 커서 타입의 변수를 선언한다.

```
    l_customer_cursor customer_cursor_type;
```

그리고 OPEN FOR 문을 사용하여 커서를 열 때 다음과 같이 질의문을 지정할 수 있다.

```
    OPEN l_customer_cursor FOR
        SELECT *
            FROM customer
            ORDER BY customer_id;
```

다음은 커서 타입과 OPEN FOR 문을 사용하여 커서를 여는 예를 보여준다.

```
    DECLARE
        TYPE customer_cursor_type IS
            REF CURSOR RETURN customer%ROWTYPE;
        l_customer_cursor customer_cursor_type;
        l_customer_row customer%ROWTYPE;
    BEGIN
        OPEN l_customer_cursor FOR
            SELECT *
                FROM customer
                ORDER BY customer_id;
        LOOP
            FETCH l_customer_cursor INTO l_customer_row;
            EXIT WHEN l_customer_cursor%NOTFOUND;
            DBMS_OUTPUT.PUT_LINE(
                'ID: ' || l_customer_row.customer_id ||
                ', 이름: ' || l_customer_row.customer_name ||
                ', 주소: ' || l_customer_row.customer_address ||
                ', 이메일: ' || l_customer_row.customer_email);
        END LOOP;
        CLOSE l_customer_cursor;
    END;
    /
```

위 코드의 실행 결과는 다음과 같다.

```
ID: 1, 이름: 김일, 주소: 서울시, 이메일: kim1@gmail.com
ID: 2, 이름: 김이, 주소: 서울시, 이메일: kim2@gmail.com
ID: 3, 이름: 김삼, 주소: 대전시, 이메일: kim3@gmail.com
ID: 4, 이름: 김사, 주소: 인천시, 이메일: kim4@gmail.com
ID: 5, 이름: 김오, 주소: 대구시, 이메일: kim5@gmail.com
```

앞에서 선언한 커서는 특정한 반환 타입을 갖는다. 이러한 커서를 제약된 커서(con-strained cursor)라고 한다. 이 커서는 커서가 실행하는 질의문의 컬럼이 반드시 반환 타입과 일치해야 한다. 이에 반해 다음과 같이 반환 타입이 없는 제약되지 않은 커서

(unconstrained cursor)를 사용하여 어떠한 질의문도 실행할 수 있다.

```
DECLARE
    TYPE cursor_type IS REF CURSOR;
    l_cursor cursor_type;
    l_customer_row customer%ROWTYPE;
```

또는 커서 타입 대신에 다음과 같이 SYS_REFCUROSR를 사용할 수 있다.

```
DECLARE
    l_cursor SYS_REFCURSOR;
    l_customer_row customer%ROWTYPE;
```

명령문이 실행될 때 발생하는 실행 에러를 처리하기 위해서는 EXCEPTION 블럭을 사용한다. 다음은 예외를 처리하는 예를 보여준다.

```
DECLARE
    err_code NUMBER;
    err_msg VARCHAR2(200);
BEGIN
    INSERT INTO customer VALUES(1, '김일', '서울시', 'kim1@gmail.com');
    DBMS_OUTPUT.PUT_LINE('성공적으로 데이터가 추가되었습니다.');
EXCEPTION
    WHEN DUP_VAL_ON_INDEX THEN
        DBMS_OUTPUT.PUT_LINE('값이 중복됩니다.');
    WHEN OTHERS THEN
        err_code := SQLCODE;
        err_msg := SUBSTR(SQLERRM, 1, 200);
        DBMS_OUTPUT.PUT_LINE('에러: ' || err_code || ', ' || err_msg);
END;
/
```

WHEN 구에는 미리 정의된 에러를 지정하거나, 미리 정의되지 않은 에러를 처리하기 위해 OTHERS를 지정할 수 있다. 많이 사용되는 미리 정의된 에러는 다음과 같다.

미리 정의된 에러	에러 코드	설명
DUP_VAL_ON_INDEX	00001	UNIQUE 인덱스가 있는 컬럼에 중복된 값을 저장하는 경우
NO_DATA_FOUND	01403	SELECT INTO 문이 데이터를 반환하지 않는 경우
ZERO_DIVIDE	01476	숫자를 0으로 나누기를 하는 경우
INVALID_NUMBER	01722	문자열을 숫자로 변환할 수 없는 경우
VALUE_ERROR	06502	산술 연산, 변환, 잘림 또는 크기 제약 에러가 발생할 때

[표 11-1] 미리 정의된 에러

발생한 에러의 에러 코드와 에러 메시지는 SQLCODE와 SQLERRM 함수를 사용하여 구할 수 있다.

위 코드의 실행 결과는 다음과 같다.

 에러: -32795, ORA-32795: generated always ID 열에 삽입할 수 없습니다.

저장 프로시저

이제 PL/SQL의 기본적인 구문을 익혔으므로 본격적으로 저장 프로시저(stored procedure)를 생성하기로 한다. 저장 프로시저는 다음과 같은 구문으로 생성한다.

 CREATE [OR REPLACE] PROCEDURE 프로시저명 [(매개변수 목록)]
 AS | IS
 PL/SQL 블럭;

OR REPLACE 가 지정되면 저장 프로시저를 변경할 수도 있게 된다.

매개변수는 괄호 안에 다음과 같은 구문으로 정의한다.

 매개변수명 [IN | OUT | IN OUT] 타입;

매개변수에 IN, OUT, IN OUT 모드를 지정할 수 있다. IN 모드는 매개변수에 전달되는 인수를 입력에 사용하며 모드가 지정되지 않았을 때 디폴트 모드가 된다. OUT 모드는 매개변수에 전달되는 인수를 출력에 사용하여 매개변수에 값을 저장함으로써 저장 프로시저를 호출한 측에 값을 되돌려 준다. IN OUT 모드는 입출력 겸용 모드로 입력으로 사용할 수도 있고, 값을 저장하여 출력으로도 사용할 수 있다.

매개변수 다음에는 AS나 IS가 올 수 있다.

먼저 customer 테이블에 데이터를 저장하는 간단한 저장 프로시저부터 작성하기로 한다.

```
CREATE OR REPLACE PROCEDURE sp_insert_customer (
    in_name IN VARCHAR2,
    in_address IN VARCHAR2,
    in_email IN VARCHAR2
)
AS
BEGIN
    INSERT INTO customer(customer_name, customer_address,
                        customer_email)
        VALUES (in_name, in_address, in_email);
END;
/
```

sp_insert_customer 저장 프로시저는 이름과 주소, 이메일을 인수로 받아들이는 in_name, in_address, in_email 입력 매개변수를 갖는다. 그리고 INSERT 문에서 입력으로 전달된 인수값을 사용하여 customer 테이블에 새로운 로우를 생성한다.

sp_insert_customer 저장 프로시저를 실행하면 다음과 같이 저장 프로시저를 컴파일(compile) 하고 데이터베이스에 저장한다.

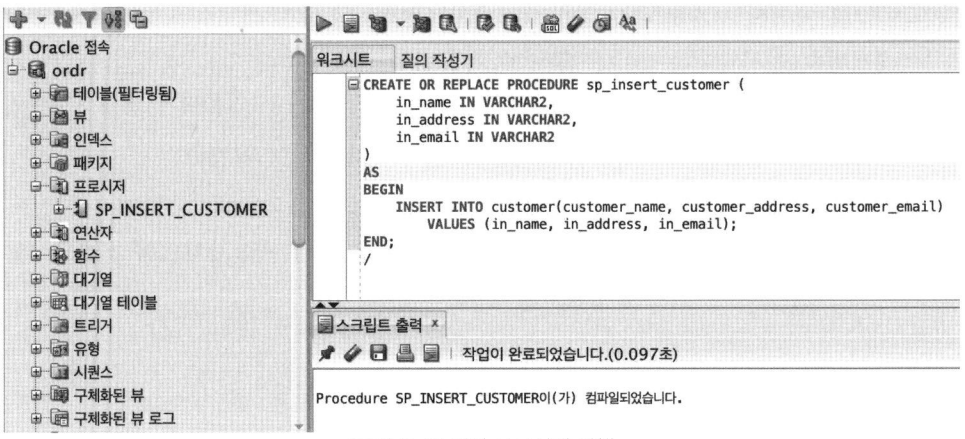

[그림 11-2] 저장 프로시저 실행

이제 저장 프로시저를 호출하여 사용할 수 있다. 저장 프로시저를 호출할 때는 CALL, EXECUTE, EXEC 문을 사용할 수 있다. 매개변수에 전달할 인수는 괄호 안에 지정한다.

    CALL sp_insert_customer('최일', '서울시', 'choi1@gmail.com');

또는,

    EXECUTE sp_insert_customer('최일', '서울시', 'choi1@gmail.com');

또는,

    EXEC sp_insert_customer('최일', '서울시', 'choi1@gmail.com');

다른 저장 프로시저 안에서 호출할 때는 CALL, EXECUTE, EXEC 문을 생략하고 다음과 같이 호출한다.

    BEGIN
      sp_insert_customer('최일', '서울시', 'choi1@gmail.com');
    END;

sp_insert_customer 저장 프로시저를 호출하면 customer 테이블에 새로운 로우가 생성된다.

CUSTOMER_ID	CUSTOMER_NAME	CUSTOMER_ADDRESS	CUSTOMER_EMAIL
1	김일	서울시	kim1@gmail.com
2	김이	서울시	kim2@gmail.com
3	김삼	대전시	kim3@gmail.com
4	김사	인천시	kim4@gmail.com
5	김오	대구시	kim5@gmail.com
6	최일	서울시	choi1@gmail.com

[그림 11-3] 실행 결과

이번에는 product 테이블의 product_price 컬럼을 갱신하는 sp_update_product_price라고 하는 간단한 저장 프로시저를 작성하기로 한다.

```
CREATE OR REPLACE PROCEDURE sp_update_product_price (
    in_id IN INTEGER,
    in_price IN INTEGER
)
AS
    l_count INTEGER;
BEGIN
    SELECT COUNT(*)
      INTO l_count
      FROM product
     WHERE product_id = in_id;
    IF l_count = 1 THEN
        UPDATE product SET product_price = in_price
         WHERE product_id = in_id;
    END IF;
END;
/
```

sp_update_product_price 저장 프로시저는 제품 ID를 입력받는 in_id 매개변수와 제품 가격을 입력받는 in_price 매개변수를 갖는다.

먼저 in_id 매개변수에 전달된 인수값과 동일한 product_id 값을 갖는 로우를 찾기 위해 SELECT 문을 실행하여 COUNT 함수가 반환한 값을 l_count 변수에 저장한다. 그리고 l_count 변수값이 1인 경우 즉, in_id 매개변수에 전달된 인수값과 동일한 product_id 값을 갖는 로우가 있는 경우 UPDATE 문을 실행한다.

이제 sp_update_product_price 저장 프로시저를 다음과 같이 실행할 수 있다.

EXECUTE sp_update_product_price(1, 20000);

저장 프로시저가 실행되면 다음과 같이 product_id가 1인 제품의 가격을 20,000원으로 변경한다.

PRODUCT_ID	PRODUCT_NAME	PRODUCT_DESCRIPTION	PRODUCT_PRICE
1	제품1	제품1설명	20000
2	제품2	제품2설명	22000
4	제품4	제품4설명	44000
5	제품5	제품5설명	55000

[그림 11-4] 실행 결과

이번에는 로우셋을 반환하는 저장 프로시저를 작성하기로 한다.

```
CREATE OR REPLACE PROCEDURE sp_product_inventory (
    out_cursor OUT SYS_REFCURSOR
)
AS
BEGIN
    OPEN out_cursor FOR
        SELECT p.product_id, product_name, product_price, inventory_quantity
            FROM product p
            JOIN inventory i ON p.product_id = i.product_id;
END;
/
```

sp_product_inventory 저장 프로시저는 출력 모드로 SYS_REFCURSOR 타입의 out_cursor 매개변수를 갖는다. 그리고 product 테이블과 inventory 테이블을 조인하여 product_id와 product_name, product_price, inventory_quantity 컬럼을 반환하는 SELECT 문으로 out_cursor 커서를 열어 호출 측에 커서를 반환한다.

이와 같이 로우셋을 반환하는 저장 프로시저는 다음과 같이 실행할 수 있다.

```
VARIABLE x REFCURSOR;
EXECUTE sp_product_inventory(:x)
PRINT :x;
```

위의 코드에서 번저 REFCUROSR 타입의 x 변수를 선언하고 ":변수명" 구문으로 커서를 바인딩(binding)할 x 변수를 저장 프로시저에 전달한다. 저장 프로시저가 호출되면 x 변수에 커서를 바인딩(binding)하고 바인딩된 x 변수를 PRINT 문으로 출력하면 다음과 같은 결과를 얻을 수 있다.

```
PRODUCT_ID PRODUCT_NAME                PRODUCT_PRICE INVENTORY_QUANTITY
---------- ----------------            ------------- ------------------
         1 제품1                               20000               1000
         2 제품2                               22000               2000
         4 제품4                               44000               4000
         5 제품5                               55000               5000
```

[그림 11-5] 실행 결과

데이터베이스 서버로부터 저장 프로시저를 삭제할 때는 DROP PROCEDURE 문을 사용한다.

DROP PROCEDURE 프로시저명;

예를 들어 sp_product_inventory 저장 프로시저를 삭제한다면 다음과 같이 SQL 문을 작성한다.

DROP PROCEDURE sp_product_inventory;

저장 함수

오라클에서 저장 함수(stored function)는 주로 내장 함수처럼 하나의 로우에 있는 데이터에 수행되는 스칼라 함수(scala function)를 정의하는데 사용된다. 오라클에서는 저장 함수를 내장 함수와 구별하여 사용자 정의 함수(user-defined function)라고 부른다.

CREATE [OR REPLACE] FUNCTION 함수명 [(매개변수 목록)]
RETURN 타입
AS | IS
PL/SQL 블럭;

매개변수 목록 다음에는 RETURN 예약어를 사용하여 반환할 타입을 지정한다. 그리고 PL/SQL 블럭에서는 반드시 RETURN 문을 사용하여 값을 반환해야 한다. 또한 함수 안에서는 INSERT나 UPDATE, DELETE 문을 사용하여 데이터베이스의 데이터를 변경시킬 수 없다.

다음은 특정한 제품의 평균 주문 수량을 구하는 fn_avg_order_quantity 함수를 생성하는 예다.

```
CREATE OR REPLACE FUNCTION fn_avg_order_quantity (
    in_id IN INTEGER
)
RETURN INTEGER
AS
    l_avg_quantity INTEGER;
BEGIN
    SELECT AVG(order_item_quantity)
      INTO l_avg_quantity
      FROM order_item
      WHERE product_id = in_id;
    RETURN l_avg_quantity;
END;
/
```

fn_avg_order_quantity 함수는 AVG 함수가 반환하는 INTEGER 타입의 값을 반환한다.

fn_avg_order_quantity 함수를 실행하면 다음과 같이 저장 함수를 컴파일(compile) 하고 데이터베이스에 저장한다.

SQL 프로그래밍

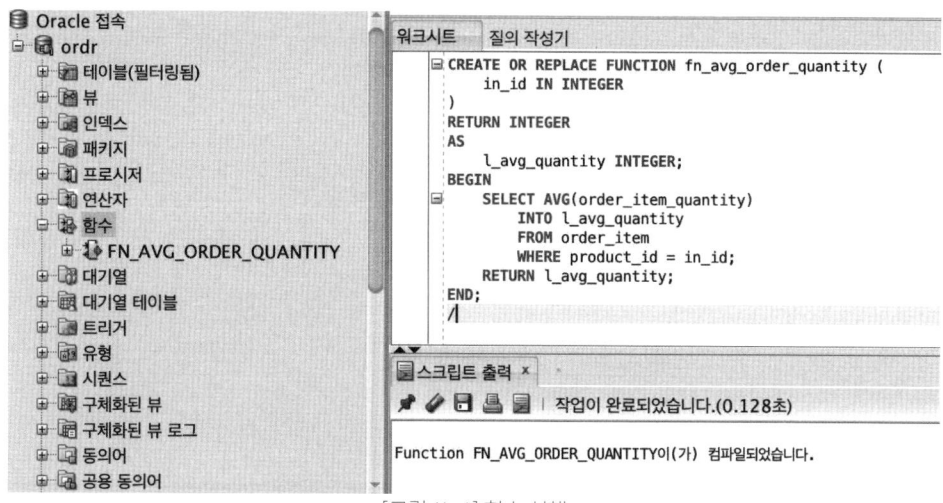

[그림 11-6] 함수 실행

이제 내장 함수를 사용하는 것과 동일하게 다음과 같이 함수를 호출할 수 있다.

```
SELECT product_name,
       fn_avg_order_quantity(product_id) avg_order_quantity
  FROM product;
```

위 질의문은 다음과 같은 결과를 보여준다.

PRODUCT_NAME	AVG_ORDER_QUANTITY
제품1	30
제품2	106
제품4	148
제품5	140

[그림 11-7] 질의 결과

이번에는 특정한 고객이 구매한 제품의 총 구매액을 반환하는 fn_sum_purchase 함수를 작성하기로 한다.

```
CREATE OR REPLACE FUNCTION fn_sum_purchase (
   in_id IN INTEGER
)
RETURN INTEGER
AS
   l_sum INTEGER;
```

349

```
    BEGIN
      SELECT SUM(product_price * order_item_quantity)
        INTO l_sum
        FROM orders o
        JOIN customer c ON o.customer_id = c.customer_id
        JOIN order_item i ON o.order_id = i.order_id
        JOIN product p ON i.product_id = p.product_id
        WHERE c.customer_id = in_id
        GROUP BY c.customer_id, customer_name;
      RETURN l_sum;
    END;
    /
```

fn_sum_purchase 함수는 SUM 함수가 반환하는 INTEGER 타입의 값을 반환한다. fn_sum_purchase 함수를 다음과 같이 호출할 수 있다.

```
    SELECT customer_name,
           fn_sum_purchase(customer_id) sum_purchase
      FROM customer
      ORDER BY customer_id;
```

위 질의문은 다음과 같은 결과를 보여준다.

CUSTOMER_NAME	SUM_PURCHASE
김일	64000
김이	451000
김삼	640000
김사	4510000
김오	24000000

[그림 11-8] 질의 결과

데이터베이스 서버로부터 저장 함수를 삭제할 때는 DROP FUNCTION 문을 사용한다.

    DROP FUNCTION 함수명;

예를 들어 fn_sum_purchase 저장 함수를 삭제한다면 다음과 같이 SQL 문을 작성한다.

DROP FUNCTION fn_sum_purchase;

트리거

트리거(trigger)는 데이터베이스의 테이블에 INSERT, UPDATE, DELETE 문이 실행될 때 자동적으로 호출되는 프로그램이다. 예를 들어서 새로운 주문 항목이 추가될 때 해당 제품의 재고 수량은 주문 수량만큼 감해져야 한다. 그리고 만약 재고 수량이 주문 수량보다 부족하면 에러를 발생시켜 주문을 취소시켜야 한다. 따라서 order_item 테이블에 새로운 로우가 추가될 때 inventory 테이블에서 해당 제품의 inventory_quantity 컬럼의 값은 order_item 테이블의 order_item_quantity 컬럼의 수량만큼 감하고, 수량이 부족하다면 에러를 발생시키는 기능을 수행하는 트리거가 자동적으로 실행하도록 할 수 있다. 트리거는 다음과 같은 구문으로 생성한다.

```
CREATE [OR REPLACE] TRIGGER 트리거명
BEFORE | AFTER INSERT | UPDATE | DELETE
ON 테이블명
[FOR EACH ROW]
[WHEN (트리거조건)]
AS | IS
PL/SQL 블럭;
```

트리거명 다음에 BEFORE나 AFTER 예약어가 올 수 있다. 이들 예약어는 트리거가 언제 발생하는 지를 지정한다. 이들 예약어 다음에는 INSERT나 UPDATE, DELETE가 올 수 있다. 그리고 ON 다음에는 테이블명이 온다. 이들을 결합하여 어떤 테이블에 어떤 SQL 문이 실행되기 전이나 후에 트리거가 실행되는 지를 지정할 수 있다. 예를 들어

```
BEFORE INSERT
ON order_item
```

이 지정되면 order_item 테이블에 INSERT 문이 실행되기 전에 트리거가 자동적으

로 실행된다는 것을 의미한다.

ON 테이블명 다음에 FOR EACH ROW 구가 오면 트리거가 로우 수준 트리거(row-level trigger)라는 것을 말해준다. 로우 수준 트리거는 각 로우가 변경될 때 트리거가 실행된다. FOR EACH ROW 구를 지정하지 않으면 각 명령문에 대하여 한번만 실행되는 명령 수준 트리거(statement-level trigger)가 된다. FOR EACH ROW 구가 지정되면 WHEN 구를 사용하여 괄호 안에 트리거가 발생하는 조건을 지정할 수 있다.

다음은 방금 전에 언급했던 시나리오 상황에서 호출되는 tr_before_insert_order 트리거의 예를 보여준다.

```
CREATE OR REPLACE TRIGGER tr_before_insert_order
BEFORE INSERT
ON order_item
FOR EACH ROW
DECLARE
   l_quantity INTEGER;
   err_lack_of_quantity EXCEPTION;
BEGIN
   SELECT inventory_quantity
      INTO l_quantity
      FROM inventory
      WHERE product_id = :NEW.product_id;
   IF l_quantity > :NEW.order_item_quantity THEN
      UPDATE inventory
         SET inventory_quantity = inventory_quantity - :NEW.order_item_quantity
         WHERE product_id = :NEW.product_id;
   ELSE
      RAISE err_lack_of_quantity;
   END IF;
END;
/
```

로우 수준 트리거에서는 이전 로우와 새로운 로우를 가르키는 :OLD와 :NEW를 사용할 수 있다. 따라서 SELECT 문에서 :NEW.product_id으로 새로 추가되는 로우의 product_id 컬럼의 값과 같은 제품의 재고 수량을 inventory 테이블에서 읽어와 l_quantity 변수에 저장한다. 그리고 :NEW.order_item_quantity으로 l_quantity 변수의 값보다 작은 지를 평가한 후에 작다면 inventory 테이블의 inventory_quantity 컬럼의 값에서 :NEW.order_item_quantity 값을 감한 값으로 변경한다.

만약 주문 수량의 값이 재고 수량보다 크다면 RAISE 문을 사용하여 에러를 발생시킨다. 이러한 에러를 사용자 정의 예외(user-defined exception)라고 하는데, DECLARE 선언부에 EXCEPTION 타입의 변수를 선언하고 RAISE 문에 이 EXCEPTION 타입의 변수를 지정하여 에러를 발생시킴으로써 order_item 테이블에 새로운 로우가 추가되지 않도록 할 수 있다.

tr_before_insert_order 트리거를 실행하면 다음과 같이 트리거를 컴파일(compile)하고 데이터베이스에 저장한다.

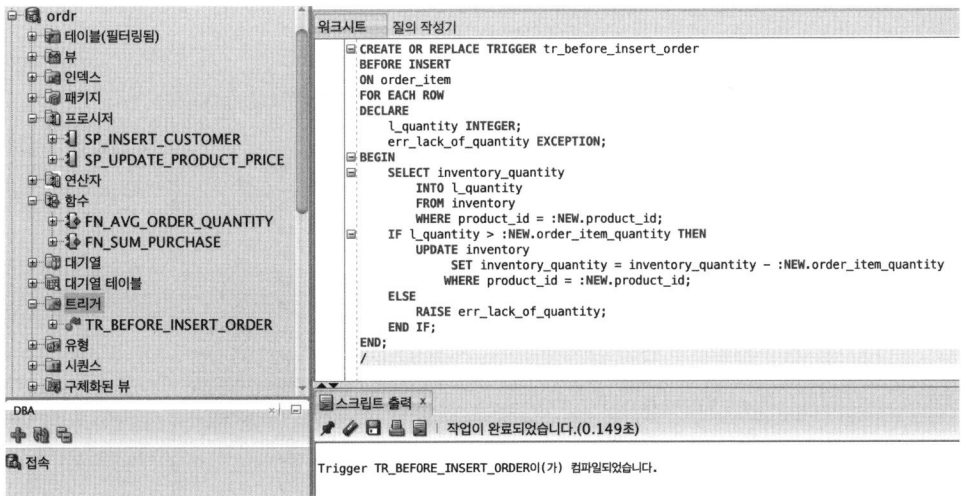

[그림 11-9] 트리거 실행

이제 order_item 테이블에 새로운 로우를 추가하여 tr_before_insert_order 트리거가 실행되도록 할 수 있다. 현재의 재고 수량을 확인하면 다음과 같다.

PRODUCT_ID	INVENTORY_QUANTITY
1	1000
2	2000
4	4000
5	5000

[그림 11-10] 현재 재고 수량

353

11장 저장 프로시저 – 오라클

먼저 다음과 같이 product_id가 5인 제품의 재고 수량인 5000보다 많은 8000 개를 주문하는 시나리오를 실행하기로 한다.

    INSERT INTO order_item(product_id, order_item_quantity, order_id)
       VALUES (5, 8000, 2);

위 SQL 문을 실행하면 다음과 같은 에러 메시지를 볼 수 있다.

```
명령의 1 행에서 시작하는 중 오류 발생 -
INSERT INTO order_item(product_id, order_item_quantity, order_id) VALUES (5, 5000, 2)
오류 보고 -
ORA-06510: PL/SQL: 처리되지 않은 user-defined 예외 상황
ORA-06512: "ORDR.TR_BEFORE_INSERT_ORDER", 14행
ORA-04088: 트리거 'ORDR.TR_BEFORE_INSERT_ORDER'의 수행시 오류
```

[그림 11-11] 에러 발생

그리고 다시 현재의 재고 수량을 확인하면 이전과 동일한 것을 확인할 수 있다. 그리고 order_item 테이블에도 다음과 같이 새로운 로우가 추가되지 않은 것을 확인할 수 있다.

ORDER_ITEM_ID	PRODUCT_ID	ORDER_ITEM_QUANTITY	ORDER_ID
1	1	1	1
2	2	2	1
4	4	4	2
5	5	5	2
6	1	10	3
7	2	20	3
9	4	40	4
10	5	50	4
11	1	100	5
12	2	200	5
14	4	400	5
15	5	500	5
16	1	10	2
17	2	200	2
18	5	5	2

[그림 11-12] 질의 결과

이번에는 정상적으로 다음과 같이 product_id가 5인 제품의 재고 수량인 5000보다 적은 500 개를 주문하는 시나리오를 실행하기로 한다.

    INSERT INTO order_item(product_id, order_item_quantity, order_id)
       VALUES (5, 500, 2);

이제 트리거가 정상적으로 수행되어 재고 수량이 4500으로 변경된 것을 확인할 수 있다.

SQL 프로그래밍

PRODUCT_ID	INVENTORY_QUANTITY
1	1000
2	2000
4	4000
5	4500

[그림 11-13] 질의 결과

그리고 order_item 테이블에도 다음과 같이 새로운 로우가 추가된 것을 확인할 수 있다.

ORDER_ITEM_ID	PRODUCT_ID	ORDER_ITEM_QUANTITY	ORDER_ID
1	1	1	1
2	2	2	1
4	4	4	2
5	5	5	2
6	1	10	3
7	2	20	3
9	4	40	4
10	5	50	4
11	1	100	5
12	2	200	5
14	4	400	5
15	5	500	5
16	1	10	2
17	2	200	2
18	5	5	2
19	5	500	2

[그림 11-14] 질의 결과

데이터베이스 서버로부터 트리거를 삭제할 때는 DROP TRIGGER 문을 사용한다.

DROP TRIGGER 트리거명;

예를 들어 tr_before_insert_order 트리거를 삭제한다면 다음과 같이 SQL 문을 작성한다.

DROP TRIGGER tr_before_insert_order;

빈 페이지

12장 저장 프로시저 – SQL 서버

12장
저장 프로시저 - SQL 서버

- [ ] T-SQL 기본 구문
- [ ] 저장 프로시저
- [ ] 저장 함수
- [ ] 트리거

T-SQL 기본 구문

데이터베이스 서버에 저장되어 사용되는 저장 프로그램(stored program) 즉, 저장 프로시저(stored procedure)와 저장 함수(stored function), 그리고 트리거(trigger) 등을 작성하기 위해 SQL 서버가 제공하는 언어는 T-SQL즉, Transact-SQL이다. 이번 장에서는 T-SQL의 기본적인 구문을 살펴보고, 가장 많이 사용되는 저장 프로시저와 함수, 그리고 트리거를 작성하는 방법을 전형적인 유형의 간단한 예제와 함께 살펴보기로 한다.

참고로 T-SQL 코드를 작성할 때는 sqlcmd나 SQL 서버 관리 스튜디오 또는 애저 데이터 스튜디오를 사용하는 것이 편리하다. 우리는 SQL 서버 관리 스튜디오를 사용하기로 한다. sqlcmd나 SQL 서버 관리 스튜디오, 애저 데이터 스튜디오를 설치하는 방법에 대해서는 1장 SQL과 데이터베이스를 참조하기 바란다.

T-SQL은 오라클의 PL/SQL과 달리 블록 구조를 갖지 않는다. 그냥 빈 코드 편집기에 명령문을 입력하고 실행하면 된다. 또한 화면에 문자열을 출력할 때도 PRINT 문을

사용하면 된다.

    PRINT '안녕하세요? T-SQL?';

따라서 위의 코드를 실행하면 다음과 같은 결과를 보여준다.

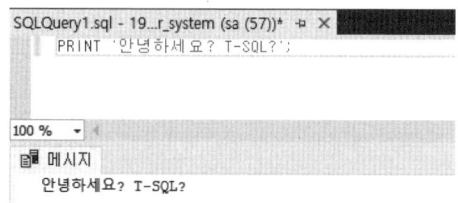

[그림 12-1] 배치 스크립트 실행

이것을 배치 스크립트(batch script)라고 한다.

배치 스크립트에 변수를 선언할 때는 DECLARE 문을 사용한다.

    DECLARE @변수명 타입 = 초기값;

변수명은 항상 @으로 시작해야 한다.

    DECLARE @l_name VARCHAR(20);
    DECLARE @l_id INTEGER = 1;

변수에 값을 저장할 때는 SET 문을 사용한다.

    SET @l_name = '김일';
    PRINT 'ID : ' + CONVERT(VARCHAR, @l_id) + ', 이름 : ' + @l_name;

문자열을 결합할 때 + 연산자를 사용한다. 그리고 숫자를 문자열로 변경할 때는 우리가 5장 SQL 내장 함수에서 살펴본 CONVERT 함수를 사용한다.

위 코드의 실행 결과는 다음과 같다.

    ID : 1, 이름 : 김일

T-SQL도 C#이나 자바와 같은 범용 언어와 마찬가지로 제어문을 제공한다.

IF 조건문은 다음과 같은 구문을 갖는다.

```
IF 조건식1
    명령문1;
ELSE IF 조건식2
    명령문2;
ELSE
    명령문3;
```

여러 개의 명령문을 실행한다면 다음과 같이 BEGIN 문과 END 문 사이에 명령문 블럭을 지정한다.

```
IF 조건식
    BEGIN
        명령문1;
        명령문2;
    END
```

이번에는 특정 고객의 총 매출액을 출력하고 매출액이 천 만원 이상이면 최우수 고객, 500 만원 이상이면 우수 고객, 그 이하면 일반 고객이라고 출력하는 코드를 작성하기로 한다.

```
DECLARE @l_customer_name VARCHAR(20);
DECLARE @l_sum INTEGER;
SELECT @l_customer_name = customer_name,
       @l_sum = SUM(product_price * order_item_quantity)
    FROM orders o
    JOIN customer c ON o.customer_id = c.customer_id
    JOIN order_item i ON o.order_id = i.order_id
    JOIN product p ON i.product_id = p.product_id
    WHERE c.customer_id = 5
    GROUP BY c.customer_id, customer_name;
PRINT '고객명 : ' + @l_customer_name +
    ', 총 매출액 : ' +  CONVERT(VARCHAR, @l_sum);
IF @l_sum > 10000000
    PRINT '최우수 고객입니다.';
```

```
ELSE IF @l_sum > 5000000
    PRINT '우수 고객입니다.';
ELSE
    PRINT '일반 고객입니다.';
```

SELECT 문으로 선택된 컬럼값을 변수에 저장할 때 다음과 같은 구문을 사용한다.

```
SELECT @변수명 = 컬럼명
    FROM 테이블명;
```

따라서 위의 코드에서 customer_name 컬럼의 값은 @l_customer_name 변수에 저장되고, SUM(product_price * order_item_quantity)은 @l_sum 변수에 저장된다. 그리고 IF 문에서 @l_sum이 10000000 이상이면 "최우수 고객입니다."를 출력하고, @l_sum이 5000000 이상이면 "우수 고객입니다.", 그 이하면 "일반 고객입니다."를 출력한다.

위 코드의 실행 결과는 다음과 같다.

고객명 : 김오, 총 매출액 : 9666600
우수 고객입니다.

반복문으로는 WHILE 문이 있다. WHILE 문은 다음과 같은 구문을 갖는다.

```
WHILE 표현식
    명령문;
```

여러 개의 명령문을 실행한다면 다음과 같이 BEGIN문과 END 문 사이에 명령문 블럭을 지정한다.

```
WHILE 표현식
BEGIN
    명령문1;
    명령문2;
END
```

예를 들어 1에서부터 3까지 반복하면서 "사랑합니다"를 출력한다면 다음과 같이 코드를 작성한다.

```
DECLARE @i INTEGER = 1;
WHILE @i < 4
BEGIN
    PRINT CONVERT(VARCHAR, @i) + '번째: 사랑합니다.';
    SET @i = @i + 1;
END
```

위 코드의 실행 결과는 다음과 같다.

```
1번째: 사랑합니다.
2번째: 사랑합니다.
3번째: 사랑합니다.
```

WHILE 문을 빠져 나올 때는 BREAK 문을 사용한다. CONTINUE 문은 나머지 코드를 건너뛰고 다시 WHILE 반복으로 돌아가게 한다

```
DECLARE @i INTEGER = 1;
WHILE @i < 10
BEGIN
   IF @i = 3
      BEGIN
         SET @i = @i + 1;
         CONTINUE;
      END
   IF @i > 5
      BREAK;
   PRINT CONVERT(VARCHAR, @i) + '번째: 사랑합니다.';
   SET @i = @i + 1;
END
```

위 코드의 실행 결과는 다음과 같다.

1번째: 사랑합니다.
2번째: 사랑합니다.
4번째: 사랑합니다.
5번째: 사랑합니다.

T-SQL은 배치 스크립트 안에서 임시로 사용할 테이블을 생성할 수 있는 두가지 방법을 제공한다. 첫 번째 방법은 테이블 변수를 사용하는 것이다. 테이블 변수는 전체 테이블의 로우를 저장할 수 있는 변수다.

```
DECLARE @테이블변수명 TABLE (
   컬럼명 타입 [속성],
   ...
);
```

테이블 변수는 다른 변수와 마찬가지로 데이터를 메모리에 저장하며, 선언되어 있는 배치 코드 블럭 안에서만 사용할 수 있다.

```
DECLARE @l_customer_table TABLE (
   customer_id INTEGER,
   customer_name VARCHAR(20)
);
INSERT @l_customer_table
   SELECT customer_id, customer_name
      FROM customer
      WHERE customer_id IN (1, 3, 5);
SELECT * FROM @l_customer_table;
```

위의 코드에서 @l_customer_table이란 이름을 갖는 테이블 변수를 선언한다. 이 테이블 변수는 customer_id와 customer_name 등 두 개의 컬럼을 포함하고 있다.

INSERT 문을 사용하여 customer 테이블로부터 customer_id가 1, 3, 5인 로우를 선택하여 cusotmer_id와 customer_name 컬럼을 @l_customer_table 테이블 변수에 저장한다.

그리고 @l_customer_table 테이블 변수의 전체 로우를 선택하여 출력한다.

위 코드는 다음과 같은 결과를 보여준다.

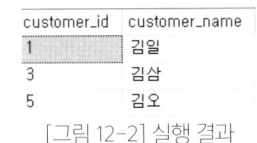

[그림 12-2] 실행 결과

또 다른 방법은 임시 테이블(temporary table)을 생성하는 것이다. 임시 테이블은 테이블 변수와는 달리 SQL 서버의 temp 데이터베이스에 테이블을 생성한다. 임시 테이블은 두가지 유형이 있다. 지역 임시 테이블(local temporary table)은 임시 테이블을 생성한 데이터베이스 연결 세션에서만 사용할 수 있으며 #으로 시작하는 테이블명을 갖는다. 전역 임시 테이블(global temporary table)은 전체 데이터베이스 연결 세션에서 사용할 수 있으며 ##으로 시작하는 테이블명을 갖는다. 데이터베이스 세션이 끝나면 해당 세션 동안에 생성된 임시 테이블은 삭제된다. 하지만 세션이 끝나기 전에 언제라도 DROP TABLE 문을 사용하여 임시 테이블을 삭제할 수 있다.

```
SELECT customer_id, customer_name
    INTO #l_customer_temp
    FROM customer
    WHERE customer_id IN (1, 3, 5);
SELECT * FROM #l_customer_temp;
```

위의 코드에서 SELECT INTO 문을 사용하여 customer 테이블로부터 customer_id와 customer_name 등 두 개의 컬럼을 포함하는 임시 테이블을 생성한다. 그리고 임시 테이블의 전체 로우를 선택하여 출력한다.

위의 코드는 이전과 동일한 결과를 보여준다.

일반적으로 SQL 질의문은 개별적인 로우보다는 전체 로우셋을 반환한다. 그리고 우리는 이들 로우셋에서 하나씩 로우를 꺼내와 작업할 때가 많다. 이것을 위해서 우리는 커서(cursor)를 사용할 수 있다.

커서를 사용하기 위해서는 먼저 커서를 선언해야 한다.

```
DECLARE 커서명 CURSOR FOR
    질의문;
```

다음은 커서를 선언한 예다.

```
DECLARE l_customer_cursor CURSOR FOR
    SELECT customer_id, customer_name
        FROM customer
        WHERE customer_id IN (1, 3, 5);
```

커서를 선언한 후에는 OPEN 문을 사용하여 커서를 연다.

```
OPEN l_customer_cursor;
```

그리고 반복문에서 FETCH 문을 사용하여 커서에서 하나의 로우를 읽어 변수에 저장한다. 이 작업을 커서에 로우가 있는 동안 즉, @@FETCH_STATUS◇ -1이 참인 동안 반복한다.

```
FETCH NEXT FROM l_customer_cursor
    INTO @l_customer_id, @l_customer_name;
WHILE @@FETCH_STATUS <> -1
BEGIN
    -- 작업 수행
    FETCH NEXT FROM l_customer_cursor
        INTO @l_customer_id, @l_customer_name;
END
```

마지막으로 열려 있는 커서를 CLOSE 문으로 닫고, DEALLOCATE 문으로 커서를 메모리에서 해제한다.

```
CLOSE l_customer_cursor;
DEALLOCATE l_customer_cursor;
```

다음 코드는 커서를 사용하여 customer 테이블에 있는 모든 로우를 화면에 출력하는 예를 보여준다.

```
DECLARE l_customer_cursor CURSOR FOR
    SELECT *
        FROM customer
        ORDER BY customer_id;
```

12장 저장 프로시저 - SQL 서버

```
    DECLARE @l_customer_id INTEGER;
    DECLARE @l_customer_name VARCHAR(20);
    DECLARE @l_customer_address VARCHAR(40);
    DECLARE @l_customer_email VARCHAR(20);
    OPEN l_customer_cursor;
    FETCH NEXT FROM l_customer_cursor
        INTO @l_customer_id, @l_customer_name,
            @l_customer_address, @l_customer_email;
    WHILE @@FETCH_STATUS <> -1
    BEGIN
        PRINT 'ID: ' + CONVERT(VARCHAR, @l_customer_id) +
            ', 이름: ' + @l_customer_name +
            ', 주소: ' + @l_customer_address +
            ', 이메일: ' + @l_customer_email;
        FETCH NEXT FROM l_customer_cursor
            INTO @l_customer_id, @l_customer_name,
                @l_customer_address, @l_customer_email;
    END
    CLOSE l_customer_cursor;
    DEALLOCATE l_customer_cursor;
```

위 코드의 실행 결과는 다음과 같다.

```
ID: 1, 이름: 김일, 주소: 서울시, 이메일: kim1@gmail.com
ID: 2, 이름: 김이, 주소: 서울시, 이메일: kim2@gmail.com
ID: 3, 이름: 김삼, 주소: 대전시, 이메일: kim3@gmail.com
ID: 4, 이름: 김사, 주소: 인천시, 이메일: kim4@gmail.com
ID: 5, 이름: 김오, 주소: 대구시, 이메일: kim5@gmail.com
```

실행 시에 동적으로 SQL 문을 구성하는 문자열을 생성하고 EXECUTE 또는 EXEC 문으로 실행할 수 있다. 이것을 동적 SQL(dynamic SQL)이라고 한다.

```
    DECLARE @l_table_name VARCHAR(20);
    SET @l_table_name = 'customer';
```

```
EXECUTE ('SELECT * FROM ' + @l_table_name + ';');
```

위의 코드는 다음과 같은 SQL 문을 생성하고 질의한다.

```
SELECT * FROM customer;
```

명령문이 실행될 때 발생하는 실행 에러를 처리하기 위해서는 TRY...CATCH 문을 사용한다. 다음은 예외를 처리하는 예를 보여준다.

```
BEGIN TRY
    INSERT INTO inventory VALUES(100, 200);
    PRINT '성공적으로 데이터가 추가되었습니다.';
END TRY
BEGIN CATCH
    PRINT '에러: ' + CONVERT(VARCHAR, ERROR_NUMBER()) +
        '(' + CONVERT(VARCHAR, ERROR_SEVERITY()) + '), ' +
            ERROR_MESSAGE();
END CATCH
```

BEGIN TRY와 END TRY 문 사이의 TRY 코드 블록에서 명령문을 수행하는 중에 에러가 발생하면 BEGIN CATCH와 END CATCH 문 사이의 CATCH 코드 블록에서 발생하는 에러에 대한 정보를 구하여 대응하는 행위를 수행할 수 있다. 에러 정보를 구하는 데는 다음과 같은 함수가 사용된다.

함수	설명
ERROR_NUMBER()	에러 번호를 반환한다
ERROR_MESSAGE()	에러 메시지를 반환한다
ERROR_SEVERITY()	에러의 심각성을 반환한다 10 이하이면 경고로 간주되어 TRY...CATCH에서 처리되지 않는다. 20 이상이면 데이터베이스 연결이 끊어져서 TRY...CATCH에서 처리되지 않는다.
ERROR_STATE()	에러 상태를 반환한다

[표 12-1] 에러 함수

위 코드의 실행 결과는 다음과 같다.

에러: 547(16), The INSERT statement conflicted with the FOREIGN KEY constraint "fk_inventory_product_id". The conflict occurred in database "order_system", table "dbo.product", column 'product_id'.

저장 프로시저

이제 T-SQL의 기본적인 구문을 익혔으므로 본격적으로 저장 프로시저(stored procedure)를 생성하기로 한다. 저장 프로시저는 다음과 같은 구문으로 생성한다.

```
CREATE PROCEDURE 프로시저명 [(매개변수 목록)]
AS
배치 스크립트;
```

매개변수는 다음과 같은 구문으로 정의한다.

```
@매개변수명 타입 [IN | OUT]
```

매개변수에 IN, OUT 모드를 지정할 수 있다. IN 모드는 매개변수에 전달되는 인수를 입력에 사용하며 모드가 지정되지 않았을 때 디폴트 모드가 된다. OUT 모드는 입출력 겸용 모드로 입력으로 사용할 수도 있고, 매개변수에 전달되는 인수를 출력에 사용하여 매개변수에 값을 저장함으로써 저장 프로시저를 호출한 측에 값을 되돌려 줄 수도 있다.

매개변수 다음에는 AS가 올 수 있다.

저장 프로시저를 다시 실행하는 경우에 기존의 저장 프로시저를 삭제해야 하기 때문에 일반적으로 다음과 같이 저장 프로시저를 삭제하는 문장을 앞에 둔다.

```
IF OBJECT_ID('프로시저명') IS NOT NULL
    DROP PROCEDURE 프로시저명;
GO
```

또한 "sp_" 로 시작하는 저장 프로시저 이름은 SQL 서버의 master 데이터베이스에서 사용하므로 피하는 것이 좋다. 우리는 "usp_" 로 시작하는 이름을 사용하기로 한다.

먼저 customer 테이블에 데이터를 저장하는 간단한 저장 프로시저부터 작성하기로 한다.

```
IF OBJECT_ID('usp_insert_customer') IS NOT NULL
    DROP PROCEDURE usp_insert_customer;
GO
CREATE PROCEDURE usp_insert_customer (
   @in_name VARCHAR(20),
   @in_address VARCHAR(60),
   @in_email VARCHAR(20)
)
AS
BEGIN
   INSERT INTO customer(customer_name, customer_address, customer_email)
      VALUES (@in_name, @in_address, @in_email);
END
```

usp_insert_customer 저장 프로시저는 이름과 주소, 이메일을 인수로 받아들이는 @in_name, @in_address, @in_email 입력 매개변수를 갖는다. 그리고 INSERT 문에서 입력으로 전달된 인수값을 사용하여 customer 테이블에 새로운 로우를 생성한다.

usp_insert_customer 저장 프로시저를 실행하면 다음과 같이 저장 프로시저를 컴파일(compile) 하고 데이터베이스에 저장한다.

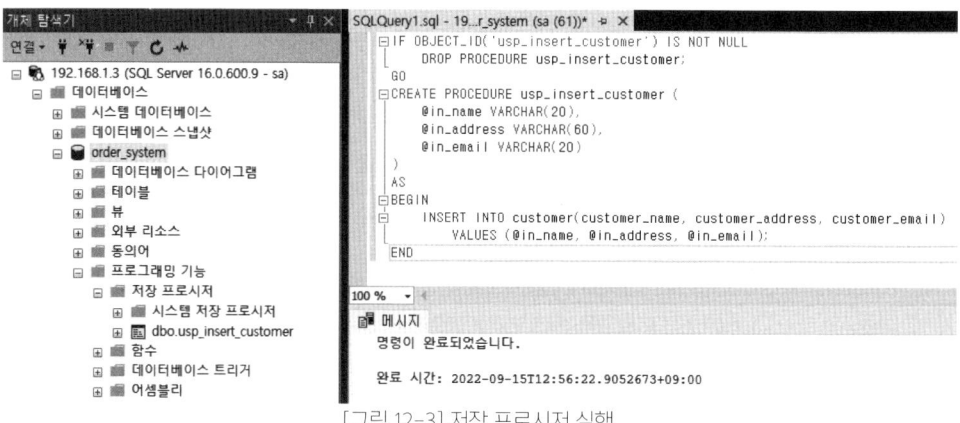

[그림 12-3] 저장 프로시저 실행

이제 저장 프로시저를 호출하여 사용할 수 있다. 저장 프로시저를 호출할 때는 EXECUTE 또는 EXEC 문을 사용할 수 있다. 매개변수에 전달할 인수는 저장 프로시저 이름 뒤에 나열한다.

  EXECUTE usp_insert_customer '최일', '서울시', 'choi1@gmail.com';

또는,

  EXEC usp_insert_customer '최일', '서울시', 'choi1@gmail.com';

usp_insert_customer 저장 프로시저를 호출하면 customer 테이블에 새로운 로우가 생성된다.

customer_id	customer_name	customer_address	customer_email
1	김일	서울시	kim1@gmail.com
2	김이	부산시	kim2@gmail.com
3	김삼	대전시	kim3@gmail.com
4	김사	인천시	kim4@gmail.com
5	김오	대구시	kim5@gmail.com
6	최일	서울시	choi1@gmail.com

[그림 12-4] 실행 결과

이번에는 product 테이블의 product_price 컬럼을 갱신하는 usp_update_product_price라고 하는 간단한 저장 프로시저를 작성하기로 한다.

  IF OBJECT_ID('usp_update_product_price') IS NOT NULL
    DROP PROCEDURE usp_update_product_price;

```
GO
CREATE PROCEDURE usp_update_product_price (
  @in_id INTEGER,
  @in_price INTEGER
)
AS
BEGIN
  DECLARE @l_count INTEGER;
  SELECT @l_count = COUNT(*)
    FROM product
    WHERE product_id = @in_id;
  IF @l_count = 1
    UPDATE product SET product_price = @in_price
      WHERE product_id = @in_id;
END
```

usp_update_product_price 저장 프로시저는 제품 ID를 입력 받는 @in_id 매개변수와 제품 가격을 입력 받는 @in_price 매개변수를 갖는다.

먼저 @in_id 매개변수에 전달된 인수값과 동일한 product_id 값을 갖는 로우를 찾기 위해 SELECT 문을 실행하여 COUNT 함수가 반환한 값을 @l_count 변수에 저장한다. 그리고 @l_count 변수값이 1인 경우 즉, @in_id 매개변수에 전달된 인수값과 동일한 product_id 값을 갖는 로우가 있는 경우 UPDATE 문을 실행한다.

이제 usp_update_product_price 저장 프로시저를 다음과 같이 실행할 수 있다.

```
EXECUTE usp_update_product_price 1, 20000;
```

저장 프로시저가 실행되면 다음과 같이 product_id가 1인 제품의 가격을 20,000원으로 변경한다.

product_id	product_name	product_description	product_price
1	제품1	제품1설명	20000
2	제품2	제품2설명	22000
4	제품4	제품4설명	44000
5	제품5	제품5설명	55000

[그림 12-5] 실행 결과

12장 저장 프로시저 - SQL 서버

이번에는 로우셋을 반환하는 저장 프로시저를 작성하기로 한다.

```sql
IF OBJECT_ID('usp_product_inventory') IS NOT NULL
    DROP PROCEDURE usp_product_inventory;
GO
CREATE PROCEDURE usp_product_inventory
AS
BEGIN
    SELECT p.product_id, product_name, product_price, inventory_quantity
      FROM product p
      JOIN inventory i ON p.product_id = i.product_id;
END
```

usp_product_inventory 저장 프로시저는 단순히 SELECT 문을 실행하고 있다. 이와 같이 로우셋을 반환하는 저장 프로시저는 다음과 같이 실행할 수 있다.

```sql
EXECUTE usp_product_inventory;
```

위 코드의 실행 결과는 다음과 같다.

product_id	product_name	product_pric	inventory_quantity
1	제품1	20000	1000
2	제품2	22000	2000
4	제품4	44000	4000
5	제품5	55000	5000

[그림 12-6] 실행 결과

또한 커서를 사용하여 로우셋을 반환할 수도 있다.

```sql
IF OBJECT_ID('usp_product_inventory_cursor') IS NOT NULL
    DROP PROCEDURE usp_product_inventory_cursor;
GO
CREATE PROCEDURE usp_product_inventory_cursor (
    @out_cursor CURSOR VARYING OUTPUT
)
AS
BEGIN
```

```
        SET @out_cursor = CURSOR FOR
            SELECT p.product_id, product_name, product_price, inventory_quantity
                FROM product p
                JOIN inventory i ON p.product_id = i.product_id;
        OPEN @out_cursor;
    END
```

usp_product_inventory_cursor 저장 프로시저는 출력 모드로 CURSOR 타입의 @out_cursor 매개변수를 갖는다. 그리고 product 테이블과 inventory 테이블을 조인하여 product_id와 product_name, product_price, inventory_quantity 컬럼을 반환하는 SELECT 문으로 @out_cursor 매개변수에 커서를 저장하고 @out_cursor 커서를 열어 호출 측에 커서를 반환한다.

이와 같이 로우셋을 반환하는 저장 프로시저는 다음과 같이 실행할 수 있다.

```
DECLARE @l_cursor CURSOR;
DECLARE @product_id INTEGER, @product_name VARCHAR(40),
        @product_price INTEGER, @inventory_quantity INTEGER;
EXECUTE usp_product_inventory_cursor @out_cursor = @l_cursor OUTPUT;
FETCH NEXT FROM @l_cursor
    INTO @product_id, @product_name, @product_price, @inventory_quantity;
WHILE @@FETCH_STATUS <> -1
BEGIN
    PRINT 'ID: ' + CONVERT(VARCHAR, @product_id) +
        ', 제품명: ' + @product_name +
         ', 가격: ' + CONVERT(VARCHAR, @product_price) +
         ', 재고 수량: ' + CONVERT(VARCHAR, @inventory_quantity);
    FETCH NEXT FROM @l_cursor
        INTO @product_id, @product_name, @product_price, @inventory_quantity;
END;
CLOSE @l_cursor;
DEALLOCATE @l_cursor;
```

위 코드의 실행 결과는 다음과 같다.

```
ID: 1, 제품명: 제품1, 가격: 20000, 재고 수량: 1000
ID: 2, 제품명: 제품2, 가격: 22000, 재고 수량: 2000
ID: 4, 제품명: 제품4, 가격: 44000, 재고 수량: 4000
ID: 5, 제품명: 제품5, 가격: 55000, 재고 수량: 5000
```

[그림 12-7] 실행 결과

데이터베이스 서버로부터 저장 프로시저를 삭제할 때는 DROP PROCEDURE 문을 사용한다.

```
DROP PROCEDURE 프로시저명;
```

예를 들어 usp_product_inventory_cursor 저장 프로시저를 삭제한다면 다음과 같이 SQL 문을 작성한다.

```
DROP PROCEDURE usp_product_inventory_cursor;
```

저장 함수

SQL 서버에서 저장 함수(stored function)는 사용자 정의 함수(user-defined function)로, 내장 함수처럼 하나의 로우에 있는 데이터에 수행되는 스칼라 함수(scala function)를 정의하는데 사용할 수도 있고, 로우를 포함하는 테이블을 반환하는데 사용할 수도 있다.

먼저 스칼라 함수를 정의하기로 한다.

```
CREATE FUNCTION 함수명 [(매개변수 목록)]
RETURNS 타입
AS
배치 스크립트;
```

매개변수 목록 다음에는 RETURNS 예약어를 사용하여 반환할 타입을 지정한다. 그리고 배치 스크립트에서는 반드시 RETURN 문을 사용하여 값을 반환해야 한다.

저장 함수를 다시 실행하는 경우에 기존의 저장 함수를 삭제해야 하기 때문에 일반적으로 다음과 같이 저장 함수를 삭제하는 문장을 앞에 둔다.

```
IF OBJECT_ID('함수명') IS NOT NULL
    DROP FUNCTION 함수명;
GO
```

다음은 특정한 제품의 평균 주문 수량을 구하는 fn_avg_order_quantity 함수를 생성하는 예다.

```
IF OBJECT_ID('ufn_avg_order_quantity') IS NOT NULL
    DROP FUNCTION ufn_avg_order_quantity;
GO
CREATE FUNCTION ufn_avg_order_quantity (
    @in_id INTEGER
)
RETURNS INTEGER
AS
BEGIN
    DECLARE @l_avg_quantity INTEGER;
    SELECT @l_avg_quantity = AVG(order_item_quantity)
      FROM order_item
     WHERE product_id = @in_id;
    RETURN @l_avg_quantity;
END;
```

ufn_avg_order_quantity 함수는 AVG 함수가 반환하는 INTEGER 타입의 값을 반환한다.

ufn_avg_order_quantity 함수를 실행하면 다음과 같이 저장 함수를 컴파일(compile) 하고 데이터베이스에 저장한다.

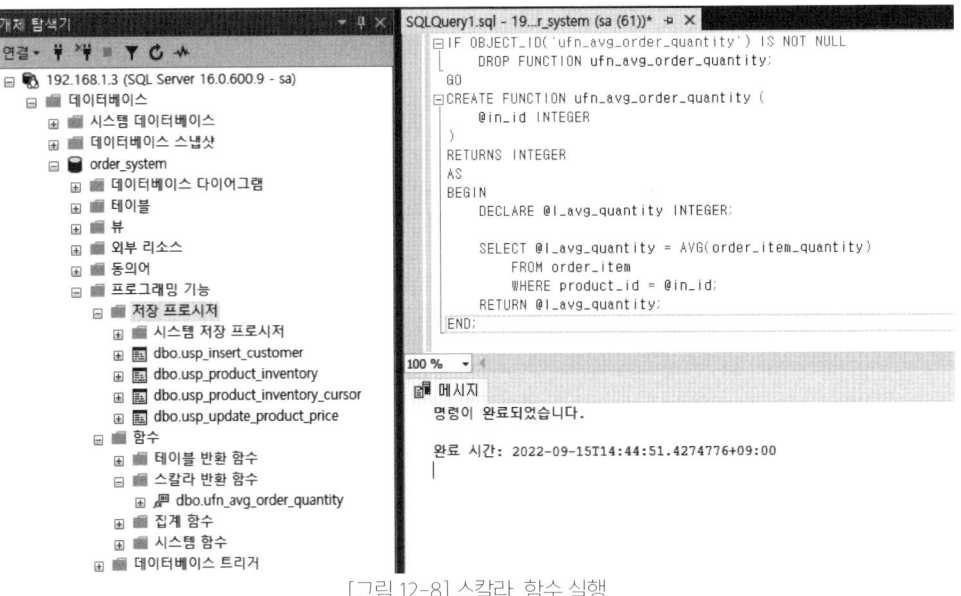

[그림 12-8] 스칼라 함수 실행

이제 내장 함수를 사용하는 것과 동일하게 다음과 같이 함수를 호출할 수 있다.

    SELECT product_name,
              dbo.ufn_avg_order_quantity(product_id) avg_order_quantity
      FROM product;

함수를 호출할 때 스키마명을 함께 지정한다. 위 질의문은 다음과 같은 결과를 보여준다.

product_name	avg_order_quantity
제품1	30
제품2	105
제품4	148
제품5	140

[그림 12-9] 질의 결과

이번에는 특정한 고객이 구매한 제품의 총 구매액을 반환하는 ufn_sum_purchase 함수를 작성하기로 한다.

    IF OBJECT_ID('ufn_sum_purchase') IS NOT NULL
        DROP FUNCTION ufn_sum_purchase;
    GO

```
CREATE FUNCTION ufn_sum_purchase (
   @in_id INTEGER
)
RETURNS INTEGER
AS
BEGIN
   DECLARE @l_sum INTEGER;
   SELECT @l_sum = SUM(product_price * order_item_quantity)
      FROM orders o
      JOIN customer c ON o.customer_id = c.customer_id
      JOIN order_item i ON o.order_id = i.order_id
      JOIN product p ON i.product_id = p.product_id
      WHERE c.customer_id = @in_id
      GROUP BY c.customer_id, customer_name;
   RETURN @l_sum;
END
```

ufn_sum_purchase 함수는 SUM 함수가 반환하는 INTEGER 타입의 값을 반환한다.

ufn_sum_purchase 함수를 다음과 같이 호출할 수 있다.

```
SELECT customer_name,
        dbo.ufn_sum_purchase(customer_id) sum_purchase
   FROM customer
   ORDER BY customer_id;
```

위 질의문은 다음과 같은 결과를 보여준다.

customer_name	sum_purchase
김일	64000
김이	451000
김삼	640000
김사	4510000
김오	51500000

[그림 12-10] 질의 결과

테이블 반환 함수는 다음과 같은 구문을 갖는다.

```
CREATE FUNCTION 함수명 [(매개변수 목록)]
RETURNS TABLE
RETURN
   (SELECT 문);
```

RETURNS 예약어 다음에는 TABLE을 지정하고, RETURN 문을 사용하여 단일 SELECT 문의 질의 결과를 반환한다.

이번에는 고객이 구매한 제품의 총 구매액을 반환하는 ufn_sum_purchase_table 함수를 작성하기로 한다.

```
IF OBJECT_ID('ufn_sum_purchase_table') IS NOT NULL
   DROP FUNCTION ufn_sum_purchase_table;
GO
CREATE FUNCTION ufn_sum_purchase_table (
   @in_sum INTEGER = 0
)
RETURNS TABLE
RETURN
   (SELECT customer_name,
           SUM(product_price * order_item_quantity) AS sum_purchase
     FROM orders o
     JOIN customer c ON o.customer_id = c.customer_id
     JOIN order_item i ON o.order_id = i.order_id
     JOIN product p ON i.product_id = p.product_id
     GROUP BY c.customer_id, customer_name
     HAVING SUM(product_price * order_item_quantity) > @in_sum);
```

ufn_sum_purchase_table 함수는 매개변수 @in_sum에 전달된 값 이상을 구매한 고객의 목록과 총 구매액을 반환한다.

ufn_sum_purchase_table 함수를 실행하면 다음과 같이 저장 함수를 컴파일(compile) 하고 데이터베이스에 저장한다.

SQL 프로그래밍

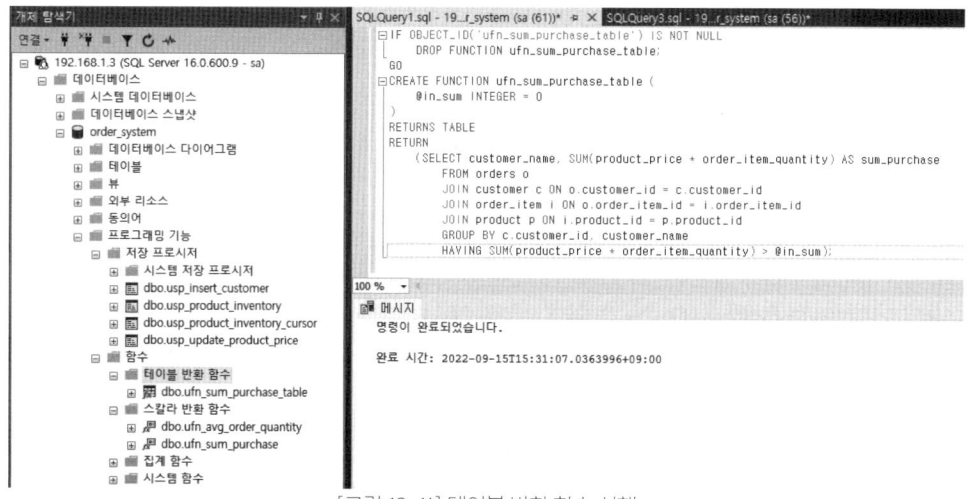

[그림 12-11] 테이블 반환 함수 실행

ufn_sum_purchase_table 함수를 다음과 같이 호출할 수 있다.

```
SELECT customer.customer_name, sum_purchase
  FROM customer
  JOIN dbo.ufn_sum_purchase_table(DEFAULT) purchase
  ON customer.customer_name = purchase.customer_name;
```

위 질의문은 다음과 같은 결과를 보여준다.

customer_name	sum_purchase
김일	64000
김이	451000
김삼	640000
김사	4510000
김오	51500000

[그림 12-12] 질의 결과

만약 여러 SQL 문이 사용된다면 테이블 변수를 반환할 수 있다.

```
CREATE FUNCTION 함수명 [(매개변수 목록)]
RETURNS @테이블변수명 TABLE (
    컬럼명 타입,
    ...
)
```

12장 저장 프로시저 - SQL 서버

```
BEGIN
   SQL 문1;
   SQL 문2;
   ...
   RETURN
END
```

RETURNS 다음에는 테이블 변수명을 지정하고, TABLE 다음에 괄호 안에 컬럼 목록을 나열한다. 그리고 BEGIN과 END 문 사이에 SQL 문을 작성하고 마지막에는 반드시 RETURN 문을 사용하여 테이블 변수에 저장된 데이터를 반환해야 한다.

우리는 테이블 변수를 사용하여 ufn_sum_purchase_table 함수를 변경하기로 한다.

```
IF OBJECT_ID('ufn_sum_purchase_table') IS NOT NULL
   DROP FUNCTION ufn_sum_purchase_table;
GO
CREATE FUNCTION ufn_sum_purchase_table (
   @in_sum INTEGER = 0
)
RETURNS @out_table TABLE (
   customer_name VARCHAR(20),
   sum_purchase INTEGER
)
BEGIN
   INSERT @out_table
     SELECT customer_name,
            SUM(product_price * order_item_quantity) AS sum_purchase
       FROM orders o
       JOIN customer c ON o.customer_id = c.customer_id
       JOIN order_item i ON o.order_id = i.order_id
       JOIN product p ON i.product_id = p.product_id
      GROUP BY c.customer_id, customer_name
     HAVING SUM(product_price * order_item_quantity) > @in_sum;
   RETURN;
```

END

위의 코드에서는 INSERT 문을 사용하여 SELECT 문이 반환한 데이터를 테이블 변수에 저장하고 RETURN 문을 사용하여 테이블 변수의 데이터를 반환한다.

변경된 ufn_sum_purchase_table 함수는 앞에서와 동일한 방법으로 사용할 수 있다.

데이터베이스 서버로부터 저장 함수를 삭제할 때는 DROP FUNCTION 문을 사용한다.

DROP FUNCTION 함수명;

예를 들어 ufn_sum_purchase_table 저장 함수를 삭제한다면 다음과 같이 SQL 문을 작성한다.

DROP FUNCTION ufn_sum_purchase_table;

트리거

트리거(trigger)는 데이터베이스의 테이블에 INSERT, UPDATE, DELETE 문이 실행될 때 자동적으로 호출되는 프로그램이다. 예를 들어서 새로운 주문 항목이 추가될 때 해당 제품의 재고 수량은 주문 수량만큼 감해져야 한다. 그리고 만약 재고 수량이 주문 수량보다 부족하면 에러를 발생시켜 주문을 취소시켜야 한다. 따라서 order_item 테이블에 새로운 로우가 추가될 때 inventory 테이블에서 해당 제품의 inventory_quantity 컬럼의 값은 order_item 테이블의 order_item_quantity 컬럼의 수량만큼 감하고, 수량이 부족하다면 에러를 발생시키는 기능을 수행하는 트리거가 자동적으로 실행하도록 할 수 있다. 트리거는 다음과 같은 구문으로 생성한다.

CREATE TRIGGER 트리거명
ON 테이블명
AFTER INSERT | UPDATE | DELETE
AS
배치 스크립트;

트리거명 다음에는 ON 테이블명 구가 온다. 그 다음에는 주로 AFTER 예약어가 오며 트리거가 언제 발생하는 지를 지정한다. AFTER 예약어 다음에는 INSERT나 UPDATE, DELETE 가 올 수 있다. 그리고 이들을 결합하여 어떤 테이블에 어떤 SQL 문이 실행된 후에 트리거가 실행되는 지를 지정할 수 있다. 예를 들어

```
ON order_item
AFTER INSERT
```

가 지정되면 order_item 테이블에 INSERT 문이 실행된 후에 트리거가 자동적으로 실행된다는 것을 의미한다.

트리거를 다시 실행하는 경우에 기존의 트리거를 삭제해야 하기 때문에 일반적으로 다음과 같이 트리거를 삭제하는 문장을 앞에 둔다.

```
IF OBJECT_ID('트리거명') IS NOT NULL
    DROP TRIGGER 트리거명;
GO
```

다음은 방금 전에 언급했던 시나리오 상황에서 호출되는 utr_after_insert_order 트리거의 예를 보여준다.

```
IF OBJECT_ID('utr_after_insert_order') IS NOT NULL
    DROP TRIGGER utr_after_insert_order;
GO
CREATE TRIGGER utr_after_insert_order
ON order_item
AFTER INSERT
AS
BEGIN
    DECLARE @l_quantity INTEGER;
    DECLARE @l_product_id INTEGER;
    DECLARE @l_order_item_quantity INTEGER;
    SELECT @l_product_id = (SELECT product_id FROM INSERTED);
    SELECT @l_order_item_quantity =
        (SELECT order_item_quantity FROM INSERTED);
```

```
        SELECT @l_quantity = inventory_quantity
          FROM inventory
          WHERE product_id = @l_product_id;
      IF @l_quantity > @l_order_item_quantity
        BEGIN
          UPDATE inventory
            SET inventory_quantity =
              inventory_quantity - @l_order_item_quantity
            WHERE product_id = @l_product_id;
        END
        ELSE
          THROW 50001, '재고 수량이 부족합니다!', 1;
      END
```

트리거 안에서 데이터베이스 서버가 생성하는 두 개의 테이블을 참조할 수 있다. INSERT 또는 UPDATE 트리거인 경우에는 INSERTED 테이블을 참조하고, DELETE 트리거의 경우에는 DELETED 테이블을 참조한다. 이들 테이블은 각각 새로 추가되고 삭제되는 로우를 포함한다.

따라서 우리의 경우에는 먼저 INSERTED 테이블에서 product_id 컬럼을 읽어와 @l_product_id 변수에 저장하고, order_item_quantity 컬럼을 읽어와 @l_order_item_quantity 변수에 저장한다. 또한 inventory 테이블을 질의하여 inventory_quantity 컬럼의 값을 l_quantity 변수에 저장한다.

그리고 @l_order_item_quantity 변수의 값이 l_quantity 변수의 값보다 작은 지를 평가한 후에 작다면 inventory 테이블의 inventory_quantity 컬럼의 값에서 @l_order_item_quantity 변수의 값을 감한 값으로 변경한다.

만약 주문 수량의 값이 재고 수량보다 크다면 THROW 문을 사용하여 에러를 발생시킨다. 이러한 에러를 사용자 정의 예외(user-defined exception)라고 하는데, THROW 문으로 예외를 발생시킴으로써 order_item 테이블에 새로운 로우가 추가되지 않도록 할 수 있다.

THROW 문의 첫 번째 인수는 에러 번호로 50000 이상의 값이 지정되어야 한다. 두 번째 인수는 에러 메시지를 지정하고, 세 번째 인수에는 에러 상태를 지정한다.

utr_after_insert_order 트리거를 실행하면 다음과 같이 트리거를 컴파일(compile)

12장 저장 프로시저 - SQL 서버

하고 데이터베이스에 저장한다.

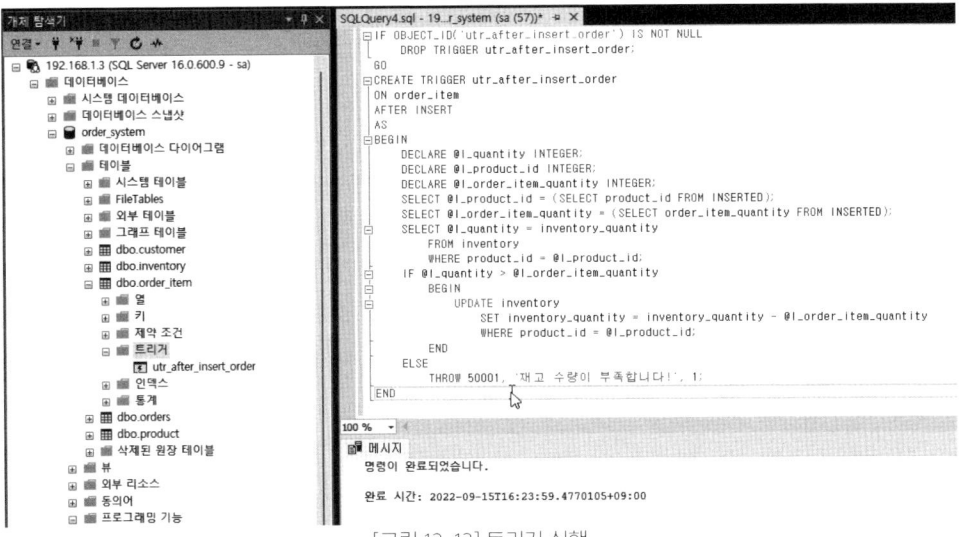

[그림 12-13] 트리거 실행

이제 order_item 테이블에 새로운 로우를 추가하여 utr_after_insert_order 트리거가 실행되도록 할 수 있다. 현재의 재고 수량을 확인하면 다음과 같다.

product_id	inventory_quantity
1	1000
2	2000
4	4000
5	5000

[그림 12-14] 현재 재고 수량

먼저 다음과 같이 product_id가 5인 제품의 재고 수량인 5000보다 많은 8000 개를 주문하는 시나리오를 실행하기로 한다.

    INSERT INTO order_item(product_id, order_item_quantity, order_id)
        VALUES (5, 8000, 2);

위 SQL 문을 실행하면 다음과 같은 에러 메시지를 볼 수 있다.

메시지 50001, 수준 16, 상태 1, 프로시저 utr_after_insert_order, 줄 21 [배치 시작 줄 0]
재고 수량이 부족합니다!

[그림 12-15] 에러 발생

그리고 다시 현재의 재고 수량을 확인하면 이전과 동일한 것을 확인할 수 있다. 그리고 order_item 테이블에도 다음과 같이 새로운 로우가 추가되지 않은 것을 확인할 수 있다.

order_item_id	product_id	order_item_quantity	order_id
1	1	1	1
2	2	2	1
3	3	3	1
4	4	4	2
5	5	5	2
6	1	10	3
7	2	20	3
8	3	30	4
9	4	40	4
10	5	50	4
11	1	100	5
12	2	200	5
13	3	300	5
14	4	400	5
15	5	500	5

[그림 12-16] 질의 결과

이번에는 정상적으로 다음과 같이 product_id가 5인 제품의 재고 수량인 5000보다 적은 500 개를 주문하는 시나리오를 실행하기로 한다.

```
INSERT INTO order_item(product_id, order_item_quantity, order_id)
    VALUES (5, 500, 2);
```

이제 트리거가 정상적으로 수행되어 재고 수량이 4500으로 변경된 것을 확인할 수 있다.

product_id	inventory_quantity
1	1000
2	2000
4	4000
5	4500

[그림 12-17] 질의 결과

그리고 order_item 테이블에도 다음과 같이 새로운 로우가 추가된 것을 확인할 수 있다.

order_item_id	product_id	order_item_quantity	order_id
1	1	1	1
2	2	2	1
3	3	3	1
4	4	4	2
5	5	5	2
6	1	10	3
7	2	20	3
8	3	30	4
9	4	40	4
10	5	50	4
11	1	100	5
12	2	200	5
13	3	300	5
14	4	400	5
15	5	500	5
16	5	500	2

[그림 12-18] 질의 결과

데이터베이스 서버로부터 트리거를 삭제할 때는 DROP TRIGGER 문을 사용한다.

    DROP TRIGGER 트리거명;

예를 들어 utr_after_insert_order 트리거를 삭제한다면 다음과 같이 SQL 문을 작성한다.

    DROP TRIGGER utr_after_insert_order;

13장 저장 프로시저 – MySQL

13장
저장 프로시저 - MySQL

- [ ] SQL/PSM 기본 구문
- [ ] 저장 프로시저
- [ ] 저장 함수
- [ ] 트리거

SQL/PSM 기본 구문

    데이터베이스 서버에 저장되어 사용되는 저장 프로그램(stored program) 즉, 저장 프로시저(stored procedure)와 저장 함수(stored function), 그리고 트리거(trigger) 등을 작성하기 위해 MySQL 제공하는 언어는 SQL/PSM(SQL/Persistent Stored Module)이다. 이번 장에서는 SQL/PSM 의 기본적인 구문을 살펴보고, 가장 많이 사용되는 저장 프로시저와 함수, 그리고 트리거를 작성하는 방법을 전형적인 유형의 간단한 예제와 함께 살펴보기로 한다.

    참고로 SQL/PSM 코드를 작성할 때는 mysql이나 MySQL 워크벤치(MySQL Workbench) 를 사용하는 것이 편리하다. 우리는 MySQL 워크벤치를 사용하기로 한다. mysql이나 MySQL 워크벤치를 설치하는 방법에 대해서는 1장 SQL과 데이터베이스를 참조하기 바란다.

    SQL/PSM은 오라클의 PL/SQL과 달리 블럭 구조를 갖지 않으며, 익명 블럭(anonymous block)을 지원하지도 않는다. 따라서 SQL/PSM의 기본 구문을 익히기 위해서는 저장 프로시저를 생성해야 한다. 저장 프로시저에 대해서는 잠시 후에 자세히 살펴보겠지만 지금은 매개변수가 없는 단순한 저장 프로시저를 생성하기로 한다. 저장 프로시저는 다음과 같은 구조를 갖는다.

```
DROP PROCEDURE IF EXISTS test;
DELIMITER $$
CREATE PROCEDURE test()
BEGIN
    명령문;
END $$
DELIMITER ;
```

우리는 이 저장 프로시저를 반복해서 사용할 예정이므로 저장 프로시저를 다시 실행하는 경우에 기존의 저장 프로시저를 삭제해야 하기 때문에 선두에 다음과 같이 저장 프로시저를 삭제하는 문장을 앞에 둔다.

```
DROP PROCEDURE IF EXISTS test;
```

그리고 DELIMITER 문은 디폴트 구분자인 세미콜론(;)을 $$ 로 변경한다. 이것은 CREATE PROCEDURE 문에서 사용하는 구분자가 세미콜론(;)이기 때문에 CREATE PROCEDURE 문의 끝을 식별하기 위해 $$를 사용할 수 있게 한다. 그리고 CREATE PROCEDRUE가 끝나면 구분자를 다시 세미콜론(;)으로 환원한다. 이 책에서는 구분자를 $$을 사용하지만 //나 ;; 를 사용할 수도 있다.

CREATE PROCEDURE 문은 저장 프로시저를 생성하며 test는 저장 프로시저 이름이다. test 저장 프로시저는 매개변수가 없기 때문에 저장 프로시저 이름 다음에 빈 괄호를 사용한다. 그리고 저장 프로시저 코드는 BEGIN과 END 문 사이의 코드 블럭 안에 온다. 코드 블럭 안에 BEGIN과 END 문 사이에 다른 코드 블럭이 올 수 있다.

저장 프로시저를 실행하기 위해서는 다음과 같이 CALL 문을 사용한다.

```
CALL test();
```

화면에 출력할 때는 SELECT 문을 사용한다.

13장 저장 프로시저 - MySQL

```
DROP PROCEDURE IF EXISTS test;
DELIMITER $$
CREATE PROCEDURE test()
BEGIN
    SELECT '안녕하세요? MySQL?' AS "인사";
END $$
DELIMITER ;

CALL test();
```

위 코드를 실행하면 다음과 같은 결과를 보여준다.

[그림 13-1] 저장 프로시저 실행

저장 프로시저에 변수를 선언할 때는 DECLARE 문을 사용한다.

DECLARE 변수명 타입 [DEFAULT 디폴트값];

변수에 디폴트값 즉, 초기값을 지정할 때는 DEFAULT 구를 사용한다.

```
BEGIN
    DECLARE l_name VARCHAR(20);
    DECLARE l_id INTEGER DEFAULT 1;
END $$
```

변수에 값을 저장할 때는 SET 문을 사용한다.

```
BEGIN
    DECLARE l_name VARCHAR(20);
    DECLARE l_id INTEGER DEFAULT 1;
    SET l_name = '김일';
    SELECT l_id "ID", l_name "이름";
END $$
```

위 코드의 실행 결과는 다음과 같다.

[그림 13-2] 실행 결과

SQL/PSM도 자바와 같은 범용 언어와 마찬가지로 제어문을 제공한다.

IF 조건문은 다음과 같은 구문을 갖는다.

```
IF 조건식1 THEN
    명령문1;
ELSEIF 조건식2 THEN
    명령문2;
ELSE
    명령문3;
END IF;
```

이번에는 특정 고객의 총 매출액을 출력하고 매출액이 천 만원 이상이면 최우수 고객, 500 만원 이상이면 우수 고객, 그 이하면 일반 고객이라고 출력하는 코드를 작성하기로 한다.

```
BEGIN
    DECLARE l_customer_name VARCHAR(20);
    DECLARE l_sum INTEGER;
    SELECT customer_name, SUM(product_price * order_item_quantity)
        INTO l_customer_name, l_sum
        FROM orders o
```

13장 저장 프로시저 - MySQL

```
            JOIN customer c ON o.customer_id = c.customer_id
            JOIN order_item i ON o.order_id = i.order_id
            JOIN product p ON i.product_id = p.product_id
            WHERE c.customer_id = 5
            GROUP BY c.customer_id, customer_name;
        SELECT l_customer_name "고객명", l_sum "총 매출액";
        IF l_sum > 10000000 THEN
            SELECT '최우수 고객입니다.';
        ELSEIF l_sum > 5000000 THEN
            SELECT '우수 고객입니다.';
        ELSE
            SELECT '일반 고객입니다.';
        END IF;
    END $$
```

위의 코드에서 SELECT INTO 문은 선택된 값을 변수에 저장한다. 따라서 customer_name 컬럼의 값은 l_customer_name 변수에 저장되고, SUM(product_price * order_item_quantity)은 l_sum 변수에 저장된다. 그리고 IF 문에서 l_sum이 10000000 이상이면 "최우수 고객입니다."를 출력하고, l_sum이 5000000 이상이면 "우수 고객입니다.", 그 이하면 "일반 고객입니다."를 출력한다.

위 코드의 실행 결과는 다음과 같다. 원래는 두 개의 테이블을 보여주지만 여기에서는 결과만 텍스트로 표현하기로 한다.

    김오, 9666600
    우수 고객입니다.

CASE 문을 사용할 수도 있다.

```
    CASE 조건식
        WHEN 값1 THEN 명령문1;
        WHEN 값2 THEN 명령문2;
        ...
        ELSE 명령문3;
    END CASE;
```

위의 코드에 CASE 문을 추가해서 다음과 같이 작성할 수 있다.

```
BEGIN
    DECLARE l_customer_name VARCHAR(20);
    DECLARE l_sum INTEGER;
    DECLARE l_rate INTEGER;
    SELECT customer_name, SUM(product_price * order_item_quantity)
        INTO l_customer_name, l_sum
        FROM orders o
        JOIN customer c ON o.customer_id = c.customer_id
        JOIN order_item i ON o.order_id = i.order_id
        JOIN product p ON i.product_id = p.product_id
        WHERE c.customer_id = 5
        GROUP BY c.customer_id, customer_name;
    SELECT l_customer_name "고객명", l_sum "총 매출액";
    IF l_sum > 10000000 THEN
        SET l_rate = 1;
    ELSEIF l_sum > 5000000 THEN
        SET l_rate = 2;
    ELSE
        SET l_rate = 3;
    END IF;
    CASE l_rate
        WHEN 1 THEN SELECT '최우수 고객입니다.';
        WHEN 2 THEN SELECT '우수 고객입니다.';
        ELSE SELECT '일반 고객입니다.';
    END CASE;
END $$
```

위 코드에서는 총 매출액이 천 만원 이상이면 1 등급으로 l_rate 변수에 1을 저장하고, 500 만원 이상이면 2 등급으로 l_rate 변수에 2를, 그 이하면 3 등급으로 l_rate 변수에 3을 저장한다. 그 후에 CASE 문에서 l_rate가 1이면 "최우수 고객입니다."를 출력하고, 2이면 "우수 고객입니다.", 3 이면 "일반 고객입니다."를 출력한다.

또는 CASE 문만 사용해서 다음과 같이 작성할 수도 있다.

```
BEGIN
    DECLARE l_customer_name VARCHAR(20);
    DECLARE l_sum INTEGER;
    SELECT customer_name, SUM(product_price * order_item_quantity)
        INTO l_customer_name, l_sum
        FROM orders o
        JOIN customer c ON o.customer_id = c.customer_id
        JOIN order_item i ON o.order_id = i.order_id
        JOIN product p ON i.product_id = p.product_id
        WHERE c.customer_id = 5
        GROUP BY c.customer_id, customer_name;
    SELECT l_customer_name "고객명", l_sum "총 매출액";
    CASE
        WHEN l_sum > 10000000 THEN
            SELECT '최우수 고객입니다.';
        WHEN l_sum > 5000000 THEN
            SELECT '우수 고객입니다.';
        ELSE SELECT '일반 고객입니다.';
    END CASE;
END $$
```

위 코드에서는 CASE 문에서 l_sum이 10000000 이상이면 "최우수 고객입니다."를 출력하고, l_sum이 5000000 이상이면 "우수 고객입니다.", 그 이하면 "일반 고객입니다."를 출력한다.

위 코드의 실행 결과는 다음과 같다.

김오, 9666600
우수 고객입니다.

반복문에는 WHILE문과 REPEAT 문이 있다.

WHILE 문은 다음과 같은 구문을 갖는다.

SQL 프로그래밍

```
WHILE 표현식 DO
    명령문;
END WHILE;
```

예를 들어 1에서부터 3까지 반복하면서 "사랑합니다"를 출력한다면 다음과 같이 코드를 작성한다.

```
BEGIN
    DECLARE i INTEGER DEFAULT 1;
    DECLARE s VARCHAR(400) DEFAULT '';
    WHILE i < 4 DO
        SET s = CONCAT(s, i, '번째: 사랑합니다. ');
        SET i = i + 1;
    END WHILE;
    SELECT s;
END $$
```

위 코드의 실행 결과는 다음과 같다.

1번째: 사랑합니다. 2번째: 사랑합니다. 3번째: 사랑합니다.

REPEAT 문은 다음과 같은 구문을 갖는다.

```
REPEAT
    명령문;
UNTIL 조건식
END REPEAT;
```

위의 WHILE 문을 REPEAT 문으로 바꾸면 다음과 같다.

```
BEGIN
    DECLARE i INTEGER DEFAULT 1;
    DECLARE s VARCHAR(400) DEFAULT '';
    REPEAT
        SET s = CONCAT(s, i, '번째: 사랑합니다. ');
```

```
        SET i = i + 1;
    UNTIL i = 4
    END REPEAT;
    SELECT s;
END $$
```

일반적으로 SQL 질의문은 개별적인 로우보다는 전체 로우셋을 반환한다. 그리고 우리는 이들 로우셋에서 하나씩 로우를 꺼내와 작업할 때가 많다. 이것을 위해서 우리는 커서(cursor)를 사용할 수 있다.

커서를 사용하기 위해서는 먼저 커서를 선언해야 한다.

```
DECLARE 커서명 CURSOR FOR
    질의문;
```

다음은 커서를 선언한 예다.

```
DECLARE l_customer_cursor CURSOR FOR
    SELECT customer_id, customer_name
      FROM customer
      WHERE customer_id IN (1, 3, 5);
```

커서에서 로우가 없을 때 호출되는 에러 핸들러를 선언한다.

```
DECLARE row_not_found TINYINT DEFAULT FALSE;
DECLARE CONTINUE HANDLER FOR NOT FOUND
    SET row_not_found = TRUE;
```

커서를 선언한 후에는 OPEN 문을 사용하여 커서를 연다.

```
OPEN l_customer_cursor;
```

그리고 반복문에서 FETCH 문을 사용하여 커서에서 하나의 로우를 읽어 변수에 저장한다. 이 작업을 커서에 로우가 더 이상 없을 때까지 즉, row_not_found가 FALSE 일 때까지 반복한다.

```
    WHILE row_not_found = FALSE DO
        FETCH NEXT FROM l_customer_cursor
            INTO l_customer_id, l_customer_name;
    END WHILE;
```

마지막으로 열려 있는 커서를 CLOSE 문으로 닫는다.

```
    CLOSE l_customer_cursor;
```

다음 코드는 커서를 사용하여 customer 테이블에 있는 모든 로우를 화면에 출력하는 예를 보여준다.

```
BEGIN
    DECLARE l_customer_id INTEGER;
    DECLARE l_customer_name VARCHAR(20);
    DECLARE l_customer_address VARCHAR(40);
    DECLARE l_customer_email VARCHAR(20);
    DECLARE s VARCHAR(400) DEFAULT '';
    DECLARE row_not_found TINYINT DEFAULT FALSE;
    DECLARE l_customer_cursor CURSOR FOR
        SELECT * FROM customer
            ORDER BY customer_id;
    DECLARE CONTINUE HANDLER FOR NOT FOUND
        SET row_not_found = TRUE;
    OPEN l_customer_cursor;
    WHILE row_not_found = FALSE DO
        FETCH NEXT FROM l_customer_cursor
            INTO l_customer_id, l_customer_name,
                l_customer_address, l_customer_email;
        SET s = CONCAT(s, 'ID: ', l_customer_id, ', 이름: ', l_customer_name,
                ', 주소: ', l_customer_address, ', 이메일: ', l_customer_email, ' ');
    END WHILE;
    SELECT s "결과";
    CLOSE l_customer_cursor;
```

13장 저장 프로시저 - MySQL

END $$

위 코드의 실행 결과는 다음과 같다.

ID: 1, 이름: 김일, 주소: 서울시, 이메일: kim1@gmail.com
ID: 2, 이름: 김이, 주소: 부산시, 이메일: kim2@gmail.com
ID: 3, 이름: 김삼, 주소: 대전시, 이메일: kim3@gmail.com
ID: 4, 이름: 김사, 주소: 인천시, 이메일: kim4@gmail.com
ID: 5, 이름: 김오, 주소: 대구시, 이메일: kim5@gmail.com

우리는 앞에서 커서에서 로우가 없을 때 호출되는 에러 핸들러를 선언하였다. MySQL은 에러 핸들러를 조건 핸들러(condition handler)라고 하며 다음과 같이 선언한다.

```
DECLARE CONTINUE | EXIT HANDLER FOR 에러 코드 |
        SQLSTATE 코드 | 이름 갖는 조건
    명령문;
```

에러가 발생해도 실행을 계속한다면 CONTINUE를 지정하고, 에러가 발생할 때 현재 코드 블럭을 빠져 나간다면 EXIT를 지정한다. 그리고 HANDLER FOR 다음에는 에러 코드나 SQLSTATE 코드, 또는 이름 갖는 조건이 올 수 있다.

MySQL은 프로그램을 실행 중에 에러를 만나면 에러 코드와 SQLSTATE 코드를 제공한다. 다음은 자주 사용되는 에러 코드와 SQLSTATE 코드다.

에러 코드	SQLSTATE 코드	설명
1329	02000	로우가 없는 데이터를 가져올 때
1062	23000	UNIQUE 컬럼에 중복된 값을 저장할 때
1048	23000	NOT NULL 컬럼에 NULL을 저장할 때
1451	23000	FOREIGN KEY 제약으로 자식 로우를 추가하거나 갱신할 수 없을 때
1452	23000	FOREIGN KEY 제약으로 부모 로우를 삭제하거나 갱신할 수 없을 때

[표 13-1] 에러 및 SQLSTATE 코드

SQL 프로그래밍

위의 표에서 볼 수 있듯이 에러 코드가 SQLSTATE 코드보다 좀 더 명확하게 에러의 원인을 알려주기 때문에 보통 에러 코드가 더 많이 사용된다.

이들 코드 외에도 MySQL은 다음과 같은 내장된 이름갖는 조건(named condition)을 제공한다.

이름갖는 조건	설명
NOT FOUND	로우가 없는 데이터를 가져올 때
SQLEXCEPTION	NOT FOUND가 아닌 에러가 발생할 때
SQLWARNING	NOT FOUND가 아닌 에러가 발생하거나 경고 메시지가 발생할 때

[표 13-2] 내장 이름 갖는 조건

앞에서 선언한 조건 핸들러를 에러 코드를 사용해서 다음과 같이 다시 선언할 수 있다.

```
DECLARE CONTINUE HANDLER FOR 1329
    SET row_not_found = TRUE;
```

또는 SQLSTATE 코드를 사용하여 다음과 같이 선언할 수 있다.

```
DECLARE CONTINUE HANDLER FOR SQLSTATE '02000'
    SET row_not_found = TRUE;
```

다음은 에러를 처리하는 예를 보여준다.

```
BEGIN
    DECLARE errorcodde_1452 TINYINT DEFAULT FALSE;
    DECLARE CONTINUE HANDLER FOR 1452
        SET errorcodde_1452 = TRUE;
    INSERT INTO inventory VALUES(100, 200);
    IF errorcodde_1452 = TRUE THEN
        SELECT '외래 키 제약 위반 에러가 발생했습니다!' AS "에러";
    ELSE
        SELECT '성공적으로 데이터가 추가되었습니다.' AS "성공";
    END IF;
```

399

13장 저장 프로시저 - MySQL

END $$

위 코드의 실행 결과는 다음과 같다.

외래 키 제약 위반 에러가 발생했습니다!

저장 프로시저

이제 SQL/PSM의 기본적인 구문을 익혔으므로 본격적으로 저장 프로시저(stored procedure)를 생성하기로 한다. 저장 프로시저는 다음과 같은 구문으로 생성한다.

CREATE PROCEDURE 프로시저명 [(매개변수 목록)]
BEGIN
END

매개변수는 다음과 같은 구문으로 정의한다.

[IN | OUT | INOUT] 매개변수명 타입;

매개변수에 IN, OUT, IN OUT 모드를 지정할 수 있다. IN 모드는 매개변수에 전달되는 인수를 입력에 사용하며 모드가 지정되지 않았을 때 디폴트 모드가 된다. OUT 모드는 매개변수에 전달되는 인수를 출력에 사용하여 매개변수에 값을 저장함으로써 저장 프로시저를 호출한 측에 값을 되돌려 준다. IN OUT 모드는 입출력 겸용 모드로 입력으로 사용할 수도 있고, 값을 저장하여 출력으로도 사용할 수 있다.

저장 프로시저를 다시 실행하는 경우에 기존의 저장 프로시저를 삭제해야 하기 때문에 일반적으로 다음과 같이 저장 프로시저를 삭제하는 문장을 앞에 둔다.

DROP PROCEDURE IF EXISTS 프로시저명;

먼저 customer 테이블에 데이터를 저장하는 간단한 저장 프로시저부터 작성하기로 한다.

```sql
USE order_system;
DROP PROCEDURE IF EXISTS sp_insert_customer;
DELIMITER $$
CREATE PROCEDURE sp_insert_customer (
    IN in_name VARCHAR(20),
    IN in_address VARCHAR(60),
    IN in_email VARCHAR(20)
)
BEGIN
    INSERT INTO customer(customer_name, customer_address, customer_email)
        VALUES (in_name, in_address, in_email);
END $$
DELIMITER ;
```

sp_insert_customer 저장 프로시저는 이름과 주소, 이메일을 인수로 받아들이는 in_name, in_address, in_email 입력 매개변수를 갖는다. 그리고 INSERT 문에서 입력으로 전달된 인수값을 사용하여 customer 테이블에 새로운 로우를 생성한다.

sp_insert_customer 저장 프로시저를 실행하면 다음과 같이 저장 프로시저를 컴파일(compile) 하고 데이터베이스에 저장한다.

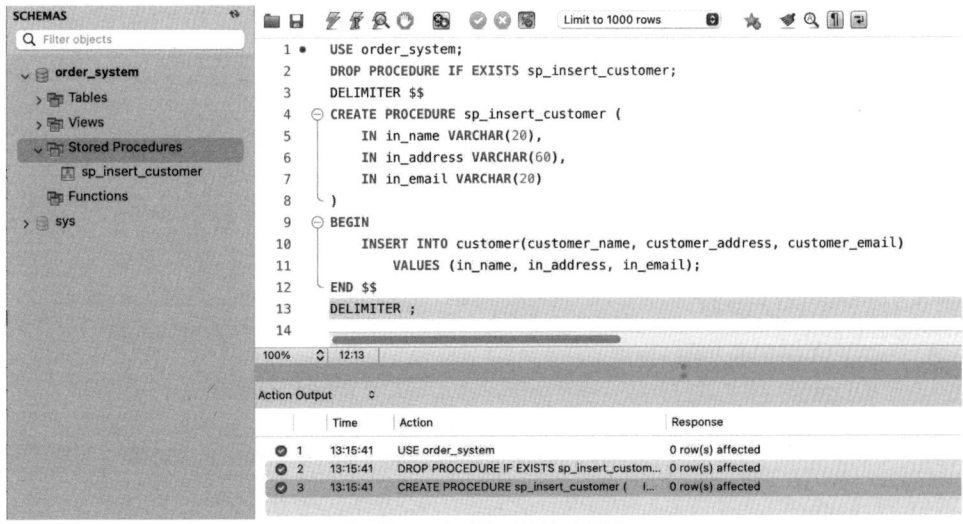

[그림 13-3] 저장 프로시저 실행

13장 저장 프로시저 - MySQL

이제 저장 프로시저를 호출하여 사용할 수 있다. 저장 프로시저를 호출할 때는 CALL 문을 사용할 수 있다. 매개변수에 전달할 인수는 괄호 안에 지정한다.

    CALL sp_insert_customer('최일', '서울시', 'choi1@gmail.com');

sp_insert_customer 저장 프로시저를 호출하면 customer 테이블에 새로운 로우가 생성된다.

customer_id	customer_name	customer_addre...	customer_email
1	김일	서울시	kim1@gmail.com
2	김이	부산시	kim2@gmail.com
3	김삼	대전시	kim3@gmail.com
4	김사	인천시	kim4@gmail.com
5	김오	대구시	kim5@gmail.com
6	최일	서울시	choi1@gmail.com
NULL	NULL	NULL	NULL

[그림 13-4] 실행 결과

이번에는 product 테이블의 product_price 컬럼을 갱신하는 sp_update_product_price라고 하는 간단한 저장 프로시저를 작성하기로 한다.

```
use order_system;
DROP PROCEDURE IF EXISTS sp_update_product_price;
DELIMITER $$
CREATE PROCEDURE sp_update_product_price (
   IN in_id INTEGER,
   IN in_price INTEGER
)
BEGIN
   DECLARE l_count INTEGER;
   SELECT COUNT(*)
      INTO l_count
      FROM product
      WHERE product_id = in_id;
   IF l_count = 1 THEN
         UPDATE product SET product_price = in_price
            WHERE product_id = in_id;
     END IF;
END $$
```

DELIMITER ;

sp_update_product_price 저장 프로시저는 제품 ID를 입력받는 in_id 매개변수와 제품 가격을 입력받는 in_price 매개변수를 갖는다.

먼저 in_id 매개변수에 전달된 인수값과 동일한 product_id 값을 갖는 로우를 찾기 위해 SELECT 문을 실행하여 COUNT 함수가 반환한 값을 l_count 변수에 저장한다. 그리고 l_count 변수값이 1인 경우 즉, in_id 매개변수에 전달된 인수값과 동일한 product_id 값을 갖는 로우가 있는 경우 UPDATE 문을 실행한다.

이제 sp_update_product_price 저장 프로시저를 다음과 같이 실행할 수 있다.

CALL sp_update_product_price (1, 20000);

저장 프로시저가 실행되면 다음과 같이 product_id가 1인 제품의 가격을 20,000원으로 변경한다.

product_...	product_na...	product_descript...	product_pri...
1	제품1	제품1설명	20000
2	제품2	제품2설명	20000
3	제품3	제품3설명	30000
4	제품4	제품4설명	40000
5	제품5	제품5설명	50000
NULL	NULL	NULL	NULL

[그림 13-5] 실행 결과

이번에는 로우셋을 반환하는 저장 프로시저를 작성하기로 한다.

```
use order_system;
DROP PROCEDURE IF EXISTS sp_product_inventory;
DELIMITER $$
CREATE PROCEDURE sp_product_inventory()
BEGIN
    SELECT p.product_id, product_name, product_price, inventory_quantity
        FROM product p
        JOIN inventory i ON p.product_id = i.product_id;
END $$
DELIMITER ;
```

sp_product_inventory 저장 프로시저는 단순히 SELECT 문을 실행하고 있다.

13장 저장 프로시저 - MySQL

이와 같이 로우셋을 반환하는 저장 프로시저는 다음과 같이 실행할 수 있다.

CALL sp_product_inventory();

위 코드의 실행 결과는 다음과 같다.

product_...	product_na...	product_pri...	inventory_quant...
1	제품1	20000	1000
2	제품2	20000	2000
3	제품3	30000	3000
4	제품4	40000	4000
5	제품5	50000	5000

[그림 13-6] 실행 결과

데이터베이스 서버로부터 저장 프로시저를 삭제할 때는 DROP PROCEDURE 문을 사용한다.

DROP PROCEDURE 프로시저명;

예를 들어 sp_product_inventory 저장 프로시저를 삭제한다면 다음과 같이 SQL 문을 작성한다.

DROP PROCEDURE sp_product_inventory;

저장 함수

MySQL에서 저장 함수(stored function)는 주로 내장 함수처럼 하나의 로우에 있는 데이터에 수행되는 스칼라 함수(scala function)를 정의하는데 사용된다.

CREATE FUNCTION 함수명 [(매개변수 목록)]
RETURNS 타입
[NOT] DETERMINISTIC
CONTAINS SQL | NO SQL | READ SQL | MODIFIES SQL DATA
BEGIN
END

매개변수 목록 다음에는 RETURNS 예약어를 사용하여 반환할 타입을 지정한다. 그리고 코드 블럭에서는 반드시 RETURN 문을 사용하여 값을 반환해야 한다.

RETURNS 구 다음에는 다음과 같은 함수를 설명하는 하나 이상의 특징을 지정할 수 있다.

특징	설명
DETERMINISTIC	주어진 같은 입력값에 같은 결과를 산출한다
NOT DETERMINISTIC	주어진 같은 입력값에 같은 결과를 산출하지 않는다 (디폴트 특징)
READS SQL DATA	데이터를 읽는 SELECT 문과 같은 하나 이상의 SQL 문을 포함하지만 데이터를 저장하는 SQL 문은 포함하지 않는다
MODIFIES SQL DATA	데이터를 저장하기 위해 INSERT, UPDATE, DELETE 문과 같은 SQL 문을 포함한다
CONTAINS SQL	데이터를 읽거나 저장하지 않는 SET 문과 같은 하나 이상의 SQL 문을 포함한다 (디폴트 특징)
NO SQL	SQL 문을 포함하지 않는다

[표 13-3] RETURNS 구 특징

저장 함수를 다시 실행하는 경우에 기존의 저장 함수를 삭제해야 하기 때문에 일반적으로 다음과 같이 저장 함수를 삭제하는 문장을 앞에 둔다.

```
DROP FUNCTION IF EXISTS 함수명;
```

다음은 특정한 제품의 평균 주문 수량을 구하는 fn_avg_order_quantity 함수를 생성하는 예다.

```
use order_system;
DROP FUNCTION IF EXISTS fn_avg_order_quantity;
DELIMITER $$
CREATE FUNCTION fn_avg_order_quantity (
    in_id INTEGER
)
RETURNS INTEGER
```

13장 저장 프로시저 – MySQL

```
    DETERMINISTIC READS SQL DATA
    BEGIN
      DECLARE l_avg_quantity INTEGER;
      SELECT AVG(order_item_quantity)
        INTO l_avg_quantity
        FROM order_item
        WHERE product_id = in_id;
      RETURN l_avg_quantity;
    END $$
    DELIMITER ;
```

fn_avg_order_quantity 함수는 AVG 함수가 반환하는 INTEGER 타입의 값을 반환한다.

fn_avg_order_quantity 함수를 실행하면 다음과 같이 저장 함수를 컴파일(compile) 하고 데이터베이스에 저장한다.

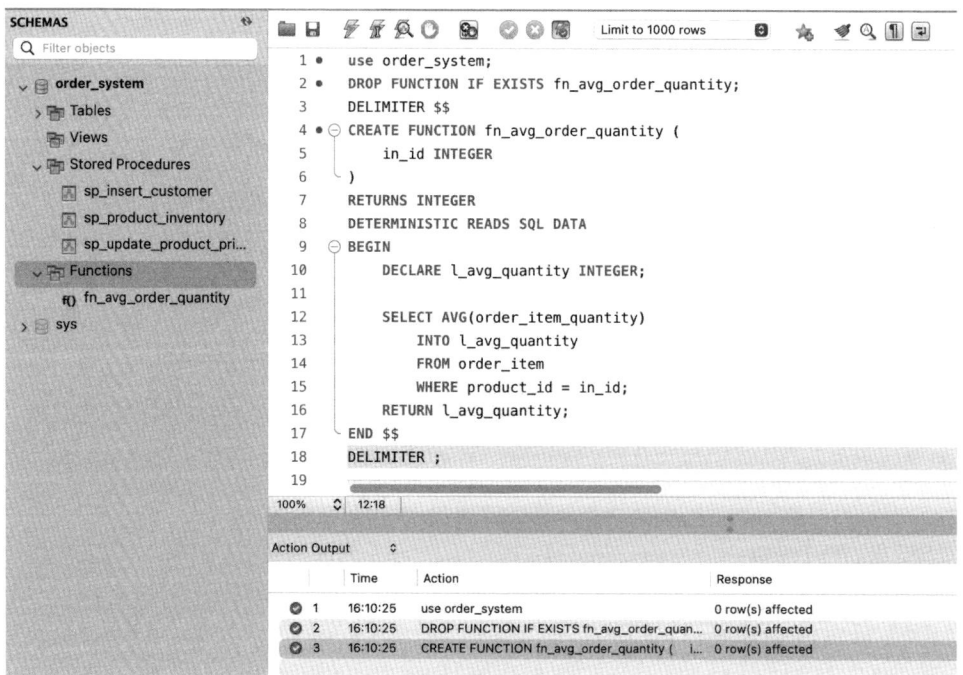

[그림 13-7] 함수 실행

406

SQL 프로그래밍

이제 내장 함수를 사용하는 것과 동일하게 다음과 같이 함수를 호출할 수 있다.

```
SELECT product_name,
       fn_avg_order_quantity(product_id) avg_order_quantity
  FROM product;
```

위 질의문은 다음과 같은 결과를 보여준다.

product_name	avg_order_quantity
제품1	37
제품2	74
제품3	111
제품4	148
제품5	185

[그림 13-8] 질의 결과

이번에는 특정한 고객이 구매한 제품의 총 구매액을 반환하는 fn_sum_purchase 함수를 작성하기로 한다.

```
use order_system;
DROP FUNCTION IF EXISTS fn_sum_purchase;
DELIMITER $$
CREATE FUNCTION fn_sum_purchase (
   in_id INTEGER
)
RETURNS INTEGER
DETERMINISTIC READS SQL DATA
BEGIN
   DECLARE l_sum INTEGER;
   SELECT SUM(product_price * order_item_quantity)
     INTO l_sum
     FROM orders o
     JOIN customer c ON o.customer_id = c.customer_id
     JOIN order_item i ON o.order_id = i.order_id
     JOIN product p ON i.product_id = p.product_id
    WHERE c.customer_id = in_id
    GROUP BY c.customer_id, customer_name;
   RETURN l_sum;
```

END $$
DELIMITER ;

fn_sum_purchase 함수는 SUM 함수가 반환하는 INTEGER 타입의 값을 반환한다. fn_sum_purchase 함수를 다음과 같이 호출할 수 있다.

SELECT customer_name,
    fn_sum_purchase(customer_id) sum_purchase
  FROM customer
  ORDER BY customer_id;

위 질의문은 다음과 같은 결과를 보여준다.

customer_name	sum_purchase
김일	150000
김이	410000
김삼	600000
김사	5000000
김오	56000000

[그림 13-9] 질의 결과

데이터베이스 서버로부터 저장 함수를 삭제할 때는 DROP FUNCTION 문을 사용한다.

DROP FUNCTION 함수명;

예를 들어 fn_sum_purchase 저장 함수를 삭제한다면 다음과 같이 SQL 문을 작성한다.

DROP FUNCTION fn_sum_purchase;

트리거

트리거(trigger)는 데이터베이스의 테이블에 INSERT, UPDATE, DELETE 문이 실행될 때 자동적으로 호출되는 프로그램이다. 예를 들어서 새로운 주문 항목이 추가될 때 해당 제품의 재고 수량은 주문 수량만큼 감해져야 한다. 그리고 만약 재고 수량이

주문 수량보다 부족하면 에러를 발생시켜 주문을 취소시켜야 한다. 따라서 order_item 테이블에 새로운 로우가 추가될 때 inventory 테이블에서 해당 제품의 inventory_quantity 컬럼의 값은 order_item 테이블의 order_item_quantity 컬럼의 수량만큼 감하고, 수량이 부족하다면 에러를 발생시키는 기능을 수행하는 트리거가 자동적으로 실행하도록 할 수 있다. 트리거는 다음과 같은 구문으로 생성한다.

```
CREATE TRIGGER 트리거명
BEFORE | AFTER INSERT | UPDATE | DELETE
ON 테이블명
FOR EACH ROW
BEGIN
END
```

트리거명 다음에 BEFORE나 AFTER 예약어가 올 수 있다. 이들 예약어는 트리거가 언제 발생하는 지를 지정한다. 이들 예약어 다음에는 INSERT나 UPDATE, DELETE가 올 수 있다. 그리고 ON 다음에는 테이블명이 온다. 이들을 결합하여 어떤 테이블에 어떤 SQL 문이 실행되기 전이나 후에 트리거가 실행되는 지를 지정할 수 있다. 예를 들어

```
BEFORE INSERT
ON order_item
```

이 지정되면 order_item 테이블에 INSERT 문이 실행되기 전에 트리거가 자동적으로 실행된다는 것을 의미한다.

ON 테이블명 다음에 FOR EACH ROW 구로 트리거가 로우 수준 트리거(row-level trigger)라는 것을 지정한다. 로우 수준 트리거는 각 로우가 변경될 때 트리거가 실행된다. FOR EACH ROW 구를 지정하지 않으면 각 명령문에 대하여 한번만 실행되는 명령 수준 트리거(statement-level trigger)가 된다.

트리거를 다시 실행하는 경우에 기존의 트리거를 삭제해야 하기 때문에 일반적으로 다음과 같이 트리거를 삭제하는 문장을 앞에 둔다.

```
DROP TRIGGER IF EXISTS 트리거명;
```

다음은 방금 전에 언급했던 시나리오 상황에서 호출되는 tr_before_insert_order 트

13장 저장 프로시저 - MySQL

리거의 예를 보여준다.

```
use order_system;
DROP TRIGGER IF EXISTS tr_before_insert_order;
DELIMITER $$
CREATE TRIGGER tr_before_insert_order
BEFORE INSERT ON order_item
FOR EACH ROW
BEGIN
   DECLARE l_quantity INTEGER;
   DECLARE l_product_id INTEGER;
   DECLARE l_order_item_quantity INTEGER;
   SELECT inventory_quantity
     INTO l_quantity
     FROM inventory
     WHERE product_id = NEW.product_id;
   IF l_quantity > NEW.order_item_quantity THEN
      UPDATE inventory
         SET inventory_quantity = inventory_quantity - NEW.order_item_quantity
         WHERE product_id = NEW.product_id;
   ELSE
      SIGNAL SQLSTATE '45000'
         SET MESSAGE_TEXT = '재고 수량이 부족합니다!';
   END IF;
END $$
DELIMITER ;
```

로우 수준 트리거에서는 이전 로우와 새로운 로우를 가르키는 OLD와 NEW를 사용할 수 있다. 따라서 SELECT 문에서 NEW.product_id으로 새로 추가되는 로우의 product_id 컬럼의 값과 같은 제품의 재고 수량을 inventory 테이블에서 읽어와 l_quantity 변수에 저장한다. 그리고 NEW.order_item_quantity으로 l_quantity 변수의 값보다 작은 지를 평가한 후에 작다면 inventory 테이블의 inventory_quantity 컬럼의 값에서 NEW.order_item_quantity 값을 감한 값으로 변경한다.

만약 주문 수량의 값이 재고 수량보다 크다면 SIGNAL 문을 사용하여 에러를 발생시킨다. 이러한 에러를 사용자 정의 예외(user-defined exception)라고 하는데, SIG-NAL 문으로 예외를 발생시킴으로써 order_item 테이블에 새로운 로우가 추가되지 않도록 할 수 있다.

SIGNAL 문의 인수에는 조건값으로 에러 코드나 SQLSTATE 코드, 또는 이름 갖는 조건을 지정할 수 있다. SET 구에는 추가적인 조건 정보를 지정할 수 있다. MES-SAGE_TEXT는 메시지 텍스트를 지정한다.

tr_before_insert_order 트리거를 실행하면 다음과 같이 트리거를 컴파일(compile)하고 데이터베이스에 저장한다.

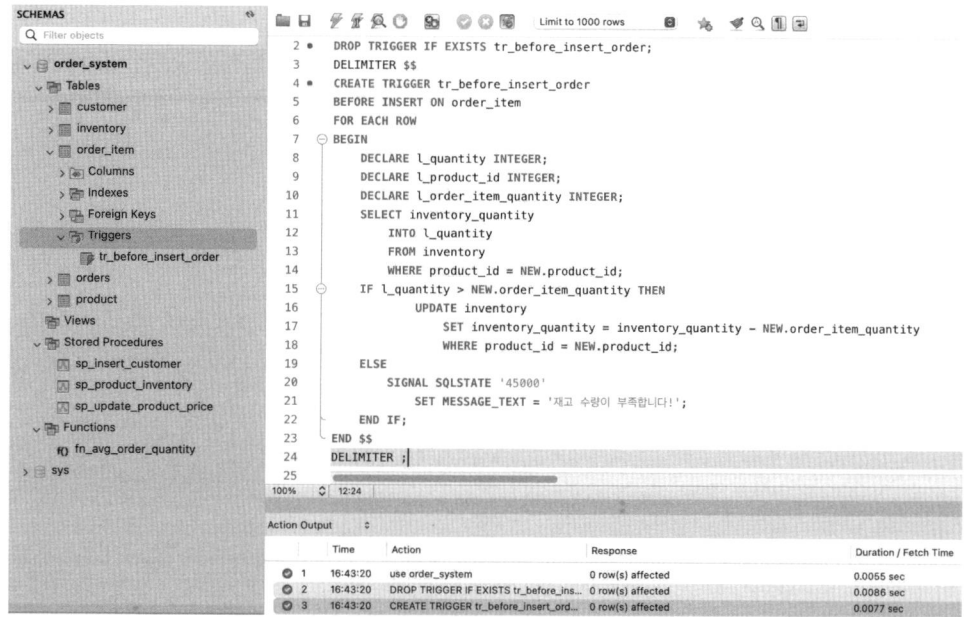

[그림 13-10] 트리거 실행

이제 order_item 테이블에 새로운 로우를 추가하여 tr_before_insert_order 트리거가 실행되도록 할 수 있다. 현재의 재고 수량을 확인하면 다음과 같다.

product_id	inventory_quantity
1	1000
2	2000
3	3000
4	4000
5	5000
NULL	NULL

[그림 13-11] 현재 재고 수량

먼저 다음과 같이 product_id가 5인 제품의 재고 수량인 5000보다 많은 8000 개를

13장 저장 프로시저 - MySQL

주문하는 시나리오를 실행하기로 한다.

```
INSERT INTO order_item(product_id, order_item_quantity, order_id)
    VALUES (5, 8000, 2);
```

위 SQL 문을 실행하면 다음과 같은 에러 메시지를 볼 수 있다.

Time	Action	Response	Duration / Fetch Time
16:47:30	INSERT INTO order_item(product_id, or...	Error Code: 1644. 재고 수량이 부족합니다!	0.0053 sec

[그림 13-12] 에러 발생

그리고 다시 현재의 재고 수량을 확인하면 이전과 동일한 것을 확인할 수 있다. 그리고 order_item 테이블에도 다음과 같이 새로운 로우가 추가되지 않은 것을 확인할 수 있다.

order_item_...	product_...	order_item_quant...	order_id
1	1	1	1
2	2	2	1
3	3	3	1
4	4	4	2
5	5	5	2
6	1	10	3
7	2	20	3
8	3	30	4
9	4	40	4
10	5	50	4
11	1	100	5
12	2	200	5
13	3	300	5
14	4	400	5
15	5	500	5
NULL	NULL	NULL	NULL

[그림 13-13] 질의 결과

이번에는 정상적으로 다음과 같이 product_id가 5인 제품의 재고 수량인 5000보다 적은 500 개를 주문하는 시나리오를 실행하기로 한다.

```
INSERT INTO order_item(product_id, order_item_quantity, order_id)
    VALUES (5, 500, 2);
```

이제 트리거가 정상적으로 수행되어 재고 수량이 4500으로 변경된 것을 확인할 수 있다.

product_id	inventory_quantity
1	1000
2	2000
3	3000
4	4000
5	4500
NULL	NULL

[그림 13-14] 질의 결과

그리고 order_item 테이블에도 다음과 같이 새로운 로우가 추가된 것을 확인할 수 있다.

order_item_...	product_...	order_item_quant...	order_id
1	1	1	1
2	2	2	1
3	3	3	1
4	4	4	2
5	5	5	2
6	1	10	3
7	2	20	3
8	3	30	4
9	4	40	4
10	5	50	4
11	1	100	5
12	2	200	5
13	3	300	5
14	4	400	5
15	5	500	5
16	5	500	2
NULL	NULL	NULL	NULL

[그림 13-15] 질의 결과

데이터베이스 서버로부터 트러거를 삭제할 때는 DROP TRIGGER 문을 사용한다.

DROP TRIGGER 트러거명;

예를 들어 tr_before_insert_order 트러거를 삭제한다면 다음과 같이 SQL 문을 작성한다.

DROP TRIGGER tr_before_insert_order;

빈 페이지

14장 저장 프로시저 – PostgreSQL

14장
저장 프로시저 – PostgreSQL

□ PL/pgSQL 기본 구문
□ 저장 프로시저
□ 저장 함수
□ 트리거

PL/pgSQL 기본 구문

　데이터베이스 서버에 저장되어 사용되는 저장 프로그램(stored program) 즉, 저장 프로시저(stored procedure)와 저장 함수(stored function), 그리고 트리거(trigger) 등을 작성하기 위해 PostgreSQL 제공하는 언어는 PL/pgSQL(Procedural Language/PostgreSQL)이다. PostgreSQL은 PL/pgSQL 외에도 SQL, PL/Tcl, PL/Perl, PL/Python 등의 언어도 지원한다. 그러나 주 언어는 PL/pgSQL이므로 이번 장에서는 PL/pgSQL 의 기본적인 구문을 살펴보고, 가장 많이 사용되는 저장 프로시저와 함수, 그리고 트리거를 작성하는 방법을 전형적인 유형의 간단한 예제와 함께 살펴보기로 한다.

　참고로 PL/pgSQL 코드를 작성할 때는 psql이나 pgAdmin를 사용하는 것이 편리하다. 우리는 pgAdmin을 사용하기로 한다. psql이나 pgAdmin를 설치하는 방법에 대해서는 1장 SQL과 데이터베이스를 참조하기 바란다.

　PL/pgSQL은 오라클의 PL/SQL과 유사한 구문을 갖는다. 따라서 PL/pgSQL 프로그램은 PL/SQL과 마찬가지로 다음과 같은 블럭 구조(block structure)를 갖는다.

```
[ DECLARE
    선언문;
]
BEGIN
    명령문;
END;
```

각 블럭은 두 개의 부분으로 구성된다. DECLARE 선언부에는 다른 블럭에서 사용할 변수를 선언한다. BEGIN...END 실행부에는 반복이나 조건식 등의 실제로 실행되는 명령문이 온다.

PL/pgSQL은 이름이 없는 익명 블럭(anonymous block)을 지원한다. 우리는 익명 블럭에 코드를 작성하면서 PL/pgSQL 의 기본 구문을 익히기로 한다. 먼저 가장 기초적인 안녕하세요? 프로그램부터 작성하기로 하자.

```
DO $$
BEGIN
    RAISE NOTICE '안녕하세요? PL/pgSQL?';
END;
$$ LANGUAGE plpgsql;
```

DO 문은 블럭에 포함되지 않으며, 익명 블럭을 실행하기 위해 사용된다.

DO 문 다음의 $$ 는 postgreSQL이 제공하는 문자열 상수 구문으로, 디폴트로 문자열 상수를 표현하는데 사용하는 홑따옴표(') 대신에 사용되어 블럭에서 문자열 상수에 홑따옴표를 자유롭게 사용할 수 있도록 한다.

닫는 $$ 다음의 LANGUAGE plpgsql 은 PL/pgSQL 언어를 블럭에서 사용한다는 것을 지정한다. 만약 블럭에서 SQL 문만 사용한다면 LANGUAGE SQL을 지정할 수 있다. 하지만 SQL 확장 구문인 IF나 LOOP 등의 명령문을 사용한다면 plpgsql을 지정해야 한다.

위의 코드를 실행한 결과는 다음과 같다.

14장 저장 프로시저 – PostgreSQL

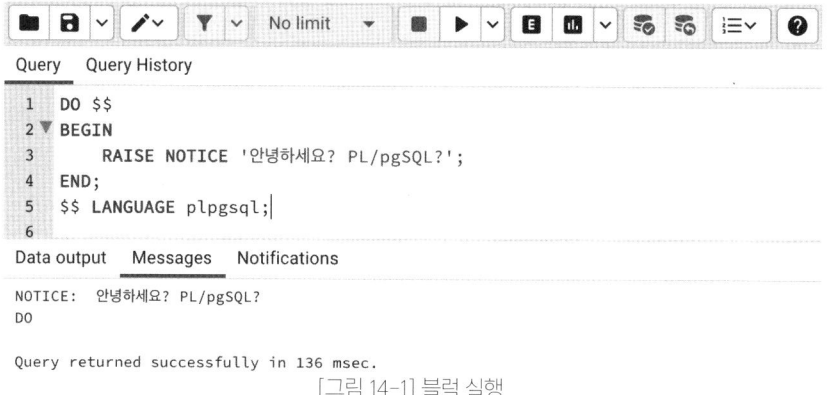

[그림 14-1] 블럭 실행

다른 블럭에서 사용할 변수는 DECLARE 선언부에 다음과 같은 구문으로 선언한다.

변수명 타입 := 초기값;

다음 코드는 변수를 선언하고 사용하는 예를 보여준다.

```
DO $$
DECLARE
    l_name VARCHAR(20);
    l_id INTEGER := 1;
BEGIN
    l_name := '김일';
    RAISE NOTICE 'ID: %, 이름: %', l_id, l_name;
END;
$$ LANGUAGE plpgsql;
```

위 코드의 실행 결과는 다음과 같다.

NOTICE: ID: 1, 이름: 김일

PL/pgSQL도 자바와 같은 범용 언어와 마찬가지로 제어문을 제공한다.

IF 조건문은 다음과 같은 구문을 갖는다.

```
IF 조건식1 THEN
    명령문1;
ELSIF 조건식2 THEN
    명령문2;
ELSE
    명령문3;
END IF;
```

이번에는 특정 고객의 총 매출액을 출력하고 매출액이 천 만원 이상이면 최우수 고객, 500 만원 이상이면 우수 고객, 그 이하면 일반 고객이라고 출력하는 코드를 작성하기로 한다.

```
DO $$
DECLARE
    l_customer_name VARCHAR(20);
    l_sum INTEGER;
BEGIN
    SELECT customer_name, SUM(product_price * order_item_quantity)
        INTO l_customer_name, l_sum
        FROM orders o
        JOIN customer c ON o.customer_id = c.customer_id
        JOIN order_item i ON o.order_id = i.order_id
        JOIN product p ON i.product_id = p.product_id
        WHERE c.customer_id = 5
        GROUP BY c.customer_id, customer_name;
    RAISE NOTICE '고객명 : %, 총 매출액 : %', l_customer_name, l_sum;
    IF l_sum > 10000000 THEN
        RAISE NOTICE '최우수 고객입니다.';
    ELSIF l_sum > 5000000 THEN
        RAISE NOTICE '우수 고객입니다.';
    ELSE
        RAISE NOTICE '일반 고객입니다.';
    END IF;
END;
```

14장 저장 프로시저 - PostgreSQL

```
$$ LANGUAGE plpgsql;
```

위의 코드에서 SELECT INTO 문은 선택된 값을 변수에 저장한다. 따라서 customer_name 컬럼의 값은 l_customer_name 변수에 저장되고, SUM(product_price * order_item_quantity)은 l_sum 변수에 저장된다. 그리고 IF 문에서 l_sum이 10000000 이상이면 "최우수 고객입니다."를 출력하고, l_sum이 5000000 이상이면 "우수 고객입니다.", 그 이하면 "일반 고객입니다."를 출력한다.

위 코드의 실행 결과는 다음과 같다.

```
NOTICE: 고객명 : 김오, 총 매출액 : 15399900
NOTICE: 최우수 고객입니다.
```

CASE 문을 사용할 수도 있다.

```
CASE 조건식
    WHEN 값1 THEN 명령문1;
    WHEN 값2 THEN 명령문2;
    ...
    ELSE 명령문3;
END CASE;
```

위의 코드에 CASE 문을 추가해서 다음과 같이 작성할 수 있다.

```
DO $$
DECLARE
    l_customer_name VARCHAR(20);
    l_sum INTEGER;
    l_rate INTEGER;
BEGIN
    SELECT customer_name, SUM(product_price * order_item_quantity)
        INTO l_customer_name, l_sum
        FROM orders o
        JOIN customer c ON o.customer_id = c.customer_id
        JOIN order_item i ON o.order_id = i.order_id
```

```
            JOIN product p ON i.product_id = p.product_id
            WHERE c.customer_id = 5
            GROUP BY c.customer_id, customer_name;
    RAISE NOTICE '고객명 : %, 총 매출액 : %', l_customer_name, l_sum;
    IF l_sum > 10000000 THEN
        l_rate := 1;
    ELSIF l_sum > 5000000 THEN
        l_rate := 2;
    ELSE
        l_rate := 3;
    END IF;
    CASE l_rate
        WHEN 1 THEN RAISE NOTICE '최우수 고객입니다.';
        WHEN 2 THEN RAISE NOTICE '우수 고객입니다.';
        ELSE RAISE NOTICE '일반 고객입니다.';
    END CASE;
END;
$$ LANGUAGE plpgsql;
```

위 코드에서는 총 매출액이 천 만원 이상이면 1 등급으로 l_rate 변수에 1을 저장하고, 500 만원 이상이면 2 등급으로 l_rate 변수에 2를, 그 이하면 3 등급으로 l_rate 변수에 3을 저장한다. 그 후에 CASE 문에서 l_rate가 1이면 "최우수 고객입니다."를 출력하고, 2이면 "우수 고객입니다.", 3 이면 "일반 고객입니다."를 출력한다.

또는 CASE 문만 사용해서 다음과 같이 작성할 수도 있다.

```
DO $$
DECLARE
    l_customer_name VARCHAR(20);
    l_sum INTEGER;
BEGIN
    SELECT customer_name, SUM(product_price * order_item_quantity)
        INTO l_customer_name, l_sum
        FROM orders o
        JOIN customer c ON o.customer_id = c.customer_id
```

```
                JOIN order_item i ON o.order_id = i.order_id
                JOIN product p ON i.product_id = p.product_id
                WHERE c.customer_id = 5
                GROUP BY c.customer_id, customer_name;
            RAISE NOTICE '고객명 : %, 총 매출액 : %', l_customer_name, l_sum;
            CASE
                WHEN l_sum > 10000000 THEN
                    RAISE NOTICE '최우수 고객입니다.';
                WHEN l_sum > 5000000 THEN
                    RAISE NOTICE '우수 고객입니다.';
                ELSE RAISE NOTICE '일반 고객입니다.';
            END CASE;
        END;
        $$ LANGUAGE plpgsql;
```

위 코드에서는 CASE 문에서 l_sum이 10000000 이상이면 "최우수 고객입니다."를 출력하고, l_sum이 5000000 이상이면 "우수 고객입니다.", 그 이하면 "일반 고객입니다."를 출력한다.

위 코드의 실행 결과는 다음과 같다.

```
NOTICE: 고객명 : 김오, 총 매출액 : 15399900
NOTICE: 최우수 고객입니다.
```

반복문에는 FOR LOOP, WHILE LOOP, LOOP 문 등이 있다.

FOR LOOP 문은 다음과 같은 구문을 갖는다.

```
FOR 카운터변수 IN 시작값 .. 끝값 LOOP
    명령문
END LOOP;
```

예를 들어 1에서부터 3까지 반복하면서 "사랑합니다"를 출력한다면 다음과 같이 코드를 작성한다.

```
DO $$
BEGIN
    FOR i IN 1 .. 3 LOOP
        RAISE NOTICE '% 번째: 사랑합니다.', i;
    END LOOP;
END;
$$ LANGUAGE plpgsql;
```

위 코드의 실행 결과는 다음과 같다.

```
NOTICE: 1 번째: 사랑합니다.
NOTICE: 2 번째: 사랑합니다.
NOTICE: 3 번째: 사랑합니다.
```

WHILE LOOP 문은 다음과 같은 구문을 갖는다.

```
WHILE 표현식 LOOP
    명령문;
END LOOP;
```

위의 FOR LOOP 문을 WHILE LOOP 문으로 바꾸면 다음과 같다.

```
DO $$
DECLARE
    i INTEGER;
BEGIN
    i := 1;
    WHILE i < 4 LOOP
        RAISE NOTICE '% 번째: 사랑합니다.', i;
        i := i + 1;
    END LOOP;
END;
$$ LANGUAGE plpgsql;
```

LOOP 문은 다음과 같은 구문을 갖는다.

14장 저장 프로시저 – PostgreSQL

```
LOOP
   명령문;
   EXIT WHEN 표현식
END LOOP;
```

위의 FOR LOOP 문을 LOOP 문으로 바꾸면 다음과 같다.

```
DO $$
DECLARE
   i INTEGER;
BEGIN
   i := 1;
   LOOP
      RAISE NOTICE '% 번째: 사랑합니다.', i;
      i := i + 1;
      EXIT WHEN i > 3;
   END LOOP;
END;
$$ LANGUAGE plpgsql;
```

변수를 선언할 때 테이블의 컬럼 타입의 참조 타입(reference type)을 사용할 수 있다.

```
변수명 테이블명.컬럼명%TYPE := 초기값;
```

다음 코드는 customer 테이블의 customer_name 컬럼의 타입을 l_customer 변수의 타입으로 사용한다.

```
DO $$
DECLARE
   l_customer_name customer.customer_name%TYPE;
BEGIN
   SELECT customer_name
      INTO l_customer_name
      FROM customer
```

```
        WHERE customer_id = 1;
    RAISE NOTICE '이름: %', l_customer_name;
END;
$$ LANGUAGE plpgsql;
```

위 코드의 실행 결과는 다음과 같다.

```
NOTICE: 이름: 김일
```

테이블 자체를 참조 타입으로 사용할 수 있다.

```
변수명 테이블명%ROWTYPE;
```

다음 코드에서 l_customer_row 변수의 타입으로 customer 테이블의 타입이 사용된다.

```
DO $$
DECLARE
    l_customer_row customer%ROWTYPE;
BEGIN
    SELECT *
      INTO l_customer_row
      FROM customer
     WHERE customer_id = 1;
    RAISE NOTICE 'ID: %', l_customer_row.customer_id;
    RAISE NOTICE '이름: %', l_customer_row.customer_name;
    RAISE NOTICE '주소: %', l_customer_row.customer_address;
    RAISE NOTICE '이메일: %', l_customer_row.customer_email;
END;
$$ LANGUAGE plpgsql;
```

위 코드에서 선택한 테이블의 로우가 l_customer_row 변수에 저장된다. 따라서 l_customer_row 변수에서 다음과 같은 구문으로 각 컬럼의 값을 읽을 수 있다.

```
테이블타입변수.컬럼명
```

위 코드의 실행 결과는 다음과 같다.

    NOTICE: ID: 1
    NOTICE: 이름: 김일
    NOTICE: 주소: 서울시
    NOTICE: 이메일: kim1@gmail.com

조인된 여러 테이블의 컬럼을 자유롭게 묶어 하나의 레코드(record)로 사용할 수 있다.

    레코드변수명 RECORD;

예를 들어 다음 질의문에서 l_product_inventory_rec 변수에는 product 테이블의 product_name과 product_price 컬럼 그리고 inventory 테이블의 inventory_quantity 컬럼을 묶은 레코드를 사용한다.

```
DO $$
DECLARE
   l_product_inventory_rec RECORD;
BEGIN
   SELECT product_name, product_price, inventory_quantity
      INTO l_product_inventory_rec
      FROM product
      JOIN inventory ON product.product_id = inventory.product_id
      WHERE product.product_id = 1;
   RAISE NOTICE '제품명: %', l_product_inventory_rec.product_name;
   RAISE NOTICE '제품 가격: %', l_product_inventory_rec.product_price;
   RAISE NOTICE '재고 수량: %', l_product_inventory_rec.inventory_quantity;
END;
$$ LANGUAGE plpgsql;
```

위 코드의 실행 결과는 다음과 같다.

    NOTICE: 제품명: 제품1
    NOTICE: 제품 가격: 10000

    NOTICE: 재고 수량: 1000

지금까지 우리는 하나의 로우를 선택하는 예를 살펴보았지만 일반적으로 SQL 질의문은 개별적인 로우보다는 전체 로우셋을 반환한다. 그리고 우리는 이들 로우셋에서 하나씩 로우를 꺼내와 작업할 때가 많다. 이것을 위해서 우리는 커서(cursor)를 사용할 수 있다.

커서를 사용하기 위해서는 먼저 커서를 선언해야 한다.

    커서명 CURSOR FOR
        질의문;

다음은 커서를 선언한 예다.

    CURSOR l_customer_cursor FOR
        SELECT *
            FROM customer
            ORDER BY customer_id;

커서를 선언한 후에는 OPEN 문을 사용하여 커서를 연다.

    OPEN l_customer_cursor;

그리고 반복문에서 FETCH INTO 문을 사용하여 커서에서 하나의 로우를 읽어 변수에 저장한다. 이 작업을 커서에 로우가 더 이상 없을 때 즉, NOT FOUND일 때 반복문을 빠져온다.

    LOOP
        FETCH l_customer_cursor
            INTO l_customer_row;
        EXIT WHEN NOT FOUND;
        -- 작업 수행
    END LOOP;

마지막으로 열려 있는 커서를 CLOSE 문으로 닫는다.

14장 저장 프로시저 - PostgreSQL

    CLOSE l_customer_cursor;

다음 코드는 커서를 사용하여 customer 테이블에 있는 모든 로우를 화면에 출력하는 예를 보여준다.

```
DO $$
DECLARE
   l_customer_cursor CURSOR FOR
      SELECT *
        FROM customer
       ORDER BY customer_id;
   l_customer_row customer%ROWTYPE;
BEGIN
   OPEN l_customer_cursor;
   LOOP
      FETCH l_customer_cursor
        INTO l_customer_row;
      EXIT WHEN NOT FOUND;
         RAISE NOTICE 'ID: %, 이름: %, 주소: %, 이메일: %',
              l_customer_row.customer_id,
              l_customer_row.customer_name,
              l_customer_row.customer_address,
              l_customer_row.customer_email;
   END LOOP;
   CLOSE l_customer_cursor;
END;
$$ LANGUAGE plpgsql;
```

위 코드의 실행 결과는 다음과 같다.

```
NOTICE: ID: 1, 이름: 김일, 주소: 서울시, 이메일: kim1@gmail.com
NOTICE: ID: 2, 이름: 김이, 주소: 부산시, 이메일: kim2@gmail.com
NOTICE: ID: 3, 이름: 김삼, 주소: 대전시, 이메일: kim3@gmail.com
NOTICE: ID: 4, 이름: 김사, 주소: 인천시, 이메일: kim4@gmail.com
```

NOTICE: ID: 5, 이름: 김오, 주소: 대구시, 이메일: kim5@gmail.com

또는 다음과 같이 FOR LOOP 문을 사용하여 간단하게 커서를 사용할 수도 있다.

```
DO $$
DECLARE
   l_customer_cursor CURSOR FOR
      SELECT *
        FROM customer
        ORDER BY customer_id;
   l_customer_row customer%ROWTYPE;
BEGIN
   FOR l_customer_row IN l_customer_cursor LOOP
      RAISE NOTICE 'ID: %, 이름: %, 주소: %, 이메일: %',
            l_customer_row.customer_id,
            l_customer_row.customer_name,
            l_customer_row.customer_address,
            l_customer_row.customer_email;
   END LOOP;
END;
$$ LANGUAGE plpgsql;
```

커서에 매개변수를 지정할 수도 있다.

```
l_customer_cursor CURSOR (
   p_id customer.customer_id%TYPE
) FOR
   SELECT *
     FROM customer
     WHERE customer_id = p_id
     ORDER BY customer_id;
```

그리고 커서를 열 때 인수를 전달한다.

```
OPEN l_customer_cursor (3);
```

또는 FOR LOOP 문에서 다음과 같이 커서에 인수를 전달한다.

```
FOR l_customer_row IN l_customer_cursor(3) LOOP
    -- 생략
END LOOP;
```

다음 코드는 매개변수를 갖는 커서를 사용하는 예를 보여준다.

```
DO $$
DECLARE
    l_customer_cursor CURSOR (
        p_id customer.customer_id%TYPE
    ) FOR
      SELECT *
        FROM customer
          WHERE customer_id = p_id
        ORDER BY customer_id;
    l_customer_row customer%ROWTYPE;
BEGIN
    FOR l_customer_row IN l_customer_cursor(3) LOOP
    RAISE NOTICE 'ID: %, 이름: %, 주소: %, 이메일: %',
              l_customer_row.customer_id,
              l_customer_row.customer_name,
              l_customer_row.customer_address,
              l_customer_row.customer_email;
    END LOOP;
END;
$$ LANGUAGE plpgsql;
```

위 코드의 실행 결과는 다음과 같다.

NOTICE: ID: 3, 이름: 김삼, 주소: 대전시, 이메일: kim3@gmail.com

커서를 열 때 OPEN FOR 문을 사용하여 실행 시에 질의문을 지정할 수 있다. 그러

SQL 프로그래밍

기 위해서는 먼저 다음과 같이 REFCURSOR 타입의 커서를 선언한다. REFCURSOR 는 커서의 포인터(pointer) 즉, 커서를 가르키는 값이다. 그리고 이 커서 포인터는 테이블 타입을 반환한다.

```
l_customer_cursor REFCURSOR;
```

그리고 OPEN FOR 문을 사용하여 커서를 열 때 다음과 같이 질의문을 지정할 수 있다.

```
OPEN l_customer_cursor FOR
    SELECT *
      FROM customer
     ORDER BY customer_id;
```

다음은 REFCURSOR 타입 커서와 OPEN FOR 문을 사용하여 커서를 여는 예를 보여준다.

```
DO $$
DECLARE
    l_customer_cursor REFCURSOR;
    l_customer_row customer%ROWTYPE;
BEGIN
    OPEN l_customer_cursor FOR
        SELECT *
          FROM customer
         ORDER BY customer_id;
    LOOP
        FETCH l_customer_cursor
            INTO l_customer_row;
        EXIT WHEN NOT FOUND;
        RAISE NOTICE 'ID: %, 이름: %, 주소: %, 이메일: %',
                l_customer_row.customer_id,
                l_customer_row.customer_name,
                l_customer_row.customer_address,
```

14장 저장 프로시저 - PostgreSQL

```
                    l_customer_row.customer_email;
        END LOOP;
END;
$$ LANGUAGE plpgsql;
```

위 코드의 실행 결과는 다음과 같다.

```
NOTICE: ID: 1, 이름: 김일, 주소: 서울시, 이메일: kim1@gmail.com
NOTICE: ID: 2, 이름: 김이, 주소: 부산시, 이메일: kim2@gmail.com
NOTICE: ID: 3, 이름: 김삼, 주소: 대전시, 이메일: kim3@gmail.com
NOTICE: ID: 4, 이름: 김사, 주소: 인천시, 이메일: kim4@gmail.com
NOTICE: ID: 5, 이름: 김오, 주소: 대구시, 이메일: kim5@gmail.com
```

명령문이 실행될 때 발생하는 실행 에러를 처리하기 위해서는 EXCEPTION 블럭을 사용한다. 다음은 예외를 처리하는 예를 보여준다.

```
DO $$
BEGIN
    INSERT INTO customer VALUES(1, '김일', '서울시', 'kim1@gmail.com');
    RAISE NOTICE '성공적으로 데이터가 추가되었습니다.';
EXCEPTION
    WHEN GENERATED_ALWAYS THEN
        RAISE NOTICE 'GENERATED ALWAYS IDENTITY 컬럼 에러가 발생했습니다!';
    WHEN SQLSTATE '23503' THEN
        RAISE NOTICE '외래 키 제약 위반 에러가 발생했습니다!';
    WHEN OTHERS THEN
        RAISE NOTICE '에러 - % : %', SQLSTATE, SQLERRM;
END;
$$ LANGUAGE plpgsql;
```

WHEN 구에는 조건 이름(condition name)이나 SQLSTATE 코드를 지정하거나, 다른 에러를 처리하기 위해 OTHERS를 지정할 수 있다. 다음은 자주 사용되는 SQLSTATE 코드와 조건 이름이다.

SQL 프로그래밍

SQLSTATE 코드	조건 이름	설명
02000	NO_DATA	로우가 없는 데이터를 가져올 때
23505	UNIQUE_VIOLATION	UNIQUE 컬럼에 중복된 값을 저장할 때
23502	NOT_NULL_VIOLATION	NOT NULL 컬럼에 NULL을 저장할 때
23053	FOREIGN_KEY_VIOLATION	FOREIGN KEY 제약으로 자식 로우를 추가하거나 갱신할 수 없을 때
23000	INTEGRITY_CONSTRAINT_VIOLATION	FOREIGN KEY 제약으로 부모 로우를 삭제하거나 갱신할 수 없을 때
428C9	GENERATED_ALWAYS	GENERATED ALWAYS IDENTITY 컬럼에 값을 지정할 때

[표 14-1] SQLSTATE 코드와 조건 이름

그리고 발생한 SQLSTATE 코드와 메시지는 SQLSTATE와 SQLERRM에서 구할 수 있다.

위 코드의 실행 결과는 다음과 같다.

NOTICE: GENERATED ALWAYS IDENTITY 컬럼 에러가 발생했습니다!

저장 프로시저

이제 PL/pgSQL의 기본적인 구문을 익혔으므로 본격적으로 저장 프로시저(stored procedure)를 생성하기로 한다. 저장 프로시저는 다음과 같은 구문으로 생성한다.

CREATE [OR REPLACE] PROCEDURE 프로시저명 [(매개변수 목록)]
AS
PL/pgSQL 블럭;

OR REPLACE 가 지정되면 저장 프로시저를 변경할 수도 있게 된다.

매개변수는 괄호 안에 다음과 같은 구문으로 정의한다.

매개변수명 [IN | OUT | IN OUT] 타입;

매개변수에 IN, OUT, IN OUT 모드를 지정할 수 있다. IN 모드는 매개변수에 전달되는 인수를 입력에 사용하며 모드가 지정되지 않았을 때 디폴트 모드가 된다. OUT 모드는 매개변수에 전달되는 인수를 출력에 사용하여 매개변수에 값을 저장함으로써 저장 프로시저를 호출한 측에 값을 되돌려 준다. IN OUT 모드는 입출력 겸용 모드로 입력으로 사용할 수도 있고, 값을 저장하여 출력으로도 사용할 수 있다.

매개변수 다음에는 AS와 블럭이 온다.

먼저 customer 테이블에 데이터를 저장하는 간단한 저장 프로시저부터 작성하기로 한다.

```
CREATE OR REPLACE PROCEDURE sp_insert_customer (
    in_name IN VARCHAR,
    in_address IN VARCHAR,
    in_email IN VARCHAR
)
AS $$
    BEGIN
    INSERT INTO customer(customer_name, customer_address, customer_email)
        VALUES (in_name, in_address, in_email);
END;
$$ LANGUAGE plpgsql;
```

sp_insert_customer 저장 프로시저는 이름과 주소, 이메일을 인수로 받아들이는 in_name, in_address, in_email 입력 매개변수를 갖는다. 그리고 INSERT 문에서 입력으로 전달된 인수값을 사용하여 customer 테이블에 새로운 로우를 생성한다.

sp_insert_customer 저장 프로시저를 실행하면 다음과 같이 저장 프로시저를 컴파일(compile) 하고 데이터베이스에 저장한다.

SQL 프로그래밍

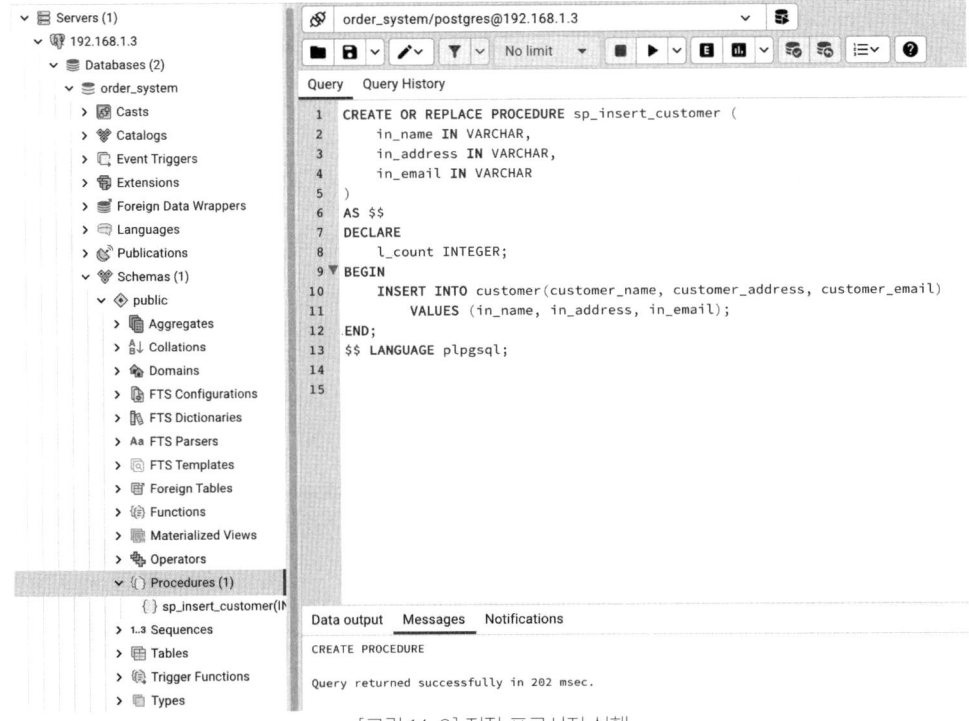

[그림 14-2] 저장 프로시저 실행

이제 저장 프로시저를 호출하여 사용할 수 있다. 저장 프로시저를 호출할 때는 CALL 문을 사용할 수 있다. 매개변수에 전달할 인수는 괄호 안에 지정한다.

```
CALL sp_insert_customer('최일', '서울시', 'choi1@gmail.com');
```

sp_insert_customer 저장 프로시저를 호출하면 customer 테이블에 새로운 로우가 생성된다.

customer_id [PK] integer	customer_name character varying (20)	customer_address character varying (60)	customer_email character varying (40)
1	김일	서울시	kim1@gmail.com
2	김이	부산시	kim2@gmail.com
3	김삼	대전시	kim3@gmail.com
4	김사	인천시	kim4@gmail.com
5	김오	대구시	kim5@gmail.com
6	최일	서울시	choi1@gmail.com

[그림 14-3] 실행 결과

sp_insert_customer 저장 프로시저는 순수한 SQL 문만 포함하고 있다. 이 경우에

435

14장 저장 프로시저 - PostgreSQL

는 다음과 같이 SQL 언어를 지정할 수 있다.

```
CREATE OR REPLACE PROCEDURE sp_insert_customer (
  in_name IN VARCHAR,
  in_address IN VARCHAR,
  in_email IN VARCHAR
)
AS $$
  INSERT INTO customer(customer_name, customer_address, customer_email)
    VALUES (in_name, in_address, in_email);
$$ LANGUAGE SQL;
```

이번에는 product 테이블의 product_price 컬럼을 갱신하는 sp_update_product_price라고 하는 간단한 저장 프로시저를 작성하기로 한다.

```
CREATE OR REPLACE PROCEDURE sp_update_product_price (
  in_id IN INTEGER,
  in_price IN INTEGER
)
AS $$
DECLARE
  l_count INTEGER;
BEGIN
  SELECT COUNT(*)
    INTO l_count
    FROM product
    WHERE product_id = in_id;
  IF l_count = 1 THEN
    UPDATE product SET product_price = in_price
      WHERE product_id = in_id;
  END IF;
END;
$$ LANGUAGE plpgsql;
```

sp_update_product_price 저장 프로시저는 제품 ID를 입력받는 in_id 매개변수와 제품 가격을 입력받는 in_price 매개변수를 갖는다.

먼저 in_id 매개변수에 전달된 인수값과 동일한 product_id 값을 갖는 로우를 찾기 위해 SELECT 문을 실행하여 COUNT 함수가 반환한 값을 l_count 변수에 저장한다. 그리고 l_count 변수값이 1인 경우 즉, in_id 매개변수에 전달된 인수값과 동일한 product_id 값을 갖는 로우가 있는 경우 UPDATE 문을 실행한다.

이제 sp_update_product_price 저장 프로시저를 다음과 같이 실행할 수 있다.

    CALL sp_update_product_price(1, 20000);

저장 프로시저가 실행되면 다음과 같이 product_id가 1인 제품의 가격을 20,000원으로 변경한다.

product_id [PK] integer	product_name character varying (40)	product_description character varying (200)	product_price integer
1	제품1	제품1설명	20000
2	제품2	제품2설명	20000
3	제품3	제품3설명	30000
4	제품4	제품4설명	40000
5	제품5	제품5설명	50000

[그림 14-4] 실행 결과

이번에는 로우셋을 반환하는 저장 프로시저를 작성하기로 한다.

```
CREATE OR REPLACE PROCEDURE sp_product_inventory (
    out_cursor INOUT REFCURSOR = 'product_inventory'
)
AS $$
BEGIN
    OPEN out_cursor FOR
        SELECT p.product_id, product_name, product_price, inventory_quantity
          FROM product p
          JOIN inventory i ON p.product_id = i.product_id
         ORDER BY p.product_id;
END;
$$ LANGUAGE plpgsql;
```

sp_product_inventory 저장 프로시저는 입출력 모드로 "product_inventory" 커서 이름으로 초기화된 REFCURSOR 타입의 out_cursor 매개변수를 갖는다. 그리고 product 테이블과 inventory 테이블을 조인하여 product_id와 product_name, product_price, inventory_quantity 컬럼을 반환하는 SELECT 문으로 out_cursor 커서를 열어 호출 측에 커서를 반환한다.

이와 같이 로우셋을 반환하는 저장 프로시저는 다음과 같이 실행할 수 있다.

```
BEGIN TRANSACTION;
CALL sp_product_inventory();
FETCH ALL FROM "product_inventory";
COMMIT;
```

위의 코드에서는 먼저 BEGIN TRANSACTION 문으로 트랜잭션을 시작한다.

그리고 sp_product_inventory 저장 프로시저를 호출한 뒤에, FETCH 문을 사용하여 "out_cursor"에서 모든 로우를 가져온다. 그리고 화면에 로우셋을 출력하면 COMMIT 문을 사용하여 트랜잭션을 종료한다.

위 코드의 실행 결과는 다음과 같다.

product_id integer	product_name character varying (40)	product_price integer	inventory_quantity integer
1	제품1	20000	1000
2	제품2	20000	2000
3	제품3	30000	3000
4	제품4	40000	4000
5	제품5	50000	5000

[그림 14-5] 실행 결과

데이터베이스 서버로부터 저장 프로시저를 삭제할 때는 DROP PROCEDURE 문을 사용한다.

DROP PROCEDURE 프로시저명;

예를 들어 sp_product_inventory 저장 프로시저를 삭제한다면 다음과 같이 SQL 문을 작성한다.

DROP PROCEDURE sp_product_inventory;

저장 함수

PostgreSQL에서 저장 함수(stored function)는 내장 함수처럼 하나의 로우에 있는 데이터에 수행되는 스칼라 함수(scala function)를 정의하는 것 뿐만 아니라, 로우셋과 같이 여러 로우를 포함하는 데이터를 반환하는데도 사용할 수 있다. 저장 함수를 내장 함수와 구별하여 사용자 정의 함수(user-defined function)라고 부른다.

```
CREATE [OR REPLACE] FUNCTION 함수명 [(매개변수 목록)]
RETURNS 타입
AS | IS
PL/pgSQL 블럭;
```

매개변수 목록 다음에는 RETURNS 예약어를 사용하여 반환할 타입을 지정한다. 그리고 PL/pgSQL 블럭에서는 반드시 RETURN 문을 사용하여 값을 반환해야 한다.

먼저 앞에서 작성한 로우셋을 반환하는 sp_product_inventory 저장 프로시저를 저장 함수로 작성할 수 있다.

```
CREATE OR REPLACE FUNCTION fn_product_inventory (
    in_cursor REFCURSOR
)
RETURNS REFCURSOR
AS $$
BEGIN
  OPEN in_cursor FOR
    SELECT p.product_id, product_name, product_price, inventory_quantity
      FROM product p
      JOIN inventory i ON p.product_id = i.product_id
      ORDER BY p.product_id;
  RETURN in_cursor;
END;
$$ LANGUAGE plpgsql;
```

fn_product_inventory 함수를 실행하면 다음과 같이 저장 함수를 컴파일(compile)

14장 저장 프로시저 – PostgreSQL

하고 데이터베이스에 저장한다.

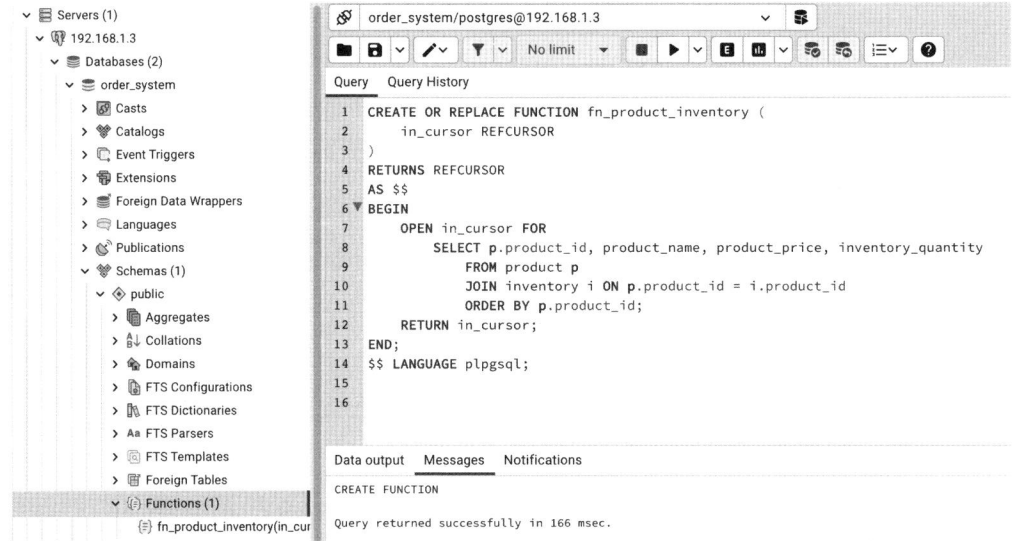

[그림 14-6] 함수 실행

이제 다음과 같이 함수를 호출할 수 있다.

```
BEGIN TRANSACTION;
SELECT fn_product_inventory('product_inventory');
FETCH ALL IN "product_inventory";
COMMIT;
```

위 코드의 실행 결과는 sp_product_inventory 저장 프로시저를 호출한 결과와 같다.

테이블을 반환하는 함수를 생성할 수도 있다.

```
CREATE OR REPLACE FUNCTION fn_product_inventory_table ()
RETURNS TABLE (
    prod_id INTEGER,
    prod_name VARCHAR(40),
    prod_price INTEGER,
    inv_quantity INTEGER
)
```

```
    AS $$
    BEGIN
      RETURN QUERY
        SELECT p.product_id, product_name, product_price, inventory_quantity
          FROM product p
          JOIN inventory i ON p.product_id = i.product_id
          ORDER BY p.product_id;
    END;
    $$ LANGUAGE plpgsql;
```

fn_product_inventory_table 함수는 매개변수를 갖지 않으며 테이블을 반환한다. 테이블은 SELECT 문이 선택하는 컬럼과 순서 및 타입이 일치해야 한다. 만약 타입이 다르다면 다음과 같이 :: 연산자를 사용하여 SELECT 문에서 선택하는 컬럼의 타입을 변환해야 한다.

    SELECT 컬럼명::타입

RETURN QUERY 문은 SELECT 문의 결과를 반환하는 질의를 반환한다.

fn_product_inventory_table 함수는 다음과 같이 호출할 수 있다.

    SELECT * from fn_product_inventory_table();

위 질의의 실행 결과는 다음과 같다.

prod_id integer	prod_name character varying	prod_price integer	inv_quantity integer
1	제품1	20000	1000
2	제품2	20000	2000
3	제품3	30000	3000
4	제품4	40000	4000
5	제품5	50000	5000

[그림 14-7] 실행 결과

다음은 특정한 제품의 평균 주문 수량을 구하는 fn_avg_order_quantity 함수를 생성하는 예다.

```
CREATE OR REPLACE FUNCTION fn_avg_order_quantity (
    in_id IN INTEGER
)
RETURNS INTEGER
AS $$
DECLARE
    l_avg_quantity INTEGER;
BEGIN
    SELECT AVG(order_item_quantity)
      INTO l_avg_quantity
      FROM order_item
      WHERE product_id = in_id;
    RETURN l_avg_quantity;
END;
$$ LANGUAGE plpgsql;
```

fn_avg_order_quantity 함수는 AVG 함수가 반환하는 INTEGER 타입의 값을 반환한다.

이제 내장 함수를 사용하는 것과 동일하게 다음과 같이 함수를 호출할 수 있다.

```
SELECT product_name,
       fn_avg_order_quantity(product_id) avg_order_quantity
  FROM product;
```

위 질의문은 다음과 같은 결과를 보여준다.

product_name character varying (40)	avg_order_quantity integer
제품1	37
제품2	74
제품3	111
제품4	148
제품5	185

[그림 14-8] 질의 결과

이번에는 특정한 고객이 구매한 제품의 총 구매액을 반환하는 fn_sum_purchase 함수를 작성하기로 한다.

```
CREATE OR REPLACE FUNCTION fn_sum_purchase (
    in_id IN INTEGER
)
RETURNS INTEGER
AS $$
DECLARE
    l_sum INTEGER;
BEGIN
    SELECT SUM(product_price * order_item_quantity)
      INTO l_sum
      FROM orders o
      JOIN customer c ON o.customer_id = c.customer_id
      JOIN order_item i ON o.order_id = i.order_id
      JOIN product p ON i.product_id = p.product_id
      WHERE c.customer_id = in_id
      GROUP BY c.customer_id, customer_name;
    RETURN l_sum;
END;
$$ LANGUAGE plpgsql;
```

fn_sum_purchase 함수는 SUM 함수가 반환하는 INTEGER 타입의 값을 반환한다.

fn_sum_purchase 함수를 다음과 같이 호출할 수 있다.

```
SELECT customer_name,
       fn_sum_purchase(customer_id) sum_purchase
  FROM customer
  ORDER BY customer_id;
```

위 질의문은 다음과 같은 결과를 보여준다.

customer_name character varying (20)	sum_purchase integer
김일	150000
김이	410000
김삼	600000
김사	5000000
김오	56000000

[그림 14-9] 질의 결과

데이터베이스 서버로부터 저장 함수를 삭제할 때는 DROP FUNCTION 문을 사용한다.

  DROP FUNCTION 함수명;

예를 들어 fn_sum_purchase 저장 함수를 삭제한다면 다음과 같이 SQL 문을 작성한다.

  DROP FUNCTION fn_sum_purchase;

트리거

트리거(trigger)는 데이터베이스의 테이블에 INSERT, UPDATE, DELETE 문이 실행될 때 자동적으로 호출되는 프로그램이다. 예를 들어서 새로운 주문 항목이 추가될 때 해당 제품의 재고 수량은 주문 수량만큼 감해져야 한다. 그리고 만약 재고 수량이 주문 수량보다 부족하면 에러를 발생시켜 주문을 취소시켜야 한다. 따라서 order_item 테이블에 새로운 로우가 추가될 때 inventory 테이블에서 해당 제품의 inventory_quantity 컬럼의 값은 order_item 테이블의 order_item_quantity 컬럼의 수량만큼 감하고, 수량이 부족하다면 에러를 발생시키는 기능을 수행하는 트리거가 자동적으로 실행하도록 할 수 있다.

PostgreSQL에서는 먼저 트리거가 호출할 함수를 정의한다. 이 함수는 다음과 같이 TRIGGER를 반환한다.

  CREATE OR REPLACE FUNCTION fn_before_insert_order()
  RETURNS TRIGGER
  AS $$

```
DECLARE
    l_quantity INTEGER;
BEGIN
    SELECT inventory_quantity
        INTO l_quantity
        FROM inventory
        WHERE product_id = NEW.product_id;
    IF l_quantity > NEW.order_item_quantity THEN
        UPDATE inventory
            SET inventory_quantity = inventory_quantity - NEW.order_item_quantity
            WHERE product_id = NEW.product_id;
    ELSE
        RAISE EXCEPTION '재고 수량이 부족합니다!';
    END IF;
    RETURN NEW;
END;
$$ LANGUAGE plpgsql;
```

트리거 함수에서는 이전 로우와 새로운 로우를 가르키는 OLD와 NEW를 사용할 수 있다. 따라서 SELECT 문에서 NEW.product_id으로 새로 추가되는 로우의 product_id 컬럼의 값과 같은 제품의 재고 수량을 inventory 테이블에서 읽어와 l_quantity 변수에 저장한다. 그리고 NEW.order_item_quantity으로 l_quantity 변수의 값보다 작은 지를 평가한 후에 작다면 inventory 테이블의 inventory_quantity 컬럼의 값에서 NEW.order_item_quantity 값을 감한 값으로 변경한다. 그리고 NEW 로우를 반환한다.

만약 주문 수량의 값이 재고 수량보다 크다면 RAISE EXCEPTION 문을 사용하여 에러를 발생시킴으로써 order_item 테이블에 새로운 로우가 추가되지 않도록 할 수 있다.

다음에는 트리거를 다음과 같은 구문으로 생성한다.

```
CREATE [OR REPLACE] TRIGGER 트리거명
BEFORE | AFTER INSERT | UPDATE | DELETE
ON 테이블명
```

14장 저장 프로시저 - PostgreSQL

```
[FOR EACH ROW | STATEMENT]
    EXECUTE PROCEDURE 트리거함수명
```

트리거명 다음에 BEFORE나 AFTER 예약어가 올 수 있다. 이들 예약어는 트리거가 언제 발생하는 지를 지정한다. 이들 예약어 다음에는 INSERT나 UPDATE, DELETE 가 올 수 있다. 그리고 ON 다음에는 테이블명이 온다. 이들을 결합하여 어떤 테이블에 어떤 SQL 문이 실행되기 전이나 후에 트리거가 실행되는 지를 지정할 수 있다. 예를 들어

```
BEFORE INSERT
ON order_item
```

이 지정되면 order_item 테이블에 INSERT 문이 실행되기 전에 트리거가 자동적으로 실행된다는 것을 의미한다.

ON 테이블명 다음에 FOR EACH ROW 구가 오면 트리거가 로우 수준 트리거 (row-level trigger)라는 것을 말해준다. 로우 수준 트리거는 각 로우가 변경될 때 트리거가 실행된다. FOR EACH STATEMENT 구를 지정하면 각 명령문에 대하여 한번만 실행되는 명령 수준 트리거(statement-level trigger)가 된다.

다음은 앞에서 언급했던 시나리오 상황에서 호출되는 tr_before_insert_order 트리거의 예를 보여준다.

```
CREATE OR REPLACE TRIGGER tr_before_insert_order
BEFORE INSERT
ON order_item
FOR EACH ROW
    EXECUTE PROCEDURE fn_before_insert_order()
```

fn_before_insert_order 트리거 함수와 tr_before_insert_order 트리거를 실행하면 다음과 같이 트리거를 컴파일(compile) 하고 데이터베이스에 저장한다.

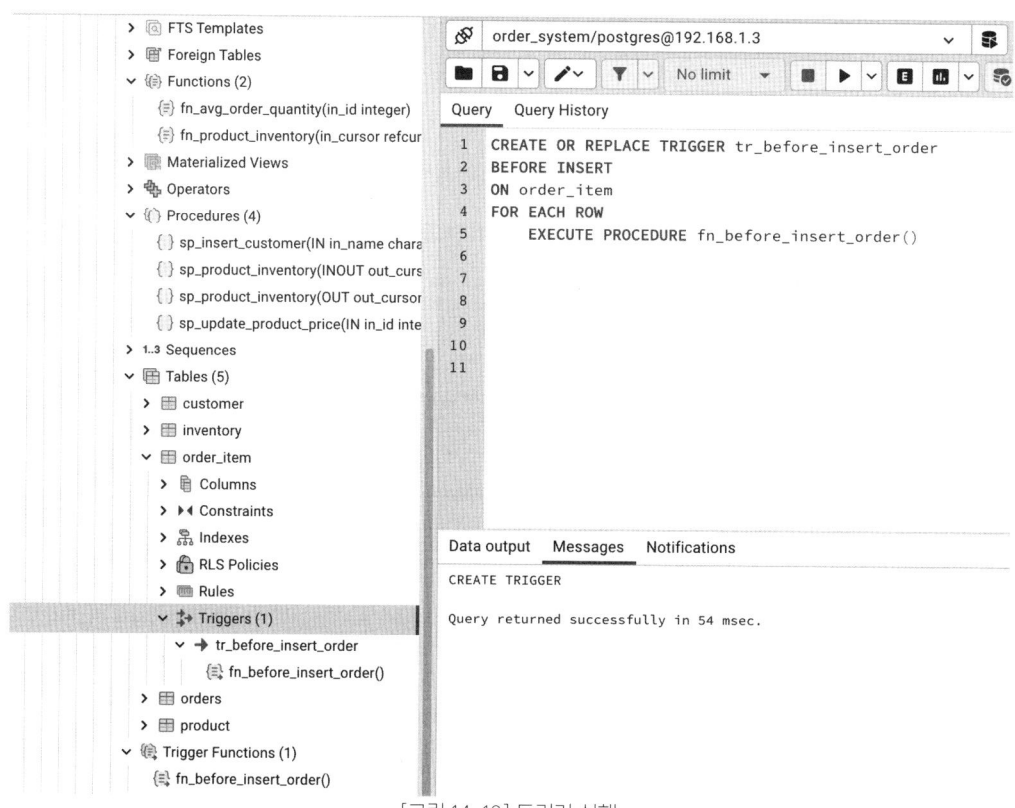

[그림 14-10] 트리거 실행

이제 order_item 테이블에 새로운 로우를 추가하여 tr_before_insert_order 트리거가 실행되도록 할 수 있다. 현재의 재고 수량을 확인하면 다음과 같다.

product_id [PK] integer	inventory_quantity integer
1	1000
2	2000
3	3000
4	4000
5	5000

[그림 14-11] 현재 재고 수량

먼저 다음과 같이 product_id가 5인 제품의 재고 수량인 5000보다 많은 8000 개를 주문하는 시나리오를 실행하기로 한다.

```
INSERT INTO order_item(product_id, order_item_quantity, order_id)
    VALUES (5, 8000, 2);
```

위 SQL 문을 실행하면 다음과 같은 에러 메시지를 볼 수 있다.

```
ERROR:  재고 수량이 부족합니다!
CONTEXT:  PL/pgSQL function fn_before_insert_order() line 14 at RAISE
SQL state: P0001
```

[그림 14-12] 에러 발생

그리고 다시 현재의 재고 수량을 확인하면 이전과 동일한 것을 확인할 수 있다. 그리고 order_item 테이블에도 다음과 같이 새로운 로우가 추가되지 않은 것을 확인할 수 있다.

order_item_id [PK] integer	product_id integer	order_item_quantity integer	order_id integer
1	1	1	1
2	2	2	1
3	3	3	1
4	4	4	2
5	5	5	2
6	1	10	3
7	2	20	3
8	3	30	4
9	4	40	4
10	5	50	4
11	1	100	5
12	2	200	5
13	3	300	5
14	4	400	5
15	5	500	5

[그림 14-13] 질의 결과

이번에는 정상적으로 다음과 같이 product_id가 5인 제품의 재고 수량인 5000보다 적은 500 개를 주문하는 시나리오를 실행하기로 한다.

```
INSERT INTO order_item(product_id, order_item_quantity, order_id)
    VALUES (5, 500, 2);
```

이제 트리거가 정상적으로 수행되어 재고 수량이 4500으로 변경된 것을 확인할 수 있다.

SQL 프로그래밍

product_id [PK] integer	inventory_quantity integer
1	1000
2	2000
3	3000
4	4000
5	4500

[그림 14-14] 질의 결과

그리고 order_item 테이블에도 다음과 같이 새로운 로우가 추가된 것을 확인할 수 있다.

order_item_id [PK] integer	product_id integer	order_item_quantity integer	order_id integer
1	1	1	1
2	2	2	1
3	3	3	1
4	4	4	2
5	5	5	2
6	1	10	3
7	2	20	3
8	3	30	4
9	4	40	4
10	5	50	4
11	1	100	5
12	2	200	5
13	3	300	5
14	4	400	5
15	5	500	5
16	5	500	2

[그림 14-15] 질의 결과

데이터베이스 서버로부터 트리거를 삭제할 때는 DROP TRIGGER 문을 사용한다.

DROP TRIGGER 트리거명 ON 테이블명;

예를 들어 tr_before_insert_order 트리거를 삭제한다면 다음과 같이 SQL 문을 작성한다.

DROP TRIGGER tr_before_insert_order ON order_item;

빈 페이지

म색인

색인

한국어

ㄱ

가상 테이블 270

관계형 데이터베이스 2, 3, 4

관계형 모델 2, 3

교차 조인 233

구체화된 뷰 277, 282, 283, 285, 286

권한 298

그룹화 함수 198, 208

기본 키 3, 26, 155, 156, 160, 161, 162, 168, 169, 172, 190, 230, 288, 289, 290, 291

ㄴ

내부 조인 226, 227, 230, 233

내장 함수 102, 103, 105, 116, 119, 121, 122, 126, 137, 141, 146, 168, 198, 324, 347, 349, 359, 374, 376, 404, 407, 439, 442

논리 연산자 88

ㄷ

다중 로우 서브 질의 249, 259

단일 로우 서브 질의 251

대리 키 155

대체 키 155, 291

데이터베이스 2, 3, 4, 5, 6, 7, 8, 12, 13, 15, 16, 17, 18, 19, 20, 21, 22, 25, 26, 28, 29, 30, 32, 33, 34, 36, 37, 38, 39, 40, 41, 42, 43, 44, 45, 47, 55, 56, 57, 58, 59, 60, 61, 62, 63, 64, 66, 67, 70, 72, 79, 81, 84, 93, 96, 102, 103, 106, 109, 113, 116, 119, 121, 122, 133, 148, 155, 164, 168, 184, 186, 190, 193, 194, 195, 196, 198, 224, 225, 270, 273, 282, 286, 287, 288, 289, 291, 292, 294, 295, 298, 299, 300, 301, 303, 304, 305, 307, 308, 309, 310, 311, 312, 314, 315, 316, 318, 320, 324, 325, 343, 347, 348, 350, 351, 353, 355, 358, 364, 367, 368, 369, 374, 375, 378, 381, 383, 384, 386, 388, 401, 404, 406, 408, 411, 413, 416, 434, 438, 440, 444, 446, 449

데이터베이스 개발자 7

데이터베이스 관리 시스템 3

데이터베이스 관리자 6, 7, 298

데이터베이스 질의 언어 4

데이터 정의 언어 4, 5, 26, 27, 152

데이터 제어 언어 4, 6, 7, 26

데이터 조작 언어 4, 5, 26, 45

도커 7, 8, 11, 13, 14, 17, 19, 20, 21, 148, 294

도커 데스크톱 7, 8, 13

도커 컨테이너 7, 13, 14, 17, 19, 20

동적 SQL 366

ㄹ

로우 2, 3, 5, 6, 46, 47, 48, 81, 82, 84, 85, 86, 87, 91, 93, 96, 97, 98, 99, 100, 103, 107, 109, 128, 139, 143, 152, 154, 155, 158, 159, 160, 162, 169, 172, 181, 183, 184, 187, 188, 189, 190, 198, 199, 200, 201, 204, 205, 206, 223, 227, 228, 229, 230, 231, 233, 234, 235, 238, 239, 240, 242, 244, 249, 251, 252, 256, 257, 258, 259, 260, 261, 263, 278, 279, 280, 281, 282, 283, 284, 285, 286, 287, 288, 289, 291, 302, 309, 310, 314, 320, 333, 335, 336, 343, 344, 345, 346, 347, 351, 352, 353, 354, 355, 363, 364, 365, 369, 370, 371, 372, 373, 374, 381, 383, 384, 385, 396, 397, 398, 399, 401, 402, 403, 404, 409, 410, 411, 412, 413, 425, 427, 428, 433, 434, 435, 437, 438, 439, 444, 445, 446, 447, 448, 449

롤백 192, 193

릴레이션 2

ㅁ

마이크로소프트 SQL 서버 4, 10, 13, 15, 18, 20, 21, 30, 63, 67, 68, 140

문자 데이터 타입 54, 57

문자 함수 102, 105, 122, 123

ㅂ

배치 스크립트 359, 363, 368, 374, 381

뷰 2, 17, 168, 270, 271, 272, 273, 274, 275, 276, 277, 278, 279, 280, 281, 282, 283, 284, 285, 286, 294, 300, 301, 302, 303, 309, 313, 314, 320, 321

비등가 조인 222, 239, 241

비클러스터 인덱스 289, 290

비트맵 인덱스 288, 289

ㅅ

사용자 6, 7, 13, 15, 17, 18, 20, 21, 28, 103, 104, 109, 125, 155, 270, 273, 294, 295, 296, 297, 298, 299, 300, 301, 302, 303, 304, 305, 306, 307, 308, 309, 310, 311, 312, 313, 314, 315, 316, 317, 318, 319, 320, 321, 322, 347, 353, 374, 383, 411, 439

사용자 정의 함수 103, 347, 374, 439

서브 질의 240, 242, 248, 249, 250, 251, 252, 254, 255, 256, 257, 258, 259, 260, 261, 262, 263, 264, 265, 266, 267, 271, 272

숫자 데이터 타입 54, 60

스칼라 함수 103, 347, 374, 404, 439

스키마 17, 18, 26, 153, 270, 285, 292, 294, 295, 296, 297, 298, 299, 309, 310, 311, 320, 321, 376

시퀀스 159, 160, 300, 301, 302, 309, 313, 320

실체-관계 모델 26

ㅇ

애저 데이터 스튜디오 16, 30, 31, 32, 33, 358

애트리뷰트 2, 168

오라클 내장 함수 102, 126

오라클 데이터베이스 4, 8, 13, 15, 16, 17, 18, 28, 39, 40, 41, 47, 55, 56, 57, 63, 67, 81, 109, 184, 292, 294, 298, 304

외래 키 3, 26, 161, 162, 172, 190, 230, 233, 289, 291, 399, 400, 432

외부 조인 222, 226, 227, 228, 230, 232, 233

윈도우 인증 305

의사 컬럼 81, 277

이벤트 324

익명 블 325, 388, 417

인덱스 3, 5, 17, 270, 285, 286, 287, 288, 289, 290, 291, 294, 300, 301, 302, 309, 313, 320, 342

인덱스 뷰 285, 286

임시 테이블 288, 364

ㅈ

자연 키 155

자체 조인 222, 237, 238, 239

저장 루틴 324

저장 프로시저 6, 56, 64, 171, 301, 302, 309, 310, 313, 314, 320, 324, 325, 342, 343, 344, 345, 346, 347, 358, 368, 369, 370, 371, 372, 373, 374, 388, 389, 390, 400, 401, 402, 403, 404, 416, 433, 434, 435, 436, 437, 438, 439, 440

저장 함수 324, 347, 348, 350, 358, 374, 375, 378, 381, 388, 404, 405, 406, 408, 416, 439, 444

제약 152, 160, 161, 162, 163, 168, 169, 170, 171, 172, 189, 274, 281, 282, 287, 288, 289, 290, 291, 340, 342, 398, 399, 400, 432, 433

제약되지 않은 커서 340

제약된 커서 340

조인 206, 222, 223, 224, 225, 226, 227, 228, 229, 230, 231, 232, 233, 234, 235, 237, 238, 239, 241, 244, 251, 265, 270, 277, 278, 282, 288, 334, 346, 373, 426, 438

집계 함수 103, 105, 125, 126, 198, 199, 200, 201, 203, 204, 206, 208, 222, 236, 237, 277

집합 연산자 76, 96, 97, 216, 223, 277

ㅋ

커밋 191, 193, 194, 284

커서 335, 336, 337, 338, 339, 340, 341, 346, 347, 364, 365, 372, 373, 396, 397, 398, 427, 428, 429, 430, 431, 438

컬럼 2, 3, 26, 27, 37, 44, 45, 46, 47, 48, 55, 56, 64, 67, 68, 69, 76, 77, 78, 79, 80, 81, 82, 83, 85, 87, 93, 94, 95, 96, 97, 103, 107, 108, 114, 115, 128, 129, 139, 140, 141, 142, 143, 145, 146, 147, 152, 153, 154, 155, 156, 157, 159, 160, 161, 162, 163, 168, 169, 170, 171, 172, 173, 181, 182, 183, 184, 187, 198, 200, 201, 202, 203, 204, 205, 206, 210, 211, 213, 214, 217, 223, 224, 225, 226, 228, 229, 230, 231, 232, 233, 234, 237, 238, 239, 240, 241, 242, 244, 248, 249, 250, 251, 256, 260, 261, 262, 265, 272, 273, 274, 277, 278, 279, 280, 285, 286, 287, 288, 289, 290, 291, 328, 332, 334, 340, 342, 345, 346, 351, 353, 361, 363, 364, 370, 373, 379, 380, 381, 383, 392, 398, 402, 409, 410, 420, 424, 425, 426, 432, 433, 436, 438, 441, 444, 445

클러스터 인덱스 289, 290

ㅌ

터플 2

테이블 2, 3, 5, 6, 17, 25, 26, 27, 28, 30, 31, 32, 34, 36, 37, 39, 41, 42, 43, 44, 45, 46, 48, 49, 50, 55, 56, 58, 59, 66, 76, 77, 81, 84, 85, 86, 93, 96, 106, 109, 128, 139, 143, 152, 153, 154, 155, 156, 158, 159, 160, 161, 162, 163, 164, 168, 169, 170, 171, 172, 173,

174, 175, 176, 177, 178, 179, 180, 181, 182, 183, 184, 185, 186, 187, 188, 189, 190, 194, 195, 196, 198, 199, 201, 203, 205, 206, 210, 213, 217, 222, 223, 224, 225, 226, 227, 228, 229, 230, 231, 232, 233, 234, 235, 237, 238, 239, 240, 241, 242, 243, 244, 249, 250, 251, 254, 256, 257, 258, 259, 260, 261, 263, 264, 265, 266, 267, 270, 271, 272, 273, 274, 275, 276, 277, 278, 279, 280, 281, 282, 283, 284, 285, 286, 287, 288, 289, 290, 291, 294, 295, 296, 297, 300, 301, 302, 303, 307, 308, 309, 310, 311, 313, 314, 315, 320, 321, 324, 332, 333, 334, 336, 339, 343, 344, 345, 346, 351, 352, 353, 354, 355, 361, 363, 364, 365, 369, 370, 373, 374, 377, 379, 380, 381, 382, 383, 384, 385, 392, 397, 400, 401, 402, 408, 409, 410, 411, 412, 413, 424, 425, 426, 428, 431, 434, 435, 436, 438, 440, 441, 444, 445, 446, 447, 448, 449

트랜잭션 152, 190, 191, 192, 193, 194, 195, 438

트리거 324, 325, 351, 352, 353, 354, 358, 381, 382, 383, 384, 385, 388, 408, 409, 410, 411, 412, 416, 444, 445, 446, 447, 448

ㅎ

함수 6, 56, 80, 81, 102, 103, 104, 105, 106, 107, 108, 109, 110, 111, 112, 113, 114, 115, 116, 117, 118, 119, 120, 121, 122, 123, 124, 125, 126, 127, 128, 129, 130, 131, 136, 137, 138, 139, 140, 141, 142, 143, 144, 145, 146, 147, 148, 149, 150, 159, 160, 168, 182, 198, 199, 200, 201, 202, 203, 204, 205, 206, 207, 208, 209, 210, 211, 212, 213, 214, 215, 216, 217, 218, 219, 222, 236, 237, 256, 277, 288, 324, 325, 342, 345, 347, 348, 349, 350, 355, 358, 359, 367, 371, 374, 375, 376, 377, 378, 379, 380, 381, 388, 403, 404, 405, 406, 407, 408, 413, 416, 437, 439, 440, 441, 442, 443, 444, 445, 446, 449

함수 기반 인덱스 288

후보 키 155

로마자

A

ABS 104, 112, 123

ACID 192

ACOS 104, 124

ADDDATE 141, 142

ADD_MONTHS 126

aggregate function 103, 198

ALL 11, 55, 60, 61, 66, 71, 72, 96, 98, 158, 183, 202, 248, 259, 262, 263, 302, 303, 310, 311, 312, 314, 315, 316, 320, 321, 344, 365, 366, 373, 389, 390, 402, 403, 404, 435, 437, 438, 440

ALTER LOGIN 문 306

alternate key 155

ALTER SCHEMA 문 296, 297

ALTER SERVER ROLE 문 307

ALTER TABLE 문 168, 173

ALTER USER 문 296, 299, 306, 313

ALTER VIEW 문 274

American National Standards Institute 4

anonymous block 325, 388, 417

ANSI 4, 5, 54, 55, 56, 57, 60, 61, 62, 65, 66, 70, 71, 72, 73, 102, 103, 105, 113, 116, 117, 119, 121, 122, 152, 156, 168, 198, 199, 277

ANSI 표준 데이터 타입 54, 55, 56, 60, 61, 66, 70, 72, 103

ANY 248, 259, 261, 262, 263, 264, 300, 301

ARRAY_AGG 105, 199

ASIN 104, 124

ATAN 104, 124

AUTO_INCREMENT 158, 159, 167, 173, 178, 179

AVG 105, 199, 201, 203, 204, 205, 206, 210, 211, 212, 213, 214, 216, 217, 218, 257, 266, 348, 375, 406, 442

Azure Data Studio 16, 30

B

batch script 359

BEGIN TRANSACTION 194, 438

BETWEEN AND 연산자 92

BIGINT 60, 61, 62, 66, 67, 71, 72

BIGSERIAL 158

BINARY LARGE OBJECT 55, 63, 64

BIT 55, 63, 64, 66, 67, 72, 73, 104, 123, 289

BIT_LENGTH 104, 123

bitmap index 288

BLOB 55, 63, 64, 66, 67, 69, 72, 73

BOOLEAN 55, 63, 64, 66, 67, 72, 73

built-in function 103

BYTEA 63, 64, 70, 72

C

candidate key 155

CARDINALITY 104, 123

CASE 문 328, 329, 330, 392, 393, 394, 420, 421, 422

CASE WHEN 구 76, 94, 95, 126

CAST 104, 119, 120, 121, 125, 137, 138

CEIL 104, 112, 123

CEILING 104, 112, 123

CHAR 5, 6, 20, 27, 28, 37, 54, 55, 56, 57, 58, 59, 60, 63, 66, 67, 68, 69, 70, 71, 72, 104, 111, 120, 121, 123, 124, 130, 131, 136, 148, 154, 156, 157, 158, 160, 161, 163, 164, 165, 166, 167, 169, 174, 176, 178, 183, 194, 207, 208, 209, 222, 266, 288, 290, 293, 295, 297, 326, 327, 328, 330, 334, 341, 343, 359, 360, 362, 363, 366, 367, 369, 373, 380, 390, 391, 393, 394, 395, 397, 401, 418, 419, 420, 421, 434, 436, 440

CHARACTER 20, 27, 54, 55, 57, 58, 59, 63, 71, 104, 123, 293

CHARACTER LARGE OBJECT 55, 57, 63

CHARACTER_LENGTH 104, 123

CHARACTER VARYING 27, 54, 57, 58, 59, 71

CHARINDEX 111, 124

CHAR_LENGTH 104, 123

CHECK 10, 160, 163, 164, 166, 167, 173, 174, 176, 178, 180, 306

CLOB 55, 57, 63, 66, 67, 68, 69, 71, 73

CLOSE 문 336, 365, 397, 427

clustered index 289

COALESCE 104, 121, 122, 125

commit 191

COMMIT 194, 195, 284, 438, 440

constrained cursor 340, 341

constraint 160, 368

CONVERT 104, 121, 122, 207, 359, 360, 362, 366, 367, 373

CORR 105, 199

COS 104, 124

COSH 104, 124

COUNT 105, 199, 200, 202, 258, 259, 345, 371, 402, 403, 436, 437

COVAR_POP 105, 199

COVAR_SAMP 105, 199

CREATE CLUSTERED INDEX 문 289

CREATE DATABASE 문 292

CREATE FUNCTION 374, 375, 377, 378, 379, 380, 404, 405, 407

CREATE INDEX 문 286, 290

CREATE LOGIN 문 305

CREATE MATERIALIZED VIEW 문 282

CREATE OR REPLACE 문 274, 275

CREATE OR REPLACE FUNCTION 348, 349, 439, 440, 442, 443, 444

CREATE OR REPLACE PROCEDURE 6, 343, 345, 346, 434, 436, 437

CREATE OR REPLACE TRIGGER 352, 446

CREATE PROCEDURE 301, 309, 368, 369, 371, 372, 389, 390, 400, 401, 402, 403

CREATE ROLE 문 304, 316, 318, 319

CREATE SCHEMA 295, 296, 297, 309

CREATE SEQUENCE 문 159

CREATE TABLE 문 27, 153

CREATE TRIGGER 381, 382, 409, 410

CREATE USER 문 299, 312, 313, 319

CREATE VIEW 문 271, 285

cross join 233

CROSS JOIN 233, 234

CUBE 208, 209, 210, 213, 214, 216

CUME_DIST 105, 199

CURDATE 117

CURRENT_DATE 104, 116, 117, 125, 154, 165, 175, 181, 182, 288, 289

CURRENT_ROLE 104, 125

CURRENT_TIME 104, 116, 117, 118, 119, 125, 130, 131, 148, 166, 167, 177, 179

CURRENT_TIMESTAMP 104, 116, 117, 118, 119, 125, 130, 131, 148, 166, 167, 177, 179

CURRENT_USER 104, 125

cursor 335, 336, 337, 338, 339, 340, 341, 346, 364, 365, 366, 372, 373, 374, 396, 397, 427, 428, 429, 430, 431, 437, 438, 439

CURTIME 117

D

database 2, 4, 15, 17, 18

DataBase Management System 3, 4

database query language 4

data control language 4, 26

data definition language 4, 26, 152

DATALENGTH 123, 137

data manipulation language 4, 26

DATE 5, 6, 27, 44, 45, 47, 55, 65, 66, 67, 68, 69, 70, 72, 73, 104, 116, 117, 119, 120, 121, 123, 125, 131, 132, 133, 136, 137, 138, 141, 142, 143, 144, 145, 149, 154, 165, 166, 167, 175, 179, 181, 182, 187, 188, 194, 195, 206, 207, 238, 240, 243, 248, 265, 266, 276, 279, 280, 288, 289, 302, 309, 310, 311, 314, 315, 316, 317, 318, 320, 321, 324, 345, 347, 351, 352, 371, 381, 382, 383, 402, 403, 405, 408, 409, 410, 436, 437, 444, 445, 446

DATE_ADD 142

DATEADD 137, 138

DATEDIFF 138

DATE_FORMAT 132, 133, 142, 207

DATEPART 119, 123

DBCC CHECKIDENT 173

DBeaver 16, 37, 38, 39, 40, 41, 42, 43, 44, 135, 193

DBMS 3, 4, 5, 6, 7, 8, 136, 137, 326, 328, 329, 330, 331, 332, 333, 335, 337, 338, 340, 341

DCL 4, 26

DDL 4, 24, 26, 27, 152, 307

DECIMAL 55, 60, 61, 66, 68, 69, 71, 72, 120

DECODE 126, 127

DELETE 문 6, 188, 194, 248, 265, 267, 281, 282, 324, 347, 351, 381, 405, 408, 444

DENSE_RANK 105, 199

DML 4, 24, 26, 45

docker 7, 8, 9, 10, 11, 13, 14, 17, 19, 20, 21, 22

Docker Desktop 7, 8

DOUBLE 55, 60, 62, 63, 66, 71

DOUBLE PRECISION 55, 60, 62, 63, 66, 71

DROP DATABASE 문 294

DROP FUNCTION 350, 351, 375, 376, 378, 380, 381, 405, 407, 408, 444

DROP INDEX 문 287

DROP LOGIN 문 306

DROP MATERIALIZED VIEW LOG 문 285

DROP PROCEDURE 347, 368, 369, 370, 372, 374, 389, 390, 400, 401, 402, 403, 404, 438

DROP SCHEMA 문 298

DROP TRIGGER 355, 382, 386, 409, 410, 413, 449

DROP USER 문 299, 307, 313

DROP VIEW 문 275

DUAL 109, 110, 111, 112, 113, 114, 115, 116, 118, 119, 120, 122, 126, 127, 128, 129, 130, 131, 132, 133, 136, 137, 183

dynamic SQL 366

E

Entity-Ralationship Model 26

Entity-Relationship 25

E-R 25, 26

E-R 모델 26

E-R diagram 25

event 324

EXP 104, 123, 124

EXTRACT 104, 118, 119, 123

F

FETCH INTO 문 336, 427

FLOAT 55, 60, 62, 63, 66, 71, 73

FLOOR 104, 112, 113, 123

foreign key 3, 161

FOREIGN KEY 160, 161, 165, 166, 167, 168, 170, 172, 174, 175, 177, 178, 179, 180, 181, 189, 190, 233, 242, 281, 282, 287, 288, 368, 398, 433

FOR LOOP 문 330, 331, 332, 337, 338, 422, 423, 424, 429, 430

FULL OUTER JOIN 227, 232, 233

function 102, 103, 198, 288, 324, 347, 358, 374, 388, 404, 416, 439

function based index 288

G

GENERATED AS IDENTITY 156, 157, 158, 159, 173

GETDATE 117, 125

GRANT 문 6, 301, 302, 304, 310, 311, 314, 317, 320, 322

GROUP BY 구 198, 203, 208

GROUPING SETS 208, 217, 218, 219

H

HAVING 구 204, 205, 206, 248, 251

I

IDENTITY 156, 157, 158, 159, 160, 162, 163, 164, 165, 166, 172, 173, 174, 175, 176, 177, 179, 180, 181, 183, 190, 288, 290, 295, 297, 432, 433

IF 조건문 327, 359, 391, 418

IFNULL 142, 143

IMAGE 63, 64, 68, 72

IN 5, 6, 10, 13, 27, 37, 44, 45, 46, 47, 50, 54, 55, 56, 57, 58, 59, 60, 61, 62, 63, 64, 65, 66, 67, 71, 72, 81, 82, 91, 93, 96, 99, 104, 105, 108, 109, 110, 111, 112, 118, 119, 120, 121, 123, 124, 125, 127, 128, 129, 139, 140, 141, 142, 143, 145, 146, 147, 152, 154, 155, 156, 157, 158, 159, 160, 161, 162, 163, 164, 165, 166, 167, 168, 169, 170, 172, 173, 174, 175, 176, 177, 178, 179, 180, 181, 182, 183, 184, 185, 186, 187, 189, 190, 194, 195, 199, 201, 202, 204, 205, 206, 207, 208, 209, 210, 213, 217, 218, 219, 222, 223, 224, 225, 226, 227, 228, 229, 230, 231, 232, 233, 234, 235, 236, 237, 238, 239, 240, 241, 242, 244, 248, 249, 250, 251, 252, 253, 254, 255, 256, 259, 260, 261, 262, 263, 264, 265, 266, 267, 270, 271, 272, 273, 274, 276, 277, 278, 279, 280, 282, 283, 284, 285, 286, 287, 288, 289, 290, 293, 295, 296, 297, 300, 301, 302, 305, 306, 309, 310, 311, 312, 314, 315, 316, 317, 318, 319, 320, 321, 324, 325, 326, 327, 328, 329, 330, 331, 332, 333, 334, 335, 336, 337, 338, 340, 341, 342, 343, 344, 345, 346, 347, 348, 349, 350, 351, 352, 354, 358, 359, 360, 361, 362, 363, 364, 365, 366, 367, 368, 369, 371, 372, 373, 375, 377, 378, 379, 380, 381, 382, 383, 384, 385, 389, 390, 391, 392, 393, 394, 395, 396, 397, 398, 399, 400, 401, 402, 403, 404, 405, 406, 407, 408, 409, 410, 412, 417, 418, 419, 420, 421, 422, 423, 424, 425, 426, 427, 428, 429, 430, 431, 432, 433, 434, 436, 437, 438, 439, 440, 441, 442, 443, 444, 445, 446, 447, 448

IN 연산자 91, 260

index 3, 285, 286, 287, 288, 289, 290

indexed view 285

INITCAP 127, 146

inner join 226

INNER JOIN 구 226

INSERT INTO 문 45, 158, 159, 160, 181, 182

INSTR 111, 124

INT 5, 6, 27, 37, 44, 45, 46, 47, 55, 56, 60, 61, 62, 64, 65, 66, 67, 71, 72, 81, 93, 96, 99, 105, 119, 120, 121, 128, 139, 142, 143, 152, 154, 155, 156, 157, 158, 159, 160, 161, 162, 163, 164, 165, 166, 167, 168, 169, 170, 172, 174, 175, 176, 177, 178, 179, 180, 181, 182, 183, 184, 185, 186, 187, 189, 190, 194, 195, 199, 201, 202, 227, 230, 233, 237, 238, 240, 242, 260, 265, 266, 276, 278, 279, 283, 284, 286, 288, 289, 290, 295, 297, 326, 327, 328, 329, 330, 331, 332, 333, 334, 335, 336, 337, 340, 341, 342, 343, 345, 346, 347, 348, 349, 350, 352, 354, 358, 359, 360, 361, 362, 363, 364, 365, 366, 367, 369, 371, 373, 375, 377, 378, 380, 382, 384, 385, 390, 391, 392, 393, 394, 395, 396, 397, 399, 401, 402, 405, 406, 407, 408, 410, 412, 418, 419, 420, 421, 423, 424, 425, 426, 427, 428, 431, 432, 433, 434, 436, 440, 442, 443, 445, 447, 448

INTEGER 5, 6, 27, 37, 44, 45, 55, 56, 60, 61, 66, 71, 72, 119, 120, 121, 154, 156, 157, 158, 160, 161, 162, 163, 164, 165, 166, 167, 168, 169, 170, 174, 175, 176, 177, 178, 179, 180, 181, 183, 189, 190, 194, 237, 240, 242, 266, 288, 289, 290, 295, 297, 326, 327, 329, 330, 331, 332, 334, 335, 345, 348, 349, 350, 352, 359, 360, 362, 363, 366, 371, 373, 375, 377, 378, 380, 382, 390, 391, 393, 394, 395, 397, 402, 405, 406, 407, 408, 410, 418, 419, 420, 421, 423, 424, 436, 440, 442, 443, 445

INTERSECT 96, 99

INTERVAL 65, 142

ISDATE 138

ISNULL 139

ISNUMERIC 139

ISO/IEC 4, 54, 65, 66

J

join 206, 223, 226, 227, 233, 238, 239, 282

JOIN 구 223, 224, 225, 226, 238, 248, 250, 255

L

LCASE 108, 122

LEFT 139, 140, 143, 146, 227, 228, 229, 231, 232

LEFT OUTER JOIN 227, 228, 229, 231, 232

LENGTH 104, 123, 127, 137

LISTAGG 105, 199

LN 104, 123

LOCATE 111, 124, 365, 366, 373

LOG10 104, 123

LOOP 문 330, 331, 332, 337, 338, 422, 423, 424, 429, 430

LOWER 104, 107, 108, 122

LTRIM 110, 111, 123

M

MAKEDATE 143, 144

MAKETIME 144

materialized view 277, 282

MAX 105, 199, 201

Microsoft SQL Server 4

MIN 96, 99, 105, 118, 119, 199, 201, 404, 405, 406, 407

MINUS 96, 99

MOD 104, 113, 123, 169, 170, 173, 174, 175, 178, 179, 404, 405

MONTHS_BETWEEN 128

multiple-row subquery 249

mysql 10, 11, 14, 15, 16, 20, 21, 388

MySQL 4, 10, 11, 14, 15, 16, 20, 33, 34, 35, 41, 42, 60, 62, 63, 64,
       68, 69, 71, 78, 80, 84, 102, 106, 107, 108, 111, 112, 115, 117,
       120, 122, 123, 124, 125, 126, 141, 144, 158, 160, 167, 169, 170,
       172, 173, 178, 182, 183, 186, 207, 213, 216, 219, 233, 236, 237,
       252, 274, 282, 286, 290, 292, 293, 294, 312, 313, 314, 316, 325,
       388, 390, 398, 399, 404

MySQL 내장 함수 102, 141

MySQL 워크벤치 16, 33, 34, 35, 388

MySQL Workbench 16, 33, 388

N

NATIONAL CHARACTER 54, 57, 58, 59

NATIONAL CHARACTER VARYING 54, 57, 59

NATURAL JOIN 구 224, 225

natural key 155

NCHAR 57, 58, 59, 66, 71, 72, 120

nonclustered index 289

non-equi join 239

NOT 연산자 88, 92

NOT NULL 94, 154, 156, 157, 158, 160, 161, 162, 163, 164, 165, 166, 167, 168, 169, 170, 171, 174, 175, 176, 177, 178, 179, 180, 181, 183, 189, 190, 242, 287, 288, 289, 290, 295, 297, 368, 369, 370, 372, 375, 376, 378, 380, 382, 398, 433

NOW 117, 125

NULL 5, 93, 94, 95, 96, 104, 111, 121, 122, 125, 128, 129, 138, 139, 142, 143, 145, 154, 156, 157, 158, 160, 161, 162, 163, 164, 165, 166, 167, 168, 169, 170, 171, 174, 175, 176, 177, 178, 179, 180, 181, 182, 183, 189, 190, 229, 231, 238, 242, 278, 287, 288, 289, 290, 295, 297, 311, 368, 369, 370, 372, 375, 376, 378, 380, 382, 398, 433

NULLIF 104, 122, 125

NUMBER 56, 60, 61, 67, 71, 136, 149, 341, 342, 367

NUMERIC 28, 55, 56, 60, 61, 66, 70, 71, 72, 139

NVARCHAR 54, 57, 59, 66, 67, 68, 69, 71, 72

NVARCHAR2 59, 67, 71

NVL 128, 129

NVL2 129

O

OCTET_LENGTH 104, 123

OPEN 문 336, 365, 396, 427

OPEN FOR 문 339, 430, 431

Oracle Database 4

ORDER BY 구 76, 82, 83, 203, 248, 256

outer join 227

OVERLAY 104, 122

P

PATINDEX 111, 124

PERCENTILE_CONT 105, 199

PERCENTILE_DISC 105, 199

PERCENT_RANK 105, 199

permission 298, 309, 311

pgAdmin 16, 35, 36, 37, 416

pgcli 14, 15, 21, 22

PL/pgSQL 147, 325, 416, 417, 433, 439

PL/SQL 129, 324, 325, 326, 327, 342, 347, 351, 358, 388, 416, 417, 418, 439

POSITION 104, 111, 124

POSITION_REGEX 104, 124

PostgreSQL 4, 11, 14, 15, 16, 21, 35, 42, 43, 62, 63, 64, 65, 66, 69, 70, 78, 79, 80, 84, 102, 112, 117, 120, 122, 123, 124, 125, 126, 146, 147, 148, 156, 157, 158, 160, 164, 169, 170, 172, 173, 179, 182, 183, 186, 213, 216, 251, 274, 279, 280, 281, 282, 290, 292, 293, 294, 295, 297, 318, 320, 325, 416, 439, 444

PostgreSQL 내장 함수 102, 146

POWER 104, 124

primary key 3, 155, 160

PRIMARY KEY 156, 157, 158, 160, 161, 162, 163, 164, 165, 166, 167, 169, 170, 174, 175, 176, 177, 178, 179, 180, 181, 183, 189, 190, 242, 283, 284, 287, 288, 290, 291, 295, 297

privilege 298, 300, 301, 313, 320

Procedural Language/PostgreSQL 325, 416

Procedural Language/SQL 324

pseudo column 81

psql 14, 15, 21, 22, 416

R

RAND 136, 137, 140, 144, 146

RANDOM 136, 137, 146

RANK 105, 199

RDBMS 4, 5, 7, 8

REAL 55, 60, 62, 66, 71, 73

REGR_AVGX 105, 199

REGR_AVGY 105, 199

REGR_COUNT 105, 199

REGR_INTERCEPT 105, 199

REGR_R2 105, 199

REGR_SLOPE 105, 199

REGR_SXX 105, 199

REGR_SXY 105, 199

REGR_SYY 105, 199

relation 2

relational database 2

Relational DataBase Management System 4

relational model 2

REPEAT 문 394, 395

REPLACE 6, 129, 140, 144, 147, 274, 275, 279, 280, 282, 342, 343, 345, 346, 347, 348, 349, 351, 352, 433, 434, 436, 437, 439, 440, 442, 443, 444, 445, 446

REVERSE 130, 141, 145, 147

REVOKE 문 6, 301, 304, 311, 316, 318, 321, 322

RIGHT 141, 145, 147, 227, 230, 231, 232

RIGHT OUTER JOIN 227, 230, 231, 232

rollback 192

ROLLBACK 194, 195

ROLLUP 208, 209, 210, 211, 213, 214, 215, 216, 217, 236

ROUND 113, 114

ROWID 81, 283

ROWNUM 81, 277

RTRIM 110, 111, 123

S

scala function 103, 347, 374, 404, 439

schema 17, 294, 310, 311

SELECT 문 5, 6, 48, 51, 76, 84, 96, 103, 105, 126, 184, 201, 203, 222, 223, 225, 226, 233, 240, 242, 248, 251, 270, 285, 302, 303, 310, 345, 346, 353, 361, 371, 372, 373, 378, 381, 389, 403, 405, 410, 437, 438, 441, 445

self join 238

sequence 159

SERIAL 158

SET SERVEROUTPUT ON 문 326

SIN 104, 124, 224, 225, 290

single-row subquery 251

SINH 104, 124

SMALLINT 55, 60, 61, 66, 71, 72

SMALLSERIAL 158

SOME 248, 259, 262

sp_rename 171

SQL 2, 4, 5, 7, 10, 11, 13, 14, 15, 16, 17, 18, 20, 21, 24, 26, 28, 29, 30, 31, 33, 34, 35, 39, 40, 41, 42, 43, 44, 45, 46, 47, 48, 49, 50, 51, 54, 55, 56, 60, 61, 62, 63, 64, 65, 66, 67, 68, 69, 70, 71, 72, 73, 76, 78, 79, 80, 83, 84, 87, 96, 102, 103, 105, 106, 107, 108, 109, 110, 111, 112, 113, 114, 115, 116, 117, 119, 120, 121, 122, 123, 124, 125, 126, 128, 129, 134, 135, 137, 140, 141, 144, 146, 147, 148, 152, 155, 156, 157, 158, 159, 160, 161, 162, 164, 165, 167, 168, 169, 170, 171, 172, 173, 174, 176, 178, 179, 181, 182, 183, 184, 186, 187, 188, 190, 193, 194, 195, 198, 207, 212, 213, 215, 216, 218, 219, 225, 233, 236, 237, 240, 248, 251, 252, 256, 274, 277, 279, 280, 281, 282, 285, 286, 287, 289, 290, 292, 293, 294, 295, 296, 297, 299, 301, 302, 303, 305, 307, 308, 309, 310, 311, 312, 313, 314, 315, 316, 318, 319, 320, 321, 324, 325, 326, 327, 335, 341, 342, 347, 350, 351, 354, 355, 358, 359, 363, 364, 366, 367, 368, 374, 379, 380, 381, 382, 384, 386, 388, 390, 391, 396, 398, 399, 404, 405, 406, 407, 408, 409, 410, 411, 412, 413, 416, 417, 418, 427, 432, 433, 435, 436, 438, 439, 444, 446, 448, 449

SQL 디벨로퍼 15, 28, 29, 30, 47, 48, 49, 50, 51, 134, 325

SQL 서버 관리 스튜디오 15, 30, 31, 358

SQL 서버 내장 함수 102, 137

SQL 인증 305

SQL authentication 305

sqlcmd 10, 13, 14, 15, 19, 20, 358

SQL Developer 15, 28

SQL/Persistent Stored Module 325, 388

sqlplus 13, 14, 15, 17, 18, 133, 325, 326

SQL/PSM 325, 388, 391

SQL Server Management Studio 15, 30

SQRT 104, 124

SSMS 15, 30

START TRANSACTION 193

STDDEV_POP 105, 199

STDDEV_SAMP 105, 199

stored function 324, 347, 358, 374, 388, 404, 416, 439

stored procedure 6, 324, 342, 358, 368, 388, 400, 416, 433

stored routine 324

STR_TO_DATE 145

Structured Query Language 2, 4

subquery 240, 248, 249, 251

SUBSTR 104, 108, 109, 123, 288, 341

SUBSTRING 104, 108, 123

SUM 103, 105, 199, 200, 202, 203, 204, 205, 206, 207, 208, 209, 210, 211, 212, 213, 214, 216, 217, 218, 236, 249, 250, 253, 254, 255, 256, 266, 327, 328, 329, 330, 350, 360, 361, 377, 378, 380, 391, 392, 393, 394, 407, 408, 419, 420, 421, 443

surrogate key 155

SYSDATE 116, 117, 125

SYSTEM_USER 104, 125

T

TABLE 5, 27, 37, 44, 45, 55, 66, 104, 125, 152, 153, 154, 156, 157, 158, 159, 160, 161, 162, 163, 164, 165, 166, 167, 168, 169, 170, 171, 172, 173, 174, 175, 176, 177, 178, 179, 180, 181, 183, 189, 190, 194, 196, 230, 233, 237, 239, 240, 242, 244, 245, 266, 268, 288, 289, 290, 295, 297, 300, 309, 320, 321, 363, 364, 378, 379,

380, 440

TAN 104, 124

TANH 104, 124

temporary table 364

TIME 55, 65, 66, 67, 68, 69, 70, 72, 73, 104, 116, 117, 118, 119, 120, 121, 125, 130, 131, 137, 138, 144, 148, 150, 166, 167, 177, 179

TIMESTAMP 55, 65, 66, 67, 72, 73, 104, 116, 117, 118, 119, 120, 125, 130, 131, 148, 150, 166, 167, 177, 179

TIMESTAMP WITHOUT TIME ZONE 65, 72

TIMESTAMP WITH TIME ZONE 65

TIME WITHOUT TIME ZONE 65, 70, 72

TIME WITH TIME ZONE 65

TINYINT 60, 64, 72, 396, 397, 399

TO_CHAR 130, 131, 136, 148, 207, 208, 209, 222

TO_DATE 131, 132, 133, 136, 145, 149

TO_NUMBER 136, 149

TO_TIMESTAMP 150

transaction 190

Transact-SQL 325, 358

TRANSLATE 104, 122

trigger 324, 351, 352, 358, 381, 388, 408, 409, 416, 444, 446

TRIM 104, 109, 110, 111, 123

TRUNC 5, 113, 114, 115, 172, 190

TRUNCATE 5, 113, 115, 172, 190

TRUNCATE TABLE 문 172, 190

TRY_CAST 121, 125

T-SQL 140, 325, 358, 359, 363, 368

tuple 2

U

UCASE 107, 122

unconstrained cursor 341

UNION 96, 97, 98, 216, 223

UNION ALL 96, 98

UNIQUE 160, 162, 163, 169, 171, 285, 287, 289, 290, 291, 342, 398, 433

UNNEST 104, 125

UPDATE 문 6, 187, 206, 265, 266, 280, 345, 371, 403, 437

UPPER 104, 106, 107, 108, 122

USER 17, 104, 125, 295, 296, 299, 300, 304, 306, 307, 312, 313, 318, 319

user-defined function 103, 347, 374, 439

USING 구 224, 225

V

VALUE 6, 45, 46, 47, 81, 93, 128, 136, 137, 139, 143, 155, 156, 157, 158, 159, 160, 181, 182, 183, 184, 185, 186, 187, 195, 201, 202, 227, 230, 238, 260, 276, 278, 279, 283, 284, 286, 341, 342, 343, 354, 367, 369, 384, 385, 399, 401, 412, 432, 434, 436, 447, 448

VARCHAR 5, 6, 27, 37, 54, 55, 56, 57, 58, 59, 66, 67, 68, 69, 70, 71, 72, 120, 121, 154, 156, 157, 158, 160, 161, 163, 164, 165, 166, 167, 169, 174, 176, 178, 183, 194, 207, 266, 290, 295, 297, 326, 327, 328, 330, 334, 341, 343, 359, 360, 362, 363, 366, 367, 369, 373, 380, 390, 391, 393, 394, 395, 397, 401, 418, 419, 420, 421, 434, 436, 440

VARCHAR2 56, 57, 58, 59, 67, 71, 326, 327, 328, 330, 334, 341, 343

VAR_POP 105, 199

VAR_SAMP 105, 199

view 15, 16, 270, 277, 282, 285

virtual table 270

W

WHERE 구 76, 84, 85, 88, 188, 203, 204, 205, 206, 225, 231, 232, 235, 239, 248, 251, 255, 287

WHILE 문 361, 362, 394, 395

WHILE LOOP 문 331, 423

WIDTH_BUCKET 104, 124

Windows authentication 305

WITH 구 250